教师教育通识系列规划教材

苟增强 何兰芝◎丛书主编

U0646276

教师专业发展与成长规划

J IAOSHIZHUANYE
FAZHANYUCHENGZHANG
GUIHUA

何兰芝 韩宏莉◎主编
姜国俊 王山林◎副主编

北京师范大学出版集团
BEIJING NORMAL UNIVERSITY PUBLISHING GROUP
北京师范大学出版社

图书在版编目(CIP)数据

　教师专业发展与成长规划/何兰芝,韩宏莉主编 . —北京:
北京师范大学出版社,2017.3(2024.8重印)
　(教师教育通识系列规划教材)
　ISBN 978-7-303-21952-0

　Ⅰ . ①教… 　Ⅱ . ①何… ②韩… 　Ⅲ . ①中小学－师资培
养－教材 　Ⅳ . ①G635.12

中国版本图书馆 CIP 数据核字(2017)第 020786 号

图 书 意 见 反 馈　gaozhifk@bnupg.com　010-58805079
营 销 中 心 电 话　010-58802755　58800035
北师大出版社教师教育分社微信公众号　京师教师教育

出版发行:北京师范大学出版社　www.bnupg.com
　　　　　北京市西城区新街口外大街 12-3 号
　　　　　邮政编码:100088
印　　刷:天津旭非印刷有限公司
经　　销:全国新华书店
开　　本:730 mm×980 mm　1/16
印　　张:26.5
字　　数:450 千字
版　　次:2017 年 3 月第 1 版
印　　次:2024 年 8 月第 9 次印刷
定　　价:46.00 元

策划编辑:王建虹　　　　　　责任编辑:鲍红玉
美术编辑:焦　丽　　　　　　装帧设计:金基渊
责任校对:陈　民　　　　　　责任印制:马　洁

序

　　教师是国家教育事业发展的基础，是提高教育质量、办好人民满意教育的关键。当前我国正处于急剧的社会转型时期，原有的师范教育模式已不能适应时代发展的需要，开放型的教师教育体系正在逐步形成。我国教师教育的发展模式已经由以前的规模和质量并重的模式，转向以内涵提升为主的模式，这种模式对教师整体质量提出了更高的要求。面对教师教育转型发展的机遇与挑战，高等师范院校必须厘清办学思路、明确定位，积极回应社会转型发展对教师的新要求。教师教育的开放性和教师专业化发展的取向都要求高师院校提高教师教育人才培养质量，向社会提供高水平的师资。

　　从 2001 年开始，我国进行了新一轮基础教育课程改革，新课程改革的全面展开和稳步推进，对教师的能力和素质提出了新的要求和挑战。《国家中长期教育改革和发展规划纲要(2010－2020 年)》和《国务院关于加强教师队伍建设的意见》(国发[2012]41 号)明确提出要大力加强教师队伍建设，到 2020 年形成一支"师德高尚、业务精湛、结构合理、充满活力的高素质专业化教师队伍"。在当前教师教育开放化、教师教育一体化、教师职业专业化的现实背景下，高师院校原有的课程体系、培养模式和教学方法表现出明显的滞后性，已不能适应时代发展的需要和教育改革的形势。2011年，教育部发布了《教育部关于大力推进教师教育课程改革的意见》和《教师教育课程标准(试行)》(教师[2011]6 号)，进一步明确了教师职前培养的课程目标与课程设置；2012 年，教育部又颁布了《中学、小学、幼儿园教师专业标准(试行)》(教师[2012]1 号)，对教师培养培训提出了标准化的方向和内容；2012 年教师职业资格考试开始进行全面改革。这一系列政策的出台，为教师教育改革指明了方向，促使教师教育必须努力提高质量和效率。

　　教师教育课程在中小学和幼儿园教师培养中发挥着重要作用，是提高教师教育质量的关键环节。传统的教师教育课程存在着重"学术性"轻"师范性"、重理论轻实践、与基础教育课程改革和教师专业发展脱节等问题，致使培养的学生缺乏教育教学实践能力，不能适应基础教育对人才的需要。在当前社会转型时期，高师院校要坚持师范性与学术性的统一，不能厚此薄彼，要做到师范性具有高学术水平，学术性具有强烈师范特色。同时，高师院校还要加强师范性和应用性的结合，应用性是今后我国教师教育人才培养所必需的技术实践能力。

如何遵循教师成长规律、科学设置教师教育课程，保证新入职教师基本适应我国基础教育新课程改革的需要，成为一个现实而又迫切的问题，编写突出实践性、专业性，符合新标准、新精神的教材就成了当务之急。本套教师教育系列教材，分别为《心理学基础理论与应用》《教师学理论与实践》《教育心理学》和《教师专业发展与规划》，并尝试在以下几个方面进行了改革和探索：

本套丛书紧密结合《教师教育课程标准（试行）》和《教师专业标准（试行）》以及教师资格考试等最新国家政策、文件的精神，将教育改革和教育研究的最新成果充实到教学内容中，吸收儿童研究、学习科学、心理科学、学科教学研究等新成果，体现出新理念、适应新标准、满足新需求的时代性特点。

本套丛书力求深入落实"实践取向""能力为重"的精神，以中小学和幼儿园教师所需要的专业知识和操作技能为着眼点，在保持理论体系完整性和严谨性的基础上，走出知识本位的传统模式，突出实用性和可操作性，关注基础教育改革中的实际问题，注重实践教学环节，设计灵活多样的习题，强化实际操作的训练，强调知行统一、学以致用，培养学生发现问题、分析问题和解决问题的实际能力，突出了实践性的特点。

本套丛书摒弃传统教材知识点设置按部就班、理论讲解枯燥无味的弊端，以图文并茂、清新活泼的风格抓住学生的兴趣点，将案例化思想要融入理论讲解中，以中小学、幼儿园优秀教学案例和应用实例增强教材的可读性，在提高学生学习兴趣和效果的同时，培养学生的职业意识和职业能力，注重了趣味性的特点。

为了落实"终身学习"的理念，培养学生可持续发展的意识和能力，本套丛书将学业规划和教师专业发展规划纳入课程内容，从"认同专业、规划学业，自主学习，追求卓越"入手，指导学生制定大学期间的学业规划和未来的专业发展规划，为学生成长和发展导航，强化了长效性的特点。

　　在编写体例上，首先，每个单元开头都设计了引子或问题，引导学生对本单元内容有一个概要的了解；其次是本单元的学习目标，使学生了解本单元应该掌握的知识点；再次，增设了实践应用栏目，拓宽学生的知识领域，强化实际操作训练；最后，列出每单元的思考与练习题，和学习目标呼应，帮助学生系统掌握本单元的知识体系和核心内容，呈现了系统性的特点。

　　本套丛书的写作和出版是一项非常有意义的工作，研究和探索过程本身不仅具有重要的学术价值，而且对于进一步深化教师教育改革、提高人才培养质量具有积极的实践意义。

胡连利

2016 年 5 月

前　言

　　21 世纪初，我国开始大力推行基础教育课程改革，但十年后，新课程改革并没有取得预期的成效。20 世纪 90 年代以来的国际经验证明：教师是决定学校教育质量的关键。中国教育发展的实践也不断证实：高素质、专业化的师资队伍是教育改革成功的保障。在当前教师职业专业化、教师教育开放化、培养培训一体化的现实背景下，高师院校原有的课程体系、培养模式和教学方法已经不能适应基础教育改革发展的需要。针对教师教育实践中存在的问题，教育部先后颁布了《教师教育课程标准（试行）》（教师〔2011〕6 号）和《幼儿园教师专业标准（试行）》《小学教师专业标准（试行）》《中学教师专业标准（试行）》[以下简称《教师专业标准（试行）》]（教师〔2012〕1 号），并对教师职业资格考试进行全面改革。

　　为了适应教师教育发展的趋势，推进我校应用型人才培养模式改革，培养适应基础教育新课程改革需要的教师，沧州师范学院教育学院紧密结合《教师教育课程标准（试行）》和《教师专业标准（试行）》以及教师职业资格考试等最新国家政策、文件的精神，在多年教师教育课程改革实践的基础上，组织教师编写了教师教育系列教材，这本《教师专业发展与成长规划》即为丛书之一。本书共分为三个部分：第一部分是教师专业发展的内容，详细介绍了中小学教师专业发展的内涵、专业标准和专业素质要求，帮助学生明确学业目标，准确定位未来的职业追求；第二部分是教师专业发展的策略，主要探讨中小学教师专业发展的路径和手段，帮助学生掌握促进专业发展的一些有针对性的方法，树立阅读、实践、反思与研究的意识；第三部分是大学生的学业规划，主要介绍了大学生学业规划的内容与步骤、学业规划的制定与实施，帮助学生树立自主学习的观念，培养专业认同感，激发学生学习的积极性和主动性。

　　本书由何兰芝、韩宏莉主编，姜国俊、王山林为副主编。其中，第一章至第四章由韩宏莉编写，第五章至第七章由姜国俊编写，第八章至第十二章由何兰芝编写。全书由何兰芝、王山林统稿。本书在编写过程中，借鉴了很多教育专家的宝贵资料和中小学一线教师的优秀案例，在此，谨向原著作者和出版者表示衷心的感谢！另外，为本书的顺利出版，北京师范大学出版社的王剑虹老师和相关工作人员帮助我们进行修改、编辑，付出了辛勤的劳动，在此一并致以诚挚的感谢！由于我们的学术视野、文字水平和时间所限，本书难免存在纰漏，书中不当之处，敬请各位专家、老师、读者批评指正，以便我们进一步修改、完善，谢谢！

何兰芝

2016 年 10 月

目　录

第一章　教师专业发展的内涵

引言

　　教师不仅是一种职业，更是一种专业，具有像医生、律师一样的专业不可替代性。社会职业只有专业化才有社会地位，才能受到社会的尊重。教师专业发展是教师职业专业化的基础和源泉，是教师专业化的根本。我国有一千多万中小学教师，是国内最大的一个专业团体，支撑着世界上最大规模的中小学教育。中小学教师的专业化水平直接制约着我国基础教育质量的高低。所以，认识教师专业发展的内涵，掌握教师专业发展的规律就显得尤为重要。

学习目标

　　1. 了解职业与专业的联系与区别。
　　2. 理解教师专业化的内涵。
　　3. 了解教师专业化的历史进程。
　　4. 掌握国内外教师专业发展阶段的理论。
　　5. 认识教师专业发展阶段的一般特征。

第一节　从教师专业化到教师专业发展

一、职业与专业

(一)职业

1. 职业的含义

《中华人民共和国职业分类大典》中指出，职业是指从业人员为获取主要生活来源而从事的社会工作类别。职业须同时具备：①目的性；②社会性；③稳定性；④规范性；⑤群体性。

现在一般认为，职业是参与社会分工，利用知识和技能，为社会创造物质财富和精神财富，获取合理报酬，作为物质生活来源，并满足精神需求的工作。职业既是一种谋生的手段，又是一个社会人应当承担的社会角色和社会责任。

2. 教师职业的基本特征

教师的职业具有以下一些特点。

(1)具有复杂脑力劳动的特点。教师的劳动是很复杂的，需要运用教师的知识和智慧。教育既是一门科学，又是一门艺术，需要专门的训练才能掌握它。

(2)具有极大的创造性和灵活性。任何职业都要求创造性，但教师不同，更需要有创造性，并且还要有灵活性。教师面对的是千差万别的学生，不可能用一种模式去塑造他，也不可能用一个标准去要求他。教师需要有教育的机敏性，创造性地、灵活地运用各种方法。

(3)具有鲜明的示范性。教师具有权威性，学生往往把教师视为学习的榜样。因此，教师犹如一面镜子，面对着无数的明亮眼睛，被学生模仿。

(4)具有长期性和长效性。教师教育的效果有些是立竿见影的，而大多不是立即起作用，需要长期的工作，就有滞后性。有时老师一句不经意的话会影响学生一辈子。

(二)专业

专业是社会分工、职业分化的结果，是社会分化的一种表现形式，是人类认识自然和社会达到一定深度的表现。"专业"一词最早是从拉丁语演化而来，原始的意思是公开地表达自己的观点或信仰。与之相对的是"行业"(trade)，包含着中世纪手工行会所保留的对其行业的专门知识和技能的控制。德语中"专业"一词的含义是指具备学术的、自由的、文明的特征的社会职业。

《现代汉语词典》(第 6 版)中关于"专业"的解释是：

①高等学校的一个系里或中等专业学校里，根据科学分工或生产部门的分工把学业分成的门类。

②产业部门中根据产品生产的不同过程而分成的各业务部门。

③专门从事某种工作或职业的。

④具有专业水平和知识。

英国社会学家凯尔·桑德斯认为，专业是指一群人在从事一种需要专门技术的职业，这种职业需要特殊的智力来培养和完成，其目的在于提供专门性的社会服务。根据这个定义，凯尔·桑德斯指出传统上最古老而典型的三大专业是牧师、医生和律师。

日本学者石村善助认为，所谓专门职业，是指"通过特殊的教育或训练掌握了已经证实的认识（科学的或高深的知识），具有一定的基础理论的特殊技能，从而按照来自特定的大多数公民自发表达出的具体要求，从事具体的服务、工作，借以为全社会利益效力的职业"。

1. 专业的含义

一般认为，专业是指一群人经过专门教育或训练、具有较高和独特的专门知识与技术、按照一定专业标准进行专门化的处理活动，从而解决人生和社会问题，促进社会进步并获得相应报酬和社会地位的专门职业。

2. 专业的特征

第一，具有不可或缺的社会功能。第二，具有完善的专业理论和成熟的专业技能。第三，具有高度的专业自主权和权威性。第四，专业人员需经过长期、严格的专业培养与发展。

二、教师专业化的内涵与特点

（一）专业化

专业化是一个社会学概念，简单地说就是指职业专门化，即一个普通的职业群体在一定时期内，逐渐符合专业标准、成为专门职业并获得相应的专业地位的过程。

一种职业要真正成为专业，需经历一个专业化过程。其主要条件包括：形成一套专门知识和技能体系，实施专业教育和专业资格认证制度，规范职业伦理，建立专业组织等。那些被社会认可为专业的职业群体，一方面对社会有不可或缺的功能，从业人员被赋予极大的责任并提出了很高要求；另一方面从业人员在掌握专业知识和技能、履行社会职责过程中，要花费更多的社会必要劳动时间，专业群体拥有更多的社会地位和资源。因此，对于一些新兴职业来说，其专业化的过程就是提升职业群体社会地位的过程。

(二)教师专业化

1. 教师专业化的含义

教师专业化是指教师个体和教师群体的专业水平提高以及教师职业的专业地位的确立和提升的过程。具体包括三个层次：一是指教师个体的专业水平提高的过程；二是指教师群体的专业水平提高的过程；三是指教师职业的专业地位的确立和提升的过程。三个层次紧密联系，相互促进。忽视任何一个方面，都会阻碍教师专业化的进程。

2. 教师专业化的特点

(1)丰富性

教师专业是一个内涵不断丰富的过程。当今教师专业化，既关注教师职业在服务宗旨、专业训练、专业权限、专业团体、专业地位方面的提升问题，也关注教师个体在专业知识、专业技能、专业道德、专业情意等专业素养以及专业品质方面的发展问题；既关注教师学科专业性的提高，也关注教育专业性的增进；既重视教师对教学过程中规律性、科学性的把握，也重视教师教学的艺术性。

(2)发展性

教师专业化是人们对教师职业的专业性质认识不断深化的过程。长期以来，在公众和社会舆论方面，对教师职业教育强调的是知识传授方面的要求。由于中小学生学习内容的浅显性，使得相当多的人并不看重教师作为专业人员的理论水平与特殊能力。

教师专业是教师个体专业不断发展的历程。教师本质上是教师个体成长的历程，是教师不断接受新知识、增长专业能力、提升教育教学专业水平的过程。教师要成为一个成熟的专业人员，需要通过不断的学习与探究历程来拓展其专业内涵，提高专业水平，从而达到专业成熟的境界。

(3)多主体性

教师专业化是一个多主体共同努力的过程。教师专业化不仅需要教师自身的努力，也需要政府、大学的努力，具体而言，大学应致力于提高老师教育的专业化水平，努力使教师做到"学科性"与"教育性"、"学术性"与"师范性"、"学科专业知能"与"教育专业知能"的统一，做到学科专业教育与教育双专业的真正整合。

首先，政府通过建立健全教师教育机构认证、教师教育课程认证、教师资格认证三位一体的资格认证系统，为教师专业化提供制度保障。其次，加大教育投入。再次，大学通过提高教师教育的培养质量来促进教师的专业化。最后，教师个体要有明确的发展方向，有明晰的发展目标。

三、教师专业化的历史进程

教师职业是伴随着人类社会的产生而产生的，是人类社会古老而永恒的职业活动之一。在人类漫长的历史上，很早就存在着教的活动。如：

《尸子》曰："伏羲之世，天下多兽，故教民以猎。"

《周易·系辞》记载："神农氏制耒耜，教民农作。"

《孟子·滕文公上》载："设为庠、序、学、校以教之。庠者，养也；校者，教也；序者，射也。夏曰校，殷曰序；学则三代共之，皆所以明人伦也。"

《礼记·王制》曰："夏后氏养国老于东序；养庶老于西序。殷人养国老于右学；养庶老于左学。"

可见，在原始社会早期，原始部落的首领或有经验的人承担了教师的职责，奴隶社会早期则是由官吏兼任教师。由此确定，在学校产生后一个相当长的历史阶段里，教师并不是专职的，教师职业也没有成为一种独立的社会职业，教师更没有专业教育机构进行专门训练。

其实，作为专门培养学校教师的专业性教育只有三百多年的历史。伴随着教育普及化、教育理论与实践的丰富与发展，教师职业才逐渐成为一种专门的、科学的职业，并逐步形成专业化的特征。因此，可以说，教师专业化是一种动态的发展过程。其发展变化的历程可分为非专门化、专门化、专业化三个大的发展阶段。

(一)教师非专门化阶段

在漫长的教育史上，教师往往被看成是某种神圣的或社会主导性观念的传播者。教师有如牧师，是圣训的代言人，或是统治者声音的发布者。教师之所以为教师，是因为他具有知识或观念。制度化教育形成以前，教师没有专门培养的必要，教师对教育内容的把握无须借助附加的外在力量，而内容过于简单也使得"教学方法"的问题并不突出，现实生活化的模仿与实践基本能够满足需要。因而，在这一时期，还不至于非有培养教师的教育机构不可，也没有进行专业化训练的师范教育或教师教育。

古代官学、私学等教育实体形成以后，教师从业有了一个资格问题。一个人要做教师，至少应该掌握文字并使用文字。这个要求在当时是很低的，基本上每个受过一点文字教育的人都可以做到。因此，在早期的欧洲教育中，退伍军人、家庭主妇甚至有了一点儿文字知识的社会闲杂人员都可以充任教师。

这一时期，由于学校主办者多样化，办学条件不同，教师的来源也不同，有的受教会控制的学校由教会雇用平民担任教师工作，有的学校由地方政府聘请教师，一些无力借他途谋生的人也往往投奔这一职业，靠教学维持生活，但很少有人以教师为专职。在当时，教什么、何时教、怎么教都由教师说了算，质量也取决于教师的水平。从整个社会来讲，教育还处于十分散漫的状态。学校和教师的工作都没有什么统一的标准，人们对教育的需求并不强烈，也很少有人把教学作为自己的专门职业和终身职业，更谈不上对这个行业的人进行专门培训。因此，当时教师职业的专业化程度十分有限。

在这段漫长的历史阶段里，教师职业所以没有成为独立的社会职业，其社会基础是：

（1）教育是少数统治阶级的特权，学生数量少。

（2）社会还没有普及教育，教师需求量小，没有大量培养人才的社会需求。

（二）教师职业的专门化阶段

教师职业由兼职到独立的发展，一方面是社会发展推动的结果，另一方面是由于社会发展所带来的独立师范教育的诞生。

随着普及义务教育和班级授课制的实施，人们对原来的教育表现了越来越强烈的不满。人们已经认识到，一个有知识的人可以做教师，但如果没有或缺乏职业训练，就会直接影响教育的质量和效果，这样的人也难以成为好的教师。因此，设立专门的教师培训机构以培养专职的教师提上社会议事日程。在这一背景下，1681年，法国天主教神甫拉萨尔（La Salle）创立了第一所师资训练学校，这成为世界独立师范教育的开始。1695年，德国法兰克在哈雷创办了一所师资养成所，施以师范教育，成为德国师范教育的先驱。1795年，法国在巴黎设公立师范学校，1810年，设高等师范学校。1832年，法国颁布统一的师范学校系统，统一隶属中央。1833年的《基佐法案》明确规定，各省均设师范学校一所。从1870年到1890年，世界许多国家颁布法规设立师范学校，中国也是在这个时代，即1897年创立了以专门培养教师为主的师范学校。

师范教育机构成立以后，教学开始作为一门专业，从其他行业中分化出来，形成自己独立的特征。这些专门的师范教育机构不仅注重教师的教育内容，同时也重视教师教学方法的培训，除了对教师进行文化知识教育外，还开设教育学、心理学等方面的课程，开展教育实习，对教师进行专门的教育训练，并把专门的教育训练看成是提高教育质量的重要手段。

师范教育是培养师资的专业教育，它是现代社会的产物，它的诞生与变革，标志着教师职业经验化、随意化的"解冻"以及教师职业专门化的开始。

通过设立独立的师范教育机构对教师进行定向专业化培养的社会基础是：

(1)工业革命的兴起和资产阶级登上政治舞台后对劳动力教育程度的新需要。

(2)广泛实施的普及教育、基础教育对师资的大量需求。普及初等教育促进了中等师范学校的发展，普及中等教育促进了高等师范教育的发展。

(三)教师职业专业化阶段

20世纪60年代，世界各国均面临着教师极为短缺的情况，因而都采取了各种应急措施，以应对教师"量"的急需。但由于忙于应对教师"量"的急需，对于教师"质"的问题则有所忽视。20世纪60年代中期以后，形势有了新的变化，师范教育面临着几个方面的巨大压力，迫使其提高教师的质量。首先是世界各国均出现出生率下降的情况，对教师的需求量相对降低；其次是经济上的困难，政府需要大幅度消减公共支出，并往往把教师培养机构作为减少开支的对象；最后是从总体上来说学校教育没有达到公众所期望的质量，从而导致公众对教育的信心下降。对教育质量的不满和对教师素质低下的讨论很自然又引发了对教师教育的批评。于是，对教师素质的关注达到了前所未有的程度。

1966年，联合国教科文组织与国际劳工组织在《关于教师地位的建议》中提出：应把教师职业作为专门职业来看待。人们也日益认识到，教学也是一门专业化的工作。对教师资格要求有了进一步的提高。于是，中小学师资训练逐步归于高师统一体中。在这种情况下，中等师范学校或者被撤销、兼并，或者升格为高等师范学校，高师教育迅速发展起来。

20世纪80年代以后，教师专业发展日趋成为人们关注的焦点和当代教育改革的中心问题之一。就美国而言，1980年6月16日《时代周刊》一篇《危急！教师不会教》的文章，引起了公众对教师质量的担忧，拉开了以提高教师素质、促进教师专业发展为核心的教育改革的序幕。随后，1986年霍姆斯小组发表《明天的教师》、卡内基工作小组发表《国家为培养21世纪的教师做准备》，复兴小组于1989年发表的《新世界的教师》等一系列报告均对教师素质提出了更高的要求，要求以教师的专业化来实现教学的专业化，教师专业发展很快在美国形成了一场实力强劲的改革运动。此后的许多研究和改革都是围绕如何促使教师获得最大程度的专业发展而展开的。日本、英国等也采取了多种措施促进教师专业发展。如日本在20世纪80年代末建立了旨在促进教师专业化的校本培训模式，1988年教育与就业部颁布了新的教师教育专业性认可标准"教师教育课程要求"。我国的香港和台湾也分别从20世纪80年代后期开始加大教师专业化教育制度的改革。由此可见，教师专业化已经成为世界教育改革与发展的趋势和潮流。

四、从教师专业化到教师专业发展

从广义的角度说，"教师专业化"与"教师专业发展"这两个概念是相通的，均指加强教师专业性的过程。但从狭义的角度说，它们之间还有一定的区别："教师专业化"更多是从社会学角度加以考虑的，主要强调教师群体的、外在的专业性提升；"教师专业发展"更多是从教育学维度加以界定的，主要指教师个体的、内在的专业化提高。这两个不同的思维角度是随着教师专业发展研究进程而不断明晰的。20世纪60年代到70年代，为了提升教师专业化程度，人们采用的是群体专业化策略，关注教师作为专业性职业的地位及其提高的问题；20世纪80年代以来，教师专业化的重心由群体转向个体，强调教师个体的专业化，关注教师的专业发展。这一转移并不意味着提高教师地位的问题不重要，而是希望通过提高教师的专业性来达到提高教师地位的目的。

在最初教师专业化的进程中，有如下两种基本的目标取向。在专业发展制度的层面上，如何构建双重学科的专业发展制度？如何把已有的理论系统落实为实践的原则？在专业组织的层面上，如何建立一个同质的、具有权威性的专业组织？如何争取更大的专业权？这两者构成了教师专业发展的两个目标：一是不断改善专业发展制度，促进教师专业能力发展的"专业发展"目标；二是不断整合专业组织，争取更大的专业权利的"组织发展"目标。

帕森斯（T. Parsons）认为上述两个方面是相辅相成的。专业蕴含着两大基本特征：

其一，一个专业好比一个行会，意味着一个自愿的协会，其成员受到协会的限定，表明自我规范和自律的成员关系。

其二，专业建立在科学的基础之上，也就是说这门职业控制着一套专门的知识理论体系，它的获得除了需经学徒式的训练之外，还要在大学里经过多年的研修。科学性为行会的存在提供了合理性，行会通过对从业权力的控制保证科学知识社会功能的权威性。

然而，在教师专业化的两个目标取向中，人们却犯下了"一味追求公共教育中教师地位的专业化，而忽视了培养我们课堂教师教学实践的专业化"的错误。

正像有学者指出的：教师组织在认定本身的组织目标及选择行为策略上均出现混淆；在认定组织目标上，混淆就在于认同工会主义抑或认同专业主义，视本身的组织是一个工会还是一个专业组织之间的矛盾；在落实到行动取向上，混淆就在于以维护及争取会员权益的利己主义为取向，抑或以为社会大众提供专业服务的忘我主义为依归；继而，在具体行动策略上，混淆则在于选择与雇主集体谈判、怠工、罢工等策略，抑或采取提高本身的专业知识、维护专业服务的水平及道德操守、争取自治及自主权等手段。而且一般英、美的教师组织在这个专业主义与工会主义的两难中，多趋向于工会主义。

显然，以往的追求教师职业的专业地位和权利及集体向上流动的专业化目标和策略并没有取得令人满意的结果，相反，从20世纪60年代到80年代，愈益频繁、愈益声势浩大的争取教师地位和权利的罢工运动（1968—1979年美国教师平均每年举行140次罢工，参加的教师万人）却成为一些人诋毁教师专业的把柄，"真正的专业是不建立工会组织并采取罢工的手段的"。因此，20世纪80年代以前，教师的专业化运动没有取得实质性的进展。

1980年，《世界教育年鉴》以"教师的专业发展"为主题发表了一系列文章，提出教师专业化的目标有两个：

其一是把教师视为社会职业分层中的一个阶层。专业化的目标是争取专业的地位与权利及力求集体向上流动。这种将教学工作放在整体社会结构中的分析是社会学者的研究取向。

其二是把教师视为提供教育教学服务的专业工作者，专业化的目标是发展教师教育教学的知识和技能，提高教育教学的水平。这种以发展教师的专业能力为目标的取向应是教育工作者所追求的。

20世纪80年代以来，随着世界范围经济竞争和科技竞争的加剧，各个国家把教育摆到了社会发展的战略位置。如美国政府在日本和德国经济腾飞的压力下，重新审视本国的教育状况，向全国大声疾呼：国家处在危急中，教育改革势在必行。在世界教育改革的浪潮中，人们越来越认识到，教育改革的成败关键在教师，只有教师专业水平的不断提高才能造就高质量的教育水平。因此，20世纪80年代以后，人们对过去忽视教师专业发展和教学技能提高的做法给予了强烈的批评，教师专业化目标的中心亦开始转到了教师的专业发展上。1986年，美国的卡内基教育和经济论坛工作小组、霍姆斯小组相继发表了《国家为培养21世纪的教师做准备》《明日之教师》两个报告，同时提出了以教师的专业发展作为教师教育的改革方向，努力提高教师的专业化水平。

卡内基工作小组关于教师专业的报告《国家为培养21世纪的教师做准备》中再次肯定教师工作作为一门专业，是建立美国优良教育新标准的最大希望，呼吁建立一支专业化的教师队伍。霍姆斯小组《明日之教师》报告中对教师很少有机会在专业上得到发展的现状，教师发展自己所需的专业是没有价值的观念，以及虚假证书制度提出了强烈的批评；提出要通过提高标准、改革专业教育、进行专业分工等方法来提高教学工作的专业地位；认为要改变教师专业地位的现状，提高教学专业水平和声望，必须对教师胜任工作的能力进行区分，这种区分可为教师专业的改进和发展创造机会并激励建设性的专业活动。报告还提出，要建立"专业发展学校"，既为教师提供各种机会，以促进它们的专业发展，同时又促进专业知识和实践的结合，完善教师的专业教育。

显然，20世纪80年代以来，教师的专业发展成了教师专业化的方向和主题。人们越来越认识到，提高教师专业地位的有效途径是不断改善教师的专业教育，从而促进教师的专业发展。只有不断提高教师的专业水平，才能使教学工作成为受人尊敬的一种专业，成为具有较高的社会地位的一种专业。

因此，从本质上说，所谓教师专业发展就是教师个体专业不断发展的历程，是教师不断接受新知识、增长专业技能的过程，是一个教师的职业理想、职业道德、职业情感、社会责任感不断成熟，不断提升，不断创新的过程。教师要成为一个成熟的专业人员，需要通过不断的学习和探究历程来拓展其专业内涵，提高专业水平，从而达到专业成熟的境界。在当代教育与课程改革的背景下，教师专业发展直接指向于胜任教师的新角色。

五、教师专业发展的内涵与内容

教师的专业发展，是指教师作为专业人员，在职业道德、专业思想、专业知识、专业能力、专业品质等方面由不成熟到成熟的发展过程，即由一名专业新手发展成为专家型教师或教育家型教师的发展过程。取得教师资格证书并不代表已成为合格教师，当了一辈子教师也不一定其专业性都得到了充分的发展。教师的专业发展固然与时间有关，但又不仅仅是时间的累积，更是教师专业素养的不断提高、专业理想的逐渐明晰、专业自我的逐步形成，直至成为教育世界的创造者。

目前，关于教师专业发展的具体内容有着许多不同的说法，从中小学教师的工作职责与发展成长的具体实际来看，主要包含以下内容。

(一)遵守职业道德

教师的职业道德是教师从事教育教学活动时的基本道德规范，是教师对职业行为的自觉追求，也是教师专业发展的道德基础。如果不能认真遵守职业道德，那么教师的专业发展就是无源之水、无本之木。教师职业道德以敬业精神为基础，以协调师生关系为主要内容，乐于奉献、坚持公正是时代对教师职业的基本伦理道德要求。"奉献"作为从业的基本要求，是教师职业责任感、使命感的具体体现。因为培养人是社会发展的基础性事业，是一种非常复杂的劳动，无法用市场经济的等价交换的原则来衡量其价值的大小，没有奉献精神就会失去教师职业的高尚性和纯洁性。"公正"就是公平、正义、合理。"公正"既是教育基本目标之一，又是教师职业的基本行为准则。不讲公正的教育将使学生的心灵失去平衡，其行为丧失应有的约束，教育过程也就失去了"善"的价值。教师职业具有突出的示范性、公共性和教育性，相对于多数职业而言应有更高、更严的职业道德要求。2008年教育部对《中小学教师职业道德规范》进行了修订，要求教师必须做到六个方面：爱国守法、爱岗敬业、关爱学生、教书育人、为人师表、终身学习。

(二)拓展专业知识

教师的专业知识是教师职业区别于其他职业的理论体系和经验系统。美国卡内基教学促进会主席舒尔曼认为，教师必备的专业知识至少应该包括如下方面：学科内容知识；一般教学法知识；课程知识；学科教学法知识；学生及其特点知识；教育脉络知识；教育目的、目标、价值、哲学及历史渊源知识。学科教学知识是前述七类知识的核心，是教师面对特定问题进行有效呈现和解释的知识，即教师在具体教学情境中，把学科知识、学生知识、课程知识、评价知识、一般教学法知识等"活化"之后，经由自身价值观做出判断、选择、重组而形成的动态知识，是教师主动建构、积极创造的结果。学科教学知识形成的过程，就是教师的生命运动过程，就是教师个性发展的过程。可以说，教师在创造了新的学科教学知识时，也创造了崭新的自己。学科教学知识是学科教学专家必备的重要知识，是教师理解自己专业的特殊形式，它将学科专家和一般教师区别开来。

(三)提升专业能力

专业能力是教师在教育教学活动过程中运用一定的专业知识和经验顺利完成某种教育教学任务的活动方式和本领。教师的专业能力是教师综合素质最突出的外在表现，也是评价教师专业性的核心因素。教师的专业能力主要包括以下几方面。

一是教学设计的能力，是指教师在课前根据学生的特点，对教学内容进行组织加工，并选择恰当的教学模式与方式方法以取得教学效果的最优化，包括分析学生特点与组合教学内容、确定恰当的教学目标、选择教学模式与教学方法、预测课堂情形变化等技能。

二是教学语言能力，教学语言是教师对学生实施教育教学的最重要手段，即使在现代化多媒体技术广泛应用于教学领域的今天，课堂教学中教师语言的功能仍不可替代，通过科学正确、条理清晰、通俗易懂、生动形象的语言有效调动学生学习的积极性、自觉性，使学生心驰神往于规定的教学目标和教学内容，是讲究教学语言能力的真谛所在。一般而言，教学语言可分为口头语言(有声语言)表达、书面语言(板书板画)表达和身体语言(无声语言)表达三种类型。

三是教育教学交往能力，这既是教师有效实现与学生的双向沟通所必需，也是教师群体形成教育合力、教师与社会各界合作搞好学校教育以及积极投入社区精神文明建设所必需。

四是组织和调控课堂的能力，这是保证教学过程顺利、有效进行的重要条件。在课堂教学的组织调控中，既定的教学目标是"灵魂"，教学程序是"蓝图"，教学评价是手段，合理组织调控课堂结构是核心，洞察学生心理是基础，运用教育机智艺术地处理突发事件是保证，而营造融洽适宜的课堂氛围则是根本。

五是教育研究能力，教师在从事教育教学工作的同时，应该是一个终身学习者和研究者。具有科研意识和科研能力，坚持在教育教学实践中开展研究，是教师专业能力不断发展的重要保证，"问题即课题、教学即研究、提高即收获"是中小学教师常用的研究模式。教师的教育研究源于对自身教育教学实践的反思，在反思中发现问题，带着问题深入学习并进行研究，在研究中提升对教育的认识和教学技能，促进教师专业化发展。

六是创新能力，指创新教育思想、教学内容、教学方法、教学模式等的能力，是提升教师专业能力的追求与归宿。

(四)建构专业人格

人格是一个人的整体心理面貌，教师的人格形象是教师在教育教学活动中的心理特征的整体体现，具体包含教师对学生的态度，教师的情感、气质、兴趣等。教师的专业人格是教师专业发展的心理基础。乌申斯基再三强调：在教学工作中，一切以教师的人格为根据，因为教育力量只能从人格的活的源泉中产生，任何规章制度、任何人为的机关，无论设想得如何巧妙，都不能代替教育事业中教师人格的形象。苏霍姆林斯基说："教育是人与人心灵上最微妙的相互接触。"教育教学过程实质上就是教师与学生心智和情感交流的过程，专业人格赋予教师的言、行、情、态等活动和形象以一种高贵的品位，教师正是以这种品位来熏陶学生的。教师的人格形象是学生亲近或疏远教师的首要因素。理想教师的人格包括：善于理解学生、和蔼可亲、真诚质朴、公平正直、富有耐心、善解人意、兴趣广泛、开朗乐观、意志力强、诙谐幽默、宽容大度等。专业人格的建构，是教师在教育教学过程中随着对教育的本质与价值、对学生的生命与特征、对自我生命与生活的深切感悟理解的基础上而逐步形成的，是教师在长期的教育实践中对职业道德和教育理想自觉追求的结果与内化，是教师专业发展心智成熟的表现。

(五)形成专业思想

专业思想是教师在深入理解教育工作的本质、目的、价值的基础上形成的关于教育教学的基本观点和信念。它是教师在教育教学工作中的世界观与方法论，是教师专业发展的理性支点和专业自我的精神内核，是教师对成为一个成熟的教育教学专业工作者的向往与追求。有无专业思想是专业人员与非专业人员的重要区别，也是现代教师不同于以往教师的显著标志。由于教育专业思想不是静止不变的，而是动态发展的；不是固定不变的，而是不断演变的。所以，每位教师都必须通过广泛学习教育理论与总结反思自我教育实践而形成自己的教育专业理念、专业思想，而且还必须使其不断更新、不断发展，并永远走在时代的前沿。21世纪教育对于人类社会的发展，具有更加普遍、持久、深刻的基础性价值，因此尤其需要教师具有正确而明晰的专业理想。

(六)发展专业自我

教师专业自我，就是教师在职业生活中创造并体现符合自己志趣、能力与个性的独特的教育教学生活方式，以及个体自身在职业生活中形成的知识、观念、价值体系与教学风格的总和。库姆斯在 20 世纪 60 年代出版的《教师的专业教育》中提出，一名好教师首先是一个人，是一个有独特人格的人，是一个知道运用"自我"作为有效工具进行教学的人。凯尔科特曼则进一步用"专业自我"概念来说明教师的专业素质。他认为，自我是一个复杂、多维、动态的表现体系，是人和环境之间长期相互作用的结果，它不仅影响着人们感受具体情景的方式，也影响着人们日常行为的方式。他把"专业自我"的内容概括为六个方面：自我意向、自我尊重、工作动机、工作满意感、任务知觉、未来前景。教师专业自我的形成过程，是在教师与外界环境的相互作用过程中教育教学素养不断提高的过程，是教师职业生活个性化的过程，也是良好教师形象形成的过程。一旦专业自我形成，它不仅影响教师的工作态度和教育行为方式，而且直接影响教育教学效果。就当前教师专业自我方面而言，我们需要特别注意的就是必须充分认识和感悟教师工作的创造性特征及其对社会发展与自我生存的价值和意义。马克思在《青年在选择职业时的考虑》中强调："能给人以尊严的只有这样的职业，在从事这种职业时，我们不是作为奴隶般的工具，而是在自己的领域内独立地进行创造。"因此，每一名教师能否认识和感受到教师职业的创造性，能否获得这种创造给自己所带来的内在的尊严与欢乐，进而反思和重构自己的职业意识和职业行为，使自己成为自觉创造教师职业生命和职业内在尊严的主体，就成了形成教师专业自我的关键与核心。

第二节　教师专业发展的阶段

一、教师专业发展阶段的理论

(一)富勒的四阶段理论

有关教师发展阶段问题的研究，始于 20 世纪 60 年代末的美国，后流行于欧美，目前已发展成为一套蔚为壮观的理论体系。

1969年，为改进教师教育，美国得克萨斯大学学者弗兰西丝·富勒（Fuller，F.）编制了《教师关注问卷》（Teacher Concerns Questionnaire），研究教师所关注的事物在其职业发展过程中的更迭。富勒认为，个人成为教师的这一历程是经由关注自身、关注教学任务，最后才关注到学生的学习以及自身对学生的影响这样的发展阶段而逐渐递进的。她在总结自己与助手的这一研究及其他相关研究的基础上，提出了在成为教师过程中教师关注的四阶段发展模式。这四个阶段分别是：任教前关注（pre-teaching concerns）阶段、早期生存关注（early concerns about survival）阶段、教学情境关注（teaching situations concerns）阶段、关注学生（concerns about students）阶段，详见表1.1。

表1.1 富勒的教师关注阶段理论

阶段名称	主要特征
1. 任教前关注阶段	职前阶段的学生只是想象中的教师，仅关注自己
2. 早期生存关注阶段	实习教师主要关注的是自我胜任能力以及作为一个教师如何"幸存"下来，关注对课堂的控制、是否被学生喜欢和他人对自己教学的评价
3. 教学情境关注阶段	教师主要关心在目前教学情境对教学方法和材料等限制下，如何正常地完成教学任务，以及如何掌握相应的教学技能
4. 关注学生阶段	教师开始把学生作为关注的核心，关注他们的学习、社会和情感需要，以及如何通过教学更好地影响他们的成绩和表现

(二)卡茨的四阶段理论

在富勒之后，许多学者采取不同方法、从多个角度研究教师发展，提出了多种教师发展阶段理论。其中，影响较大的有卡茨的四阶段理论、伯顿的教师生涯循环发展理论以及费斯勒的教师生涯循环论。

20世纪70年代，美国学者卡茨（Katz，L.）采用访谈和问卷法研究学前教师的培训和发展。她把教师的发展分为四个阶段：求生存（survival）阶段、巩固（consolidation）阶段、更新（renewal）阶段和成熟（maturity）阶段，详见表1.2。

表 1.2　卡茨的教师发展阶段论

阶段名称	时限	主要特征
1. 求生存阶段	任教开始 1、2 年	原来对教学的设想与实际有差距，关心自己在陌生环境中能否生存
2. 巩固阶段	任教第 2、3 年	有了处理教学事件的基本知识，并开始巩固所获得的教学经验和关注个别学生
3. 更新阶段	任教第 3、4 年	对教师重复、机械的工作感到厌倦，试图寻找新的方法和技巧
4. 成熟阶段	任教第 4—5 年	习惯于教师角色，能较深入地探讨一些教育问题

(三)伯顿的三阶段理论

20 世纪 70 年代末，以伯顿(Burden，P. R.)为首的美国俄亥俄州立大学的一批学者，对处在不同教学生涯发展阶段的教师进行了大样本、严密有序的访谈研究，提出了教师生涯循环发展理论。伯顿认为教师发展经历了三个阶段：求生存阶段(survival stage)、调整阶段(adjustment stage)、成熟阶段(mature stage)。伯顿等人的研究以其对数据的大量收集、处理与分析为基础，在方法论上前进了一大步。但未能对教师的未来发展加以研究，详见表 1.3。

表 1.3　伯顿的教师发展阶段论

阶段名称	时限	主要特征
1. 求生存阶段	第 1 年	教师教学活动和环境的知识有限；他们关注学科教学却又感到没有多少专业见解；缺乏信心而且不愿意尝试新的方法
2. 调整阶段	第 2—4 年	学到了许多有关组织课堂、学生、课程和方法等方面的知识；开始注意到学生的复杂性，并学习新的技能以满足各方面的需要；对待孩子更加开放和真诚，感到更有能力满足学生的需要，逐渐有了信心
3. 成熟阶段	第 5 年或 5 年以上	教师感到能更好地控制教学活动和教学环境；以学生为中心；充满自信和安全感，乐于尝试新的教学方法；已经有了新的专业见解，能够处理可能出现的新问题

（四）费斯勒的八阶段理论

1984 年，费斯勒（Fessler）在观察、访谈和典型调查的基础上，结合对成人发展和人类生命发展阶段等研究的文献分析，提出了整体、动态的教师生涯循环论。费斯勒将教师的发展分为八个阶段：职前教育（pre-service）阶段、引导（induction）阶段、能力建立（competency building）阶段、热心和成长（enthusiastic and growing）阶段、生涯挫折（career frustration）阶段、稳定和停滞（stable and stagnant）阶段、生涯低落（career wind down）阶段、生涯退出（career exit）阶段（详见表 1.4）。费斯勒还考察了影响教师职业发展的因素，确定教师专业发展受到教师个人及其职业背景两方面因素的影响。其中，个人环境因素包括家庭因素、积极的关键事件、生活中的危机因素、个人脾气或气质因素、嗜好等；职业背景因素包括学校规则、管理类型、公共信任、社会期望、专业组织和社团组织。

表 1.4　费斯勒的教师生涯循环论

阶段名称	主要特征
1. 职前教育阶段	这个阶段的教育是为了特定的教师角色而做准备的，通常是在大学或师范学院进行的师资培育阶段。此外，这一阶段也包括在职教师从事新角色或新工作的再培训。无论是在高等教育机构内，还是在校内的在职进修活动，都可涵盖在内
2. 引导阶段	这是教师走向社会，进入学校系统和学习每日例行工作的时期。在此阶段的一位新任教师，通常都会努力寻求学生、同事、督导人员的接纳，并设法在处理每日问题和事务时获得被肯定的信心
3. 能力建立阶段	教师努力增进与充实和教育相关的知识，提高教学技巧和能力，设法获得新的信息材料、方法和策略。此时的教师都想建立一套属于自己的教学体系，经常接受与吸收新的观念，参加研讨会和各种相关的会议，以及继续进修与深造
4. 热心和成长阶段	教师已具有较高水平的教学能力，但是一位热心教育和继续追求成长的教师，会更积极地追求其专业形象的建立，发挥热爱教育的工作热忱，不断地寻找新的方法来丰富其教学活动。可以说，热心成长与高度的工作满足感是这一阶段的要素

续表

阶段名称	主要特征
5. 生涯挫折阶段	教师可能会受到某种因素的影响,或是产生教学上的挫折感,或是工作满足程度逐渐下降,开始怀疑自己选择教师这份工作是否正确。"职业倦怠"大多数都会出现在本阶段中。通常教师产生挫折感多在生涯中期,但在教师生涯前期,如任教前几年,也有逐渐增加的现象
6. 稳定和停滞阶段	教师存在着"做一天和尚,撞一天钟"的心态。这些教师只做分内的工作,不会主动追求教学专业上的卓越与成长,只求无过,不求有功,可以说是缺乏进取心、敷衍塞责的阶段
7. 生涯低落阶段	这是准备离开教育岗位、打算"交棒"的低潮时期。此阶段,有些教师感到愉悦自由,回想以前的桃李春风,而今终能功成身退;也有一些教师,则会以一种苦涩的心情离开教育岗位,或是因被迫终止工作而感不平,或是因对教育工作的热爱而觉眷恋
8. 生涯退出阶段	这是离开教职以后生涯寂寥的时期。有些人会寻找短期的临时工作,有些人可能会含饴弄孙,颐养天年,也可能是齿危发秃,多病故人疏,总之是到了生命周期的最后落幕阶段

(五)伯林纳的五阶段理论

伯林纳(Berliner)提出,教师发展成长经历新手教师、熟练新手教师、胜任型教师、业务精干型教师和专家型教师五个阶段。

(六)司德菲的五阶段理论

1989 年,司德菲(Steffy)根据人文心理学派的自我实现理论,建立了教师生涯的"人文发展模式"。司德菲将教师的发展划分为五个阶段:预备生涯阶段、专家生涯阶段、退缩生涯阶段、更新生涯阶段、退出生涯阶段。

司德菲指出教师在更新生涯阶段可采取积极应对措施度过低潮,转而继续追求专业成长,这是对费斯勒理论的超越。

司德菲的理论比其他模式更完整,比较真实地描述了教师发展的历程,着重讨论了教师进入成熟期之后可能出现的低落、停滞并重新进入发展阶段的问题。

(七)叶澜的五阶段理论

叶澜教授以自我专业发展意识为标准，考察教师专业发展过程，把教师内在专业结构更新与改进的规律性作为考察核心，认为教师专业发展分为五个阶段。

一是，非关注阶段，指进入正式教师教育之前，该阶段所形成的前学科教育教学知识及与教师职业相关的品质与能力为正式执教打下基础。

二是，虚拟关注阶段，指师范学习阶段，因为虚拟的专业学习环境缺乏特殊的专业发展支持环境，师范生自我专业发展意识淡薄，如果实习期较长，师范生可能出现自我专业发展意识的萌芽。

三是，生存关注阶段，指初任教师阶段，这是教师专业发展的关键期，突出特点是骤变与适应，需要实现由师范生到正式教师的角色的巨大转换，需要克服对于教育教学实践的不适应，教师关注如何生存下来，急于找到维持最基本教学的求生知识和能力。

四是，任务关注阶段，是教师专业结构诸方面稳定、持续发展时期，由关注自我生存转到追求更好地完成教学任务，以获得职业认同，并追求卓越和专业成熟。教师应该把自己的专业发展过程作为反思的对象，教师不仅是专业发展的对象，更是自身专业发展的主人，为自己的专业发展负责，教师生涯直接以专业发展为追求目标和动力源。

五是，自我更新关注阶段，不再受外部评价或职业升迁的牵制，自觉依照教师发展的一般路线和自己目前的发展条件，有意识地自我规划，以谋求最大程度的自我发展，关注学生的整体发展，积累了比较科学的个人实践知识。

二、教师专业发展的一般阶段及特征

教师的专业成长是一个长期的过程，它贯穿着教师的一生。对于教师专业发展的不同阶段，不同的学者虽然提出了不同的见解，但概括起来教师的专业成长一般包括新手型教师—熟手型教师—专家型教师这三个发展阶段。在综合考虑教龄、职称和教育质量的情况下，可以界定为：教龄在0—5年、职称三级（包括三级）以下的青年教师属于新手型教师；介于新手与专家之间、教龄在6—14年、参加过骨干教师培训班的教师定为熟手型教师；把教龄15年以上且具有特级教师资格或高级职称的教师定为专家型教师。

新手型教师—熟手型教师—专家型教师专业发展三个不同阶段特点及

培养策略如下。

(一)新手型教师特征

1. 教学策略

新手型教师在教学策略上以课前准备为中心。新教师缺乏教学经验，课前必须花费较多的时间来备课，因而他们对课前的准备极为重视。但在课堂教学中，他们往往只能按照教案按部就班地进行教学以完成教学任务，在导入新课、把握教学进度、突破重点难点、灵活运用教学策略、处理师生关系等方面存在着明显的不足。在进行课后评价时，新手教师多以自己为中心，关心自己的教学是否成功。由于熟悉课堂和学生占据了大部分时间，他们尚未真正地进行课后反思。

2. 工作动机

新手型教师在教师成长过程中处于关注自我生存阶段，工作动机在成就目标上是以成绩目标为主。由于缺乏教学经验和专业技能训练，难以设身处地地理解和关心学生。他们更多地以自我为中心，关心能否向他人证明自己的能力，关注外界对其教学状况的评价。解决生存问题是其关注的焦点。

3. 职业承诺

新手型教师处于职业的探索阶段，职业承诺低。由于正处于从学生转变为教师的适应阶段，他们在教学技能上还不成熟，在课堂的控制上缺乏经验，在教学程序上比较刻板，所以新手型教师经常感到应付不暇。在教学和工作中容易遭遇挫折，体验到比较强烈的失败感，成就感较低。他们对教师职业所赋予的意义和责任认识还不深刻，对教师职业的感情常常摇摆不定。因此，新手教师的职业承诺仍处于一种选择性的阶段和状态，职业承诺不稳定。

4. 职业倦怠

新手型教师在教学和工作中一旦遭遇挫折，往往容易出现精神疲惫的状态。他们体验到比较强烈的失败感，职业倦怠感较强。

(二)熟手型教师特征

1. 教学策略

熟手型教师课中教学策略水平较高。熟手型教师已经熟练掌握常规的教学操作程序，能够灵活运用各种教学策略，并能够根据课堂实际情况对教学计划和行为适当地做出调节和控制，课堂教学显得流畅、熟练。由于熟手对教学内容和教学程序已经比较熟悉，课前的计划与准备已经熟练化和定型化，容易导致课前策略刻板、僵化，因此常常表现出对课前策略的重视不足。在进行课后评价时，他们以学生为中心，关注学生的理解程度和兴趣；把注意力更多地集中于教学的内在价值上，主要以课堂教学是否成功作为评价标准。但是，对于如何进一步提高教学质量关注不够，因此，熟手型教师还不善于进行课后反思。

2. 工作动机

熟手型教师的成就目标已从新手的以成绩目标为主转化为以任务目标为主。他们关注教学本身的价值和自身教学能力的提高，对教学问题的理解比新手更加深入；注重学生的理解、兴趣和学习效果。但是，熟手型教师内部动机的自发性欠缺，教师的角色信念尚未牢固。

3. 职业承诺

熟手型教师处于职业的高原阶段，职业承诺较低。熟手型教师在这个阶段分化加剧。经过了5—6年的教学生活，熟手型教师感受到了教师职业的单调重复、封闭繁杂、负荷重而报酬低等特点，职业自我满足感开始下降。一部分熟手转而寻找更适合自己的职业；如果失败，只能很无奈地接受现实，得过且过。

4. 职业倦怠

熟手型教师处于职业的高原期，容易产生烦闷、抑郁、无助、疲倦、焦虑等消极情绪。因此，熟手型教师是心理问题较多的一个群体。家庭的负担、超负荷的工作量、严格的考核、工作的重复性和知识能力的停滞不前等因素都是导致教师职业倦怠的因素。

(三)专家型教师特征

1. 教学策略

专家型教师的教学策略主要体现为课前的精心计划、课中的灵活应变和课后的认真反思。专家型教师的课前准备得益于长期的教学实践，计划简洁灵活而且富有成效，以学生为中心并具有预见性。在课中，专家型教师在课堂规划的制定与执行、吸引学生的注意力、教材的呈现、课堂练习及教学策略的运用上都显得游刃有余。在课后策略上，专家型教师以学生作为课后评价的中心，关注学生的学习效果；他们不仅仅注重课堂教学的成功与否，更加注重对课堂成功或失败原因的思考。因此，善于通过对教学的反思来提高自己的教学能力是专家型教师一个重要的特点。

2. 工作动机

专家型教师具有强烈且稳定的内在工作动机。他们由衷地热爱教育事业，对教师职业的情感投入程度高，能不断追求教师事业深层次的价值所在。他们乐于和学生交往，把学生当成是自己的朋友，在教学中体验到强烈的职业成就感。

3．职业承诺

专家型教师处于职业的升华阶段，具有良好的职业承诺。专家型教师拥有丰富的教学理论知识和实践经验，教学风格及所取得的成绩得到同行教师的认可，角色形象已日益完善。因此，他们对教师这个职业具有较高的成就感和热情度，职业承诺度高。

4．职业倦怠

专家型教师的职业倦怠感较低，对教师职业的情感投入程度高，职业的义务感和责任感比较强。专家型教师的职业倦怠主要来源于学生、家长对于专家型教师的言行较为严格的要求以及学校和社会对其较高的期望。但他们能够不断地调整和充实自己，尽快消除倦怠感。

三、不同发展阶段的教师培养策略

(一)新手型教师的培养策略

1．强化职业承诺度

对新手型教师自身而言，他们应增强对职业的忠诚度和责任感，尽快认识到教师职业所赋予的重大意义和责任，尽早明确职业生涯的发展方向。

2．注重课后反思

教育实践经验的相对缺乏使新手难以将较为丰富的理论知识转化为实践性知识并用以指导课堂教学实践。新手只有在教学实践中不断反思存在的问题，才能将理论性知识转化为实践性知识。

3．提高任务目标水平

提高新手型教师的任务目标水平，使新手型教师认识到学习和工作的内在价值并形成良好的人格特点。引导新手型教师将注意力集中于教学的内在价值的认识上，尽快树立以学生为中心的教学观。

4．构建教师支持系统

教师在工作的不同阶段都有可能面临不同的问题和危机，而教师能否顺利地解决这些危机，在很大程度上取决于学校的人文环境和周围同事的支持。"学校成功与否的决定性因素在于教师专业成长的合作关系的有无；教师专业成长能否实现的决定性因素也在于校内教师合作关系的有无"。

在学校内部形成合作发展的教师支持系统是十分必要的，因为来自同事的教学资源信息的共享、教学经验的交流以及情感的支持有助于提高新教师的教学水平和工作的自主性，从而降低工作倦怠感，提高职业承诺度。

(二)熟手型教师的培养策略

1. 充分认识该阶段的关键性

并不是所有的新手型教师最终都能成为专家型教师，在新手型教师与专家型教师之间必然存在着过渡的中间阶段，即熟手型教师阶段。熟手型教师阶段是新手型教师向专家型教师发展过程所必经的关键阶段，所以，对熟手型教师阶段在教师成长过程中的作用要保持敏感性，引起高度重视。

2. 尽快走出职业倦怠

熟手型教师阶段是低职业承诺和高职业倦怠高发期。从新手型教师—熟手型教师—专家型教师的职业承诺与职业倦怠水平的标准差来看，大致呈现其离散程度呈倒"U"形分布一种趋势。这说明了新手型教师的离散程度较小，熟手型教师的离散程度不断增加，专家型教师的离散程度又逐渐下降。由此可见，熟手型阶段是教师成长过程的过渡期和分化期。这是一个容易出现心理问题的敏感时期，教师在教学过程中易出现情绪多变、行为失控的现象，职业承诺度低而职业倦怠度高。不容忽视的是，在不同阶段，教师都可能出现职业倦怠。例如，上文提到的费斯勒将教师专业发展划分为八个阶段，其中第五阶段为职业挫折阶段，倦怠大多数都会出现在本阶段；司德菲的教师生涯发展模式的第三阶段为退缩生涯阶段，这一时期教师常表现出倦怠感。职业倦怠可能出现于不同阶段并有可能较为集中地出现于某个阶段，正视专业发展过程中的职业倦怠刻不容缓。在熟手型阶段，应重视提高熟手型教师对自身教学行为的调控能力，帮助他们解决职业发展中的各种心理问题，加深他们对教师职业的情感认同，形成职业的自尊和自信，促使他们在成功体验的基础上实现教师职业角色的自我完善，尽快走出倦怠而获得新的发展。这无疑是教师应该追求的积极的发展过程。

3. 摆脱停滞不前

熟手型教师阶段是稳定期和停滞期。在教师成长的过程中，新教师经过几年的教学实践，具备熟手型教师的特征。但只有熟练阶段教师中的一部分发展成为专家型教师，许多熟手型教师在这一阶段停滞下来，直至教师职业生涯结束也未成长为专家，甚至最后直接进入了职业衰退期。显而易见，熟手型教师由于已经熟悉了教学环境，习惯了已有的教学程序和思路，消耗了大量积累的专业知识，教学水平停滞不前，因此很难在各个方面有很大的提升和突破。稳定阶段的熟手型教师是教师成长最艰难的时期，核心问题在于推动他们的知识和能力的更新。熟手型教师应调整职业生涯规划，攻读更高一级的学位，拓展知识面，强化各方面的能力。同时，为熟手型教师提供更多的进修和培训机会、专题讲座、训练项目等。再者，鼓励适当的工作轮换或担当可以发挥熟手型教师特长的短期任务，从而帮助他们消除疑虑和障碍。熟手型教师必须不断学习，不断调整，摆脱停滞。

4. 把握成长为专家的关键期

熟手阶段是新手成长为专家的关键期。熟手肯定是昨天的新手，但不一定是明天的专家。因此，熟手型教师是从新手型教师成长为专家型教师的关键阶段，教学专长能否在成熟的水平上不断得到新的提高是问题的核心。在教学专长方面，专家型教师具有主动反思、对基本教学问题的处理达到自动化、知识结构化、高水平的自我效能感与自我监控能力等优势。因此，应围绕这些能力的获得，构建从熟手到专家型教师的教师教育模式，培养更多的专家型教师。

(三)充分发挥专家型教师的优势

1. 充分发挥专家型教师的引领作用

从新手到熟手、从熟手到专家的促进模式的教师教育，应该充分发挥专家型教师的帮助和指导作用，形成具有特色的同伴合作与支持的教师成长文化。专家型教师具有丰富的组织化了的专门知识，富有敏锐的职业洞察力和创造力，拥有独特的价值观、心理特质以及精神追求。在同伴合作与支持的教师成长文化氛围中，这些特质有利于新手型教师和熟手型教师加以借鉴和学习。

2. 定期开展教学观摩和教学研讨

通过定期开展教学观摩和教学研讨，专家型教师可以将自身所具有的驾驭专业知识的能力、监控课堂教学的能力、有效使用教学策略的能力，通过讨论、反思等途径，潜移默化地传递给新手型教师和熟手型教师，从而使新手型教师少走弯路，缩短熟手型教师成长为专家型教师的时间。

总之，教师专业发展是一个动态的、纵贯整个职业生涯的历程，其间既有高潮，也有可能面临职业的危机。新手—熟手—专家型教师的比较研究揭示了新手型教师、熟手型教师和专家型教师的有关特征和主要差异。

教师通过对教师发展阶段的了解，应对自己的教师职业生涯做好规划，以积极地回应其间的变化与需求。教师教育部门在教师的教育过程中应该依据教师的不同发展阶段的特点，为教师的发展提供有的放矢的帮助，使之尽快地向专家型教师发展。

思考与练习

1. 教师专业化的含义是什么？
2. 简述教师专业化的历史进程。
3. 教师专业发展包括哪些内容？
4. 试分析富勒的教师关注阶段理论。
5. 费斯勒的教师生涯循环论对教师教育有什么启示？
6. 教师专业发展的各个阶段都有哪些特征？

案例分析

2006年，无锡市声讯热线"1608992"工作组对锡山区几所小学的200多名教师进行了问卷调查。结果发现教师们普遍认为孩子越来越难教，压力越来越大，其中近一半的教师感到较难适应教学改革，超过一半的教师认为家长不配合学校教育的问题比较严重。

据了解，参与本次调查的教师年龄一半在30岁左右，其余基本在40岁以下，且女教师占了大部分。问卷从教育制度、学生情况及社会期望等几个方面对教师进行调查。在教育制度方面，约48%的教师认为教育改革无从做起。另有47%的教师认为统一教材、进度和命题使教学没有灵活性，大部分人觉得这已长久影响到自己的教学。在学生情况和人际关系方面，学生学习意愿低落、家长不配合学校教育学生已成为过半数小学教师的一大困扰，且该问题在大部分教师中存在已有一年以上。在社会期望上，许多教师也感到社会对他们的期望越来越高，61%的教师对社会、学校和家长们只以升学率来评价教师优劣的做法很有意见。尤为引人注意的是，有79%的小学教师表示他们的工作比较繁忙，身心很疲惫。

——摘自《江南晚报》2006-03-28

分析：从调查结果不难看出，随着教育改革的推进，教改要求老师的教学方法不断进步，学生、学校和家长对教师素质的期望值也正逐步提高，不少教师面临着各方面的压力，教起来难免感到有点力不从心，甚至有部分人无所适从。所以，提高教师素质，实现教师专业化已迫在眉睫。

第二章　教师专业发展的目标

引言

　　中小学教师专业标准是国家对中小学合格教师专业素质的基本要求，作为师范生，应该准确理解教师专业标准的基本理念，全面把握教师专业标准的内容要求，才能更快地提升自己的专业化水平。

学习目标

　　1. 准确理解教师专业标准的基本理念。
　　2. 全面把握教师专业标准的内容要求。
　　3. 切实增强教师专业发展的自觉性。
　　4. 明确教师专业发展的努力方向。

第一节　中小学教师专业标准的内容

　　教育大计，教师为本。教育事业发展的关键在教师。改革开放特别是进入 21 世纪以来，我国教师队伍建设取得明显成效，为教育改革发展提供了强有力的师资保障。但随着我国经济社会的发展，教育改革的深入，中小学教师队伍建设总体上还有些不适应。教师专业化水平亟待提升，教师职业吸引力亟待进一步增强，教师资源配置亟待改善，教师管理机制亟待完善。在新的历史起点上，建设高素质专业化教师队伍，关系亿万青少年的健康成长，关系教育改革发展的全局，关系国家的前途和民族的未来。

　　制定教师专业标准，是落实《国家中长期教育改革和发展规划纲要（2010—2020 年）》（以下简称《纲要》）的一项重要而紧迫的任务。该《纲要》提出："严格教师资质，提升教师素质，努力造就一支师德高尚、业务精湛、结构合理、充满活力的高素质专业化教师队伍。"制定教师专业标准，明确教师专业素质要求，是健全教师管理制度的一项重要内容，必将大力促进我国教师专业水平的提高。建立教师专业标准体系，严格实施教师准入制度，对于提高教师队伍整体素质，提高教师教育质量，促进义务教育均衡发展和教育公平都将发挥重要作用。同时，制定教师专业标准也符合国际上教师专业化发展的潮流和趋势。为此，教育部研究制定了《小学教师专业标准（试行）》和《中学教师专业标准（试行）》（以下简称《专业标准》）（教师〔2012〕1号），于2012年2月发布。

中小学教师和师范生应该准确理解《专业标准》的基本理念，全面把握《专业标准》的内容要求，切实增强专业发展的自觉性，把《专业标准》作为开展教育教学实践、提升专业发展水平的行为准则。

一、教师专业标准概述

教师专业标准定位为国家对小学和中学合格教师的专业基本要求，是教师开展教育教学工作的基本规范，是引领教师专业发展的基本准则，是教师培养、准入、培训、考核等工作的重要依据。

教师专业标准框架由基本理念、基本内容与实施建议三大部分构成。基本理念提出教师要以学生为本，师德为先，能力为重，终身学习。基本内容由维度、领域和基本要求组成，分别对小学、中学教师的专业理念与师德、专业知识和专业能力提出60余条具体要求。实施建议分别对教育行政部门、教师教育机构和中小学及教师提出了相关要求。

教师专业标准主要有以下四个特点：

第一，突出师德要求，要求教师要履行职业道德规范，增强教书育人的责任感和使命感，践行社会主义核心价值体系。

第二，强调学生主体地位，要求教师要尊重学生，关爱学生，充分发挥学生的主动性，为学生提供适宜的教育，促进每个学生主动、生动活泼地发展。

第三，强调实践能力，要求教师要把学科知识、教育理论与教育实践相结合，不断研究，改善教育教学工作，提升专业能力。

第四，体现时代特点，要求教师要主动适应经济社会和教育发展的要求，不断优化知识结构，不断提高文化修养，做终身学习的典范。

二、《小学教师专业标准(试行)》简介

小学教育是一个人人生发展的重要阶段。小学教师的质量关系到学生一生的成长,关系到亿万家庭的希望,更关系到国家的未来。20世纪80年代以来,通过明确教师专业标准来凸显教师职业的专业性、推进教师专业化进程,成为世界许多先进国家提高教师质量的共同战略,中国也不例外。而不断深入开展的基础教育课程改革更是从现实层面将我国教师队伍建设提上重要日程。

《小学教师专业标准(试行)》明确了一名合格小学教师的道德坐标、知识坐标与能力坐标,它是我国教师专业化进程中的重要里程碑。1994年颁布的《中华人民共和国教师法》在法律上第一次确认了教师的专业地位。当下,《小学教师专业标准(试行)》进一步对小学教师的基本素养和要求进行了细致、专业的梳理和规范,这将有力保证我国小学教师的专业地位,有效提升小学教师的专业素质。

(一)《小学教师专业标准(试行)》制定的意义与价值

1. 规范教师专业行为,促进小学教师专业发展

尽管20世纪90年代初我们就开始致力于教师专业品质的确立和提升,然而在实际教育工作中,教师,尤其是小学教师的专业地位并未获得广泛的认同。教师专业地位的体现,一方面需要外在条件的支持与保障,另一方面更需要依赖教师队伍的自身建设。为此,《小学教师专业标准(试行)》对小学教师的"专业理念与师德""专业知识""专业能力"进行了细致梳理和规范,厘定小学教师的从教规格。

2. 设立教师合格标准,促进教育公平

教育肩负着重要的社会使命,不但要启迪人的心智、锻炼人的品格、完善人的心性,还应在消除社会上的不平等、创造宽松和谐的社会中发挥重要作用。《小学教师专业标准(试行)》中突出了"学生为本""师德为先",这有利于引导立志成为小学教师者以及小学在职教师自觉加强修养,倡导与践行公平公正。

3. 为教师职前培养、职后培训提供目标参照

随着教师教育体系的逐步开放,《小学教师专业标准(试行)》将成为小学教师培养的目标参照,有利于完善小学教师培养方案、科学设置小学教师教育的课程,降低教师职前培养的盲目性和随意性,提升小学教师的培养质量,同时也为各级各类教师培训提供了基础性的要求,有利于切实促

进小学教师教育的一体化，确保小学教师持续的专业发展。

4. 为小学教师的资格准入、考核与评价提供依据

《小学教师专业标准(试行)》的制定为小学教师的准入、考核及退出提供了相对统一、客观的依据，有利于有关部门严把小学教师入口关，确定教师管理制度，保证和维持小学教师的质量。

5. 与国际教师教育改革发展的趋势相吻合

《小学教师专业标准》的制定是符合国际教师教育改革发展趋势的。

(二)《小学教师专业标准(试行)》遵从和倡导的基本理念

1. 强调以学生为本

小学生具有发展性、主动性等特点，在教育教学过程中，处于主体和中心的位置。学生为本，就是遵循教育教学的规律，坚持学生主体的教育理念，尊重、关注和爱护学生，引发学生积极、主动地参与学习，将促进小学生快乐学习、健康成长作为教育教学的最终目标。

2. 倡导以师德为先

师德是作为教师的第一要素，小学教师面对的是成长中的小学儿童，特别要注重为人师表，重视榜样的作用。师德大到遵纪守法、献身教育事业，具体到个人修养、言谈举止。特别是在对待小学生的态度方面，本着"爱是小学教师的灵魂"这一理念，着重要求教师要富有爱心、耐心和责任心。

3. 重视教师能力提升

教师的专业能力是教师教育理念、专业知识的载体，它直接关系到学生的学习能力、实践能力和创新能力的形成。小学教师所面对的是生动活泼、日益成长的小学生，他的能力首先体现在认识学生、了解学生、把握学生的特点和需求方面，同时还体现在教育教学的方法等实践环节上。当代教师不仅要把握学科的基本理论，还要有能力驾驭课堂，通过有效的方法、智慧来指导学生的学习，以保证学生的学习效果。

4. 践行终身学习理念

终身学习是当代社会的重要特征，教师在形成全民学习、构建学习型社会的过程中应该起到领头羊的作用。小学教师的终身学习主要体现为主动发展的意识和不断反思、制定发展规划的能力。同时还要把握国内外教育发展的动向，跟上教育理论和知识学习的发展步伐，不断充实和完善自己，使学习成为自身生活中的一种习惯。

(三)《小学教师专业标准(试行)》的框架结构与内容

1.《小学教师专业标准(试行)》的框架结构

《小学教师专业标准(试行)》设置了三个维度,即"专业理念与师德""专业知识""专业能力"。每个维度下设若干领域,其中"专业理念与师德"维度有四个领域,"专业知识"维度有四个领域,"专业能力"维度有五个领域,共涉及十三个领域,每个领域又设了若干"基本要求",《小学教师专业标准(试行)》一共设有六十项基本要求。

2. 对《小学教师专业标准(试行)》中"基本要求"内容的诠释

《中华人民共和国教师法》《中小学教师职业道德规范》等法律和规范为制定《小学教师专业标准(试行)》提供了一些框架和元素方面的参考,但与其相比,《小学教师专业标准(试行)》在"专业理念与师德""专业知识""专业能力"三大部分的具体内容要求上又与时俱进地进行了增删、改进和发展。

(1)"专业理念与师德"部分

《小学教师专业标准(试行)》从职业理解与认识、对小学生的态度与行为、教育教学的态度与行为、个人修养与行为四个领域对小学教师的专业理念与师德提出具体要求。以下四个方面体现出鲜明的时代精神和教育发展的特点。

第一,强调教师职业的专业性和独特性,要求教师注重自身专业发展。这是时代发展和教育进步对教师专业发展的诉求。

第二,突出小学生的生命教育。生命教育是这个时代的重音符,它体现出不断革新的教育观,因此生命教育也自然成为教师对学生的一种最原初、最重要的姿态和使命。教师要"将保护小学生的生命安全放在首位","尊重小学生的人格","信任小学生,尊重个体差异"。这即意味着,教师要服务于小学生生命成长的需要,关心小学生的生命状态,同时也要关注小学生自身对生命的体验和态度。

第三,明确要求教师要积极创造条件,让小学生拥有快乐的学校生活。学校生活是教师和学生共同拥有的,以小学生为着眼点提出快乐学校生活的问题意味着要依据素质教育的要求和新课程改革的精神深入、有效地转变教学观、学生观、师生观,以及学校管理思维等。外在环境的改善固然重要,但是在教师与学生交往的微观世界里,教师对教育和对学生的理解与行动将会更为直接地决定小学生是否能够拥有一个快乐的学校生活。

第四,要求教师要注重修身养性。《小学教师专业标准(试行)》提出了指向教师个人修养和行为方面的诸多要求。这些要求更多反映出教师作为平凡的人，哪些心性、品质、行为是适当的，其次才将教师作为"教育者"特有的心性、品质和行为要求融入进来。

（2）"专业知识"部分

《小学教师专业标准（试行）》从小学生发展知识、学科知识、教育教学知识、通识性知识四个领域对小学教师的专业知识提出具体要求。其中有四个方面体现出鲜明的时代精神和教育发展的特点。

第一，要求教师了解和掌握小学生发展的知识。目的在于保护小学生的身心健康、保障小学生的合法权益和促进他们的健康成长。小学教师仅仅只了解小学生身心发展特点和规律、学习特点等是远远不够的，还需要加强政策和法律层面的学习，了解小学生生存、发展和保护的有关法律法规及政策规定，需要了解小学生安全防护的知识，掌握针对小学生可能出现的各种侵犯和伤害行为的预防与应对方法，了解幼小和小初衔接阶段小学生的心理特点。

第二，对小学教师学科知识的要求体现一定的特殊性。小学教育的综合性特点要求小学教师要了解多学科的知识，在此基础上掌握所教学科的知识体系、基本思想与方法；也正是综合性特点特别要求小学教师要关注所教学科与社会实践的联系，与其他学科的联系。

第三，要求教师掌握小学教育与教学理论。小学教育与教学因其基础性、养成性、启蒙性等特点，使得它不同于幼儿和中学的教育教学，小学教师应掌握小学教育教学的基本理论。

第四，关注通识性知识的重要价值。通识性教育要求所关注的是小学教师作为人的整体素质的提升，它是非功利、非职业性的，同时也是教师作为专业人员必须具备的素质。

（3）"专业能力"部分

《小学教师专业标准（试行）》从教育与教学设计、组织和实施、激励与评价、沟通与合作、反思与发展五个领域对小学教师的专业能力提出具体要求。以下五个方面体现出鲜明的时代精神和教育发展的特点。

第一，对教师能力的要求处处体现"儿童为本"的理念。如要求"合理制定小学生个体与集体的教育教学计划""发现和赏识每一位小学生的点滴进步""引导小学生进行积极的自我评价"等；同时体现出了建构主义（如要求"结合儿童已有经验"组织教育教学）、教育智慧（如要求"妥善应对突发事件"）、多元智能（如要求"灵活使用多元评价方式"）等教育新理念。

第二，对教师能力的要求尽可能跟上时代发展的新需要，如要求教师"帮助小学生建立良好的同伴关系""将现代教育技术手段整合应用于教学中"等。

第三，关注小学教师专业能力建设过程中的独特性。如增加体现小学教师教育教学特殊性的一项新能力要求，即"合理设计主题鲜明、丰富多彩的班级和少先队活动"，这是遵循小学教师不应该只是学科知识的传授者，每一个小学教师都应该能够做班主任，每一个小学教师都应能够结合儿童身心特点和发展需要设计丰富的活动，进而促进儿童全面发展。

第四，十分强调教师的沟通与合作能力。这是考虑到小学教师工作依托于多角色人际互动这一活动特征，因此对小学教师如何有效进行人际沟通与合作提出了细致的要求。如在人际沟通方面，《小学教师专业标准（试行）》中明确提出小学教师要做到"使用符合小学生特点的语言""善于倾听""与小学生进行有效沟通"等。在人际合作方面，《小学教师专业标准（试行）》中提出教师要"与家长进行有效沟通，共同促进小学生发展""协助小学与社区建立合作互助的良好关系"等。

第五，重视培养教师的反思与发展能力。这一能力领域的提出，是对全球教师专业化发展背景下的教师专业发展内在要求的回应。教师专业化的本质就是发现教师自身，让教师意识到自身在专业成长中的力量和自主发展的角色，进而在各项专业发展活动中体现出来积极的自我反思意识、专业发展规划意识和能力，能主动对教育教学进行探索和研究活动。

附：《小学教师专业标准（试行）》

为促进小学教师专业发展，建设高素质小学教师队伍，根据《中华人民共和国教师法》和《中华人民共和国义务教育法》，特制定《小学教师专业标准（试行）》（以下简称《专业标准》）。

小学教师是履行小学教育教学工作职责的专业人员，需要经过严格的培养与培训，具有良好的职业道德，掌握系统的专业知识和专业技能。《专业标准》是国家对合格小学教师专业素质的基本要求，是小学教师实施教育教学行为的基本规范，是引领小学教师专业发展的基本准则，是小学教师培养、准入、培训、考核等工作的重要依据。

一、基本理念

（一）师德为先

热爱小学教育事业，具有职业理想，践行社会主义核心价值体系，履行教师职业道德规范，依法执教。关爱小学生，尊重小学生人格，富有爱心、责任心、耐心和细心；为人师表，教书育人，自尊自律，做小学生健康成长的指导者和引路人。

（二）学生为本

尊重小学生权益，以小学生为主体，充分调动和发挥小学生的主动性；遵循小学生身心发展特点和教育教学规律，提供适合的教育，促进小学生生动活泼学习、健康快乐成长。

（三）能力为重

把学科知识、教育理论与教育实践有机结合，突出教书育人实践能力；研究小学生，遵循小学生成长规律，提升教育教学专业化水平；坚持实践、反思、再实践、再反思，不断提高专业能力。

（四）终身学习

学习先进小学教育理论，了解国内外小学教育改革与发展的经验和做法；优化知识结构，提高文化素养；具有终身学习与持续发展的意识和能力，做终身学习的典范。

二、基本内容

维度	领域	基本要求
专业理念与师德	（一）职业理解与认识	1. 贯彻党和国家教育方针政策，遵守教育法律法规。 2. 理解小学教育工作的意义，热爱小学教育事业，具有职业理想和敬业精神。 3. 认同小学教师的专业性和独特性，注重自身专业发展。 4. 具有良好职业道德修养，为人师表。 5. 具有团队合作精神，积极开展协作与交流。
	（二）对小学生的态度与行为	6. 关爱小学生，重视小学生身心健康，将保护小学生生命安全放在首位。 7. 尊重小学生独立人格，维护小学生合法权益，平等对待每一位小学生。不讽刺、挖苦、歧视小学生，不体罚或变相体罚小学生。 8. 信任小学生，尊重个体差异，主动了解和满足有益于小学生身心发展的不同需求。 9. 积极创造条件，让小学生拥有快乐的学校生活。

续表

维度	领域	基本要求
专业理念与师德	（三）教育教学的态度与行为	10. 树立育人为本、德育为先的理念，将小学生的知识学习、能力发展与品德养成相结合，重视小学生全面发展。 11. 尊重教育规律和小学生身心发展规律，为每一个小学生提供适合的教育。 12. 引导小学生体验学习乐趣，保护小学生的求知欲和好奇心，培养小学生的广泛兴趣、动手能力和探究精神。 13. 引导小学生学会学习，养成良好学习习惯。 14. 尊重和发挥好少先队组织的教育引导作用。
	（四）个人修养与行为	15. 富有爱心、责任心、耐心和细心。 16. 乐观向上、热情开朗、有亲和力。 17. 善于自我调节情绪，保持平和心态。 18. 勤于学习，不断进取。 19. 衣着整洁得体，语言规范健康，举止文明礼貌。
专业知识	（五）小学生发展知识	20. 了解关于小学生生存、发展和保护的有关法律法规及政策规定。 21. 了解不同年龄及有特殊需要的小学生身心发展特点和规律，掌握保护和促进小学生身心健康发展的策略与方法。 22. 了解不同年龄小学生学习的特点，掌握小学生良好行为习惯养成的知识。 23. 了解幼小和小初衔接阶段小学生的心理特点，掌握帮助小学生顺利过渡的方法。 24. 了解对小学生进行青春期和性健康教育的知识和方法。 25. 了解小学生安全防护的知识，掌握针对小学生可能出现的各种侵犯与伤害行为的预防与应对方法。
	（六）学科知识	26. 适应小学综合性教学的要求，了解多学科知识。 27. 掌握所教学科知识体系、基本思想与方法。 28. 了解所教学科与社会实践、少先队活动的联系，了解与其他学科的联系。
	（七）教育教学知识	29. 掌握小学教育教学基本理论。 30. 掌握小学生品行养成的特点和规律。 31. 掌握不同年龄小学生的认知规律和教育心理学的基本原理和方法。 32. 掌握所教学科的课程标准和教学知识。

续表

维度	领域	基本要求
专业知识	（八）通识性知识	33. 具有相应的自然科学和人文社会科学知识。 34. 了解中国教育基本情况。 35. 具有相应的艺术欣赏与表现知识。 36. 具有适应教育内容、教学手段和方法现代化的信息技术知识。
专业能力	（九）教育教学设计	37. 合理制定小学生个体与集体的教育教学计划。 38. 合理利用教学资源，科学编写教学方案。 39. 合理设计主题鲜明、丰富多彩的班级与少先队活动。
	（十）组织与实施	40. 建立良好的师生关系，帮助小学生建立良好的同伴关系。 41. 创设适宜的教学情境，根据小学生的反应及时调整教学活动。 42. 调动小学生学习积极性，结合小学生已有的知识和经验激发学习兴趣。 43. 发挥小学生主体性，灵活运用启发式、探究式、讨论式、参与式等教学方式。 44. 发挥好少先队组织生活、集体活动、信息传播等教育功能。 45. 将现代教育技术手段整合应用到教学中。 46. 较好使用口头语言、肢体语言与书面语言，使用普通话教学，规范书写钢笔字、粉笔字、毛笔字。 47. 妥善应对突发事件。 48. 鉴别小学生行为和思想动向，用科学的方法防止和有效矫正不良行为。
	（十一）激励与评价	49. 对小学生日常表现进行观察与判断，发现和赏识每一位小学生的点滴进步。 50. 灵活使用多元评价方式，给予小学生恰当的评价和指导。 51. 引导小学生进行积极的自我评价。 52. 利用评价结果不断改进教育教学工作。
	（十二）沟通与合作	53. 使用符合小学生特点的语言进行教育教学工作。 54. 善于倾听，和蔼可亲，与小学生进行有效沟通。 55. 与同事合作交流，分享经验和资源，共同发展。 56. 与家长进行有效沟通合作，共同促进小学生发展。 57. 协助小学与社区建立合作互助的良好关系。

续表

维度	领域	基本要求
专业能力	(十三)反思与发展	58. 主动收集分析相关信息，不断进行反思，改进教育教学工作。 59. 针对教育教学工作中的现实需要与问题，进行探索和研究。 60. 制定专业发展规划，积极参加专业培训，不断提高自身专业素质。

三、实施建议

（一）各级教育行政部门要将《专业标准》作为小学教师队伍建设的基本依据。根据小学教育改革发展的需要，充分发挥《专业标准》引领和导向作用，深化教师教育改革，建立教师教育质量保障体系，不断提高小学教师培养培训质量。制定小学教师准入标准，严把小学教师入口关；制定小学教师聘任（聘用）、考核、退出等管理制度，保障教师合法权益，形成科学有效的小学教师队伍管理和督导机制。

（二）开展小学教师教育的院校要将《专业标准》作为小学教师培养培训的主要依据。重视小学教师职业特点，加强小学教育学科和专业建设。完善小学教师培养培训方案，科学设置教师教育课程，改革教育教学方式；重视小学教师职业道德教育，重视社会实践和教育实习；加强从事小学教师教育的师资队伍建设，建立科学的质量评价制度。

（三）小学要将《专业标准》作为教师管理的重要依据。制定小学教师专业发展规划，注重教师职业理想与职业道德教育，增强教师育人的责任感与使命感；开展校本研修，促进教师专业发展；完善教师岗位职责和考核评价制度，健全小学教师绩效管理机制。

（四）小学教师要将《专业标准》作为自身专业发展的基本依据。制定自我专业发展规划，爱岗敬业，增强专业发展自觉性；大胆开展教育教学实践，不断创新；积极进行自我评价，主动参加教师培训和自主研修，逐步提升专业发展水平。

三、《中学教师专业标准（试行）》介绍

提高教育教学质量的关键在于教师。为了促进中学教师专业发展，建设高素质的教师队伍，基于中学教育教学的本质属性，借鉴国际经验，充分考虑我国的现实国情和教育发展的需要，研究制定了《中学教师专业标准（试行）》。

（一）《中学教师专业标准（试行）》的基本理念

制定教师专业标准是确立教师专业化的前提，也是建设高素质教师队伍的依据。《中学教师专业标准（试行）》提出"学生为本""师德为先""能力为重""终身学习"四个基本理念，是中学教师作为专业人员在专业实践和专业发展中应当秉持的价值导向。

为了更好地贯彻实施《国家中长期教育改革和发展规划纲要（2010—2020年）》中提出的"育人为本"的教育理念，中学教师应当用这四个基本理念规范自己的教育思想和日常的教学行为。"学生为本""师德为先""能力为重"的理念既体现了对中国教师群体长期坚持的基本追求，也体现了现代教育发展对教师素质的新要求，是传统与变革的有机结合。"终身学习"的理念更多地包含了信息社会背景下对教师专业发展所提出的新要求。

（二）《中学教师专业标准（试行）》的基本内容

《中学教师专业标准（试行）》的基本内容包含"维度""领域"和"基本要求"三个层次，即"三个维度、十四个领域、六十三项基本要求"。"三个维度"是"专业理念与师德""专业知识"和"专业能力"；在各个维度下，确立了四至六个不等的领域；在每个领域之下，又提出了三至七项不等的基本要求。

"专业理念与师德"维度，从教师对待职业、对待学生、对待教育教学和对待自身发展四个方面，确定了"职业理解与认识""对学生的态度与行为""教育教学的态度与行为""个人修养与行为"四个领域，提出了十九项基本要求。这些基本要求指向于造就具有良好职业道德和专业精神的合格教师，既体现了对"学生为本"理念的细化，比如尊重学生、关爱学生、教书育人等，也体现了对"师德为先"理念的细化，比如依法从教、爱岗敬业、为人师表等。

"专业知识"维度，从中学分科教学的实际出发，依据中学生身心发展的规律以及中学教育教学的本质特征，确立了国内外学界基本形成共识的教师知识构成的四个领域，即"一般教育知识""学科知识""学科教学知识"

"通识性知识"，提出了有关中学教师专业知识的十八项基本要求。对中学教师把握"专业知识"有三个方面的要求：在学科知识方面，中学教师不仅要知道所教学科的内容，并且要"理解所教学科的知识体系、基本思想与方法""了解所教学科与其他学科的联系"等，这是为了保证教师在教学活动中脉络清晰、重点突出，让学生感悟学科的基本思想；在学科教学知识方面，提出"掌握针对具体学科内容进行教学的方法与策略"等，是要求中学教师能够把一般教育知识与学科知识有机结合，并体现在教学活动之中；在通识性知识方面，提出"具有相应的自然科学和人文社会科学知识""具有相应的艺术欣赏与表现知识"等，一方面是为了保证中学教师在教学活动中能够关注学生的全面成长，更好地体现育人为本的教育理念，另一方面也是在素养方面对教师专业发展提出的基本要求。

"专业能力"维度，从"教学设计"等六个方面，提出了二十六项有关中学教师专业能力的基本要求，涵盖了中学教师应有的四方面基本能力。一是教学能力，这是中学教师的主要工作，因此，《中学教师专业标准（试行）》对中学教师专业能力的要求是以教学能力为中心的，其中涉及教学的设计、实施和评价等。二是开展班级管理和其他教育活动的能力，这些工作是"教书育人"使命所决定了的教师教学以外的基本工作，一个合格的教师必须具备这方面的能力。三是人际交往能力，因为教师工作是一项与人打交道的工作，教师必须能够有效地与学生交流，此外，拥有与同事、家长、社区等沟通与合作的能力是有效开展教育教学的基本保障。四是自我发展能力，因为在终身学习社会中，教师只有具有自我发展能力，才能不断提升自己的专业水平，才能适应教育教学工作的需要。

(三)《中学教师专业标准(试行)》的基本性质

1993 年颁布的《中华人民共和国教师法》规定了教师是"履行教育教学职责的专业人员"，但是该法律以及此后的法律文本、相关政策都没有对教师作为专业人员的基本要求做出明确规定。《中学教师专业标准（试行）》是我国关于中学教师专业要求的第一份政策文本。

《中学教师专业标准（试行）》的定位是"对合格中学教师的基本专业要求"。这意味着《中学教师专业标准（试行）》的规定超越于对不同学科、不同发展阶段教师的具体要求，是对所有中学教师的一般性共同要求。

从《中学教师专业标准（试行）》的前言和实施建议两个部分中的相关规定中可以看出，《中学教师专业标准（试行）》既具有"评价"标准之性质，也具有"导向"标准之特征。作为"评价"标准，它是"中学教师开展教育教学活动的基本规范"，是"中学教师培养、准入、培训、考核等工作的重要依据"，因此是评价教师和教师教育质量的依据，是进行教师管理和教师教育管理的抓手。作为"导向"标准，它是"引领中学教师专业发展的基本准则"，因此是引领中学教师教育专业化的基础。

附：《中学教师专业标准（试行）》

为促进中学教师专业发展，建设高素质中学教师队伍，根据《中华人民共和国教师法》和《中华人民共和国义务教育法》，特制定《中学教师专业标准（试行）》（以下简称《专业标准》）。

中学教师是履行中学教育教学工作职责的专业人员，需要经过严格的培养与培训，具有良好的职业道德，掌握系统的专业知识和专业技能。《专业标准》是国家对合格中学教师的基本专业要求，是中学教师实施教育教学行为的基本规范，是引领中学教师专业发展的基本准则，是中学教师培养、准入、培训、考核等工作的重要依据。

一、基本理念

（一）师德为先

热爱中学教育事业，具有职业理想，践行社会主义核心价值体系，履行教师职业道德规范，依法执教。关爱中学生，尊重中学生人格，富有爱心、责任心、耐心和细心；为人师表，教书育人，自尊自律，以人格魅力和学识魅力教育感染中学生，做中学生健康成长的指导者和引路人。

（二）学生为本

尊重中学生权益，以中学生为主体，充分调动和发挥中学生的主动性；遵循中学生身心发展特点和教育教学规律，提供适合的教育，促进中学生生动活泼学习、健康快乐成长，全面而有个性地发展。

（三）能力为重

把学科知识、教育理论与教育实践有机结合，突出教书育人实践能力；研究中学生，遵循中学生成长规律，提升教育教学专业化水平；坚持实践、反思、再实践、再反思，不断提高专业能力。

（四）终身学习

学习先进中学教育理论，了解国内外中学教育改革与发展的经验和做法；优化知识结构，提高文化素养；具有终身学习与持续发展的意识和能力，做终身学习的典范。

二、**基本内容**

维度	领域	基本要求
专业理念与师德	（一）职业理解与认识	1. 贯彻党和国家教育方针政策，遵守教育法律法规。 2. 理解中学教育工作的意义，热爱中学教育事业，具有职业理想和敬业精神。 3. 认同中学教师的专业性和独特性，注重自身专业发展。 4. 具有良好职业道德修养，为人师表。 5. 具有团队合作精神，积极开展协作与交流。
	（二）对学生的态度与行为	6. 关爱中学生，重视中学生身心健康发展，保护中学生生命安全。 7. 尊重中学生独立人格，维护中学生合法权益，平等对待每一位中学生。不讽刺、挖苦、歧视中学生，不体罚或变相体罚中学生。 8. 尊重个体差异，主动了解和满足中学生的不同需要。 9. 信任中学生，积极创造条件，促进中学生的自主发展。
	（三）教育教学的态度与行为	10. 树立育人为本、德育为先的理念，将中学生的知识学习、能力发展与品德养成相结合，重视中学生的全面发展。 11. 尊重教育规律和中学生身心发展规律，为每一位中学生提供适合的教育。 12. 激发中学生的求知欲和好奇心，培养中学生学习兴趣和爱好，营造自由探索、勇于创新的氛围。 13. 引导中学生自主学习、自强自立，培养良好的思维习惯和适应社会的能力。 14. 尊重和发挥好共青团、少先队组织的教育引导作用。
	（四）个人修养与行为	15. 富有爱心、责任心、耐心和细心。 16. 乐观向上、热情开朗、有亲和力。 17. 善于自我调节情绪，保持平和心态。 18. 勤于学习，不断进取。 19. 衣着整洁得体，语言规范健康，举止文明礼貌。
专业知识	（五）教育知识	20. 掌握中学教育的基本原理和主要方法。 21. 掌握班级、共青团、少先队建设与管理的原则与方法。 22. 掌握教育心理学的基本原理和方法，了解中学生身心发展的一般规律与特点。 23. 了解中学生世界观、人生观、价值观形成的过程及其教育方法。 24. 了解中学生思维能力、创新能力和实践能力发展的过程与特点。 25. 了解中学生群体文化特点与行为方式。

续表

维度	领域	基本要求
专业知识	（六）学科知识	26. 理解所教学科的知识体系、基本思想与方法。 27. 掌握所教学科内容的基本知识、基本原理与技能。 28. 了解所教学科与其他学科的联系。 29. 了解所教学科与社会实践及共青团、少先队活动的联系。
	（七）学科教学知识	30. 掌握所教学科课程标准。 31. 掌握所教学科课程资源开发与校本课程开发的主要方法与策略。 32. 了解中学生在学习具体学科内容时的认知特点。 33. 掌握针对具体学科内容进行教学和研究性学习的方法与策略。
	（八）通识性知识	34. 具有相应的自然科学和人文社会科学知识。 35. 了解中国教育基本情况。 36. 具有相应的艺术欣赏与表现知识。 37. 具有适应教育内容、教学手段和方法现代化的信息技术知识。
专业能力	（九）教学设计	38. 科学设计教学目标和教学计划。 39. 合理利用教学资源和方法设计教学过程。 40. 引导和帮助中学生设计个性化的学习计划。
	（十）教学实施	41. 营造良好的学习环境与氛围，激发与保护中学生的学习兴趣。 42. 通过启发式、探究式、讨论式、参与式等多种方式，有效实施教学。 43. 有效调控教学过程，合理处理课堂偶发事件。 44. 引发中学生独立思考和主动探究，发展学生创新能力。 45. 发挥好共青团、少先队组织生活、集体活动、信息传播等教育功能。 46. 将现代教育技术手段整合应用到教学中。
	（十一）班级管理与教育活动	47. 建立良好的师生关系，帮助中学生建立良好的同伴关系。 48. 注重结合学科教学进行育人活动。 49. 根据中学生世界观、人生观、价值观形成的特点，有针对性地组织开展德育活动。 50. 针对中学生青春期生理和心理发展特点，有针对性地组织开展有益身心健康发展的教育活动。 51. 指导学生理想、心理、学业等多方面发展。 52. 有效管理和开展班级、共青团、少先队活动。 53. 妥善应对突发事件。

续表

维度	领域	基本要求
	（十二）教育教学评价	54. 利用评价工具，掌握多元评价方法，多视角、全过程评价学生发展。 55. 引导学生进行自我评价。 56. 自我评价教育教学效果，及时调整和改进教育教学工作。
	（十三）沟通与合作	57. 了解中学生，平等地与中学生进行沟通交流。 58. 与同事合作交流，分享经验和资源，共同发展。 59. 与家长进行有效沟通合作，共同促进中学生发展。 60. 协助中学与社区建立合作互助的良好关系。
	（十四）反思与发展	61. 主动收集分析相关信息，不断进行反思，改进教育教学工作。 62. 针对教育教学工作中的现实需要与问题，进行探索和研究。 63. 制定专业发展规划，积极参加专业培训，不断提高自身专业素质。

三、实施建议

（一）各级教育行政部门要将《专业标准》作为中学教师队伍建设的基本依据。根据中学教育改革发展的需要，充分发挥《专业标准》引领和导向作用，深化教师教育改革，建立教师教育质量保障体系，不断提高中学教师培养培训质量。制定中学教师准入标准，严把中学教师入口关；制定中学教师聘任（聘用）、考核、退出等管理制度，保障教师合法权益，形成科学有效的中学教师队伍管理和督导机制。

（二）开展中学教师教育的院校要将《专业标准》作为中学教师培养培训的主要依据。重视中学教师职业特点，加强中学教育学科和专业建设。完善中学教师培养培训方案，科学设置教师教育课程，改革教育教学方式；重视中学教师职业道德教育，重视社会实践和教育实习；加强从事中学教师教育的师资队伍建设，建立科学的质量评价制度。

（三）中学要将《专业标准》作为教师管理的重要依据。制定中学教师专业发展规划，注重教师职业理想与职业道德教育，增强教师育人的责任感与使命感；开展校本研修，促进教师专业发展；完善教师岗位职责和考核评价制度，健全中学教师绩效管理机制。中等职业学校教师参照执行。

（四）中学教师要将《专业标准》作为自身专业发展的基本依据。制定自我专业发展规划，爱岗敬业，增强专业发展自觉性；大胆开展教育教学实践，不断创新；积极进行自我评价，主动参加教师培训和自主研修，逐步提升专业发展水平。

第二节　教师专业标准规定的 教师专业发展目标解读

一、对四个基本理念的解读

"师德为先""学生为本""能力为重"和"终身学习"既是贯穿教师专业标准的基本理念，也是教师作为专业人员在专业实践和发展中应秉持的价值导向和行为引领。

其中，"师德为先"和"能力为重"更多地体现了对中国教师群体长期坚持的基本追求的继承；"学生为本"和"终身学习"则更多地包含了信息社会背景下中国教育改革与发展对教师素质的新要求。

(一)师德为先

教师职业要成为专业，必须要有一套严格的职业道德守则，一方面可以规范教师的行为，保证受教育者的权益；另一方面又能以此赢得社会对教师职业的信任与尊重，使教师作为专业人员的权益也得到保障。

强调"师德为先"出自推进教师专业化的诉求：专业化的核心特质之一是专业精神，即把服务对象和社会利益放在首位。

教育活动的道德性决定了教师职业道德的必要性与重要性。而且，教师职业道德还是影响教育绩效的重要因素。因此，提升教师职业道德是教育对教师的必然要求。

强调师德为先，也体现了对中国传统的继承。

当今社会，人们的世界观、人生观、价值观受到来自国内外多方面的强烈冲击，呈现多样化取向。价值观的多样性不能不影响到教师，影响到教师的职业道德。在"重金钱、轻事业、讲实惠、淡理想、求享受、畏艰苦"等不良社会风气蔓延时，师德建设至关重要，高尚师德对社会道德的引领作用尤为重要。师德应达到以下几方面要求：

第一，在对待全体学生的关系上，尊重每个学生，尤其要尊重智力发育迟缓、学业成绩不良、被孤立和拒绝、有严重缺点和缺陷、与教师意见不一致的学生。

第二，在对待"有偏差行为学生"的关系上，要坚守师德底线，不体罚学生、不羞辱嘲笑学生、不大声训斥学生、不冷落学生、不随意当众批评学生。

第三，从教师劳动对象特点出发，强调赞赏。作为教师，时刻不要忘记，自己面对的是成长中的、脆弱的、可塑性很大的未成年人，因此一定要做到：赞赏每个学生的特长、兴趣、爱好，赞赏每个学生所取得的哪怕是极其微小的成绩，赞赏每个学生所付出的努力和所表现出来的良好的愿望，赞赏每个学生对教科书的质疑、对教师授课知识的质疑以及对学生自己的超越。

(二)学生为本

教师专业标准高度强调学生的主体地位，要求教师要尊重学生，关爱学生，充分发挥学生的主动性，为学生提供适宜的教育，促进每个学生主动、生动活泼地发展。

"学生为本"是新课程改革的核心理念。

2001年教育部发布的《基础教育课程改革纲要(试行)》(教基〔2001〕17号)提出："教师在教学过程中应与学生积极互动、共同发展，要处理好传授知识与培养能力的关系，注重培养学生的独立性和自主性，引导学生质疑、调查、探究，在实践中学习，促进学生在教师指导下主动地、富有个性地学习。教师应尊重学生的人格，关注个体差异，满足不同学生的学习需要，创设能引导学生主动参与的教育环境，激发学生的学习积极性，培养学生掌握和运用知识的态度和能力，使每个学生都能得到充分的发展。"

"学生为本"是"以人为本"价值观在学校教育中的具体体现。促进人的全面发展，在教育方面，主要通过推进素质教育、深化课程改革、教育均衡发展来实现。

"学生为本"主要体现在"一切为了学生的发展，让学生得到全面和谐发展，让全体学生都得到发展，让学生主动发展，让学生个性得到充分发展，让学生的能力持续发展"这六个方面。培养先进的价值观和人生观，提高动手能力，增强创新能力，培养探索精神，应当成为教育追求的目标。

学生为本的另一方面是要大力推进素质教育。教师应该教给学生三件事：教会学生如何做人，教会学生如何思维，教给学生必要的现代科学技术、文化知识以及应用现代科学技术与文化知识的能力。教育的价值在于促进人全面发展，使人幸福。教育的目的是提供一个资源，使学生能以健康方式自主地提高身体素质、心理素质、社会素质、知识水平以及创造能力。"人人有才，人无全才，扬长避短，人人成才"的教育理念应当成为教育的价值追求。素质教育是以促进学生身心发展为目的，以提高国民的思想道德、科学文化、劳动技术、身体心理素质为宗旨的打基础教育。

(三)能力为重

"能力为重"强调中小学教师要把学科知识、教育理论与教育实践相结合，不断提升专业能力。

教师专业标准突出了教书育人的实践能力。教师教育教学职责的履行不能只靠一颗"红心"，更要以教育实践能力为根本保障。教师不仅需要具有扎实的学科专业知识，更需要有将学科专业知识传授给学生的能力；不仅需要有教育理论知识，更需要将理论知识运用于实践之中并在实践中形成个人实践理论的能力。

由于教师的专业能力提升是一个持续的过程，实践只是教师专业能力提升的必要而非充分条件，实践＋反思才是教师实现专业能力水平不断提升的基本路径。为此，教师专业标准强调教师要坚持实践、反思、再实践、再反思，不断提高专业能力。

(四)终身学习

教师专业标准要求教师要主动适应经济社会和教育发展，不断优化知识结构，不断提高文化修养，做终身学习的典范。

教师职业需要终身不断地学习。在现今的知识社会、信息社会中，知识更新速度越来越快，终身学习意识和能力成为生存于现代社会中的人们所必须具备的基本素质。担负培养具有终身学习意识和能力的现代人之职责的教师，首先必须具备终身学习的意识和能力。

"终身学习"是当代社会的重要特征。教师的专业发展是一个不断完善的过程，教育改革和社会发展已经使得教师的发展不再是一次性受教育而完成的，而是延伸、覆盖到教师职业生涯和实践的全过程。所谓"终身学习"，是指社会每个成员为适应社会发展和实现个体发展需要，贯彻其一生的学习过程。1994年，在联合国教科文组织的大力推动下，在意大利罗马举行了"首届世界终身学习会议"，从此终身学习在全球形成共识，并作为重要的教育概念广泛传播。

终身学习首先是中小学教师职业性质特点所决定的。中小学教师传授给学生的思想观念、价值观、文化科学知识，必须符合时代发展要求。终身学习也是教师作为学生表率的要求，是知识经济和信息时代发展的要求，是教师要不断提高教育教学水平的要求。教师终身学习也是以非智力因素激发学生学习兴趣、影响学生学习动机、引导学生增强学习需求的一种教育教学方式。教师积极进行终身学习，自然影响到学生的学习积极性，有"学而不厌"的教师才会有"学而不厌"的学生。

终身学习的一个重要方面是读书。教师应当成为学生乃至全社会读书的榜样。教师应自觉读书修身，读书济世。

终身学习要求教师要潜心钻研业务，勇于探索创新，不断提高专业素养和教育教学水平。教师要对一切新信息和新事物持开放心态，对其中先进和有价值的信息要有充分深入的认识、理解和运用。

二、教师专业标准各维度具体目标解读

维度一：专业理念与师德

包括：职业理解与认识、对学生的态度与行为、教育教学的态度与行为、个人修养与行为四条标准。

常见问题解析：

(一)教师应有哪些主要的职责？

【内容要点】

按照《中华人民共和国教师法》的界定，教师的身份为"履行教育教学职责的专业人员"。其总的职责应该归结为教书育人，具体可见下面几条。

1. 遵守宪法、法律和职业道德，为人师表。

2. 贯彻国家的教育方针，遵守规章制度，执行学校的教学计划，履行教师聘约，完成教育教学工作任务。

3. 对学生进行宪法所确定的基本原则的教育和爱国主义、民族团结的教育，法制教育以及思想品德、文化、科学技术教育，组织、带领学生开展有益的社会活动。

4. 关心、爱护全体学生，尊重学生人格，促进学生在品德、智力、体质等方面全面发展。

5. 制止有害于学生的行为或者其他侵犯学生合法权益的行为，批评和抵制有害于学生健康成长的现象。

6. 不断提高思想政治觉悟和教育教学业务水平。

(二)教师应遵循哪些重要的教育法规？

【内容要点】

从进入教师队伍的第一天起，教师就要掌握和执行教育法律法规，

例如：

《中华人民共和国教育法》，1995 年制定，1995 年 9 月 1 日开始执行。

《中华人民共和国义务教育法》，2006 年 6 月 29 日修订。

《中华人民共和国教师法》，1993 年制定，1994 年 1 月 1 日开始执行。

《中华人民共和国未成年人保护法》，2006 年修订通过，2007 年 6 月 1 日开始执行。

(三)怎样理解公平地对待学生？

【内容要点】

平等是尊重，是伦理原则上的公正，但并不是抽象意义上的平均。在教育实践生活中，落实平等意味着如何将"一视同仁"和"因材施教"进行结合。所以，这里的平等指的是学生所得到的人格上的尊重，因材施教则是方法意义上的平等。

维度二：专业知识

中小学教师专业知识的内容比较如下。

小学教师		中学教师	
（五）小学生发展知识	20. 了解关于小学生生存、发展和保护的有关法律法规及政策规定。 21. 了解不同年龄及有特殊需要的小学生身心发展特点和规律，掌握保护和促进小学生身心健康发展的策略与方法。 22. 了解不同年龄小学生学习的特点，掌握小学生良好行为习惯养成的知识。 23. 了解幼小和小初衔接阶段小学生的心理特点，掌握帮助小学生顺利过渡的方法。 24. 了解对小学生进行青春期和性健康教育的知识和方法。 25. 了解小学生安全防护的知识，掌握针对小学生可能出现的各种侵犯与伤害行为的预防与应对方法。	（五）教育知识	20. 掌握中学教育的基本原理和主要方法。 21. 掌握班集体建设与班级管理的策略与方法。 22. 了解中学生身心发展的一般规律与特点。 23. 了解中学生世界观、人生观、价值观形成的过程及其教育方法。 24. 了解中学生思维能力与创新能力发展的过程与特点。 25. 了解中学生群体文化特点与行为方式。

续表

	小学教师		中学教师
（六）学科知识	26. 适应小学综合性教学的要求，了解多学科知识。 27. 掌握所教学科知识体系、基本思想与方法。 28. 了解所教学科与社会实践及少先队活动的联系，了解与其他学科的联系。	（六）学科知识	26. 理解所教学科的知识体系、基本思想与方法。 27. 掌握所教学科内容的基本知识、基本原理与技能。 28. 了解所教学科与其他学科的联系。 29. 了解所教学科与社会实践及共青团、少先队活动的联系。
（七）教育教学知识	29. 掌握小学教育教学基本理论。 30. 掌握小学生品行养成的特点和规律。 31. 掌握不同年龄小学生的认知规律。 32. 掌握所教学科的课程标准和教学知识。	（七）学科教学知识	30. 掌握所教学科课程标准。 31. 掌握所教学科课程资源开发与校本课程开发的主要方法与策略。 32. 了解中学生在学习具体学科内容时的认知特点。 33. 掌握针对具体学科内容进行教学和研究性学习的方法与策略。
（八）通识性知识	33. 具有相应的自然科学和人文社会科学知识。 34. 了解中国教育基本情况。 35. 具有相应的艺术欣赏与表现知识。 36. 具有适应教育内容、教学手段和方法现代化的信息技术知识。	（八）通识性知识	34. 具有相应的自然科学和人文社会科学知识。 35. 了解中国教育基本情况。 36. 具有相应的艺术欣赏与表现知识。 37. 具有适应教育内容、教学手段和方法现代化的信息技术知识。

常见问题解析：

（一）教师需要了解哪些发展心理学、教育心理学关于学生的知识？

儿童发展心理学——理解儿童发展心理学的基本主题，初步建构儿童心理发展的思考框架；掌握儿童心理发展阶段特征以及制约儿童心理发展的因素。

【内容要点】

儿童发展心理学的基本理论，主要有：皮亚杰的"认知发展理论"、埃里克森的"心理社会发展理论"、华生的"行为主义理论"、维果斯基提出的"最近发展区"观点等，并能从儿童心理发展的视角观察、分析和解决学生成长中的问题；能根据小学生和中学生的心理发展特点，初步实施发展性教学。

教育心理学——了解教学情境中"学与教"互动过程特点。

【内容要点】

了解行为主义学习理论、认知派学习理论以及人本主义学习理论的基本观点及其局限性。掌握建构主义理论的知识观、学生观和学习观的基本观点等，并应用于教学和指导学生的学习；了解学生学习的实质、类型、学习过程和个体差异；了解学生知识的获得和技能形成以及态度与品德形成的心理过程、影响条件等，并能指导教学；了解学习动机理论，注重激发学生的学习兴趣，促进知识的意义建构，关注学习迁移能力的生成以及学生良好品德行为的形成，指导学生掌握简单的学习策略，逐步引导学生学会学习，提高学习效率。

在实际教学过程中，教师要有意识地把教育心理学的知识应用于指导教学活动。

例如，具体地分析学生情况：

1. 分析学生学习新知与原有的知识和生活经验的关系。

2. 分析学生的认知特点(不同年龄的形象思维和抽象思维的特点)。

(二)什么是关于学科教学的知识?

处于不同发展阶段的教师要求不同，具体如下。

适应期向发展前期过渡	发展前期向发展后期过渡
熟悉有关任教学科的一般教学过程，能够对教学目标、教学内容、教学方法、实验器材、教学媒体、教学评价等进行选择和优化。	在教学实践中形成"学科教学知识(PCK)"，能够基于教学内容和学生情况选择恰当的教学策略，协助每一位学生学会学习。

教师关于学科教学知识的形成符合一定的规律，L·舒尔曼提出教师专业知识分析的框架，如图 2.1 所示。

①学科知识；②一般教学知识；③课程知识；④学科教学知识(教学内容知识，Pedagogical Content Knowledge，简称 PCK)；⑤学习者及其特

点的知识;⑥教育情境知识;⑦关于教育的目标、目的和价值以及它们的哲学和历史背景的知识。

通过论证认为:学科教学知识(PCK)最能区分学科专家与教学专家、高成效教师与低成效教师间的不同。

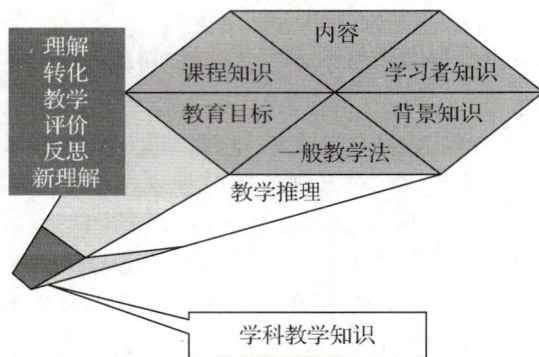

图 2.1 教师专业知识框架图

PCK 包括:学科中最核心的内容及其教育价值;这些内容之间的联系;学生在学习这些内容时可能出现的问题;帮助学生学会的教学策略。

维度三:专业能力

小学教师专业能力	中学教师专业能力
教育教学设计	教学设计
组织与实施	教学实施
	班级管理与教育活动
激励与评价	教育教学评价
沟通与合作	沟通与合作
反思与发展	反思与发展

常见问题解析:

(一)教学设计操作要点

按照教师不同发展阶段应达到不同的要求,具体如下(以理科为例)。

	适应期向发展前期过渡	发展前期向发展后期过渡
教学内容分析与学生分析	在了解学科教材的基础上进行教学内容分析，明确具体内容的教学价值，能够确定教学重点，并且关注与教学内容相关的其他知识。 　　围绕教学内容进行有效的学情分析，能够确定学习难点，能够从学生已有的认知水平出发确定教学内容。	能够进行教学设计背后的学理分析，深刻理解学科本质和思想方法，形成自己的教学思想和特色，能指导其他教师进行教学设计。 　　深刻理解和善于挖掘教学内容在学生发展中的教育价值，能够把学科知识和学生的生活经验有机结合起来，实现"知识与经验"的统一，沟通课内外学习。
清晰、正确地表述课时目标	合理确定和准确表述三维目标，特别是"过程与方法"目标。	潜心研究学生差异，设计分层教学，真正促进每一个学生的发展。
选择正确的教学策略	紧扣教学目标，设计符合学生认知规律的教学流程，并且教学环节清晰、有效。 　　了解不同类型知识（事实性知识、概念性知识、技能性知识）的特点和学习策略，采取恰当的教学策略。	熟悉学科教育学的理论知识，关注学段的衔接和学生认知发展规律，整体安排学段教学进程和创造性地设计教学单元，善于设计"任务驱动""问题解决"的教学思路。 　　深谙不同类型知识的学习策略，具有丰富、系统且有创造性的教学策略，积累了丰富的教学案例。
创设良好的教学环境	能够建立良好的师生关系，创设安全的物理环境。 　　能够根据理科知识内容，营造具有理科特点的学习氛围和安全的实验环境。	能够基于学生的发展需要创建安全、民主、包容、富有挑战性的学习环境。 　　根据理科特点，营造科学、严谨、求实、创新、安全的理科学习环境，让学生参与学习、独立思考、体验乐趣。
掌握学业评价技术	能够依据教学目标设计合理的评价内容和评价方式。	积极研究中高考的命题规则和评价标准，具有丰富、有效的考试指导策略。

【举例说明】

确立教学目标的三原则：具体、集中、恰当

具体：指目标的内涵明确，不空泛。比如"通过小组合作交流，提高学生解答问题的能力"之类的教学目标，就未免空泛，这不是某节课或某几节课的教学目标，而是需要长期培养的课程目标。又如，有教师把《晏子使楚》的教学目标定为"学习晏子的说话艺术"。但教师没有明确"类比譬喻""避实就虚"等论辩策略。目标不具体、不明确，导致教学内容的实际缺失，以致教学效果空落。学生学完这一课，对于"晏子的说话艺术"，到底领会了什么？

集中：是指一节课（或一篇课文、一个单元）的目标不能过多，能真正做到"一课一得"已很不易。

恰当：恰当的依据是：①课程体系与单元结构中的位置；②文本自身的特点（特别注意文体特点）；③学生情况。

例如：初三课文《雨说》（郑愁予的诗），把教学目标之一定为"学习拟人手法"，是否契合了本诗最重要的特点？在拟人知识的学习上，又怎样体现初三学生发展的梯度？"拟人手法"，是学生解读这首诗的重点和难点吗？

要基于文本分析和学情分析确定教学目标，特别是要和学情分析相匹配。比如学情分析谈道：学生很难体会某些含义深刻的语句；那么教学目标中就应该有："理解一些含义深刻语句的内涵"。

教学目标的表述原则：

(1)主语应是学生。不能写成"使学生……""培养学生的……"

(2)加强逻辑性，各条目标之间不能重复、交叉。

(3)不能把教学目标混同于教学过程或教学策略。如："初读课文""了解课文大意""感知课文内容""通过朗读和讨论"等字样，就不宜写在目标里。

(4)恰当选择目标的行为动词。如"体会"作者的思想感情，"理解"本文的主题。

(5)注意兼顾"三维目标"，尤其是对"情感态度"和"方法"目标的单独表述，可以提醒老师们摒弃"知识点本位"的教学思想，思考这节课要教学生什么具体方法、渗透什么情感态度。关于三维目标的理解和操作，我们将在下节展开说明。

(6)目标应该可观察、可操作。

行为主义的教学目标论，认为一条目标应该包括四个要素（对象、行为、条件、程度），例如：

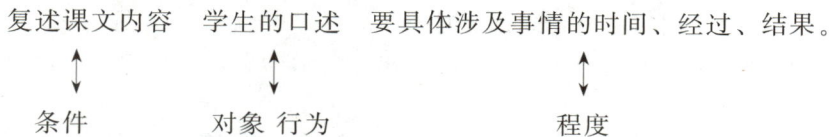

复述课文内容　学生的口述　要具体涉及事情的时间、经过、结果。

条件　　　　　对象 行为　　　　　程度

老师们平时写教案，不必这么烦琐，但也一定要考虑目标的具体、可观测。比如"理解课文的主旨"，什么是理解？理解到什么程度？如何判断学生是否理解了？因此，我们可补充一句："理解文章主旨，为这种思想举出生活实例"。比如《风筝》（鲁迅）一文要理解"专制文化"，可让学生列举自己生活中看到的专制现象。

当然，教学目标有两类：行为的、体验的，不是所有的目标都可以行为化、外显化。但是从目前教师表述教学目标的普遍问题来看，我们还是要提倡加强目标的可观察、可操作性。

这里还要说明的是：怎样把握教学重点、难点？

许多老师的教案中，所谓"重点""难点"，只不过是从教学目标中摘出一条做"重点"，再摘一条做"难点"，而"教学过程"的设计中又没有真正突出重点、突破难点，致使"重难点"形同虚设。

(二)教学实施与评价操作要点

1. 教学语言精练、生动

语速适宜、抑扬顿挫。

运用表情、手势等体态语和副语言加强信息传达的效果。

根据学情灵活地进行讲解、阐释、举例。

2. 熟练运用板书

板书字体端正，大小合宜，有一定书写速度。

板书设计巧妙，突出重难点和知识间的联系，有一定结构性。板书的呈现随着课堂进程有生成性。

3. 恰当运用多媒体等教学工具

多媒体课件的制作及演示符合特定学科的教学要求（如语文学科，不能让影像对语言文字喧宾夺主；数学学科，不能代替演算过程）。必要时会使用交互式课件。

熟练进行实物教具的演示或操作、实验、动作示范（主要是理科）。

4. 恰当地提问与有效追问

根据教学设计时构想的主问题，选择恰当的时机和对象、以恰当的方式提问。必要时对主问题进行变通处理。

根据课堂上变化的学情，临时提出一些散问题，或引起学生注意，或促进知识掌握，或启发思考。

掌握重复问题、重新表述问题、调焦（宽问题变窄问题）、停顿、搁置、分配等提问技术。

根据学生回答问题的情况，进行灵活有效的追问，对困难者起支架作用，对优秀者起深化和拓展作用。

问题本身及其表述能让学生理解。提问精当并有一定顺序，避免杂乱、肤浅等弊端。

鼓励学生提出问题，重视培养学生的问题意识。

5. 对重难点内容和学生的反应做出强化

运用重复、板书、提问、语音变化、手势表情、身姿体位等多种手段，对教学重难点或需要注意的地方进行强化。

选择恰当的时机进行强化。特别注意结课时的强化。

运用口头语言（表扬或含蓄批评等）、表情、体态语（鼓掌、摇头、握手等）对学生的发言或行动做出评价，以正强化或负强化的方式促进学生的反应或保持学习量。

6. 合理调控课堂节奏与内容的走向

根据课堂上不可预知的学情，灵活调整教学设计时各环节的时间分配，或做出取舍。

大体按照教学设计的思路，控制课堂内容的走向，不因偶发事件或枝蔓错误而偏离主航道。

7. 面向全体与关注个别学生

在班级授课制条件下，尽量关注每一个学生，不满足于少数积极学生烘托的课堂气氛，对沉默和边缘的学生予以特别关注。利用提问、目光交流、走动接近、个别指点等形式，对沉默和边缘的学生进行感情和智力的支持。

针对学生的个体差异，运用面谈、笔谈等形式，进行有效的个别化指导。

8. 学生的学业评价

能够利用提问、活动观察、态度表现等对学生的学习进行过程性评价，并及时利用评价结果促进学生学习。

能够选择题目或命题，以考查学生当堂学习的效果。

思考与练习

1. 制定教师专业标准的意义是什么？

2. 教师专业标准有什么特点？

3. 教师专业标准有哪四个基本理念？

4. 简述《小学教师专业标准(试行)》中对小学生的态度和行为的要求。

5.《中学教师专业标准(试行)》对教师专业能力有哪些基本要求？

案例分析

作为教师，应掌握教学设计操作要点，但有的教师往往不得要领。以合理确定教学目标为例，确立教学目标应该具体、集中、恰当。具体是指目标的内涵明确，不空泛；集中是指一节课的目标不能过多；恰当的依据是与文本自身的特点和学生情况相符。

以下是某语文老师《岳阳楼记》的教学目标。

1. 学习本文将叙事、写景、抒情、议论巧妙结合在一起的写法。

2. 理解作者"不以物喜，不以己悲"的旷达胸襟和"先天下之忧而忧，后天下之乐而乐"的政治抱负。

3. 欣赏本文的立意美、语言美、结构美。

教学重点：学习本文将叙事、写景、抒情、议论巧妙结合在一起的写法。

教学难点：理解作者的旷达胸襟和政治抱负。

分析：这是某教师的课时教学目标，若想在一节课内完成，目标显然过多。再具体推敲这三条目标：第一条目标，在整个教案中都未能明确内涵，没有说明本文的几种表达方式究竟是怎样结合的；第二条目标，教学过程中也没有充分而恰当的活动来落实；第三条目标与前两条存在逻辑交叉：其中的"立意美"是否就是目标 2？"结构美"是否又与目标 1 有关？而且教学过程设计中，也完全没有针对"欣赏语言美"的内容，既没有揭示本文语言的特点(如骈散结合、铺排渲染)，也没有安排任何诵读，如何实现"欣赏语言美"这一目标？此外，教学重点和难点，直接从目标中摘抄，缺乏具体分析，在教学过程的设计中也没有相应地突出。总之，这样的教学目标，很难具有实际意义。

第三章　教师的职业理念

引言

　　理念对行为有引领作用。教育行为是促进学生成长的实践活动。教师的职业理念即人们对教育、教师、学生的基本认识和根本态度，是直接影响教育活动的目的、方式和效果的重要因素。当前，我们正处在教育现代化的历史进程中，存在各种各样的教育观、教师观、学生观，其中不少是陈旧的，不符合教育现代化要求的。为了迎接21世纪的挑战，为了更好地培养高素质的现代公民，需要确立正确的教育理念，也只有在正确的理念指导下，才能全面实施素质教育，促进学生健康成长。

学习目标

　　1. 理解国家实施素质教育的基本要求。

　　2. 依据国家实施素质教育的基本要求，分析和评判教育现象。

　　3. 运用"以人为本"的学生观，在教育教学活动中公正地对待每一个学生。

　　4. 认识教师职业角色的多样性。

　　5. 理解教师职业的责任与价值，具有从事教育工作的热情与决心。

第一节 教育观

一、教育观与素质教育观

(一)教育观

教育观就是人们对教育所持有的看法。教育观的核心是"教育为了什么",即教育目的的问题。

树立正确的教育观,需要正确认识教育的发展规律,正确认识教育活动的各种内部关系。

(二)素质教育观

素质教育观是与应试教育相对的一种教育观,就是把教育活动目的指向"素质"——人的全面素质的一种教育观。

素质教育观之"素质",指人的全面素质。既包括先天的生理素质,又包括后天环境和教育影响下形成并发展起来的心理素质和社会文化素质。

素质教育观认为,教育活动应当指向人的整体的、全面的素质发展,使得人的整体品质、全面素质得到提升。

二、素质教育观的产生与形成

(一)"素质教育"首次在国家正式文件中出现

1993年2月,中共中央、国务院颁布的《中国教育改革和发展纲要》,强调"基础教育是提高民族素质的奠基工程","中小学要由'应试教育'转向提高国民素质的轨道,面向全体学生,全面提高学生的思想道德、科学文化、劳动技能和身体心理素质,促进学生生动活泼地发展"。这可以视为"素质教育观"作为国家意志的一个正式表述。

(二)实施"素质教育"的纲领性文件

1999年6月,在国家召开的第三次全国教育工作会议上,中共中央、国务院做出了《关于深化教育改革全面推进素质教育的决定》(以下简称《决定》)。《决定》的产生,标志着素质教育观已经形成了系统的思想,并成为国家推进素质教育的主导思想。

(三)实施"素质教育"上升到法律层面

2006年6月29日,第十届全国人民代表大会常务委员会第二十二次会议修订的《中华人民共和国义务教育法》明确规定："义务教育必须贯彻国家的教育方针，实施素质教育。"这表明"素质教育"成为国家意志。

三、素质教育的内涵与外延

(一)素质教育的内涵

《决定》对实施素质教育内涵的表述："全面贯彻党的教育方针，以提高国民素质为根本宗旨，以培养学生的创新精神和实践能力为重点，造就'有理想、有道德、有文化、有纪律'的、德智体美等方面全面发展的社会主义事业建设者和接班人"。

(二)素质教育的外延

《决定》指出，"实施素质教育应当贯穿于幼儿教育、中小学教育、职业教育、成人教育、高等教育等各级各类教育，应当贯穿于学校教育、家庭教育和社会教育等各个方面。"

《决定》还指出，"实施素质教育，必须把德育、智育、体育、美育等有机地统一在教育活动的各个环节中。"

可见，素质教育要贯穿于各级各类学校、贯穿于各种类型的教育、贯穿于教育的方方面面、贯穿于教育的全过程。

素质教育的本质在于它的思想性和时代性，在于它是引导我国教育在21世纪迈进的过程中，提出一种新的教育理想，是期望形成一种新的教育价值观、达到一种新的教育境界。

四、素质教育的目标和实施要求

(一)素质教育的目标

一是面向全体学生；二是促进学生的全面发展。

(二)素质教育的实施要求

从国家层面不断推进的学校素质教育，可以把具体的实施要求概括为以下三个方面：

第一，深化教育改革，为实施素质教育创造条件。

第二，优化结构，建设一支全面推进素质教育的高素质的教师队伍。

第三，加强领导，全党、全社会共同努力开创素质教育的新局面。

对于学校层面来讲，要做到：

第一，改变教育观念。面向全体学生，让每一个学生在原有的基础上得到提高，促进学生在德智体等方面全面地、生动活泼地、主动地发展。

第二，转变学生观。坚持德育为先，育人为本。

第三，加大教育改革的力度。

五、素质教育的特点

(一)全体性

素质教育是面向每一个受教育者、以每一个受教育者为对象的教育，它面向每一个学生，旨在促进每一个学生的发展。素质教育既不是精英教育，也不是精品教育，它是大众化的教育。它要面向每一位适龄学生，使每个学生都在他原有的基础上有所发展，都在他天赋允许的范围内充分发展。素质教育的全体性要求学校及教师关心每一位学生素质的培养和提高，不能因种族、家庭、经济、智力及教育者主观好恶等因素的影响，将一部分学生排除在素质教育之外。

坚持素质教育的"全体性"的主要意义在于：第一，保证使接受教育成为每一个人的权利和义务。接受教育是每一个儿童最重要、最根本的权利。第二，保证整个民族的文化素养在最低可接受水平之上，杜绝新文盲的产生，中小学教育应为提高全体人民的基本素质服务，推进国家经济发展与民主建设。第三，为贯彻社会主义"机会均等"原则，为每个人的继续发展提供最公平的前提条件。素质教育的最终目标是为未来的合格公民奠定素养基础。

(二)基础性

素质教育是一种注重打基础的教育。正因为素质是反映人的身心发展水平最基本的特征和品质，并制约着人的意识、态度和行为，所以素质培养必须从最基本的基础方面做起。应当指出，素质教育是立足于从本质的方面去影响人、培养人，注重引起人的深层变化、基本特征和品质的形成，而不是追求那些表面的、形式的变化。例如，学生的思想道德素质的培养，不能仅仅停留在学生的道德认识，而要引导学生完成从知、情、意到信、行的转化，并将其逐渐固定下来，形成品质，成为学生个人的信念和个性特征。素质教育特别注重的是基础知识、基本技能、一般能力的掌握与培养，从而为受教育者素质的进一步发展奠定基础。

坚持素质教育的"基础性"的主要意义在于：第一，一个人只有具备了良好的基本素质，才有可能实现向较高层次的素质或专业素质迁移。第二，人类蕴含着极大的发展自由度，这就是人的可塑性。自由度越高，可塑性越强；反之亦然。第三，从教育控制论的意义上讲，教育是一种人为的、优化的控制过程，以便受教育者能按照预定目标持续发展。

(三)发展性

素质教育是发展性教育，它不仅注重受教育者现在的一般发展，而且重视直接培养受教育者自我发展的能力，使受教育者学会学习，培养受教育者终生学习的能力和信息加工能力。

从本质上说，"发展性"符合"变化导向教育观"的趋势，即把适应变化、学会变化作为教育的重要目标，从接受教学(教师奉送答案)向"问题解决"(教师引发思考)转变。教师从鼓励者、促进者、沟通者、帮助者和咨询者等角色中发挥作用。

(四)全面性

所谓"全面性"，是指素质教育既要实现功能性的目标，又要体现形成性的要求，通过实现全面发展教育，促进学生个体的最优发展。因为，素质教育应该是完善意义上的教育，它是指向全面基本素质的教育。

素质教育中的"全面发展"有两个方面的具体规定性。第一，针对一个个体来说，它是"一般发展"和"特殊发展"的统一；第二，针对班级、学校乃至整个社会群体而言，它是"共同发展"和"差别发展"的协调。全面发展既要讲共同性，又要讲个别性，它决不排斥有重点地发展个人的特殊方面，允许在一个群体中各个体之间有差别地得到发展。全面发展实际上就是"最优发展"。

(五)未来性

所谓"未来性"，是指素质教育立足于未来社会的需要，而不是眼前的升学目标或就业需求。一般来说，教育具有较强的惰性和保守性，它总是在努力使年青一代学会老一代的思维、生活和工作方式，因而人们在批评现代学校教育体系的局限性或弊端的时候，往往批评它是根据"昨天"的需要而设计的。素质教育就是要改变教育的惰性和保守性，它的目标是使年青一代适应未来发展的需要。

六、素质教育的内容结构

《决定》指出："必须把德育、智育、体育、美育等有机地统一在教育活动的各个环节中。"根据《决定》的精神，素质教育的内容主要包括以下五个方面。

(一)政治思想素质教育

1. 政治素质教育

政治素质教育是指以马克思列宁主义、毛泽东思想和邓小平理论为指导，对学生进行民族、阶级、政党、国家、政权、社会制度和国际关系的立场、情感和态度的教育。我国目前进行的四项基本原则教育、爱国主义与社会主义教育以及党的基本路线教育等就属于政治素质教育的范畴。

2. 思想素质教育

思想素质教育指通过辩证唯物主义、历史唯物主义教育，集体主义、中华民族优秀文化传统和革命传统教育，中国近现代史、中国国情、国内外形势教育等，使学生形成正确的观察、分析与解决问题的能力，形成正确的世界观和思想方法，确立正确的思想信仰、理想动机、信念追求、民族精神等。

3. 道德素质教育

道德素质教育主要是按照德育总目标和学生成长规律，教育学生遵守社会行为规范，正确处理个人与群体、他人和国家的关系，养成良好的道德修养和文明行为习惯。

4. 民主法制素质教育

民主法制素质教育主要是使学生了解中国的民主法制理论与内容，知法懂法，依法行事，树立较强的民主法制观念和意识。

(二)科学文化素质教育

科学文化素质教育着重强调基础学科和基本知识与技能的教育或训练，包括基础文化知识、基础科学知识，以及识字阅读能力、写作能力、思维能力、计算能力、基本实验操作能力和基本的劳动技能等。科学文化素质教育能够为学生适应自身的发展和现代社会生活、职业岗位选择以及科技发展的需要，奠定坚实的科学文化和技能的基础。

(三)审美素质教育

审美素质教育主要是使学生具有正确的审美观点，形成感受美、鉴赏美、创造美的能力，能够在工作、生活中分辨真善美与假恶丑，善于以美的品位去完成工作，以美的心灵去面对社会和人生，以美的思想去创造生产和生活。

(四)身体素质教育

身体素质教育一方面是要运用各种适当的方式，锻炼学生的体魄，增强学生的体质，使其掌握基本的体育锻炼的方法；另一方面还要对他们进行健康教育和普及各种常见病、传染病的防治知识，保证他们健康成长。

(五)心理素质教育

心理素质教育主要指良好个性品质的发展，既包括顽强的意志力，积极的情感，健康的兴趣、爱好、需要、友谊、交往、成就感、荣誉感，以及面对困难、失败的承受能力等各种正常心态的发展和培育，也包括心理失衡、心理矛盾、心理疾病的自我调整与自我矫治。心理素质教育就是要使学生形成健康的心理，提高学生控制、把握自己的能力及调整心理冲突的能力。

七、素质教育与应试教育的区别

(一)应试教育

应试教育是指一种偏重于通过考试成绩来衡量学生水平的教育制度，它以应付升学考试为目的，是教育工作所存弊端的集中表现。它以升学率的高低来检验学校的教育质量、教师的工作成绩以及学生的学业水平。其教育模式与考试方法限制了学生能力的充分发挥，其评价学生的方式太过单一，限制了很大一部分学生进一步深造的机会。

(二)素质教育与应试教育的区别

1. 从指导思想上

应试教育是为了应付升学考试，是以追求升学率为目的的教育，它唯分是举，限制了不擅长考试但有能力的人进一步发展，容易出现"高分低能"现象；素质教育是为了全面提高学生的素质也就是为了全面提高国民的素质，是一种与应试教育相对应的教育，它为广大学子继续深造提供了广泛平台。

2. 从教育目的上

应试教育是为适应上一级学校的选择需要，以应试训练为目的的教育；素质教育则是根据社会进步和人的发展需要，使学生学会做人、学会求知、学会生活、学会健体、学会创造和学会审美的教育。

3. 从教育对象上

应试教育面向少数人而忽视多数人，是重在"提高"的淘汰式的"英才教育"；素质教育则面向全体，是重在"普及"，促使每个学生充分发展的"通才教育"。

4. 从教育内容上

应试教育完全围绕应试要求，考什么就教什么、学什么，轻"德"、缺

"体"、少"美"、砍"劳"，是一种不完全的畸形教育；素质教育则是使受教育者在德、智、体、美、劳多方面都得到发展的教育。

5. 从课程结构上

应试教育是单一的学科课程，且只重视少数所谓"主科"，轻视所谓"副科"；而素质教育则以现代课程理论为指导，把课程分为必修课、选修课和活动课程等几个板块，把它们都纳入课表，作为正式课程平等对待，有的学校还十分注意开发"隐性课程"，如环境教育、校风建设等。

6. 从学生课业负担上

应试教育为了应付中、高考，作业较繁重，较多采用"题海战术"和机械记忆，而忽视学生对知识的真正理解和掌握；而素质教育则要求着眼于学生的全面和谐发展，严格按教育教学规律办事。仅以作业为例，内容适度，形式灵活，不仅重视巩固性的书面作业，还要设计富于个性和创造性的活动作业、口头作业、行为作业，并把课外阅读纳入培养健康个性的工作之中，以利于学生的全面发展。

7. 从师生关系上

应试教育迫使教师"选择适合教学的学生"，强调师道尊严，师生之间是一种管与被管、教与被教、灌与被灌的关系；素质教育则强调尊师爱生，师生民主平等，双向交流。要求教师尊重、理解、信任、鼓励、扶植每一个学生，教师选择使每个学生都得到应有发展的教学艺术。

8. 从教育方法上

应试教育实行的是学生被动学习，死抠书本，脱离实际的教育；素质教育则是重视双基、发展智力、培养能力，使学生生动活泼、主动地得到发展的教育。

9. 从教学途径上

应试教育把课堂和书本作为教学的唯一途径，不同程度地脱离社会、脱离实际；而素质教育为了培养学生适应社会、适应生活的新型素质，要求实现教育的社会化，建构学校与社会的"双向参与"机制，使得教学途径增多，教育视野广阔，有利于从狭隘的完全同升学"指挥棒"对口的自我封闭中解脱出来，实行开放式的现代教育。

10. 从评价标准上

应试教育以"分"为导向，以"率"为标准，以"考"为法宝，并以此来评价学校、教师和学生，实行的是僵化、死板的"一刀切"教育；素质教育则确立社会实践的评价权威，淡化分数的警告、惩戒作用，把学生的差异作为资源潜能优势，实行的是使学生个性健康、完善发展的教育。

从以上几方面的比较中可以看出，应试教育只注重应试的功利，不关心人的全面发展；不是创造适合学生的教育，而是塑造适合"教育"的学生。"应试教育"在教育对象上的局限性，在教育内容上的片面性，不利于学生的全面发展，对广大中小学生的素质提高和健康成长影响较大，必须加快落实素质教育的步伐，促进广大学生乃至整个国民素质的提高，见表3.1。

表 3.1 素质教育和应试教育的主要区别

	应试教育	素质教育
教育的对象	主要面向少数学生，忽视大多数学生	面向所有学生
教育的目的	以考取高分获得升学率为目的，属急功近利的短视行为	促进学生全方面发展，旨在提高国民素质，追求教育的长远利益
能力的培养	只重技能训练，忽视能力的培养	重视各种能力的培养
教学的方法	以死记硬背和机械重复训练为方法，使学生课业负担过重	启发式、探究式教学，使学生生动、活泼、主动地学习，减轻学生课业负担
学生的评价	选拔性评价，以考试成绩作为评价学生的主要标准甚至唯一标准	发展性评价，评价方式多元，评价主体多元
教学的内容	考什么教什么；教学内容难、偏、繁、杂，脱离生产和生活实际	重视综合性，教学内容结合学生经验，联系实际
教育的着眼点	局限于学校	注重发展性，终身教育、终身学习

八、实施素质教育的要求、途径与方法

(一)国家实施素质教育的基本要求

1. 着眼于民族素质的提高

这是国家实施素质教育的根本宗旨。一个民族素质的高低决定了其发展的潜力及其所能达到的高度。素质教育旨在通过对受教育者进行各方面的教育，从而提高其综合素养和生存技能，进而促进整个国民素质的提高。只有整个民族的综合素养提高了，才能实现整个国家的可持续发展和繁荣富强。

2. 着眼于可持续发展

学生是国家和社会发展的后备力量，是未来社会建设的主力军。只有通过素质教育把学生教育好，让他们真正掌握知识和技能，才能为国家和社会的发展提供后续力量，从而实现国家的可持续发展。

3. 着眼于全体学生各方面素质的提高

学校必须贯彻落实教育方针，把培养学生在德、智、体、美、劳等方面全面发展作为教育目标，因为只有这样才能适应21世纪新经济时代的需要以及社会进步和精神文明建设的需要。未来的社会是一个多元化的社会，学生只有德才兼备，综合发展，才能适应这种多元化的需求。

4. 着眼于学生的主动发展、创新发展

创新是一个民族进步的灵魂，是国家兴旺发达的不竭动力。一个缺乏创新的民族是一个没有希望的民族，创新教育对我国21世纪的发展至关重要。素质教育必须把创新教育和基础知识教育结合起来，着力培养学生的创新精神、创新能力。

5. 着重于实现学生全面发展与个性发展的统一

素质教育不但要促进学生的全面发展，而且要在促进学生全面发展的同时，根据学生的个性特征和兴趣爱好，因材施教，有针对性地培养学生学科专业知识，充分发挥出学生的个性特长，为学生个人能力的充分发挥创造良好的条件，从而实现人人都能尽其才。

(二)素质教育的途径和方法

1. 素质教育的途径

素质教育的途径，包括德、智、体、美等不同类型的教育活动及各种类型教育活动的基本实现方式——课程与教学、学校管理活动及课程外的教育活动等。

(1)德育为先，五育并举。

(2)把握课改精神，实践"新课程"。

新课程改革是推进素质教育的有效途径。素质教育的途径还包括课程教学以外的各种学校管理、教育活动，重点是班主任工作。

2. 素质教育的方法

(1)通过高素质的教育来培养高素质的学生。

(2)教学以学生为本，倡导自主、合作、探究的学习方式。

(3)开展多种形式的实践活动，重视对各种能力的培养。

(4)正确运用(发展性、多元)评价方法，促进学生全面发展。

(三)沉重的课业负担是实施素质教育的障碍

素质教育从提出之日起就把矛头指向学生沉重的课业负担。

《关于深化教育改革全面推进素质教育的决定》指出，"减轻中小学生课业负担已成为推行素质教育中刻不容缓的问题，要切实认真加以解决。各级政府都要建立健全减轻学生课业负担的监督检查机制。"

《国家中长期教育改革和发展规划纲要(2010—2020年)》强调，"减轻中小学生课业负担。过重的课业负担严重损害儿童少年身心健康。减轻学生课业负担是全社会的共同责任，政府、学校、家庭、社会必须共同努力，标本兼治，综合治理。把减负落实到中小学教育全过程，促进学生生动活泼学习、健康快乐成长。"

中小学学生课业负担成为教育的"顽疾"，久治不愈，其原因还是在于不能正确地理解和贯彻素质教育的思想。

有人认为有课业总会有"负担"，学习成绩与课业是相关的。有学习，就会有课业。这一点没有疑问。但是，课业成为"负担"，就是教育的问题。当课业成为"负担"时，学生的学业成绩，就可能是以牺牲青少年的身心健康为代价的。如果教育使得一代人失去了健康，那么教育就是对一代人的伤害。那种所说的学业成绩，对于学习者个人，对于整个社会还有什么意义呢？

减轻学生的课业负担，学校和教师是大有可为的：

(1)树立正确的教育观念。树立素质教育观，不搞应试教育，要面向全体学生，促进学生全面地、生动活泼地、主动地发展。

(2)改进教学方法，提高课堂教学的质量和效率。

(3)加强教师的培养，提高教师的综合素质和教学水平。

(4)严格控制学生在校时间、考试频次、家庭作业量。

(5)严格禁止办各类辅导班、各种学科类竞赛，严禁给学生成绩排名。

(6)丰富学生的课余文化生活和增加学生体育锻炼时间。

(7)开齐开足学校各类课程，坚定地推进新课程改革。

第二节 教师观

教师观是指教师对自己教育身份的认识和基本的态度，是教师对教师职业的特点、责任、教师的角色以及科学履行职责所必须具备的基本素质等方面的认识。它直接影响着教师的知觉、判断，进而影响其教学行为。本节旨在通过对现代教师观的论述，使教师了解现代教师的职责和特点，明确现代社会对教师的期望和要求，树立正确的现代教师观，实现教师角色的准确定位。提高教师的素质，以便全面地履行教师的职责，做一位符合 21 世纪素质要求的教师。

一、教师职业概述

(一)教师的概念

教师是随着社会发展的需要而产生的。人类为了生存和发展，需要把在社会实线中积累的丰富经验传递给下一代，由此产生学校。同时也就产生了教师。"教师"有广义和狭义之分。从广义上说，凡是增进他人的知识技能、影响他人思想品德形成的人，都可以称作"教师"。他们既可以是家庭中的父母，也可以是社会上的其他人。狭义的教师是指学校教育活动中的教师，即在各级各类学校及其他教育机构中专门从事教育教学工作的专业人员。《中华人民共和国教师法》对教师的概念进行了全面的界定："教师是履行教育教学职责的专业人员，承担教书育人、培养社会主义事业建设者和接班人、提高民族素质的使命。"该法案中指的教师以及我们平时所说的教师是指狭义的教师。教师的职业既古老又年轻，既平凡又崇高。

(二)教师职业的性质

1. 教师是专业人员

1966 年，联合国教科文组织在《关于教师地位的建议》中提出，应该把教师工作视为专门职业，它要求教师具有经过严格训练而持续不断的学习才能获得并发展的专业知识及专门技能。

2. 教师职业是促进个体社会化的职业

教师是教育者，承担了培养合格的社会人员，延续人类社会发展的重要职责。个体从自然人发展成为社会人是在学习、接受人类经验与消化、吸收人类文化的过程中逐渐实现的，这一过程是社会教化的结果。个体只有通过社会教化，才能适应社会生活，实现个体的社会化。

(三)教师的社会地位及作用

1. 教师是人类文化的继承者与传递者

教师是社会发展的"中介人"，联系着人类的过去、现在和未来。教师继承并传递着人类社会和民族创造、积淀的社会文明，对人类科学文化知识、社会意识的继承与发展具有桥梁的作用。教师的劳动对于人类社会的延续与发展具有承前启后的作用。

2. 教师是社会物质财富和精神财富的创造者

教师通过向个体传授一定的生产知识和科学技术，使个体进入社会生产领域，成为物质财富的创造者。教师的劳动成为个体进行物质生产劳动、创造物质财富的前提和基础，教师在这个过程中实际上是物质财富的间接创造者。教师通过对学生进行科学文化的教育，培养学生良好的思想品质，把学生培养成思想家、理论家、文学家、艺术家、科学家、教育家等。教师在教育活动过程中的教育知识、教育手段和教育方法的创新，是教师创造精神财富的表现。因此，教师也是精神财富的创造者。

3. 教师是人类灵魂的工程师

教师担负着培养一代新人的重任，在学生的发展中发挥着主导作用。教师是学生知识和能力的培养者，是学生美好心灵的塑造者。教师不仅传授学生知识，还培养和发展学生的智力和能力，陶冶他们的情操，指导他们的学习和全面发展。教师全身心地培育学生，教师的人格本身就是一种特殊的教育手段，教师对儿童的人格起到感染、熏陶的作用。

(四)教师劳动的特点

教师职业是一种以培养人为目的的特殊的职业，是一种人与人之间相互施加影响的过程，教师劳动是一项复杂而艰苦的脑力劳动。教师劳动的特点主要体现在以下几个方面。

1. 复杂性

一方面，教师劳动的对象具有复杂性。学生在性别、家庭环境、文化背景、生活方式上的差异，包括性格、个性方面的特点都决定了教师劳动的复杂性。另一方面，教师劳动的任务和内容是复杂的。教师既要教书，又要育人；既要传授知识，又要发展学生的智力；既要培养学生生存和发展的技能，又要培养他们适应社会、改造社会及正确处理各种社会关系和人际关系的能力。

2.示范性

教师劳动的示范性是指教师要给学生做出示范，以自己的形象影响和感化学生。教师只有首先把教材中的智慧和情感内化为自己的一部分，才能在教学中感染学生。教师在学生获取知识和发展能力的道路上发挥了主导作用，教师在学生心目中往往具有神圣的地位。教师的言论行为、道德品行和为人处世的态度，不仅是学生学习的内容，而且是学生学习和模仿的直接榜样。

3.创造性

教育必须根据学生的具体情况来进行，教师必须灵活地运用教育原则，创造性地设计教育方法，对不同学生要因材施教。教学内容方面，教师要根据所教学生的实际情况进行加工改造，变成学生可以接受的知识体系，准确、通俗地教给学生。这种创造性还体现在教师的教育机智上，这是一种教师处理教育教学过程中突发或偶发事件的特殊能力，特别是教师面对临时突发的意外情况，快速做出反应、及时采取恰当措施的能力。

4.长期性

我国古代的教育家管仲说过："一年之计，莫如树谷；十年之计，莫如树木；终身之计，莫如树人。"由于人的成长是自然发育和社会化的统一过程，受教育者的身心发展需要经历一个长期、反复的过程。知识的掌握需要长期积累，技能、技巧也需反复练习才能形成，思想品德、行为习惯的形成和培养更是一个长期的过程。因此，教育这种培养人的活动周期长、见效慢，教师的教育影响不能马上就显露出来。教师劳动的效果只能在学生未来发展的成就上体现出来，教育的成效最终要在学生参加独立的社会实践后才能得到检验。

5.群体和个体的统一性

教师的劳动在一定的时间和空间上，在一定的目标上，都具有很强的个体性特点。每一位教师都要以自己的知识、才能、品德、智慧去影响学生，完成自己的教育教学任务，即教师的劳动从劳动手段角度讲主要是以个体劳动的形式进行的。同时，教师的劳动成果又是集体劳动和多方面影响的结果。任何一个学生的身心发展，都不仅仅是不同科目、不同年龄阶段许多教师共同影响的结果，也是学校、家庭、社会和学生本人长期共同努力的结果。教师的个体劳动最终都要融会于教师的集体劳动之中，教育工作需要教师的群体劳动。教师劳动的群体和个体统一性，要求教师要协调好影响学生身心发展的综合环境，特别是处理好自身与教师群体的关系，又要不断提高自身的思想修养和业务水平。

(五)教师职业角色的多样性

角色，是指个人在一定的社会规范中履行一定社会职责的行为模式。教师职业的最大特点就是职业角色的多样化。一般来说，教师职业角色主要有以下几种。

1. 传道者

教师具有传递社会传统道德、正统价值观念的使命。进入现代社会后，虽然道德观、价值观呈现出多元化的特点，但教师的道德观、价值观总是代表着居社会主导地位的道德观、价值观，并且用这种观念引导年青一代。

2. 授业解惑者

教师在掌握了人类经过长期的社会实践所获得的知识经验、技能的基础上，对其精心加工整理，然后以便于年青一代学习掌握的方式传授给学生，帮助他们在很短的时间内掌握人类几百年、几千年积累的知识，形成自己的知识结构和技能技巧。

3. 管理者

教师对教育教学活动的管理包括确定目标，建立班集体，制定和贯彻规章制度，维持班级纪律，组织班级活动，协调人际关系等，并对教育教学活动进行控制、检查和评价。

4. 示范者

教师的言行是学生学习和模仿的榜样。夸美纽斯曾很好地解释了这种角色特点，他认为，教师的职务是用自己的榜样教育学生。学生具有向师性的特点，教师的言论、行动以及为人处世的态度，对学生具有耳濡目染、潜移默化的作用。

5. 父母与朋友

教师往往被学生视为自己的父母或朋友。低年级的学生倾向于把教师看作父母的化身，对教师的态度类似于对父母的态度；高年级的学生则往往视教师为朋友，希望得到教师在学习、人生等多方面的指导，同时又希望教师是分担自己的快乐与痛苦、幸福与忧愁的朋友。

6. 研究者

教师工作的对象是充满生命力的、千差万别的活的个体，传授的内容是不断发展变化的科学知识和人文知识，教育过程又是一个复杂的动态变化过程。这就决定了教师不能以千篇一律的态度对待自己的工作，而是要以一种变化发展的观点、研究的态度对待自己的工作对象、工作内容和各种教育活动，不断学习新知识、新理论，不断反思自己的实践，不断发现新的特点和问题，以使自己的工作适应不断变化的形势，并且有所创新。

教师职业的这些角色特点决定了教师职业的重要意义和重大责任。

二、传统教师观

关于教师的作用，韩愈在《师说》中写道："师者，所以传道、授业、解惑也。"从历史上来看，经历了以长者为师，到有文化知识者为师，再到教师是文化科学知识的传递者的演变过程。在很长一段时间，教师职业角色的核心内涵就是：教师是社会上传播文化知识的人。

教师是社会上传播文化知识的人这一观念形成以后，教师角色被用各种比喻性的说法来加以描述、概括和定位。较为流行的话语是：教师是照亮学生的蜡烛；教师是人类灵魂的工程师；教师是园丁；教师要给学生一碗水，自己要有一桶水；等等。这些观点被概括为"蜡烛论""工程师论""园丁论"和"桶水论"等。

关于教师在教育活动中的地位，"教师中心论"曾经一度是比较盛行的观点，德国教育家赫尔巴特是"教师中心论"的代表人物。这种观点强调教师在教育中的权威作用，认为教师应成为教学活动的中心，成为教学过程的主宰，学生的学习围绕教师的教育教学任务来进行。"教师中心论"最大的一个弊端就是学生在教育活动中处于被动的地位，学生的活动在很大程度上被忽视了。

三、课程改革背景下新的教师观

新课程背景下，教师要更新理念，转变职业角色，才能适应新形势的要求。

现代教师观既强调教师的主导作用，又突出学生的主体地位。

在21世纪的课程改革中，教师应该扮演多重角色。具体来讲，教师在教育活动中的角色和作用可概括为以下几种。

(一)教师是教学的设计者

教师在理解和灵活运用各种教学策略的基础上，要针对学生的特点、特定的学习内容，创设一定的学习环境。在课程改革中，尤其要针对不同类型的学生来为之设计更为有效的学习活动。

(二)教师是教育活动的组织者和管理者

一定的教学秩序是开展教学的前提。尤其在今天大力提倡的合作学习、探究式学习中,教师作为组织者和管理者的角色就更为突出,教师要帮助学生组织学习小组,引导和指挥学生参与讨论并开展其他各种合作学习活动,使各项学习活动得以深入,进而通过组织好的群体互动来促进个体的发展。

(三)教师是学生学习的促进者

在当前形势下,由于学生的学习方式发生了巨大改变。教师必须从过去仅作为知识传授者这一传统角色中解放出来,促进以学习能力为重心的学生整个个性的和谐、健康发展。新课程不断地促进教师从知识的传授者、灌输者、拥有者转向教学活动的组织者、帮助者、合作者,不断地促进教师从训导者、管理者转向引导者、激励者。教师的职责已经越来越少地传递知识,而越来越多地激励思考。教师要指导学生形成良好的学习习惯、掌握学习策略,创设丰富的教学环境,激发学生的学习动机,培养学生的学习兴趣;提供各种便利,为学生的学习服务;建立一个接纳的、支持性的、宽容的课堂气氛;作为学习参与者,与学生分享自己的情感和想法;和学生一道寻找真理,并且能够承认自己的过失和错误。教师应把主要精力放在对学生的检查、激发、指导方面,从而真正实现教是为了不需要教。

(四)教师是学生的引领示范者

教师是学生人生的引路人。教师不仅要向学生传播知识,而且要引导学生沿着正确的道路前进,为他们设置不同的路标,引导他们不断地向更高的目标前进。新课程要求教师从过去的"道德说教者""道德偶像"等传统角色中解放出来,成为学生心理健康、品德优良的促进者、催化剂,引导学生学会自我调适、自我选择。

教师本身也是示范者。教师的言行是学生学习和模仿的榜样。所以,从古至今,都强调教师要"为人师表,率先垂范",教师在学生面前要发挥好示范引领作用。

(五)教师是课程的建设者和开发者

新课程倡导民主、开放、科学的课程理念,同时确立了国家课程、地方课程、校本课程三级课程管理政策,课程不再全部由国家统一制定,而是有 10%～12% 的课时量给了地方和学校来开发和实施。与此同时增设了 6%～8% 的综合实践活动。综合实践活动所采取的实施策略是,由国家制定实施指南，由学校和教师根据实际来选择和确定。教学过程便成了课程内容持续生成与转化、课程意义不断建构与提升的过程。教师不再孤立于课程之外，教师的教育实践本身就是一种课程开发的过程。如此一来，教师不仅仅是一个课程的忠实执行者，而在很大程度上成了课程的创造者和开发者。

(六)教师是教育科学的研究者

20世纪90年代以来，教师成为研究者已成为一种世界性潮流，教师不仅能传播知识，而且能通过自己的研究发现来创新知识，成为知识的发展与创造者。教师不再仅仅是静态知识的占有者，而应该成为动态教育活动的行动研究者、教学问题的探索者、新的教学思想的实践者。通过对自己教育教学行为的反思、研究和改进，达到教师的自我发展和自我提高的目的。

教师在教学过程中要摆脱"教书匠"的角色，以研究者的心态置身于教学情境之中，以研究者的眼光审视和分析教学理论与教学实践中的各种问题，对自身的行为进行反思，提高对自己的教学活动的自我觉察，对出现的问题进行探究，提出改进方案。对积累的经验进行总结，使其形成规律性的认识。

四、构建新型师生关系

(一)师生关系的含义及功能

1. 师生关系的含义

师生关系是指教师和学生在教育、教学活动中结成的相互关系，包括彼此所处的地位、作用和态度等。师生关系是教育活动过程中人与人关系中最基本、最重要的关系。

2. 师生关系的功能

(1)教育功能

师生关系是教师和学生为实现一定的教育目的而结成的相互关系，其本身就孕育着一种教育任务。

(2)激励功能

良好的师生关系对师生双方都会产生重要的激励作用。对于教师而言，良好的师生关系能够使教师感受到教育教学过程的愉快和自身从事工作的价值，从而激发教师的工作热情和积极性，增强教师的责任心，激励教师全身心投入教育工作中去。

（3）社会功能

良好的师生关系传递着一种关怀、信任的心理氛围，对于孩子们今后更好地适应社会起着重要的作用。因此，建立良好的师生关系是教育教学活动顺利进行的保障；良好的师生关系是构建和谐校园的基础；良好的师生关系是实现教学相长的催化剂；良好的师生关系能够满足学生的多种需要。

（二）师生关系的基本类型

师生关系可以分为放任型、专制型和民主型。每一种师生关系都有其特征与不同的影响：

放任型师生关系模式的特征是无序、随意和放纵。

专制型师生关系模式的特征是命令、权威和疏远。

民主型师生关系模式的特征是开放、平等和互助。

因此，新课程理念倡导的师生关系应当为民主型师生关系模式。

（三）辩证统一的师生关系

1. 教学上的授受关系

从教育内容的角度说，教师是传授者，学生是接受者。学生主体地位的形成既是教育的目的，也是教育成功的条件。教师对学生的指导、引导的目的是促进学生的自主发展。

2. 人格上的平等关系

学生作为一个独立的社会个体，在人格上与教师是平等的。真正的民主的师生关系是一种朋友式的友好与帮助的关系。

3. 社会道德上的相互促进关系

师生关系从本质上讲是教师与学生之间的人的关系。教师对学生的影响不仅体现在知识和智力上，而且体现在思想和人格上。

（四）良好的新型师生关系的特征

1. 民主平等

民主平等已成为现代师生关系的核心要求。

2. 尊师爱生

学生对教师尊敬信赖，教师对学生热爱，是新型师生关系的重要特征。爱生是尊师的基础，尊师是爱生的结果。教师是教育活动的组织者，在建立尊师爱生的新型师生关系中起着主导作用。

3. 心理相融

师生的心理相融是指教师和学生集体之间、和学生个人之间，在心理上能彼此协调一致，并相互接纳，教师的行动能够引起学生积极的响应，学生的心理变化也能被教师时时关注，师生之间关系融洽，亲密无间，团结协作，彼此相互依存，对维系正常的师生关系起着重大的情感作用。

4. 教学相长

"教学相长"，这一成语出自《礼记·学记》："是故学然后知不足，教然后知困。知不足然后能自反也，知困然后能自强也。故曰教学相长也。"意为教和学两方面互相影响和促进，都得到提高。

第三节　学生观
——"以人为本"的学生观

学生观是指教育者对学生在教育教学活动中的性质、地位、特征和具体实践活动的基本看法与认识。学生观在具体的教育实践活动中支配着教育者的行为，决定着教育者与受教育者之间的关系（或师生关系），教育者的教育活动是在一定的思想认识基础之上展开的，而这种思想认识的核心就是学生观。

一、历史上出现过的几种学生观

历史上曾出现过形形色色的学生观，它们从不同的方面表达了对学生的看法和认识。现概括如下。

(一)对学生天性的认识

一种观点是原罪论、性恶论，代表人物是赫尔巴特。持这种观点的人认为儿童生来就有一种盲目的冲动的种子，处处驱使他不驯服的烈性，以致经常扰乱成人的计划，也把儿童的未来人格置于许多危险之中。另一种观点是性善论，代表人物是卢梭。他认为人的天性是善的，在人的心灵中根本没有什么生来就有的邪恶，是腐败的社会使人堕落，对儿童产生恶劣的影响。这突出表现在他的一句名言"出自造物主之手的东西都是好的，而一到了人的手里，就全变坏了"之中。

(二)对学生地位的认识

一种观点是以赫尔巴特为代表的"教师中心论"，它认为教师在教育过程中处于中心地位，具有绝对的权威，学生必须服从教师。另一种观点是以杜威为代表的"儿童中心论"，它认为儿童在教育过程中处于中心地位，教育的措施应围绕他们来组织，教师在这一过程中处于次要地位，是以咨询者和辅导者的身份出现的。

(三)对学生身份的认识

赫尔巴特、斯宾塞等人把学生当成小大人看待，主张向学生传授成人的知识，为完满的生活做准备。而卢梭、杜威等人则主张从儿童的天性出发，从实际出发，把儿童看作独特的、处于特定阶段的人，让他们去适应生活而不是为生活做准备。

(四)对学生知识的获得方式的认识

英国教育家洛克曾提出著名的"白板说"，认为儿童就像一块白板，可任由教师涂抹。据此理论，许多人把学生的大脑当成知识的容器或仓库，主张向学生灌输系统的知识，学生则是被动地接受。而杜威等人则反对把学生当成知识的容器，反对系统知识的传授，主张儿童从生活中、从活动中学习。就知识和能力而言，他们更强调能力的发展。

(五)对学生的管理的认识

赫尔巴特提出了管理先行的思想，主张对学生施行严格的管理，以防止儿童现在和未来的反社会倾向的发展，从而达到维持学校和社会秩序的目的。他提出了一套具体的管理方法，如运用威胁、监督、命令和禁止、包括体罚在内的惩罚。而卢梭、杜威等人则主张对儿童实施顺从其天性的、自然的、自由的教育，反对严酷的纪律和惩罚。

以上从不同方面介绍了历史上有关的学生观，很明显，它们既有可取的积极的一面，又有不合理之处，我们对此应持扬弃的态度，取其精华，去其糟粕，为我们形成当代的正确学生观服务。

二、"人的全面发展"思想是确立正确学生观的基础

我国现时代教育观的思想渊源是马克思关于人的全面发展学说。

(一)人的全面发展的含义与内容

人的全面发展是指人的体力和智力得到全面而充分发展，在德、智、体、美、劳等各个方面都有均衡的发展。主要体现为体力与智力的协调发展、社会素质的全面发展、能力素质的全面发展、人的自由个性的充分发展。

人的全面发展的基本内容包括：

(1)人的发展同其所处的社会生活条件是相联系的。

(2)旧式分工造成了人的片面发展。

(3)机器大工业生产提供了人的全面发展的基础和可能。

(4)社会主义制度是实现人的全面发展的社会条件。

(5)教育与生产劳动相结合是培养全面发展的人的唯一途径。

(二)"以人为本"的性质和含义

"以人为本"的性质:"以人为本"是一种肯定人的作用和地位,强调尊重人、解放人、依靠人和为了人的价值取向。

具体含义是:

人与自然的关系:在维护生态平衡的前提下满足人的生存需要。

人与社会的关系:在公平公正的前提下满足人的发展需要。

人与人的关系:在维护公平正义的前提下优质优酬、兼顾公平。

人与组织的关系:在自愿与共享的前提下满足个人的发展需要。

三、"以人为本"的现代学生观

(一)"以人为本"的教育内涵

教育活动中的以人为本,就是以学生为本,以学生的全面发展为本,以全体学生的全面发展为本。

"以人为本"思想贯彻在教育活动中,就是"以学生为本"。以人为本作为教育活动中的一种学生观,也可以从以下三个维度去理解。

首先,坚持以人为本,必须面向全体学生。

其次,坚持以人为本,必须以学生作为教育活动的出发点。

最后,坚持以人为本,必须以促进学生全面发展为目标。

总之,以人为本的学生观,我们的教育活动要做到"一切为了学生,为了一切学生,为了学生的一切"。

需要指出的是:人的全面发展,不是不同方面的平均发展;人的全面发展,不是所有的人按平均水平发展;人的全面发展与有差异、有个性的发展是统一的。

全面发展的人,不是"千人一面"的人,而是有特点的人;完整的人,也不是各个方面平均发展的人,而是在全面发展基础上个性又得到很好发展的人。在全面发展基础上,个性潜能得到充分开发,是全面发展教育的境界。

(二)"以人为本"的学生观的内涵

有什么样的学生观就会有什么样的师生关系,教育者会依据已有的学生观来展开教育工作,并产生相应的教育结果。"以人为本"的学生观有助于建立和谐的良性师生关系，有助于高效地开展教学实践，自然也就会取得理想的教育效果。

1. 学生是具有独立意义的主体

以人为本的学生观要求把学生置于教育活动的主体地位，注重学生的主体性需求，关注学生的全面成长，把学生真正当作"人"来开展教育，尊重学生的自主意识，不以教师的个人意志去支配学生，按照学生的成长规律开展具体的教育教学活动。

尊重人的主体性，强调人的主观能动性，是马克思主义哲学实践观的基本原理。学生作为教育对象，首先基于其作为人的这一主体存在，是有主体意识、主体能力的活生生的生命整体，是既享有一定权利也承担着一定责任的责权主体。

1989年11月20日联合国大会通过的《儿童权利公约》中指出：儿童在教育过程中享有下列权利——提问的权利；质疑的权利；寻找、追求理由的权利；批评的权利；行动自由的权利；隐私不受侵犯的权利；人格受到尊重的权利；给予公正对待的权利；等等。

(1)学生在教育活动中处于主体地位

素质教育强调学生在学习活动中是认识的主体、实践的主体和发展的主体，是学习的主人。

教师主体对学生客体的教育与改造，只是学生发展的外部条件和外因，学生的主体活动才是学生获得发展的内在机制和内因。教师尊重学生的主体地位和独立人格，在课堂教学中真正将学生作为学习的主体，是走进新课程的必要前提。

当前，人们在观念上并不一概地反对学生是主体，但在具体教育实践中，却往往不把学生作为真正主体来对待，所以，需要进一步落实学生在教育活动中的主体地位。

在教育实践中，学生主体相对于教师主体来说，诸多方面的力量都显得十分微弱。因此教师的主体作用，就是要努力提高学生的主体性水平。落实学生的主体地位，关键是根据具体的教育要求，调动学生的主动性，为学生构建广阔的活动空间。

教师应该意识到：教学不能简单强硬地从外部实施知识的"填灌"，而应当把学生原有的知识经验作为新知识的生长点，引导他们从原有的体验中，生长新的知识经验。教学不是知识的传递，而是知识的处理和转换。教师不单是知识的呈现者，不再是知识权威的象征，应该重视学生主体对各种现象的理解，倾听他们时下的看法，思考他们这些想法的由来，并以此为据，引导学生丰富或调整自己的解释。

（2）学生具有个体独立性，不以教师的意志为转移

学生作为个体，具有主观的意志，学生接受知识的过程并非简单的被动接受知识，而是经过自己的考量之后做出的判断。

学生作为各种学习活动的发起者、行动者、作用者，其前提是他首先要有一定的主体性，这是他作为主体的基本条件。事实上，随着青少年学生自我意识的形成和不断增强，他自身就有一种自尊自信和追求真理的自觉性，在许多活动中表现出渴望独立、渴望自主选择、渴望自主判断。在教育活动中，学生发挥自身主体性的形式是多种多样的，既表现为学习意向上的自觉性和主动性，又表现为学习过程中的接受、探索、训练、创新等具体行为。

（3）学生在教育活动中具有主体的需求与责权

学生的主体性的根源在于个体需求与责权的统一，学生作为独立的个体认识世界和改造世界，是认识的主体，因而，在教育教学活动中，学生具有学习的自主需求和动力，拥有享受相关需求的权利。

从法律、伦理角度看，学生在教育系统中既享有一定的法律权利，也承担着一定的法律责任，是一个法律上的责权主体。同时，也承担一定的伦理责任和享受特定的伦理权利，也是伦理上的责权主体。把学生作为责权主体来对待，是现代教育区别于古代教育的重要特征，是教育民主的重要标志。

把学生视为责权主体，必然面临一个如何处理学生权利与学校职责的关系问题。一方面，学生是权利主体，学校和教师要保护学生的合法权利；另一方面，学校负有对学生进行有效的教育和管理的责任，必然要对学生权利有所制约。在处理学生权利自由和限制问题上，常常有两种对立的做法：一种做法是强调学生的权利自由，这在欧美一些国家较多地存在。它的基本思想是，学生权利是神圣不可侵犯的，一切要体现学生权利至上，这也可称为学生权利管理上的自由主义。另一种做法是强调学校对学生管理的重要性，把有效的管理放在第一位，这在东方国家体现得较明显。这种做法对于学校教育的有效运作有积极意义，但也容易造成种种侵犯学生权利的问题，表现出对学生权利尊重和保护不够的缺陷。这种做法可以称为权力主义。其实，不论是自由主义还是权力主义，都没有找到自由和限制的合理界限。我们认为，过分自由和过分限制都不利于学生的成

长，也不利于学校工作的有效进行。因此，应在自由和限制之间寻求一种基本平衡。

视学生为责权主体的观念，是建立民主、道德、合法的教育关系的基本前提。强化这一观念，是时代的要求，也具有重要的理论意义。

2. 学生是发展的人

学生的发展是指学生在遗传、环境和学校教育以及自我内部矛盾运动的相互作用下，身体和心理两个方面所发生的质、量、结构方面变化的过程及结果，是内外部因素综合作用的结果。学生作为发展的人，其发展的根本动力是身心发展的社会需要与个体现有发展水平之间的矛盾。

(1)学生的身心发展具有规律性

学生发展的规律性主要体现在身心发展上，不同阶段的学生具有不同的身心特征。

认识规律、遵循规律是做好工作的前提。它要求教师应努力学习，掌握学生身心发展的理论，熟悉不同年龄阶段学生身心发展的特点，并依据学生身心发展的规律和特点开展教育教学活动，从而有效促进学生身心健康发展。

(2)学生具有巨大的发展潜能

以人为本的学生观要求教师应当把学生看作发展过程中的客观存在，用发展的眼光去看待学生，倡导对学生进行形成性评价。

应该相信学生的确是潜藏着巨大发展能量的，坚信每个学生都是可以积极成长的，是有培养前途的，是追求进步的，是可以获得成功的，因而对教育好每一位学生应充满信心。

多元智能理论指出，人人都拥有言语、数理、空间、音乐、运动、自我、交往等多种智力，每个人的智力各具特点，都有自己的智力强项。布鲁姆也曾指出，一般理智健全的儿童，完全能够学会教师所教的内容，关键是教师的教学要符合学生的学习需要。这就启示我们，学生具有巨大的发展潜能，只要我们为之创造条件，其潜能终将会被开发，素质也将得以完善。每个学生都是一片有待开发或进一步开垦的土地，其身上都存在着"不完善"和"未确定性"。教师应视之为教育财富加以开发和利用，通过教育不断培育和扶植他们身上的"生长点"，把他们存在着的多种潜在发展可能变成现实。

要用积极的眼光和态度来认识学生的天性，坚信每个学生都是可以造就的；每一个学生都是具有发展可能性的，要努力使每一个学生都能在原有水平上得到发展。教师不能孤立静止地看待学生，而应着眼于学生的成长，站在人生发展的制高点进行智慧的选择和高超的把握，对其每一个可能素质做出有效指导，使之转化为现实素质；在评价上，要坚持发展性评价，让学生不断改进行为。

3. 学生是具有个性与差异的人

以人为本的学生观不仅要求将学生作为一个整体来全面看待，而且要关注学生的个体差异和个性化成长。以人为本的学生观，是面向全体学生的，更要关注每一个学生的发展，承认学生的个体差异性，满足学生的个性发展要求。

(1)人的全面发展以承认学生差异和个性发展为基础

人的全面发展不等于各个方面的平均化发展，教育活动涉及德、智、体、美、劳等诸多方面与内容，人的全面发展思想，要求每个受教育者作为一个独立而完整的个体，各个方面都能够获得应有的发展，同时也要承认人的各个方面发展水平具有一定差异性，不能用同样的标准去衡量各个方面的发展指标。

(2)学生的个性与差异要求切实贯彻因材施教的教育理念

教育的生机和活力，就在于促进学生的个性健康发展。它也是学生自身发展的落脚点和最终体现。

《基础教育课程改革纲要(试行)》规定："教师应尊重学生的人格，关注个体差异，满足不同学生的学习需要，创设能引导学生主动参与的教育环境，激发学生的学习积极性，培养学生掌握和运用知识的态度和能力，使每个学生都能得到充分的发展。"学生个体发展的速度有快慢、水平有高低、结果有不同，实施课程改革应大力倡导个性化教育和全纳教育，为学生提供平等的发展机会和条件，这是教育最低程度的公平。长期以来，基础教育最大的缺欠是把知识性甚至是强制性的知识学习看得过重，而忽视了对学生情感、情绪以及个性发展的关注。实施新课程，教育的成功不能只是一部分人的成功，而应是所有学生的成功；不能是学生一时的成功，更应是学生一世的成功。

要充分尊重和重视学生的独特个性。首先，教师必须具有鲜明的个性差异观，因材施教，使教学真正符合每个学生的实际需要。其次，学生不是单纯的抽象的学习者，而是有着丰富个性的完整的人；学习过程也不是单纯的知识接受或技能训练，而是伴随着交往、创造、追求、选择等的综合过程，是学生整个内心世界的全面参与。教师必须还学生完整的生活世界，丰富学生的精神生活，给予学生全面展现个性力量的机会。为此，教师要关注学生独特的感受和理解，尊重学生标新立异的思维方式和行为。

四、中小学生的发展特点

教育应以人的全面发展为出发点和基石。教育首先要考虑到学生发展的需要，遵循学生的生理、心理特点和发展规律，才能设计出适合学生学习的课程，促进学生健康成长。下面就分别对中小学生的发展特点予以介绍。

(一)小学生的发展特点

1. 小学生的注意特点

(1)从无意注意占优势，逐渐发展到有意注意占优势

无意注意具有被动性，主要取决于刺激物在强度、新异性和变化性等方面的特点。随着年龄的增长和大脑的不断成熟，内抑制能力得到发展，再加上教学的要求和训练，小学生逐渐理解了自己的角色与学习的意义，有意注意便逐渐得到发展。到五年级，小学生的有意注意已基本占据主导地位。

(2)注意的范围较小。

(3)注意的集中性和稳定性差。

(4)注意的分配和转移能力差。

2. 小学生感知觉和记忆的特点

随年龄增长，小学生感知觉的有意性、精确性逐渐增强。比如，低年级的小学生的感知觉具有无意性强、精确性较低等特点，因而容易在学习中分心，容易混淆形近字；到了高年级时，感知觉的有意性、精确性均会大幅提高。

小学生记忆的特点主要表现为：由无意识识记向有意识识记发展；由机械识记向意义识记发展。低年级小学生识记的无意性强，从三年级开始，小学生的有意识识记逐渐占主导地位，同时，随着他们知识的增长，理解力的提高，意义识记的比例也越来越大，机械识记的比例则越来越小，逐渐从机械识记为主向意义识记为主发展。

3. 小学生思维和想象的特点

(1)小学生的思维同时具有具体形象的成分和抽象概括的成分。低年级学生的思维以具体形象思维为主，从高年级开始，学生逐渐学会区分概念中本质的东西和非本质的东西，但此时的抽象逻辑思维依然离不开直接

经验和感性认识，思维仍具有很大成分的具体形象性。

（2）小学生思维发展的过程中，存在着由具体形象思维向抽象逻辑思维过渡的"质变"期，亦称"关键年龄"（四年级，约为 10 到 11 岁）。

（3）小学生的思维品质在不断发展，思维的深刻性、灵活性、敏捷性、独创性都随年龄的增长而增强。

小学生想象的主要特点是：有意想象增强；想象更富有现实性；想象的创造成分增多。

4. 小学生情感和意志的特点

随着年龄的增长，小学生的情感逐渐变得更加稳定、丰富、深刻了。低年级小学生虽已能初步控制自己的情感，但还常有不稳定的现象。到了小学高年级，他们的情感更为稳定，自我尊重、希望获得他人尊重的需要日益强烈，道德情感也初步发展起来。

小学生的身体各器官、系统都生长发育得很快，他们精力旺盛、活泼好动，但同时因为他们的自制力还不强，意志力较差，所以遇事很容易冲动，意志活动的自觉性和持久性都比较差，在完成某一任务时，常是靠外部的压力，而不是靠自觉的行动。

5. 小学生性格的特点

小学生的自我意识在不断发展，自我评价的能力也不断有所增长。随着年龄和见识的增长，他们已不再完全依靠教师的评价来估计自己，而是能够把自己与别人的行为加以对照，独立地做出评价。因而在小学阶段进行有效的教育，使学生形成良好的性格是非常重要的。

6. 小学生道德品质的特点

对道德知识的理解，从比较肤浅、表面的理解逐步过渡到比较准确的、本质的理解。但是整个小学阶段，这种理解的具体性大，概括性较差。如分不清"勇敢"和"冒险"、"谨慎"和"胆怯"等。

在道德品质的判断方面，小学生从只是注意行为的效果过渡到比较全面地考虑动机和效果的统一关系。

在道德原则的掌握上，从简单依赖于社会的、他人的规则，逐步过渡到受内心的道德原则制约。

从道德行为的发展来看，在小学阶段，儿童的道德认识和道德行为、言行基本上是协调一致的，但年龄越小，言行越一致；随着年龄的增长，言行脱节、能说不会做的现象便会出现。这种言行脱节的现象在小学生身上出现是正常的，是需要教育者理解和加强辅导的问题。一般认为形成这种现象的原因较复杂，主要有：模仿的倾向，出于无意，成人的要求不一致，外界不良因素的干扰，做事、控制自己的能力差。

我国学者研究认为，小学阶段道德品质发展的质变时期，即品质发展的"关键年龄"，大概出现在三年级下学期前后，这是加强辅导和促进发展的关键阶段。

(二)中学生的发展特点

1. 初中生心理特点

(1)认知发展。初中生不仅能够把握事物眼前的状况，还能把握他们能够设想的可能情况。这种认知能力的发展，对初中生的学习、生活及其个性发展有着重要影响：①促进其学业进步。②开始与父母发生冲突。③对事物有一定的独立见解，尽管有些是偏激和不成熟的。

(2)性意识的觉醒。随着生理发展的急剧变化，初中生心理开始萌动，在与异性同伴相处中，一些从来没有过的新的体验与感受开始产生神秘的骚动，使他们感到好奇、渴望，有时又是迷惑和害怕。

(3)不成熟的"成人感"。随着初中生自我意识的发展，自尊心与人格独立性也随之明显增强。他们不希望别人时时管教约束，否则会使他们产生逆反心情和对抗情绪。尽管初中生的"成人感"日益增强，但由于社会经验不足，对社会问题及个人问题认识较肤浅，这使得他们对自我评价、对他人评价常常又是不成熟的，顺利时沾沾自喜、狂妄自大；挫折时，妄自菲薄、自卑自弃。自我体验也是动荡而不稳定的。

(4)学习成绩分化激烈。初中生学习成绩波动很大，分化明显。初二年级是明显的分化期，学习优秀的学生能应付自如，学有余力；而学习较差的学生，穷于应付，越学越吃力。学业不良将会导致学生厌学、逃学、自卑自弃等一系列不良心理。

(5)同一性问题。同一性是个体对自己的本质、价值、信仰及一生趋势的一种相当一致和比较完满的意识。通俗地说就是个体在寻求"我是谁"这个问题的答案。青少年在同一性形成的过程中常常会出现一些不适应问题，表现在有的人对自我和自己的生活方式感到困惑，常伴有激动的情绪和解脱困境的尝试；有的人可能出现暂时的或长久的同一性混乱，即未能形成一种强烈的、清晰的同一感，他们无法发现自己。经受过同一性混乱的青年，自我评价较低，道德推理不够成熟，难以承担责任，冲动而思维缺乏条理。可见，青少年的自我意识、与人交往、社会适应等方面的困扰都与同一性问题有关。

2. 高中生的发展特点

（1）不平衡性。高中生的生理发展迅速走向成熟，而心理的发展却相对落后于生理的发展，两者发展是不同步的，具有较大的不平衡性。

（2）动荡性。高中生心理发展的动荡性表现在知、情、意、行等各个方面。他们思维敏锐，但片面性较大，容易偏激。他们热情，但容易冲动，有极大的波动性。他们的意志品质日趋坚强，但在克服困难中毅力不够，往往把坚定与执拗、勇敢与蛮干冒险混同起来。在行为举止上表现出明显的冲动性。在对社会、他人与自我之间的关系上，容易出现困惑、苦闷和焦虑，对家长、教师表现出较普遍的逆反心理与行为。

（3）自主性。高中生在观念上和行动上表现出强烈的自主性，迫切希望从父母的束缚中解放出来，开始积极尝试脱离父母的保护和管理。对许多事物有自己的见解和主张，并为坚持自己的观点而争论不休。对成年人的意见不轻信、不盲从。

（4）进取性。高中生精力充沛，血气方刚，反应敏捷，上进心强，不安于现状，颇具"初生牛犊不怕虎"的劲头。他们对未来满怀希望，乐于开拓。

（5）闭锁性。高中生的内心世界变得丰富多彩，但又不轻易表露出来。他们非常希望有单独的空间，好像有什么秘密的东西不愿让别人知道。心理发展的闭锁性使高中生容易感到孤独，因此又产生了希望被人理解的强烈愿望。他们热衷于寻求理解自己的人，对"志同道合"的知心朋友，他们能坦率地说出自己的秘密。

（6）社会性。高中生对现实生活的很多规范都很感兴趣，对新事物既敏捷又易接受。热心参与社会活动，乐于对社会事物发表自己的意见，在学校生活中，自治、自理、自立的要求强烈。他们的社会责任感、使命感日趋增强。他们开始以从未有过的认真与严肃思考自己未来的生活与职业前途。

五、"以人为本"的学生观对中小学教育的具体要求

"以人为本"的学生观要求中小学教育要全面促进学生的发展。

（一）尊重学生个性发展

教书育人作为教师一切工作的出发点和归宿，是教师区别于其他职业的重要标准，其核心在于培养学生的个性，发展学生的潜能。每个年龄阶段的学生，心理特点和智力水平既有一定的普遍性，又有一定的特殊性，

教师既要从整体上把握教学目标，又要根据班级的实际情况以及学生的个别情况制定出具体要求，设计或选择丰富多样、适当的教育教学活动方式，因材施教，以促进学生的个性发展。因材施教包括两个方面：一方面是指教师能够从学生的实际情况出发，使教学的深度、广度、进度适合学生的知识水平和接受能力；另一方面是指教育要关注学生的个性特点，尊重学生的兴趣、才能、想象力和好奇心等。

(二)关注学生心理变化

中小学生的心理发展迅速，随着年龄的增长，他们的情感变化愈加丰富、深刻，自我意识日益增强。这个时期他们的心理发展，更需要一个健康良好的环境去保障和呵护，开展必要的心理健康教育指导具有重要的现实意义。在中小学教育中开展心理健康教育可以从以下几个方面展开。

首先，组织和开展心理健康活动课。

其次，将心理健康教育渗透到各科课程中。

最后，对个别有需要的学生进行专门的心理咨询和辅导。

(三)注重形成性评价与终结性评价的结合

评价是教师最常运用的一种教育方式。评价不仅具有诊断的作用，而且具有导向、激励等功能。正确、适当的评价在促进学生学习和保障学生心理健康方面具有重要意义。当前教师在对学生评价时过分注重结果，忽视过程，这种只注重结果的评价方式不利于学生的成长。在对学生的评价过程中，教师要有意识地把形成性评价和终结性评价结合起来，使评价真正起到引导、激励学生成长的作用。

(四)汇集家庭与学校的教育合力

父母是孩子的第一任老师，家庭教育的重要作用不容忽视。

教师应该与学生家长建立平等合作的良好关系。对于学生的教育问题，教师与家长应该经常沟通，形成一种教育合力。

六、教育公正与学生的共同发展

运用"以人为本"的学生观来开展教育活动，要遵循"教育公正"的原则，处理好学生发展的"共同性"和"差异性"问题。

(一)促进全体学生的共同发展要以教育机会均等为基本原则

在学校教育活动中，"以人为本"，也是以所有学生的发展为本，或者说以每一个学生的发展为本，必须坚持"教育公正"原则。

所谓教育机会均等，应当包括两个方面：一是入学机会均等；二是教育过程中机会均等。

(二)有差异的学生的共同发展

1. 学生的性别差异与共同发展

性别作为一种自然状态，是由遗传基因决定的。遗传基因的差异，会给不同性别的人带来发展的差异。

2. 学生的民族差异与共同发展

我国是一个多民族的国家，因此，在我国小学教育活动中，坚持"以人为本"，必须注意到民族差异，做到不同民族的学生共同发展，特别要注意少数民族学生的发展。

3. 学生的地域差异与共同发展

中国人口众多，地域广大，经济发展不平衡，存在着地域发展的差异。坚持"以人为本"，也要做到不同地域的学生得到共同发展。

教育者要对于来自不同地域的学生，不同的发展状况，有正确的认识。正确地对待可能由于地域造成的学生发展差异，不能因学生所处地域的差异而歧视一些学生，要促进来自不同地域的学生共同发展。

4. 学生家庭背景的差异与共同发展

家庭是社会的细胞，然而社会中的家庭却千差万别。家庭有经济情况的差异，有家长社会地位的差异，有家长文化水平的差异，有家长性格的差异，有家长教育子女水平的差异，还有家庭结构的差异。家庭的种种差异，可能会影响学生的发展。教育者不能因为学生家庭的种种差异，以及这种差异给学生发展带来的困难而歧视学生。

5. 学生身心发展水平的差异与共同发展

最有可能影响教师在教育过程中对学生进行资源分配的因素，就是学生身心发展水平的差异。从学生的自然状况看，他们的生理发展情况会有差异。从学生的社会文化素质状况看，也会存在学习水平的差异。在教育活动中"以人为本"，特别要注意正确地对待学生身心发展的差异，要给予身心发展状况不同的学生以同样的关注，以促进学生的共同发展。

七、教育公正与学生个性发展

坚持教育公正，是"以人为本"对中小学教育的本质要求，正确地对待所有的中小学生，促进所有学生的共同发展，并不是让所有中小学生步调一致，而是让每一个中小学生都能在自己发展潜能的基础上，个性能够得到充分发展。

(一)分阶段教育与个性发展的辩证统一

分阶段教育是指在教育活动中把学生按"好、中、差"分为不同的阶段，然后依据这种阶段，给予不同阶段的学生以不同的教育资源。而因材施教则是依据每个学生的发展特点和发展潜能，采用适宜的教育方法。分阶段教育同因材施教的根本区别在于教育观念的不同。分阶段教育背后的教育观是，学生有才能高低之分，因而给予学生的教育机会要按照才能的高低来分配。因材施教背后的教育观是，学生的个性发展潜能不同，因而要给不同个性发展潜能的学生提供最有利于其发展的教育机会。

(二)教育公正与学生个性发展的辩证统一

在教育活动中，不因性别、民族、地域、家庭背景和学生个人身心发展情况不同而区别对待学生，给所有中小学生提供同样的教育机会，这是教育公正的要求。但这只是教育公正的一个方面。学生的天赋、个性是不一样的，教育公平不是要求所有学生齐头并进，教育公平也包括不同学生不同个性潜能得到充分开发。

思考与练习

1. 简述素质教育的内涵。
2. 我国全面推进素质教育的现实意义是什么？
3. 试比较传统教师观和现代教师观的异同。
4. 什么是以人为本的学生观？
5. 中小学生的发展特点有何异同？
6. "教育公正"原则的基本内涵是什么？

案例分析

现代教育外部环境呈现出复杂和多元的特性，据《中国日报》报道：2010 年 6 月 13 日下午，湖北仙桃某中学高一(2)班课堂上，班主任胡老师发现学生黄某在课堂上玩手机后，当即将手机收过来，放在讲台前砸烂，然后丢进了垃圾桶。

作为一名教师，你对胡老师砸手机的行为如何看，并做分析。

分析：胡老师砸手机的做法之所以凸显争议，其实是当今教育界面临的现实难题。对于家长来说，给孩子配备手机是相互及时联系的需要，初衷是好的，然而，贪玩且自制力差的学生，未把手机上的一些先进功能用于学习，而是用于消遣，这就产生了弊端。

　　从法律角度讲，老师无权损坏学生的财物，胡老师发现学生在课堂上玩手机后，应该将手机收过来先暂时保管，然后做善后事宜。绝不能砸烂丢掉。

　　作为一名教师，应该关爱学生。关心爱护全体学生，尊重学生人格，平等公正对待学生，对学生严慈相济。从现代学生观的角度讲，学生是正在发展的、但还没有成熟的人，有时难免缺乏自我约束力，抵制不了玩手机的诱惑。老师"一砸了之"简单粗暴的做法不仅切断了双方沟通的前提，而且这种无法律保护的行为会给学生造成不良影响，会对他们思想和心理的成长产生错误的引导。

　　从长期效果上讲，对学生行为方式的强行遏制，远不及对学生思想观念进行正确的引导。

第四章　教师的职业道德

引言

　　教师是人类灵魂的工程师，是青少年学生成长的引路人。教师的思想政治素质和职业道德水平直接关系到中小学德育工作状况和亿万青少年的健康成长，关系到国家的前途命运和民族的未来。加强中小学教师职业道德建设，提高教师的师德素养，在教育活动中运用教师职业行为规范恰当地处理与学生、学生家长、同事以及教育管理者的关系，对促进学生身心健康、建设和谐社会具有十分重要的意义。

学习目标

　　1. 了解《中小学教师职业道德规范(2008 年修订)》的制定背景与意义，尊重法律及社会接受的行为准则。
　　2. 掌握教师职业行为规范的各项要求。
　　3. 理解《中小学班主任工作条例》文件精神。
　　4. 分析评价教育实践中教师的道德规范问题。

第一节　教师职业道德的特点与要求

一、教师职业道德的含义及特点

　　教师职业道德是指教师在其职业生涯中，调节和处理与他人、与社会、与集体、与工作的关系时所应遵守的行为规范或行为准则，以及在这基础上所表现出来的观念意识和行为品质。它一方面揭示了教师职业道德的独特性，说明了它是教师这一职业所特有的，是与教师这一职业密切联系的专门性道德；另一方面揭示了教师职业道德的基本内涵，说明教师职业道德不只是教师在职业生活中所应遵循的行为规范或行为准则，还包括教师对规范或准则中内化而成的观念意识和行为品质。

教师职业道德是在教师劳动过程中产生和发展起来的。教师职业道德有自己的特点。

(一)教师职业道德的教育专门性

教师职业道德的教育专门性，即教师职业道德对教育善恶的专门体现性和对教育的专门适用性。这是教师职业道德的一个基本特点。教师职业道德的形成发展与教师这一行业有着密切的联系，教师职业的独特性，决定了教师职业道德的专业性。可以说，教师职业道德是关于教育领域是非善恶的专门性道德。因为它的一切理论都是围绕教师职业展开的。它不仅告诉人们教师职业何以为善的道理，而且指出了教师职业如何为善的途径。

教师职业何以为善？教育是造福人类的事业。国家的发展，民族的未来，社会的兴衰，取决于教育和教师的工作。因为教师职业具有为善于社会、为善于人类的巨大价值，所以教师职业是非常神圣的，由此，教师职业道德揭示了教师职业的崇高和伟大。教师职业不仅是一个光荣而重要的岗位，而且是一种崇高而愉快的事业。

教师职业如何为善？从教师爱岗敬业的情感到乐业、勤业、精业的践行，从教师的言传身教到教师的自我修炼，从教师的钻研进取到教师诲人不倦的高尚情怀，从教师对学生的关爱到教师对整个社会的关心等，都广泛涉猎，形成教师职业道德特有的规范体系，无不包含着何以为善的道德策略。

(二)教师职业道德体现教书和育人要求的一致性

教师职业道德的另一个特点，就是教书育人。可以说，这是教师职业道德的根本所在。教师职业道德的一切内容都是围绕这一根本问题产生的，都是与这一根本问题相联系的。

古今教师职业道德的发展，始终贯穿着教书育人的要求。如我国古代《礼记·文王世子》中就有"师也者，教之以事而喻诸德者也"之说，意思是：教师的职责是既要教学生有关事物的知识，又要让学生知晓立身处世的品德。苏联现代教育家苏霍姆林斯基告诫教师："请你记住，你不仅是自己学科的教员，而且是学生的教育者、生活的教师和道德的引路人。在教师职业道德中，育人被视为教书的根本。"教师不应当只传授知识，训练技能和技巧，还要教育学生，这是教师的神圣天职。作为一名教师，如果只教学生读书写字、记诵经书，而不引导学生感受和理解做人的道理，那就不能为社会培养有益于社会的人。正如法国教育家卢梭指出，对一名教师来说，重要的问题不在于要他拿什么东西去教孩子，而是要他指导孩子去怎样做人。

(三)教师职业道德的全面性

在古今教育发展的长河中，教师职业道德越来越丰富，涉及了教师职业劳动的所有问题，充分体现了教师职业道德内容的全面性。在教师劳动价值上，它向人们揭示了教师所从事的是人类的伟大事业，是社会物质文明、精神文明、制度文明发展不可缺少的；在教师职业社会地位上，它肯定了教师职业的崇高性，把教师视为联系历史和未来的一个活的环节，是太阳底下最神圣的职业；在教师职业职责上，它强调教书育人是根本；在教师态度和情感上，它提倡爱岗敬业，以育人为乐；在教师形象上，它要求以身作则，为人师表；在教师职业行为品质上，它要求尊重信任学生，关心爱护学生，要学而不厌，诲人不倦，关心集体，善于协作，要民主、平等、公正自律；在教师职业情操上，它提倡严于律己，宽以待人，廉洁从教，不慕虚荣；在教师职业业务上，它提倡不断学习、刻苦钻研，不敷衍塞责、要求严谨治学、精益求精、尽心指导、循循善诱……总之，教师职业道德充分体现了教师这一行业特有的教师职业理想、职业态度、职业职责、职业形象、职业规范、职业良心、职业信念、职业作风、职业荣誉、职业情操等。

(四)教师职业道德功能的多样性

教师职业道德的产生发展是社会和教师职业的需要，其功能具有多样性。它不仅对教师职业做出了重要的价值性论证和伦理性论证，而且有助于教师增强对自己职业的认识。教师职业道德作为教师这一行业所特有的伦理现象和精神文化，构成了教师这一行业特有的精神风貌，影响着从业人员的内心世界，对从业人员具有很强的职业教化作用，使其认识自己的职业价值，培养起对职业的敬重感、自豪感、责任感，形成坚定的职业信念，成为职业工作源源不断的精神动力。教师职业道德作为关于教师行为的善恶标准和观念意识，它不仅是衡量评价教师职业行为及其水平的重要依据，对教师行为具有重要的引导作用，而且是教师在职业活动中对各种关系和矛盾加以调节和引导的重要依据，对教育活动中的人际关系以及人际关系中的利益关系具有重要的调节作用。教师职业道德作为教师个体内在的获得的道德信念和道德品质，不仅能够增强和提高教师对职业道德的评价能力，而且能够增强教师言行示范的自觉性，促进教师职业道德修养及道德水平的不断提高等。这些都说明教师职业道德功能的多样性。

二、《中小学教师职业道德规范(2008 年修订)》制定背景

《中小学教师职业道德规范(2008 年修订)》是在我国社会经济和教育发展进入新的历史阶段的重要背景下修订的。改革开放以来，我国于 1985 年、1991 年、1997 年先后三次颁布和修订了《中小学教师职业道德规范》。当前，我国教育事业已经进入一个新的发展阶段。在新的历史起点上，实现我国从人力资源大国向人力资源强国的根本性转变。在教育事业飞速发展的基础上，人民群众不仅要求"有学上、有书读"，而且进一步要求"上好学、读好书"。提高教育质量，关键在教师。没有高水平的教师队伍，就没有高质量的教育。建设人力资源强国，提高教育质量和水平，对教师队伍师德和业务素质提出了新的更高要求。师德是教师最重要的素质，师德水平也是人民群众对教育工作满意不满意的一个重要标尺，更是教育改革发展的内在需要。

为进一步加强教师队伍建设，全面提高中小学教师队伍的师德素质和专业水平，在广泛征求意见的基础上，对 1997 年国家教委和全国教育工会联合印发的《中小学教师职业道德规范》进行了修订，于 2008 年 9 月 1 日由中华人民共和国教育部颁布实施。

三、《中小学教师职业道德规范(2008 年修订)》的基本内容

《中小学教师职业道德规范(2008 年修订)》的基本内容继承了我国的优秀师德传统，并充分反映了新形势下经济、社会和教育发展对中小学教师应有的道德品质和职业行为的基本要求。它不是对教师的全部道德行为和教育教学工作的要求，不能取代学校的其他各项规章制度。它的许多内容是《中华人民共和国教师法》相关条文的具体化。

附：《中小学教师职业道德规范》
（2008 年修订）

一、爱国守法。热爱祖国，热爱人民，拥护中国共产党领导，拥护社会主义。全面贯彻国家教育方针，自觉遵守教育法律法规，依法履行教师

职责权利。不得有违背党和国家方针政策的言行。

二、爱岗敬业。忠诚于人民教育事业，志存高远，勤恳敬业，甘为人梯，乐于奉献。对工作高度负责，认真备课上课，认真批改作业，认真辅导学生。不得敷衍塞责。

三、关爱学生。关心爱护全体学生，尊重学生人格，平等公正对待学生。对学生严慈相济，做学生良师益友。保护学生安全，关心学生健康，维护学生权益。不讽刺、挖苦、歧视学生，不体罚或变相体罚学生。

四、教书育人。遵循教育规律，实施素质教育。循循善诱，诲人不倦，因材施教。培养学生良好品行，激发学生创新精神，促进学生全面发展。不以分数作为评价学生的唯一标准。

五、为人师表。坚守高尚情操，知荣明耻，严于律己，以身作则。衣着得体，语言规范，举止文明。关心集体，团结协作，尊重同事，尊重家长。作风正派，廉洁奉公。自觉抵制有偿家教，不利用职务之便谋取私利。

六、终身学习。崇尚科学精神，树立终身学习理念，拓宽知识视野，更新知识结构。潜心钻研业务，勇于探索创新，不断提高专业素养和教育教学水平。

四、如何全面准确地理解《中小学教师职业道德规范（2008年修订）》

《中小学教师职业道德规范（2008年修订）》（以下简称新《规范》）对教师的职业道德起指导作用，是调节教师与学生、教师与教师、教师与学校、教师与国家、教师与社会相互关系的基本行为准则。

新《规范》的许多内容是《教师法》等法律法规相关条文的具体化。但新《规范》不是强制性的法律，而是教师行业性的纪律，是倡导性的要求，但同时具有广泛性、针对性和现实性。如新《规范》中写入"保护学生安全"，这是由中小学教师职业特点所决定的。中小学教师面对的是自我保护能力弱的儿童和少年，对于未成年人群体，教师应当负有保护的必要责任。

新《规范》中的"禁行规定"是针对当前教师职业行为中存在的共性问题和突出问题，也是社会反映比较强烈的问题而提出的，如"不以分数作为评价学生的唯一标准""自觉抵制有偿家教"等，但"禁行规定"也并非包括了教师职业行为中存在的所有问题。一个阶段提出一些阶段性的、可操作的、具体化的要求，能够使学校和教师在教育教学过程中，明确要求，有规可依，有章可循，规范教师职业行为，不断提高、促进师德水平。

五、《中小学教师职业道德规范(2008 年修订)》核心内容解读

新《规范》共六条，体现了教师职业特点对师德的本质要求和时代特征，"爱"与"责任"是贯穿其中的核心和灵魂。

(一)"爱国守法"——教师职业的基本要求

热爱祖国是每个公民，也是每个教师的神圣职责和义务。建设社会主义法治国家，是我国现代化建设的重要目标。要实现这一目标，需要每个社会成员知法守法，用法律来规范自己的行为，不做法律禁止的事情。

(二)"爱岗敬业"——教师职业的本质要求

没有责任就办不好教育，没有感情就做不好教育工作。教师应始终牢记自己的神圣职责，志存高远，把个人的成长进步同社会主义伟大事业、同祖国的繁荣富强紧密联系在一起，并在深刻的社会变革和丰富的教育实践中履行自己的光荣职责。

(三)"关爱学生"——师德的灵魂

没有爱，就没有教育。教师必须关心爱护全体学生，尊重学生人格，平等公正对待学生。对学生严慈相济，做学生的良师益友。保护学生安全，关心学生健康，维护学生权益。

(四)"教书育人"——教师天职和道德核心

教师必须遵循教育规律，实施素质教育。循循善诱，诲人不倦，因材施教。培养学生良好品行，激发学生创新精神，促进学生全面发展。不以分数作为评价学生的唯一标准。

(五)"为人师表"——教师职业的内在要求

为人师表是区别于其他职业道德的显著标志。教师要坚守高尚情操，知荣明耻，严于律己，以身作则，在各个方面率先垂范，做学生的榜样，以自己的人格魅力和学识魅力教育、影响学生。要关心集体，团结协作，尊重同事，尊重家长。作风正派，廉洁奉公。自觉抵制有偿家教，不利用职务之便谋取私利。

(六)"终身学习"——教师专业发展的不竭动力

终身学习是时代发展的要求，也是由教师职业特点所决定的。教师必须树立终身学习理念，拓宽知识视野，更新知识结构。潜心钻研业务，勇于探索创新，不断提高专业素养和教育教学水平。

六、《中小学班主任工作规定》的内容及解读

(一)《中小学班主任工作规定》的内容

为了进一步加强中小学班主任工作,发挥班主任在中小学教育中的重要作用,保障班主任的合法权益,全面推进素质教育,2009 年教育部特制定《中小学班主任工作规定》(教基一〔2009〕12 号),内容如下。

中小学班主任工作规定

第一章 总 则

第一条 为进一步推进未成年人思想道德建设,加强中小学班主任工作,充分发挥班主任在教育学生中的重要作用,制定本规定。

第二条 班主任是中小学日常思想道德教育和学生管理工作的主要实施者,是中小学生健康成长的引领者,班主任要努力成为中小学生的人生导师。

班主任是中小学的重要岗位,从事班主任工作是中小学教师的重要职责。教师担任班主任期间应将班主任工作作为主业。

第三条 加强班主任队伍建设是坚持育人为本、德育为先的重要体现。政府有关部门和学校应为班主任开展工作创造有利条件,保障其享有的待遇与权利。

第二章 配备与选聘

第四条 中小学每个班级应当配备一名班主任。

第五条 班主任由学校从班级任课教师中选聘。聘期由学校确定,担任一个班级的班主任时间一般应连续 1 学年以上。

第六条 教师初次担任班主任应接受岗前培训,符合选聘条件后学校方可聘用。

第七条 选聘班主任应当在教师任职条件的基础上突出考查以下条件:

(一)作风正派,心理健康,为人师表;

(二)热爱学生,善于与学生、学生家长及其他任课教师沟通;

(三)爱岗敬业,具有较强的教育引导和组织管理能力。

第三章 职责与任务

第八条 全面了解班级内每一个学生,深入分析学生思想、心理、学习、生活状况。关心爱护全体学生,平等对待每一个学生,尊重学生人

格。采取多种方式与学生沟通，有针对性地进行思想道德教育，促进学生德智体美全面发展。

第九条　认真做好班级的日常管理工作，维护班级良好秩序，培养学生的规则意识、责任意识和集体荣誉感，营造民主和谐、团结互助、健康向上的集体氛围。指导班委会和团队工作。

第十条　组织、指导开展班会、团队会（日）、文体娱乐、社会实践、春（秋）游等形式多样的班级活动，注重调动学生的积极性和主动性，并做好安全防护工作。

第十一条　组织做好学生的综合素质评价工作，指导学生认真记载成长记录，实事求是地评定学生操行，向学校提出奖惩建议。

第十二条　经常与任课教师和其他教职员工沟通，主动与学生家长、学生所在社区联系，努力形成教育合力。

第四章　待遇与权利

第十三条　学校在教育管理工作中应充分发挥班主任的骨干作用，注重听取班主任意见。

第十四条　班主任工作量按当地教师标准课时工作量的一半计入教师基本工作量。各地要合理安排班主任的课时工作量，确保班主任做好班级管理工作。

第十五条　班主任津贴纳入绩效工资管理。在绩效工资分配中要向班主任倾斜。对于班主任承担超课时工作量的，以超课时补贴发放班主任津贴。

第十六条　班主任在日常教育教学管理中，有采取适当方式对学生进行批评教育的权利。

第五章　培养与培训

第十七条　教育行政部门和学校应制定班主任培养培训规划，有组织地开展班主任岗位培训。

第十八条　教师教育机构应承担班主任培训任务，教育硕士专业学位教育中应设立中小学班主任工作培养方向。

第六章　考核与奖惩

第十九条　教育行政部门建立科学的班主任工作评价体系和奖惩制度。对长期从事班主任工作或在班主任岗位上做出突出贡献的教师定期予以表彰奖励。选拔学校管理干部应优先考虑长期从事班主任工作的优秀班主任。

第二十条　学校建立班主任工作档案，定期组织对班主任的考核工作。考核结果作为教师聘任、奖励和职务晋升的重要依据。对不能履行班主任职责的，应调离班主任岗位。

第七章　附　则

第二十一条　各地可根据本规定，结合当地实际情况，制定中小学班主任工作的具体实施办法。

第二十二条　本规定自发布之日起施行。

(二)《中小学班主任工作规定》解读

1. 教育部出台《中小学班主任工作规定》的意义

随着我国经济社会改革的进一步深入，基础教育步入了由全面普及转向更加重视提高质量、由规模发展转向更加注重内涵发展的新时期。《中小学班主任工作规定》(以下简称《规定》)的出台，可谓应运而生。

一是素质教育的时代呼唤。党的十七大报告提出要全面贯彻党的教育方针，坚持育人为本、德育为先，实施素质教育，培养德智体美全面发展的社会主义建设者和接班人。实施素质教育，首要的是解决培养什么样的人和如何培养人的问题。中小学班主任作为中小学教师队伍的重要组成部分，是班级工作的组织者、班集体建设的指导者、中小学生健康成长的引领者，是中小学思想道德教育的骨干，是加强和改进未成年人思想道德建设、全面实施素质教育的重要力量。《规定》的发布，正是国家当前和今后一个时期教育改革和发展的需要。

二是内涵发展的必然选择。长期以来，各地教育行政部门和中小学校重视班主任队伍建设，发挥班主任独特的教育作用，积累了丰富的经验，形成了有效的工作机制。广大中小学班主任兢兢业业、教书育人、无私奉献，做了大量教育和管理工作，为促进中小学生的健康成长做出了重要贡献。但是必须看到，中小学班主任工作面临许多新问题、新挑战。经济社会的深刻变化、教育改革的不断深化、中小学生成长的新情况新特点，对中小学班主任工作提出了更高的要求，迫切需要制定更加有效的政策，保障和鼓励中小学教师愿意做班主任，努力做好班主任工作；迫切需要采取更加有力的措施，保障和鼓励班主任有更多的时间和精力了解学生、分析学生学习生活成长情况，以真挚的爱心和科学的方法教育、引导、帮助学生成长进步。《规定》的出台，正是中小学班主任工作适应时代发展的需要。

三是学生成长的现实需要。学校教育是以班集体为单位来进行的，学校教育的各项工作，都跟班主任有关系，班主任既要关心学生的学习状况，教育学生明确学习目的，端正学习态度，掌握正确学习方法，养成良好学习习惯，增强创新意识和学习能力；又要进行有效的班集体管理，保证学校各项教育工作的顺利进行；还要组织学生开展班会、团队会以及各种主题教育活动和文体活动；更要了解每个学生的身体、心理和思想状况，开展有针对性的教育，做每一位学生人生路上的引路人。对班主任教师而言，做班主任工作和授课一样，都是主业；对学校而言，班主任队伍建设与任课教师队伍建设一样重要。《规定》的出台，对于贯彻党的教育方针，全面推进素质教育，把加强和改进未成年人思想道德建设的各项任务落在实处，具有重要意义。

2.《中小学班主任工作规定》的特点

新出台的《规定》有以下几个特点。

一是明确了班主任工作量，使班主任教师有更多的时间来做班主任工作。一直以来，班主任教师既要承担与其他学科教师一样的教学任务，还要负责繁重的班主任工作，使得班主任教师工作负担过重。《规定》要求："班主任工作量按当地教师标准课时工作量的一半计入教师基本工作量。各地要合理安排班主任的课时工作量，确保班主任做好班级管理工作。"明确了班主任教师应当把授课和做班主任工作都作为主业，要拿出一半的时间来做班主任工作，来关心每个学生的思想道德状况、身心健康状况及其他各方面的发展状况。

二是提高了班主任经济待遇，使班主任有更多的热情来做班主任工作。长期以来，广大中小学班主任教师辛勤工作在育人第一线，而享受的班主任津贴一直是按照 1979 年教育部、财政部、国家劳动总局颁布的《关于普通中学和小学班主任津贴试行办法》（教计字〔1979〕489 号）规定的标准。津贴标准低，已经远不能适应现代经济社会发展的要求。自 2009 年起，国家实施义务教育学校绩效工资制度。根据国务院办公厅转发的《人力资源社会保障部财政部教育部关于义务教育学校实施绩效工资的指导意见》，这次出台的《规定》第十五条要求将"班主任津贴纳入绩效工资管理。在绩效工资分配中要向班主任倾斜。对于班主任承担超课时工作量的，以超课时补贴发放班主任津贴。"

三是保证了班主任教育学生的权利，使班主任有更多的空间来做班主任工作。在我们强调尊重学生、维护学生权利的今天，一些地方和学校也出现了教师特别是班主任教师不敢管学生、不敢批评教育学生、放任学生的现象。新出台的《规定》第十六条明确规定："班主任在日常教育教学管理中，有采取适当方式对学生进行批评教育的权利。"保证和维护了班主任教育学生的合法权利，使班主任在教育学生过程中，在坚持正面教育为主的同时，不再缩手缩脚，可以适当采取批评等方式教育和管理学生。

四是强调了班主任在学校中的重要地位，使班主任有更多的信心来做班主任工作。《规定》从班主任的职业发展、职务晋升、参与学校管理、待遇保障、表彰奖励等多个方面强调了班主任在学校教育中的重要地位，充分体现了对班主任工作的尊重和认可，对广大班主任教师是一个极大的鼓舞和激励。强调班主任在学校教育中的重要地位，对于稳定班主任队伍、促进班主任专业成长，鼓励广大班主任能长期、深入、细致地开展班主任工作有着积极的意义。

3.《规定》对班主任工作的新要求

中小学班主任工作是一项复杂、细致，需要付出爱心、耐心和责任心，对学生健康成长起着重要作用的工作，要求班主任教师要具有良好的思想道德品质、较高的教育理论素养和专业知识水平，身心健康，富有人格魅力，善于做思想教育工作。要适应新时期教育工作中出现的变化，及时改进班主任工作，在学校育人工作中发挥更大的作用。

一是要坚持育人为本、德育为先的目标导向。要把学校教育目标落实到班级日常管理工作过程中，切实把德育放在首位，注重学生正确的世界观、人生观、价值观和社会主义荣辱观的培养和形成，培养学生健全、独立的人格。引导学生培养学习兴趣，树立正确的学习目标，促使学生全面协调健康发展。

二是要注重公平，面向班集体每一个学生。班主任要关心每一个学生，了解他们的内心世界，根据每个学生的特点，精心设计相应的教育方案，引导、帮助每一个学生健康成长，要特别注意关注学生中的弱势群体和边缘群体，为每一个学生的终身发展奠定基础。

三是要关心学生的全面发展。坚持以人为本，以学生的全面发展为班主任工作的根本出发点，不仅要关心他们的学习，更要关心他们的思想道德、身体、心理、人格等各方面的发展状况。培养学生各方面的能力，提高学生各方面的素质，发挥学生的个性特长，充分发掘学生的潜能。

四是要建立平等互信的师生关系。班主任要平等对待学生，建立和谐的、朋友式的新型师生关系。尊重学生，注重与学生交流沟通的方式，做学生人生路上的良师益友。

五是遵循学生的年龄特点和身心发展规律。相信每个学生都有自己的优点，都有成才的强烈愿望，帮助每一个学生建立不断提高进步的目标；善于发现和激励学生的每一点进步，让学生始终在成功的喜悦中提高自己、发展自己。

六是要建立完善班级管理制度。通过建立科学合理的班级日常管理规范，培养学生良好习惯的养成。从小事、细微处着手，积极开展行为规范教育。加强学生自主管理，增进学生民主意识，培养学生独立处理问题的能力。

七是要积极进行班集体文化建设。指导班集体通过开展班会、团队会、各种主题教育活动和丰富多彩的文体活动，丰富学生的生活，弘扬爱国主义、集体主义和民族精神，形成健康向上、积极进取的班风和有特色的班级文化，营造良好育人环境。

八是要指导和组织学生积极参加社会实践活动。充分开发社区、学校和班级的各种教育资源，组织学生积极参加有益于身心发展和道德养成的各种社会实践活动，增强道德体验，培养学生正确的劳动观念和劳动习惯。

九是要充分发挥纽带作用。积极主动地与其他课程任课教师、少先队、团委、政教处沟通，步调一致，形成合力，充分发挥集体教育的作用。加强与家长的沟通交流，积极建立与家长沟通和交流的有效渠道，实现学校教育和家庭教育的有机结合。加强与社会、社区的联系，善于利用各种资源让学生了解社会，参与社会，适应社会，服务社会。也让全社会都来了解教育、关心教育、支持教育，营造良好社会育人环境。

十是要大胆创新工作方式。认真做好学生的综合素质评价工作，积极探索建立学生良好行为习惯的动态管理模式和综合考评制度，建立并填好学生成长档案和记录袋。在此基础上，积极探索深化教育改革背景下班主任工作的新特点、新要求，创新班级管理和建设的有效模式。

第二节　加强教师职业道德修养的意义和途径

一、加强教师职业道德修养的重要意义

(一)有利于提高教师素质

教师作为一种职业，在人类社会发展中起着桥梁和纽带作用，承担着人类思想文化的传播、新生一代的培养、各种社会所需要的人才的造就等艰巨任务。在具体的教育教学实践活动中，教师进行着教书育人的劳动。由于这种劳动的对象是活生生的、受着千变万化社会因素和个体主观因素影响的、千差万别的人，决定了这种劳动具有创造性、示范性、长周期性、复杂性等特点，从而也就决定了社会对教师素质的高要求。作为一名合格的教师，必须具备一定的政治思想素质、科学文化素质、能力素质、教育理论素质、身心素质、风度仪表等，同时还必须具备教师职业道德素质。教师职业道德素质在诸素质中，具有特殊地位和重要作用。一方面，教师职业道德作为教师素质的重要组成部分，直接决定着教师整体素质的水平；另一方面，教师职业道德素质水平如何，也是其他教师素质因素能否发挥作用和不断提高的重要条件。从这一角度我们可以看到，教师职业道德建设是提高教师整体素质的中心内容和关键环节。

教师职业道德作为一种社会意识总是反映着一定社会的存在，受一定社会经济、政治制度所制约，社会主义教师职业道德在批判地继承人类历史上教师职业道德优良传统的同时，还反映着社会主义经济、政治制度的要求。社会主义教师职业道德要求广大教师要热爱教育工作、培养德智体全面发展的社会主义劳动者和接班人。因此，社会主义教师职业道德是适应社会主义社会的要求，为社会主义现代化建设服务、推动社会主义建设事业向前发展的职业道德的重要组成部分，这样的职业道德无疑是与我国建设富强、民主、文明的社会主义现代化强国的宏伟目标和新时期党的基本路线高度一致的。社会主义教师职业道德还要求教师要热爱学生、教书育人，这实质上是爱社会主义祖国、爱劳动在人民教师职业中的具体表现，这与社会主义道德要求是高度一致的。社会主义教师职业道德要求教师在自己的教育实践中要遵循教育规律、全心全意地为社会主义教育目的的实现而不懈努力，尽到为社会主义培养合格人才的神圣职责，这些与我

党所倡导的坚持真理、实事求是、理论联系实际等思想是完全一致的。强化教师职业道德是提高教师思想政治素质的最具体、最现实的方式和手段。

教师职业的根本职责是教书育人。教书，是指教师以传授多方面科学文化知识和技能为主要形式所进行的教育工作；育人，是指教师通过教书这种形式来开发青少年一代的智能，培养他们高尚的思想品德，形成他们健康的个性品质和体魄。所有这些都要求教师要有较高的科学文化素质和能力素质以及教育理论、思想素质，这是教师履行教书育人职责所必须具备的条件。然而，科学文化知识浩如烟海，而且随着科学的发展、时代的进步，科学知识在不断剧增，知识更新的周期在不断缩短。同时，由于生产力的发展，社会对人才质量规格的要求也在不断提高。这些都需要教师在教育实践中不断进取，勤奋学习，刻苦钻研，勇于创新，精益求精，继续提高，而这正是教师职业道德的主要内容。也就是说，在当今时代，教师要适应时代要求，必须不断提高自己的科学文化素质与能力素质，而教师文化素质、能力素质的提高，则须以教师职业道德为基础。否则，如果教师满足于现状，不思进取，在时代不断发展的条件下，就会逐渐被社会淘汰。因此，强化教师职业道德是提高教师科学文化素质和能力素质的必需。

（二）有利于强化教师的事业心、责任感

教育是一种有组织、有目的的社会实践活动。作为教育实践活动主体的教师，肩负着重要的社会职责，如传播人类文化科学、塑造年青一代、促进社会文明进步和发展等。教师在履行这些社会职责的过程中，必须遵循社会对教师职业行为提出的道德要求。这些道德要求便是教师职业道德规范和原则。当教师职业道德规范和原则内化为教师个体品质后，它便成为一种内在力量，促使教师自觉地以满腔热忱投入教育工作中，用辛勤的劳动培养社会所需要的人才，全面履行自己的职责。与此同时，他们还会以教师职业道德为准则，调节各方面的关系，正确处理教师个体需要与社会要求、局部利益与整体利益之间的冲突，克服一切困难和障碍，坚定不移地履行自己的责任和承担应尽的义务。因此，强化教师职业道德有利于强化教师的事业心和责任感。

强化教师职业道德的过程，也是强化教师自我调节和自我提高的过程，教师应当具备的素质不是先天就有的，教师的事业心和责任感也不是当上教师就自然而然地存在的，而是在长期的社会生活和教育实践中，在

教师职业道德规范和原则不断影响、约束下逐渐形成的。强化教师职业道德，能够不断启迪和帮助教师明确在教育实践中应该做什么、应该怎样做、为什么这样做、要做到何种程度等一系列的行为规范。教师也只有不断深入理解、明确这些行为规范，才能体会到自己所从事的事业的伟大和所承担的责任的重要，从而以正确的态度对待自己所从事的事业和所承担的职业责任，增强事业心和责任感。

强化教师职业道德，可使教师职业道德内化为教师自身的需要，成为教师个体品德的一部分，并在此基础上确立正确的人生观、价值观，这样，教师便会以教师职业道德指导自己的行为，使他们在纷纭复杂的现实生活中，始终按社会的要求和需要去思考和行动，保证自己的心理生活在较高的水平上健康运转。保持强烈的事业心和责任感，而不至于因受种种社会变革所带来的影响冲击工作，不至于因生活中遇到的种种困难或个人利益上的损失而产生心理上的不平衡，进而减弱和丧失事业心和责任感。

(三)有利于净化教育行业风气，推动社会精神文明建设

强化教师职业道德，有利于教师的廉洁从教。我国实行改革开放特别是实行社会主义市场经济以来，教育上出现了蓬勃发展的喜人局面，但也受到一些市场经济的冲击。有的教师经不住商品经济的挑战和物质利益的诱惑，出现了学校管理中的乱收费、高收费，师与生、教师与领导、教师与家长之间人际交往中以金钱、利益为中介等不良现象，导致许多社会矛盾的出现，损坏了学校和教育工作的声誉，降低了教育者的威信。这是与被称为人类灵魂工程师的社会角色不相称的。要克服这种为教不廉的行业不正之风，使教师职业的高尚本质复归，亟须强化教师职业道德。教师职业道德从社会需要和道德高度指明了教师在职业行为中应遵循的规范和原则，这些规范和原则能帮助教师规范自己的行为，冷静、客观地分析各种利益之间的关系，正确认识和处理现实中，特别是教育实践中的各种矛盾和问题，确立崇高的道德责任感，纠正一切有悖于道德的行为，在金钱、物质利益面前保持高度的道德情操，真正做到廉洁从教。

强化教师职业道德，是推动社会主义精神文明建设的重要手段。学校是精神文明的窗口，是培养未来社会成员的基地，而学校中教师的职业形象则以它强烈的形象性和示范性影响着他们的劳动对象——学生。学生在校学习期间，从学校和教师那里耳濡目染，潜移默化，获取许多精神上、文化上、道德上、行为习惯上的营养，给学生人格全面发展带来不可磨灭的影响。教师的这些影响已经内化到学生的个体人格中，并落实到行动上

形成一种精神力量。当他们走向社会，把他们的人格融入社会生产、生活和多种社会关系中，就会对社会的物质文明建设和精神文明建设产生巨大的影响。

由于教师的工作性质和特点以及他们在社会中的地位决定了强化教师职业道德还会直接促进社会精神文明建设，教师除在学校进行正常的教育活动外，还要广泛接触社会，协调社会各方面共同对学生进行教育。在这样的社会活动中，教师以其特有的形象影响着社会。因此，强化教师职业道德，使教师以良好的道德风貌和高尚的道德情操出现在社会上，就会对社会产生积极的影响，推动社会精神文明的发展。

(四)有利于推动素质教育的有效实施

进入21世纪，我国基础教育改革和发展已经开始从应试教育转向素质教育。素质教育的根本目标，是使全体受教育者个体在身心各方面都得到充分、自由的发展。而要做到这一点，作为素质教育主体——教师的素质，特别是教师职业道德素质水平是至关重要的。

学生素质的全面发展和提高，有赖于适合他们身心规律的教育环境。在教育过程中创造一种使学生的理智活动与情感活动处于和谐状态、友好、轻松、愉快的教育环境就显得尤为重要，而要营造这样一种环境，关键在于教师要对学生真诚的爱，对教育事业高度的责任感以及与学生之间和谐的人际关系，这就需要强化教师职业道德。教师职业道德规范着教师是以美好的情感投入教育活动，调节师生关系，促进师生间的情感交流和思想沟通，是学生在教育过程中感受到愉快、自由、个人权利的尊重、获得知识的满足和探索的乐趣，从而自觉从中获得心智、情感、个性和创造力的发展。

强化教师职业道德，是全面实现素质教育目标的重要保证，教师职业道德可强化教师对学生教育的责任心。这不仅可使教师不断提高和完善自身的教育素质，而且能自觉地关心每一个学生的成长，努力培养每一个学生，使其具有社会发展所需要的素质。教师职业道德规范了教师对教育事业的态度和观念以及个人与集体的关系，个人在教育过程中的价值。强化教师职业道德，无疑会有利于教师立志从事教育事业，有利于教师队伍的稳定，从而为素质教育的实施提供了保障。教师职业道德规范了教师的情感倾向和教育工作的价值取向以及行为方式：强化教师职业道德，可使不良的教育行业风气得以改变，不正确的办学方向得以纠正，种种违反教育规律的职业行为得以改正，侵犯学生受教育权的现象得以消除，使应试教育的种种弊端得以克服，为素质教育的实施提供良好的条件。

二、加强教师职业道德修养的方法和途径

(一)加强学习，提高理论水平和理论修养

首先，要学习马克思主义、毛泽东思想、邓小平理论以及科学发展观理论。马克思主义、毛泽东思想是指导我们思想的理论基础，是建设我国社会主义的指南，也是指导教师修养的锐利武器。要深入学习和实践科学发展观理论，深刻理解和学习中国特色社会主义核心价值观。做到爱国、爱社会主义，使自己真正成为一名忠诚于社会主义事业的教育者，担负起培养和造就千百万中国特色社会主义事业的建设者和接班人的任务。

其次，要学习国家的法律法规，特别是教育法规，提高对法律法规的认识，自觉依法执教。随着社会主义市场经济的深入，对广大教师依法执教的要求越来越高，我们必须深入学习国家的各项法律法规，特别是有关教育的法律法规，要使自己的职业行动符合法律法规的要求；要认真学习中小学教师职业道德规范，明确其要求；要学习教师职业道德修养理论。没有理论指导的职业道德修养是盲目的修养，盲目的修养既缺乏自觉性，也不可能持久和达到高级的程度。所以，我们要重视学习教师职业道德修养的基本理论。人类在长期社会实践中，积累了丰富的教师职业道德修养理论，在学习古今中外丰富的教师理论时，要"去其糟粕，取其精华""古为今用，洋为中用"，要批判地继承和发展教师职业道德修养理论，不断提高社会主义教师职业道德修养水平。

最后，要学习专业知识，学习教育理论，尽可能多学一些有利于提高教学修养水平的自然科学知识、社会科学知识和思维科学知识。因为知识本身不仅是一种修养内容，而且还能塑造人的性格。一个缺乏知识的人，必然缺乏见识和才能，必然不可能达到全面的、较高的修养水平，使自己的工作更能符合学生的发展要求。做一名研究型教师，不断提高自己的创新水平，才能在工作中培养大批具有创新精神的人才。

总之，加强学习，提高理论水平和理论修养是提高教师职业道德修养的重要环节。教师的各项工作只有在理论的指导下才能更加有效，只有正确的理论指导，教师才能树立正确的教育理念，使教师的各项工作符合时代的要求。

(二)学习教师职业道德楷模的品格

教师的职业道德在很大程度上决定了教师从事教育事业的态度，比如

教师对教育工作的态度、对学生的态度等。而态度学习的一种有效的方法就是向榜样学习。作为加强教师道德修养的重要方法，就是号召广大教师向职业道德高尚的楷模学习。

在中外教育史上，出现了大量值得后世敬仰的师德楷模，他们热爱教育事业、热爱学生，取得了非凡的教育成就，并且总结了大量的有关师德的重要论述，这些都值得我们借鉴。

新中国成立以来，特别是改革开放后，我国十分重视教师的职业道德建设，涌现出一批职业道德高尚的师德楷模，他们是新中国教育的财富、是广大教师学习的榜样。例如，被周总理称为"国宝教师"的霍懋征，教育部专门下发通知号召全体教师向霍懋征同志学习；再如淄博市优秀教师代表沂源县实验中学教师李振华；等等。从他们身上我们可以看到他们对党的教育事业的忠诚，他们爱岗敬业、无私奉献、业务精湛、为人师表、关爱学生、扎实勤奋、执着追求、求知若渴、终身学习，他们大多是在平凡的岗位上克服重重困难耐得住寂寞，几十年如一日地奉献于教育事业，取得了令人敬佩的成绩。

除了向师德楷模学习外，还应注意向身边的优秀教师学习。任何学校中都有优秀的教师，他们可能没有在全国或较大范围形成影响，但他们在自己的学校中长期受到学生的爱戴，他们就有值得我们学习的地方。向榜样学习是提高教师职业道德修养的有效途径，通过学习先进、与先进对比，发现自身的不足，学习楷模的优点，克服自身的缺点，才能不断提升教师自身职业道德的水平。

（三）以高标准的职业道德履行职责

辩证唯物主义告诉我们，内因是变化的根据，外因是变化的条件，外因只有通过内因才能起作用。教师职业道德修养及教师自身素质的全面提高，主要依靠自我锻炼、自我陶冶、自我教育，逐步自我完善。外界的督促、检查、帮助不能代替教师个人的主观努力，离开了教师的自我教育、自我完善，外界的督促、帮助也就失去作用，就不会有良好的教师职业道德修养。

要实现教师职业道德修养的自我提高，必须在学习理论和师德楷模的基础上，为自己树立较高的教师职业道德标准，以较高的标准严格要求自己，以较高的职业道德标准履行好自己的各项职责。只有对自己坚持高标准、严要求，才能在现实中不迷失方向，经受住各种各样的诱惑，专心从事教育事业。

要从内心深处喜爱自己所从事的教育工作，只有热爱才会有动力、有激情，才会把它当成一生奋斗的事业，才会舍得付出，才会关爱学生，将学生的发展时刻挂在心头。"师爱"是教师职业道德的"魂"，有爱才会有责任。只要自己以满腔的热情投入教育工作中，通过不断的努力、克服自己在工作中的不足，就会使工作更加完美。

在现在教育现实中，教师会遇到各种各样不尽如人意的事情，其中很多是不能靠个人的努力而解决的，对于有些信念不坚强的教师就在这样那样的困难面前低下了头，丧失了对教育事业的热爱；随着我国市场经济的深入，市场经济对教育产生了一定的负面影响，有些信念不坚定的教师在各种诱惑面前弯下了腰，做出了有损教师形象的事情，受到社会的谴责。作为教师，他们内心是痛苦的、不幸福的。

作为教师，在履行自己的职责时，一定要树立较高的职业道德标准，使自己从内心高尚起来，以强烈的社会责任感对待自己的事业和工作，使自己的生活、工作不脱离现实又不拘泥于现实，从而正确地理解现实，在自己热爱的教育事业中寻找到自己心灵的归宿。

(四)在教学实践中提高职业道德水平

教书育人是教师的天职。提高教师职业道德素养是为了更好地开展教育实践，也只有在教育实践中才能真正地提高教师职业道德水平。实践是教师职业道德修养理论产生的源泉。教师的知识、才能只有通过教育教学实践才能形成和发展。加强教师职业道德建设，努力提高职业道德修养水平，其目的是指导教师更好地投入教育教学实践。

教育教学实践是提高教师职业道德修养水平的最直接的动力。教师在教育实践中，一方面教育学生，塑造学生灵魂；另一方面又在改造自己。在教育实践过程中，教师会看到自己传授知识、技能的方式方法，指导学生的方式、技巧，是否取得了预期的效果。教师通过反思，对自己的各项工作进行改进、再学习、再认识，这就是教学相长。教师职业道德水平在教育实践中提高也是同样的道理。因为教师所持有的职业道德的观念是否得到学生、社会的认可需要在教育实践中进行检验，经过不断的学习、认识，从而得到不断提高。

提高教师职业道德修养要从一点一滴、一言一行抓起，对任何微小的有损教师形象的缺点错误都要认真改正，时常用教师的职业道德规范严格对照和要求自己，真正做到为人师表。提高教师职业道德修养是无止境的，加强教师职业道德建设是一个长期的、刻苦磨炼的过程，需要有坚强的意志、坚韧不拔的毅力、持之以恒的精神。教师只有在长期的实践过程中，经受无数次成功的激励和失败的考验，才能逐步形成百折不挠的坚强意志，这种意志既是教师进行职业道德修养的条件，也是教师职业道德修养的重要内容。

思考与练习

1. 分析教师职业道德的内涵。
2. 简述教师职业道德的基本要求。
3. 为什么在今天的中国，加强教师职业道德修养显得尤为重要？
4. 加强教师职业道德修养的方法和途径有哪些？
5. 班主任工作有哪些职责和要求？

案例分析

某学校一位实习老师教数学。他上课很有趣，但对学生很严厉，如果有人上黑板演示题目做不出题，他就会骂人。最严重的一次是，一个学习不好的男同学被教了好几次还做不对，他一怒之下就把人家的头往黑板上撞，用"二百五、白痴"等非常粗俗的话骂他。那个男生受不了这样的刺激，最后厌学，不肯再读书了，连高中都没上。

（1）这位数学实习教师的做法错在哪里？为什么？

（2）这种做法产生了怎样的严重后果？

分析：（1）这位数学实习教师辱骂、体罚学生是严重违背教师职业道德的行为。

教师对待学生的道德，从理想层面上看，教师要热爱学生；从原则层面上看，教师要平等、公正、民主地对待学生；从规则层面上看，教师不准以任何借口歧视、侮辱、使用威胁性语言体罚或变相体罚学生。案例中的数学实习教师，要让学生学好数学，对学生严格并不错，但必须严而有度，严而有方。这位教师，对演示不出数学题目的学生进行语言侮辱，甚至体罚学生，这种做法是错误的。

（2）严重结果：造成了这位学生厌学甚至弃学；其行为严重违背了教师职业道德，对教师的师德形象造成了恶劣的影响。

第五章　教育法律法规

引言

　　随着社会的发展，我国教育法律法规的建设日趋完善，表现出教育法规数量大幅增加、立法范围广泛拓展、立法质量稳步提升等显著特点，初步形成了以《中华人民共和国教育法》为核心的教育法律法规体系框架，基本结束了教育工作无法可依的局面。但教育领域内违法现象仍时有发生。例如：一些政府部门不能依法保证对教育的投入，欠拨和挪用教育经费的现象在一些地方仍相当严重；部分地区拖欠教师工资现象仍然存在；教师的合法权益，该享受的福利待遇常被无理取消；教师对学生的处罚违反相关法律法规，损害学生的身心健康……这些现实教育、教学活动中的各种违法、违规现象的存在，严重阻碍了我国教育事业的和谐、稳定发展。

　　本章通过对教育法律中相关概念的解释，使读者认识依法治教、依法治校、依法执教的含义和意义；明确法律、法规中各主体的关系；对我国主要的法律法规进行剖析、解读，使读者详细地理解相关的法律法规的内容和地位；明确法律法规中教师的权利和义务及学生的权利；目的是使教育、教学活动在依照相关法律法规的基础上和谐、稳定的发展。

学习目标

　　1. 理解识记依法治教、依法治校、依法执教的概念，并理解其必要性和意义。

　　2. 识记教育法律、教育法规和教育政策并理解它们的区别。

　　3. 理解并识记教育关系、教育法律关系和教育法律责任并明确它们的区别。

　　4. 理解并掌握主要法律法规如：《教育法》《义务教育法》《教师法》《未

成年人保护法》《预防未成年人犯罪法》等的内容。

5. 理解并识记相关法律法规中教师和教育人员的权利和义务。

6. 掌握学生的权利及保护的相关内容及意义。

第一节　教育法律法规概述

教育事业要和谐稳定的发展，需要通过教育法律、法规、政策来指导、协调和制约。依法治教、依法保教、依法促教，这是国内外教育实践反复证明了的一条共同经验。为了积极而稳妥地发展教育事业，不断提高教育质量和管理水平，一方面，我们要全面贯彻执行党的教育方针政策；另一方面，又要十分重视教育的立法工作，把党和国家关于教育的方针、政策和要求，以法律的形式确定下来，并付诸实践（必须有社会主义的教育法制作保障）。

学习教育法律法规既是教师岗位规范的要求，又是搞好教育教学工作的需要。学习教育法律法规的目的是：使中小学教师掌握一定的教育政策、教育法规的基本知识，掌握主要教育政策法规的基本精神，全面理解和贯彻执行党和国家的教育方针，增强在办学中执行各项教育政策、法规的自觉性，树立依法治教的观念，懂得并能正确维护学校、师生的正当权益。

一、依法治教是教育管理发展的必然趋势

依法治教是各国教育管理中的一项基本措施，校长和教师在依法治教中具有不可替代的重要作用。

(一)依法治教、依法治校和依法执教的概念

1. 依法治教的概念和意义

依法治教是指国家机关及有关机构、学校及其他教育机构、社会组织和公民个人，依照教育法律法规和相关政策规定，从事教育管理活动、办学活动、教育教学活动和其他有关教育的活动，使教育工作逐步走向法制化、规范化和科学化的轨道。

依法治教要求我们的教育管理者和教育实践工作者从管理观念上、管理职能上以及工作方式方法上主要以法律为依据来规范教育教学工作。从过去单一地运用行政手段逐步地转移到依法综合运用法律手段、经济手

段、教育手段以及必要的行政手段来管理教育工作。

依法治教是党中央提出的依法治国方略在教育工作中的具体体现，是加强我国社会主义教育法制建设的中心环节，是新时期关于教育改革与发展全局的重要工作方针。实行依法治教，对于加强教育法制建设，促进教育的改革与发展，规范教育管理和教育活动，维护教育法律关系主体的合法权益，都具有重要意义。

2. 依法治校的概念及其与学校管理的关系

依法治校是指学校及其他教育机构、教师和其他教育工作者和受教育者，依照教育法规、其他有关法规和学校依法制定的规章制度、管理制度的规定，从事学校管理活动、教育教学活动和其他与学校有关的活动，使学校工作逐步走上规范化、制度化和科学化的轨道。

依法治校与学校管理是一种相辅相成、互相促进的关系。依法治校是学校管理的"三大管理"即目标管理、民主管理和法规管理的内容之一，是构成学校管理的重要方面，也是实现学校科学管理的重要标志和条件，它与民主管理、目标管理有机结合，就能切实保障学校管理的科学化，促进各项活动的正常进行；而依法搞好学校管理，则是落实依法治校的具体步骤，是实现依法治校的重要保证。

3. 依法执教的概念及要求

依法执教是指教师遵循全面依法治教的要求，严格依照《宪法》《教育法》《教师法》等法律规定和学校制定的规章制度、管理制度，认真履行教育教学职责，坚持教师职业行为的正确方向。

依法执教这一概念的实质，就是要求教师从严格守法的高度，在所有的职业行为中始终坚持正确的方向。按照依法执教的要求，教师应做到：全面贯彻党的教育方针；正确地行使权利，切实地履行义务；运用法律武器，维护自身的合法权益。

(二)依法治教是教育管理发展的必然趋势

1. 依法治教是依法治国的必然要求

习近平总书记在中共中央政治局2016年12月第三十七次集体学习时强调："法律是准绳，任何时候都必须遵循；道德是基石，任何时候都不可忽视。在新的历史条件下，我们要把依法治国基本方略、依法执政基本方式落实好，把法治中国建设好，必须坚持依法治国和以德治国相结合，使法治和德治在国家治理中相互补充、相互促进、相得益彰，推进国家治理体系和治理能力现代化。"依法治国基本方略的提出是依法治教的前提和基础，为了加快我国的教育法制建设，使我国的教育工作尽快走上"依法治教"的法制轨道，必须加强教育法制的教育和宣传。教育工作必须遵循教育法律法规进行。在我国进行依法治国的过程中，必须要依法治教，这是历史的选择，也是现实的必然。

2. 依法治教是教育发展的必然需要

随着改革开放的深入和市场经济的建立和完善，教育领域正在发生深刻变革。教育领域不断扩大，教育活动主体增多，学校与社会的联系更为密切，公民依法保护自身权益的意识不断提高。只有实行依法治教，建立起以法制为基础的教育新体制和运行机制，才能规范复杂的教育活动，更好地保护公民的受教育权。《中共中央国务院关于深化教育改革全面推进素质教育的决定》明确提出："全面推进素质教育，根本上要靠法治，靠制度保障。"

教育部政法司2015年2月召开全国教育政策法治工作会议。会议深入研讨了在全面推进依法治国、加快推进教育现代化背景下教育政策法治工作面临的新形势、新任务，强调要深入学习贯彻习近平总书记系列重要讲话精神和党的十八届三中、四中全会精神，全面推进依法治教，全面加强教育宏观政策研究，服务基本实现教育现代化的战略目标。

3. 依法治教是世界各国管理教育的经验

21世纪是教育法制化的时代，尤其自第二次世界大战以来，世界各国都十分重视教育立法，使其法律体系不断完善。纵观世界各国教育法的发展，它们既有共性，也有个性，这里只从教育立法程序和外国教育法部分内容谈我国的依法治教产生是世界各国管理教育经验的必然。教育立法程序是指立法机关依照法定职权制定、废除或修改教育法律的活动。从教育法律发展较好的国家看，它们十分重视教育立法程序，具体有以下三个方面：第一，法的职责越来越明确。以法国为例，根据宪法规定，教育法只能由议会制定、通过，由总统签署、颁布、执行；或由内阁制定、通过，由总统或总理签署、颁布，方能生效。美国教育立法权限基本上属于州的"保留权利"或"文化主权"。前者反映了教育立法的集权，后者反映了教育立法的分权。第二，教育立法程序越来越规范。虽然各国立法活动的顺序有一定的区别，但一般都至少要通过三个步骤：提出草案阶段、审议阶段、批准阶段。第三，强调立法技术。为了体现法律的特点，许多国家越来越重视让法律专家参与教育立法，突出法律技术上的要求，注意法律的逻辑结构和文字、术语的科学使用。

教育法的内容是教育法的关键，也是依法治教的核心。在有关教育行政管理的规定中，各国都有明确的规定内容：一是机构设置，即采取什么样的管理体制，设置哪些管理机构在各国的教育法中都有规定。二是法律权限。三是法律责任。从各国的教育发展程度上来看，教育法也确实起到了应有的作用，而且这种作用在日益加强，使依法治教成为一种世界教育发展的潮流，使教育朝着科学化、民主化、法制化的方向发展。

纵观世界教育的发展，一方面，发达国家教育立法工作开展得较早，基本上形成了完善的法律体系，具体体现为立法程序规范、结构规范、内容全面、形式多样、监督严格等方面。像日本、美国、英国、法国、德国、韩国等都有较为完善的法制体系，可以称为"法律主义"国家。在这些国家中，教育上的任何事务可做到有法可依、有法可循，整个社会形成了"依法办事"的风气。另一方面，有一些发展中国家，由于教育立法工作开展得较晚，教育法律制度尚不完善。但随着教育事业的不断发展和各国对教育立法工作的重视，依法治教会成为时代发展的潮流。

4. 依法治教是市场经济的必然要求

在社会主义市场经济条件下，如何正确对待教育是摆在我们面前的一个重要课题，随着市场经济不断走向规范化、法制化，依法治教更不能忽视。因而我们应该注意以下几点：(1)在市场经济条件下，教育活动需要法律来规范，过去那种与计划经济体制相联系的、自上而下的、纵向型的教育行政管理关系的单一格局，已经开始并且正在转变成为大量的平等主体之间横向型的教育法律关系同纵向型的教育法律关系并存的新格局。这种横向型的教育法律关系主要发生在学校与用人单位之间，因培养所需人才而形成的委托培养关系，学校与教师之间的聘任关系，高等学校与科研机构、企业之间的产学研合作关系，学校与学校之间教学协作关系，等等。这些横向型的教育法律关系，单靠教育行政部门的行政管理已经远远不适应了，更主要的是要在法律规定的范围内由当事人在平等自愿的基础上通过协商自主解决，这就需要通过加强教育法制建设来规范平等主体之间的教育法律关系。(2)在市场经济条件下，教育中的许多纠纷需要用法律手段来解决，如侵犯学生权益的行为等。(3)在市场经济条件下，教育中的许多作用需要法律来保证，如教育者与受教育者的关系等。(4)在市场经济条件下，教育中的许多责任需要法律来追究，如招生中徇私舞弊等。

(三)教师必须正确贯彻实施依法治教精神

目前,我国的教育法制建设初步走上正轨,已颁布了一些重要的教育法规,如《中华人民共和国义务教育法》《中华人民共和国教师法》《未成年人保护法》等近 500 项教育法律法规。这些教育法律法规对规范人们在教育方面的行为具有重要的意义,需要广大教育工作者学习和掌握。

1. 教师应认真学习教育法律法规

教育法规是调整教育的法律关系的各种规范性文件的总称。教育作为人类的一种社会实践活动,表现为一种复杂的社会现象。在教育实践活动中,教师是不可缺少的重要组成部分。近年来,随着依法治教不断被提上教育管理建设日程,学习教育法规显得十分必要。教师们应将"依法治国"思想具体化到"依法治教"中来,全面掌握教育法规的精神实质。教师是履行教学职责的专业人员,担负着教书育人、培养社会主义事业的建设者和接班人的使命,必须认真知法、学法,既要熟悉一些综合性的教育法规,又要熟练掌握与本职工作相关的单项法规,牢固树立依法治教的观念。这样才能按有关规定恰当而妥善地处理教育活动中的复杂问题,减少或避免不必要的失误。这也是对教师的一项最基本的素质要求。

2. 教师应遵守教育法律法规

教师应按照教育法规的规定来要求和约束自己,这是最基本的职业道德之一。任何人都不能利用手中的权力滥用教育法规,更不能知法犯法,以身试法。例如:在招生就业中,严禁以权谋私,要严格按教育法规办事,不徇私情。在学生学籍管理中,对违背有关规定者决不迁就姑息,应按规定严肃处理,从严治学,从严治教,从严治校,形成优良的学风和良好的教学环境。在教育财政方面,要贯彻勤俭办学方针,严格按规定管理、分配、使用教学经费,不可滥拨、滥收、滥用和挪用经费等。

3. 教师应向学生宣传教育法律法规

教师本身除了认真学习和遵守教育法规外,还应履行向学生宣传的职责。及时、经常地宣传教育法规,增强学生及老师本身的法制观念,发挥广大师生对教育法规实施的监督作用,这是教育法规贯彻与执行的必要前提,也是进行教育法规基础工作和行之有效的措施。要经常重申一些基本法规,对新颁布施行的教育法规要利用各种有效的宣传手段和工具,宣传该法规的内容、颁行的意义及实施的办法和注意事项,从而提高师生共同学法、知法的自觉行为,有利于教育工作的顺利开展和教学质量的提高。

4.教师应抵制违反教育法律法规的行为

教育法规的颁布仅是贯彻执行的起点，教师们还要经常深入基层、深入同学、深入实际，调查和了解贯彻执行情况，及时发现问题，研究和解决贯彻执行中的新情况、新问题，对违反教育法规的行为，如侵犯学生权益及相关的其他与教育法规相背离的行为，应该严肃处理，及时抵制，以保证教育法规的正常运作和教育事业的良性发展。

二、教育法律法规及教育政策

(一)《中华人民共和国宪法》中的教育条款

我国《宪法》是国家最高权力机关即全国人民代表大会制定的国家的总章程，是国家的根本大法。世界上绝大多数国家的宪法中都有关于教育的条款，甚至有专门关于教育的章节。通常规定教育的指导思想、目的、教育制度、公民在教育方面的权利和义务、教育行政管理权等内容。我国现行宪法为1982年12月4日第五届全国人民代表大会第五次会议通过的，1988年、1993年、1999年、2004年分别进行过修订。

我国《宪法》为教育法提供了基本指导思想和立法依据，同时也为教育教学活动提供了基本法律规范。《宪法》中的"序言"和第一、二、三、四、五、十九、二十三、二十四、四十六、四十七、四十九、八十九、一百零七、一百零九条等，规定了与教育有关的内容。

具体说来，直接规定有关教育的内容有如下几方面。

第一，对教育事业管理方面的规定。明确地规定了举办和管理教育事业的职责以及各级行政、管理机构。

第二，关于教育制度的规定。指明了学校教育制度体系的构成，下自学前教育，上至高等教育。此外，还对扫盲等非正规教育做了规定。

第三，详细规定了教育的任务。归纳起来，就是普及和提高。

第四，对教育目标做了明确规定。即"国家培养青年、少年、儿童在品德、智力、体质等方面全面发展"。

第五，对残疾公民、妇女、未成年人等特殊社会群体的受教育权做了特别规定。

第六，明确了宗教与教育分离的原则。

第七，规定国家对于从事教育等公民的创造性工作给予鼓励和帮助。

特别应当指出的是，宪法是一个国家内全部法的总渊源，宪法中规定的国家基本制度、国家生活的基本原则、国家机构、公民的基本权利和义务等，都直接或间接地制约着教育活动，是一切教育立法的重要依据。任何形式的教育法都不得与宪法相抵触。

(二)教育法律法规及分类

关于教育法律，学术界表述不一，最具典型性的有以下几种：(1)侧重教育法律的本质。有的学者这样定义："教育法律是体现统治阶级在教育方面意志的，由国家制定或认可，并以国家强制力保证实施的教育活动的行为规则。"[①](2)侧重于教育法律的性质。如有学者认为教育法就其基本性质而言，可以界定为调控教育行政关系的法规的总称。它以国家教育行政机关的组织、职权职责、活动原则、教育管理的制度和工作程序为主要的规范内存，在管理教育活动的过程中发生的，国家行政机关之间以及国家行政机关同其他国家机关、各级各类教育机构、企业事业单位、社会团体和公民之间的种种教育行政关系。[②](3)侧重于教育法的调整对象。如有学者将教育法定义为："教育法律是由国家制定的调整教育活动中各种社会关系的法律规范的总称。"[③]综上所述，笔者认为，教育法律有广义和狭义之分，广义的教育法律指的是国家权力机关制定、发布的对教育活动进行规范的文件。狭义的教育法律指的是国家立法机构根据宪法、依照立法程序制定的对教育活动进行规范的文件。即由全国人民代表大会及其常务委员会制定的教育规范性文件，称为教育法律。

教育法律又分为教育基本法律和教育单行法律。

1. 教育基本法律

教育基本法律是国家调整教育领域带有根本性、全局性问题和全面规范教育工作的基本法律规范，是依据宪法制定的全面调整教育内部、外部相互关系的基本法律准则，可以说是教育领域的"宪法"，是教育法律体系中的"母法"。教育基本法通常规定一国教育的基本方针、基本任务、基本制度以及教育活动中各主体的权利、义务等。

世界上许多国家都制定了教育基本法。如日本 1947 年的《教育基本法》，俄罗斯联邦 1992 年的《俄罗斯联邦教育法》，法国 1975 年的《教育基

---

① 李连宁，孙葆森主编：《教育法制概论》，北京：教育科学出版社，1997 年版，第 26 页。

② 劳凯声，郑新蓉著：《教育法学概论》，武汉：湖北教育出版社，1996 年版，第 31 页。

③ 郑良信著：《教育法学通论》，南宁：广西教育出版社，2000 年版，第 24 页。

本法》，匈牙利 1973 年的《匈牙利教育制度法》等。

我国的教育基本法是《中华人民共和国教育法》（以下简称《教育法》）。该法于 1995 年 3 月 18 日由第八届全国人民代表大会第二次会议通过，自同年 9 月 1 日起施行。在我国的教育法体系中，《教育法》处于"母法"的地位，其他法律、法规的制定和实施都要以《教育法》为基本依据，不得与其相抵触，在我国的法律体系中，《教育法》是宪法之下的国家基本法律。《教育法》共有十章八十四条，规定了我国教育的性质、方针、地位、基本原则，规定了教育的基本制度，确定了各类教育关系主体的法律地位及权利、义务，同时还规定了教育与社会的关系，教育投入与条件保障，教育对外交流与合作等一系列内容。关于《教育法》的基本内容后面会详细解读。

2. 教育单行法律

教育单行法律是指根据宪法和教育基本法原则制定的调整某类教育或教育的某一具体部分关系的教育法律。前者如《义务教育法》《职业教育法》等，后者如《教师法》《未成年人保护法》《预防未成年人犯罪法》等。完备的教育法律制度，在教育基本法之下，其他教育单行法律应基本覆盖教育的主要部类和教育的主要方面。

3. 教育法规

广义上讲教育法规是有关教育方面的法令、条例、规则、规章等规范性文件的总称，也是对人们的教育行为具有法律约束力的行为规则的总和。它是由国家政权机关制定，以国家暴力机器为后盾而实施的，对人们接受教育的权利和义务起着保护和规范的作用。把教育法规和教育法律混合称为"教育法律法规"。

狭义的教育法规是指国家最高行政机关（国务院）和最高教育行政部门为实施、管理教育事业，根据宪法和教育法律制定的规范性文件和地方教育法规。它一般称"条例""规定""办法"。如《学生伤害事故处理办法》。

(三)教育政策

教育政策是一个政党和国家为实现一定历史时期的教育发展目标和任务，依据党和国家在一定历史时期的基本任务、基本方针而制定的关于教育的行动准则。

作为党和国家基本政策的一个重要组成部分，教育政策是依据党和国家在一定历史时期的基本任务、基本方针，由党和国家制定的，而不是个人制定的；是一定历史时期的产物，是一种行为准则，它决定着政党和国家在教育方面的工作方向和措施，而不仅仅是种思想。不同性质的政党或国家，有不同的教育政策。

我国的教育政策通常体现在党和政府做出的决议、决定、纲领、通知、报告、声明、号召、口号等政策性文件中；或者以党报、党刊、社论等形式发布。我国教育政策性文件的种类、内容极为丰富，它可以表述党和国家在教育问题上的根本大政方针，也可以是某一事件或某一现象的处理性文件。

改革开放以来，党和国家制定的教育政策有《关于教育体制改革的决定》(1985)、《中国教育改革和发展纲要》(1993)、《深化教育改革全面推进素质教育的决定》(1999 年)、《国家中长期教育改革和发展规划纲要(2010－2020年)》等。

三、教育活动中主体间的关系

现代社会，教育几乎涉及每一个家庭、每一个人，涉及社会的方方面面，从教育活动的举办、管理、实施到参与、接受和监督，涉及的对象是广泛的，包括教育行政机关及其他国家机关、社会组织、社会团体、学校、教师、学生、家庭等。他们在教育活动中依法享有各自的权利、承担相应的义务和责任。由此看来，教育活动中的主体具有多元性。它们之间的关系是多样的、复杂的，归纳起来有以下三种。

(一)教育关系

教育关系是指人们为了实现一定的教育目的、完成一定的教育任务、通过交往而形成的关系。教育是一种社会现象，教育关系是社会关系的一种，教育活动中人们的交往便构成了教育关系。如教与学的过程中形成的师生、学校、教师、家庭、社会等的关系。教育活动目的的达成，教育任务的完成要在教育关系中实现，教育活动过程中形成的关系不同，就会对教育活动产生不同的影响。教育关系的形成过程中，给人们带来的利益也不同，因此，这种关系的形成就必须有一定的规范来协调和约束。

(二)教育法律关系

法律关系是以法律的规定为前提的，教育领域里的关系，凡是由教育法律法规来调整和约束的关系，就是教育法律关系。因此，教育法律关系是教育关系的一种，它是一种由具有法律强制性的行为规则来约束和调整的教育关系。教育法律关系是多种多样的，既有教育行政机关在行使职权过程中与管理对象之间发生的关系，即教育行政关系；又有双方当事人平等主体之间的民事法律关系；还有经济法律关系；以及教育者与受教育者之间的特殊法律关系等。教育法律关系不仅呈现出多样性，而且经常相互交叉。

教育法律法规对法律关系形成过程的约束，是通过对教育活动中主体的权利和义务进行规范来实现的。

1. 教育权利

教育法律关系中的权利，就是教育法律关系中主体被许可的行为。就是依照教育法律法规可以做什么、不可以做什么。教育法律的授权行为，主体也具有选择权。

2. 教育义务

"义务"和"权利"是相对的。义务就是法律对权利主体作为和不作为的约束。这种法律约束具有强制性。教育法律关系中的"义务"，是教育法律法规对权利主体所规定的行为。教育法律关系中的义务不能拒绝或变更，不履行义务将会受到法律的追究和制裁。

"权利"和"义务"相互依存、不可分割。在教育活动中，各主体在享有一定"权利"的同时，也具有相应的"义务"。

（三）教育法律责任

教育法律责任是指行为人违反教育法律规范的行为所引起的，应当由其依法承担的惩罚性的法律后果。由于行为人违反教育法律规范的程度不同，其所应该承担的教育法律责任，也会有程度上、性质上的不同区别。

教育法律关系主体只有具备以下四个教育法律责任的归责要件，才被认定为教育法律责任主体，才应该承担相应的法律后果。

1. 有损害事实

指行为人有侵害教育管理、教学秩序及从事教育教学活动的公民、法人和其他组织的合法权益的客观事实存在。这是构成教育法律责任的前提条件。

违法对社会所造成的损害，有两种情况：一种是违法行为造成了实际的损害，如体罚学生致学生身体受到伤害；另一种是违法行为虽未实际造成损害，但已存在这种可能性，如有关部门明知学校房屋有倒塌的危险，却拒不拨款维修。

违法行为造成的损害后果，表现为物质性的后果和非物质性的后果。物质性的后果具体、有形、能够计量。如挪用学校建设经费，其数额可以计算。非物质性的后果抽象、无形、难以计量。如教师侮辱学生，造成学生精神上、心理上长期的伤害，则无法计量。

2. 有违法行为

指行为人实施了违反法律、法规的行为。假若行为人的行为没有违法，他就不承担法律责任。行为违法也是构成教育法律责任的前提条件。

这个条件也包括了两个方面的含义：一方面是指行为的违法性。只有行为违反了现行法律的规定才是违法行为。这种违法行为可以是积极的作为，如考试作弊，殴打、侮辱教师，侵占学校财产；也可以是消极不作为，如不及时维修危房、拖欠教师的工资等。另一方面，违法行为必须是一种行为。人的行为虽然受思想支配，但是如果思想不表现为行为，则并不构成违法。内在的思想，只有表现为外在的行为时，才可能构成违法。社会主义法制原则不承认思想违法。

3. 行为人主观上有过错

所谓过错，是指行为人在实施行为时，具有主观上的故意或过失的心理状态。所谓故意的心理状态，是指行为人明知自己的行为会发生危害社会的结果，但希望或放任这种结果的发生。例如，招生办公室主任收受贿赂后，有意招收分数低的学生，不招收分数高的学生，致使分数高的学生落榜。

所谓过失的心理状态，是指行为人在本应避免危害结果发生时，但由于疏忽大意或者过于自信而没有避免，以致发生危害结果。例如，教师在教育方式不当对学生进行人格侮辱后，学生因不堪忍受而自杀。该教师的行为即有过失的因素。

4. 违法行为与损害事实之间有因果关系

即违法行为是导致损害事实发生的原因，损害事实是违法行为造成的必然结果，二者之间存在着内在的必然的联系。前者决定后者的发生，后者是前者的必然结果。

第二节　我国主要教育法律法规解读

一、教育基本法律——《中华人民共和国教育法》

《中华人民共和国教育法》(以下简称《教育法》)，已于 1995 年 3 月 18 日经第八届全国人民代表大会第三次会议通过，自 1995 年 9 月 1 日起施行。

(一)《教育法》的法律地位

《教育法》是教育的根本大法，是由全国人民代表大会审议通过的，是位于国家根本大法《中华人民共和国宪法》之下的国家基本法律之一，与《刑法》《民法》等国家基本法律处于同等的法律地位。在整个教育法律体系中，《教育法》处于"母法"和"根本大法"的地位，具有最高的法律权威。其他单行的教育法规只是调整和规范某一方面的教育关系或某一项教育工作，都是"子法"。各种单行教育法规的制定和实施，应以《教育法》为依据，不得与《教育法》确立的原则和规范相抵触。我国教育工作应当全面置于《教育法》的规范之中，它所规定的内容是我们全面依法治教的基本法律依据，是我国依法治教之本。

(二)《教育法》的内容及解读

《教育法》涉及面广，内容丰富，对教育事业各方面进行了总体规范，具有全面性、导向性、原则性等。《教育法》共分三个部分（总则、分则和附则），全文共十章八十四条。总则是对我国教育活动的总体规定，分则是对我国教育活动各个领域的分别规定，附则是对未尽表达事项的规定说明。

1.《教育法》的具体内容（见教育部官方网站）

2．主要内容解读

（1）总则

《教育法》在总则中，对涉及我国教育全局的问题进行了法律规定，对我国教育的性质、方针和教育活动原则，以及我国教育体系的改革与发展、我国教育管理体制等做出了明确的法律规定。

（2）教育基本制度

《教育法》第二章对我国教育的基本制度做了明确规定。这里的教育基本制度是指狭义的教育基本制度，即指有组织的教育和教学机构及各级教育行政组织机构的体系和运行规则。包括学校教育制度、义务教育制度、职业教育和成人教育制度、国家教育考试制度、学业证书制度和学位制度、扫除文盲教育制度、教育督导制度和评估制度。这些制度涵盖了全民教育（从学前到成人乃至终生），涵盖了不同类型的教育（普通教育和职业教育），涵盖了教育过程的重要环节（考试制度、学业证书制度、学位制度、教育督导和教育评价制度）。

（3）办学机构

《教育法》明确了学校及其他办学机构的办学条件，设立、更改、终止的程序和应当办理的手续；规定了学校和其他教育机构享有的基本权利和应当履行的基本义务。同时确立了学校及其他办学机构的内部管理体制，并对学校及其他办学机构的法人资格、财产权归属及其同其校办产业的关系做了相应的规定。

（4）教育者与受教育者

《教育法》对教师和其他教育工作者与受教育者的权利和义务进行了规定，以便更好地维护教育者和受教育者的合法权益，确保教育活动顺利开展。

教师和其他教育工作者的权利和义务：第三十二、三十三条规定："教师享有法律规定的权利，履行法律规定的义务，忠诚于人民的教育事业。""国家保护教师的合法权益，改善教师的工作条件和生活条件，提高教师的社会地位。"《教育法》的"子法"《教师法》，对教师的权利和义务做了更明确的规定，下面再系统介绍。

受教育者的权利和义务：受教育者是指在各级各类学校的学生、违法犯罪的未成年人、在职从教人员和一切接受教育的公民，也就是指在中华人民共和国境内接受基础教育、高等教育、职业教育和成人教育的中国公民。《教育法》第四十二条对受教育者的具体权利做了比较明确的规定。主要体现在以下几个方面：①参加教育教学活动权；②获得奖学金、助学金、贷学金的权利；③获得公正评价和证书的权利；④提出申诉和依法起诉的权利。《教育法》第四十三条规定了受教育者应履行的义务，具体表现在以下几个方面：①遵守法律、法规的义务；②养成良好品德的义务；③努力学习的义务；④遵守其他制度的义务。学校或者教育机构为了保证教育教学工作的顺利进行，需要制定有关的管理制度。对这些管理制度，受教育者有义务遵守。

（5）教育与社会

教育是一种社会现象，它牵动着社会的方方面面，要求全社会（指各种社会组织和个人，即国家机关、军队、企事业组织和个人等）负起发展教育的责任。因此，《教育法》在第六章对社会各方面参与、支持教育的责任和形式，做了法律规定。社会教育主体拥有相应的教育权利，也负有相应的教育义务。具体表现为：创造良好的社会环境和对教育的参与和支持。

(6)教育投入与条件保障

教育事业是一个国家经济和社会发展事业的重要组成部分，要保证其正常的运行，需要社会投入一定的人力、物力和财力。为了确保教育经费按时足额投入，《教育法》对教育投入与条件保障通过法律的形式进行了规定。《教育法》第五十三条规定："国家建立以财政拨款为主，其他多种渠道筹措教育经费为辅的体制。"构建了我国筹措教育经费的新体制，保证了教育经费来源的稳定。并且鼓励发展校办产业、教育集资和捐资、运用金融信贷手段来筹措教育经费。对教育专项资金设立和学杂费的收取进行了法律规定。对教育经费的管理与监督和教育条件保障以法律的形式进行了详细的规定。

(7)对教育对外交流与合作的规定

《教育法》鼓励教育主体在中国法律规定范围内开展教育对外交流与合作。

(8)有关法律责任

《教育法》明确了与主体义务相关的法律责任及处理办法，包括①有关教育经费法律责任的认定及处理办法；②关于教育秩序与学校财产的法律责任认定及处理办法；③关于校舍与设施的法律责任认定及处理办法；④关于违法向学校和学生收费的法律责任认定及处理办法；⑤关于办学、招生、考试、颁发证书法律责任的认定及处理办法；⑥关于招生考试舞弊、作弊法律责任的认定及处理；⑦学校民事权益法律责任的认定及处理办法。

案例 5-1　女儿被留家观察　父亲扰乱学校教学秩序被拘留

2003 年 5 月，西安市阎良区关山镇孙家村村民郑某，在各方全力防治非典的紧要关头，滋事扰乱当地学校的正常教学秩序，被西安市公安局阎良分局关山派出所治安拘留。

孙家村郑某的儿子从疫区返乡，因与在孙家村小学上学的妹妹有接触史，校方依照通知规定，在例行对学生的身体检查中，要求女儿在家留观14 天。其父对此不满，5 月 6 日一大早就到学校问缘由。校方做出解释后，郑某仍然不理睬，在学校内拨通关山镇教育组的电话，破口大骂教育组工作人员，还当场撕毁了区教育局文件，连续吵闹 1 个多小时。（2003 年 5 月 10 日《华商网—华商报》）

案例中郑某在校方做出解释后，仍然不理睬，并在学校内拨通关山镇教育组的电话，破口大骂教育组工作人员，还当场撕毁了区教育局文件，连续吵闹1个多小时，扰乱了学校及其他教育机构教育教学秩序。关山派出所依照《教育法》第七十二条第一款规定，将郑某传唤至派出所，并对其治安拘留14天处罚。治安管理处罚的种类主要有：警告、罚款、拘留等。

案例 5-2　教案姓公还是姓私

2002年4月的一天，重庆市某小学的高老师要写一篇教学论文，在经过认真准备、查阅大量资料后，她还想补充一些素材丰富论文的内容。这时，她忽然想起自己当教师这些年上交给学校的那些旧教案应该能派上用场。于是，她要求学校把她以前上交的教案全部还给她。

几天之后，学校只还给她四本教案，这大大少于高老师上交的数量啊。这十几年来，高老师共交给学校48本教案，其他的在哪里呢？之后，高老师多次找到学校，要求学校把她的教案全部给她。在她的一再催促下，校方最后告诉她，老师们交上来的旧教案一般都放到教导处，如果两年后没有老师取回，学校就把它们统统移交到档案室，而档案室再保留两三年后就自行处理掉。所以，高老师的四十几本教案已经没有了。

一听说教案都被处理掉了，高老师可不干了：这可是我的劳动成果啊，学校凭什么扔了？这次她非要和学校较较真儿。高老师和学校争论的第一个焦点，是教案究竟应该属于老师还是属于学校。高老师认为，学校当初把教案本作为办公用品发给老师，就等于把所有权转移给老师，教案就成了老师的个人财产。但是校方却说，他们只是提供教案而已，提供不等于财产转移。于是，高老师又提出，当初学校提供的教案本是空白的，老师拿到后已经加进了自己的思想和对知识的理解，教案本已经不是一个简单的本子了，而是有教师的个人创作在里面，她是有著作权的。学校认为提供教案只是为了让老师们更好地完成工作，每位老师的教案都是他的工作成果，是一种职务行为，应该归学校所有。双方争执不下。

2002年5月，高老师向重庆市南岸区人民法院提交了起诉书，要求学校返还她的教案44本，赔偿损失8800元。高老师面对自己工作了十几年的学校打这场官司，内心也充满了矛盾和挣扎。毕竟她热爱这所学校，热爱这份崇高的职业，也热爱那群活泼可爱的学生们。2002年8月，重庆市南岸区人民法院经审理认为，高老师和学校是管理与被管理的关系，她撰写教案等教学工作必须接受学校的安排、管理和领导，这不属于《民法》的调整范围，因此驳回了高老师的诉讼请求。高老师不服，向重庆市中级人民法院提起了上诉。

2002年10月，重庆市中级人民法院开庭审理了这起全国首例的教案官司。经审理，法庭认为高老师要求学校返还教案是一种物权要求，是《民法》的调整范围，因此指令南岸区法院重新审理此案。2003 年 10 月，重庆市南岸区人民法院对这起教案官司重审后做出判决：教案本是学校发给高老师的，性质上属于学校财物，教案属于工作成果，学校有占有使用和处分的权利，国家法律和教育主管部门对教案都无明确规定，高老师要求返还教案的要求于法无据。高老师败诉。

虽然学校赢了官司，但这件事也给学校提了个醒，由于教案所有权问题没有法律依据，教育部门也没有相关的要求，每个学校都是按自己的惯例行事，因此很容易引出各种各样的纠纷。为了避免类似矛盾再次发生，学校已经明确规定，教案属于学校所有。败诉后，高老师仍然不服，她又向重庆市中级人民法院提起上诉。

（案例选自中央电视台 2004 年 3 月 5 日"今日说法"报道）

二、教育单行法

（一）《中华人民共和国义务教育法》（以下简称《义务教育法》）

1.《义务教育法》的法律地位

《义务教育法》是教育法律之一，是关于教育的单行法，也是我国历史上第一部关于基础教育的法律。它的颁布，意味着我国将开始实施九年制义务教育，使我国普及义务教育事业开始走上依法治教的轨道。

《义务教育法》的颁布和实施，使我国的基础教育走上了法制化的轨道，从根本上保证了国民的基础教育。

2.《义务教育法》结构和内容

《义务教育法》共分三个部分（总则、分则和附则），全文共八章，六十三条。总则是对义务教育活动的总体规定，分则是对义务教育活动各个方面的分别规定，附则是对未尽表达事项的补充规定和说明。（具体内容见教育部官方网站）

3．主要内容解读

（1）总则

总则规定了《义务教育法》的立法目的和立法依据；高度概括了我国义务教育的内涵和特点；明确了适龄儿童和少年接受义务教育的权利，以及政府及有关部门、适龄儿童的父母及其他法定监护人、依法实施义务教育的学校、其他社会组织和个人的义务及问责制度；规定了义务教育的保障措施和管理体制。公益性、统一性和义务性，这是义务教育的三个基本性质。

（2）学生

第二章对适龄儿童的入学年龄、入学资格和入学形式进行了规定；对各级地方人民政府和社会主体在保障适龄儿童、少年接受义务教育的权利方面的义务进行了规定。保证义务教育的实施，保障适龄儿童、少年享有平等的接受义务教育的权利，因而，接受义务教育的学生，是本法中最重要的一章。

（3）学校

明确义务教育学校的设置原则，即满足适龄儿童、少年就近入学的需要，符合办学标准，确保安全。设置实施义务教育的公办学校，满足本行政区域内儿童少年入学接受义务教育的需要，是地方人民政府提供公共服务的重要内容之一。强调义务教育的均衡性，保障适龄儿童接受义务教育的权利的平等是本法的重要立法目的。并且对义务教育的管理方面做了相关规定；实行校长负责制；对违反学校规章制度的学生，应进行批评教育，但不得开除。

（4）教师

本章主要对义务教育教师的权利和义务做了明确的规定。在教师义务方面，规定了教师在教育教学中应当平等对待学生，关注学生的个体差异，因材施教，促进学生的充分发展。教师应当尊重学生的人格，不得歧视学生，不得对学生实施体罚、变相体罚或者其他侮辱人格尊严的行为，不得侵犯学生合法权益。教师从教必须取得教师资格。

在教师的权利方面，规定了教师的职务制度、工资福利待遇、特殊教育教师和特殊地区教师的岗位补贴和特殊补贴；同时，也规定了政府在教师培养、培训方面的责任和义务。

（5）教育教学

明确义务教育的目标；强调从国务院教育行政部门到学校、教师在教育教学活动中要实施素质教育。在学校的教育教学过程中，我们不仅要传授科学知识，更重要的是培养学生的独立思考能力、创新能力和实践能力。根据教育教学的要求，对教科书的编写、出版、定价和审定也都做了明确的规定。

（6）经费保障

对义务教育的经费保障进行了明确的规定，进一步对义务教育的经费来源、经费使用和管理进行规范，规定在财政预算中将义务教育经费单列，义务教育经费严格按照预算规定用于义务教育，这些规定对确保义务教育经费投入、深化义务教育经费保障机制改革、解决制约义务教育发展的经费投入等问题，具有重大的现实意义。

（7）法律责任

对各种违法情况做了规定。可以用"四三二一"来形容，四条是针对政府的，三条是针对学校的，二条是针对社会的，一条是针对公益的。对各种违法行为所涉及的主体，既包括各级人民政府及其教育行政有关部门，也包括学校、老师、学生家长及用人单位等各类组织和个人的违法行为都做出了相应的所应承担的法律责任。

明确了各级政府对义务教育的投入责任。明确规定学校承担法律责任的一些违反行为主要有以下六种：

①违反国家规定收取费用的；②学校以向学生推销或者变相推销商品、服务等方式谋取利益的；③学校拒绝接收具有接受普通教育能力残疾适龄儿童随班就读的；④学校违反《义务教育法》，分设重点班和非重点班的；⑤违反《义务教育法》开除学生的；⑥学校选用了未经审核的教科书的。

家长的法律责任：适龄儿童、少年的父母或者其他法定监护人无正当理由未依照本法规定送适龄儿童、少年入学接受义务教育的，由当地乡镇人民政府或者县级人民政府教育行政部门给予批评。

案例 5-3 初中生被父母强行辍学

姚某，男，15 岁，某乡中学初中二年级学生。因姚某学习成绩不好，姚父母认为姚某考不上高中，更上不了大学，遂让其辍学，帮助家里干活。乡中学经过多次派人劝说、动员，姚父母就是不让姚某上学。学校及姚某应怎么办？

姚某可向乡政府申诉，或者向当地人民法院提起诉讼。

本案中，姚某是初二学生，理应接受义务教育。姚某的父母却以考不上高中为由强行让其辍学回家，帮助家里干活，已严重违反了国家法律、法规的规定，侵犯了姚某接受义务教育的权利。学校及姚某可以通过所在中学向乡政府反映情况，乡政府应对姚某父母进行批评教育。如果姚某父母经批评教育仍然拒绝让姚某就学，乡政府对其可处以罚款或采取其他措施。司法实践中，学校及姚某还可以向当地人民法院提起诉讼，要求其父母支付学杂费并让自己重新就学。

案例 5-4　适龄儿童被拒绝就近入学

某乡小学由于办学条件好，师资力量强，教学质量高，是众多学生家长理想的学校。1999 年，为了能够更多创收，在现有条件下，学校决定，在秋季招生中，压缩计划内儿童入学名额，扩大收费生比例，王某家住这所小学的服务区内，今年就要升入一年级。当他的父母带着他按时去学校报名时，却被告知计划内名额已被报满，只能按收费生交 3000 元入学，否则，不能入学。学校的行为合法吗？王某该怎么办？

王某可向当地教育行政部门申诉或向当地人民法院起诉。

接受义务教育是王某依法享有的不可剥夺的权利。这所学校压缩计划内名额，扩大收费生比例，造成王某无法就近入学接受义务教育，侵犯了王某的受教育权。王某可通过其父母向当地教育行政部门申诉或向当地人民法院提起诉讼，以维护自己的权利。

(二)《中华人民共和国教师法》(以下简称《教师法》)

1. 法律地位

《教师法》是我国教育史上第一部关于教师的单行法律，它的制定和颁布体现了党和国家对人民教师的重视。有利于从根本上提高教师的社会地位，保障教师的合法权益，使教师成为社会上受人尊重的职业；有利于加强教师队伍的建设，造就一批具有高素质的教师队伍，促进社会主义教育事业的发展。

2. 结构和具体内容

《教师法》共有三部分(总则、分则和附则)，全文共九章，四十三条。总则对立法目的、使用对象等做出了总体规定，分则是对教师权利和义务及教师队伍建设等各个方面的分别规定，附则是对未尽表达事项的补充规定和说明。(《教师法》的具体内容见教育部官方网站)

3. 主要内容解读

(1)总则

总则规定了《教师法》的立法宗旨和法律适用范围。明确了教师的专业职责。同时规定了各级人民政府和社会对保证教师合法权利和社会地位的义务。

(2)权利和义务

本章规定了教师享有的权利和义务。既有教师作为一般公民的权利和义务，也有教师作为专业人员享有的权利和承担的义务。教师的六大权利：教育教学权、科学研究权、管理学生权、获取报酬待遇权、民主管理权和进修培训权。教师应履行的六大义务：遵守宪法、法律和职业道德的义务，完成教育教学工作的义务，进行思想品德教育的义务，关心爱护学生，促进学生的全面发展的义务，保护学生合法权益、促进学生健康成长的义务，不断提高思想政治觉悟和教育教学水平。同时，规定了各级人民政府、教育行政部门及学校的职责。

案例 5-5　教师体罚学生的代价

据《辽宁法制报》报道：沈阳市大东区某村小学的一名年仅 12 岁的 6 年级学生小明被老师用皮带抽打，造成其胳膊、大腿、后背等处共有 20 余处伤痕。

2002 年 4 月 18 日上午，上第三节英语课时，小明感觉身上系着的皮带发紧，就摘下来，在手中摆弄。这时，教师吴某非常生气地走下讲台，扔掉小明桌上的文具，一手夺下小明手中的皮带，不由分说地冲小明身上一顿狂抽。周围的同学们用颤抖的声音乞求老师别打了，可吴并没有收手，而是又狠抽了小明几个嘴巴。据小明的母亲讲，小明放学回家后并没有讲在校挨打的事情。可当晚给他脱衣时，母亲发现他身上青一块紫一块的，而且还发现小明的裤子湿乎乎的。小明便向妈妈哭诉了在校挨打的事，并说当时由于太害怕了，以至于还尿了裤子。除了身体上的伤之外，小明一直精神恍惚，不时地大喊大叫，还不敢让关灯，并不时地呕吐。

事发后，学校对吴某进行了通报批评，暂停工作，取消了结构工资。小明的家长对学校的处理很不满意，表示如果学校不能公平解决，将对学校提起民事诉讼。

（《少年儿童研究》2003 年第 3 期）

教师吴某发现学生不认真听讲，却不进行劝告、纠正，反而用体罚的手段来对待违反课堂纪律的学生，使用皮带对小明幼小的身体进行抽打。吴某的行为手段之恶劣，情节之严重，已经严重侵犯了小明的生命健康权，不仅造成小明身体上的伤害，更为严重的是给他幼小的心灵带来巨大的创伤，以至于造成心理上和精神上的伤害。教师吴某在教育教学活动中对小明实施的严重体罚行为，明显违反了法律规定，行为具有过错。

（3）资格和任用

教师资格制度是国家对教师实行的一种特定的职业资格认定制度，是公民获得教师工作应具备的特定条件和身份。本章规定了国家实行教师资格制度。教师资格构成要件包括国籍、品德、业务、学历和资格认定五个方面，缺一不可。

（4）培养和培训

本法第一次用法律专门对教师培养、培训的措施做了规定。规范了教师职前和职后培训。并对各级人民政府和相关部门应承担的培训任务做出了明确规定。

（5）考核

本章是对教师专业工作质量保障的规定。对教师考核的机构、教师考核的内容、教师考核的原则、教师考核的结果及效用做出了明确规定。

（6）待遇

本章主要是关于教师工资的规定：分别对教师的工资、津贴、补贴等方面做出了法律规定；关于教师住房的规定；关于教师医疗保健的规定；关于教师退休退职的规定；关于"民办教师"待遇的规定。

（7）奖励

本章把表扬和奖励教师的贡献纳入法律规范。这既是法律赋予教师的权利，也是各级人民政府的义务。规定了教师奖励的基本原则：①奖励的层次性：规定学校、国务院和地方人民政府及其有关部门、国家三个层次的奖励，并就不同层次的受奖对象做"成绩优异""突出贡献""重大贡献"的规定；②奖励的多样性：主要体现在奖励的项目上；体现物质与精神奖相结合。

（8）法律责任

本章包含两方面的内容：对教师权利的保护，规定了侵犯教师权利的行为必须追究的刑事责任、行政责任；教师违反法律规定应负的刑事责任和民事责任。包括：①侮辱、殴打、报复教师的法律责任认定及处理办法；②地方人民政府及有关部门的法律责任认定及处理办法；③教师的申诉权利；④教师违反《教师法》所应承担的法律责任及处理办法。

（三）《中华人民共和国未成年人保护法》（以下简称《未成年人保护法》）

1.《未成年人保护法》的立法宗旨和意义

立法宗旨：保护未成年人的身心健康；保障未成年人的合法权益；促进未成年人全面发展，培养合格人才。

立法意义：为切实保证未成年人健康成长，国家最高权力机关制定的《中华人民共和国未成年人保护法》，以法律形式来规范人的行为，这无论是在国内、国际上，还是在保障未成年人合法权益和改进立法工作方面，都具有非常重大的意义。

(1)制定《未成年人保护法》是保障未成年人合法权益和促使他们健康成长的需要

在我国近14亿人口中，18周岁以下的未成年人约有4亿。他们今天的素质，就是明天的生产力、科研能力、战斗能力，寄托国家和民族的希望。因此，保障未成年人合法权益，保护其健康成长，培养其优良品质、聪明才智以及健康的体魄，是家庭、学校、社会共同的义不容辞的责任，也是保证社会主义事业后继有人和中华民族跻身于发达国家行列的具有战略意义的任务。

(2)制定《未成年人保护法》是完备社会主义法制的需要

在我国现有的法规中虽然已有一系列保护未成年人权益的条款和规定，但是这些条款和规定只是零零散散，仅局限于某一方面，不系统全面，缺乏可操作性，所以迫切需要制定有关青少年的专门性的法规。制定《中华人民共和国未成年人保护法》是十分必要的。它使得我们的党和国家长期以来对未成年人保护的很多措施具有法律效力，任何组织及个人都必须严格遵守它，一切违反它的行为，都将受到法律的追究。未成年人保护法的制定是我国法制建设上的一大创举，它填补了我国法制建设上的一段空白。从其内容上来看，它不仅规定了实体法方面的内容，诸如家庭、学校、社会各方面如何教育、保护、培养未成年人健康成长，而且还规定了未成年人的权利与义务，保护他们的合法权益不受侵犯，未成年人犯罪如何审理、处置以及如何教育改造等内容，甚至还规定了有关机构设置及程序方面的一系列问题。

2.《未成年人保护法》的结构和主要内容

《未成年人保护法》共有七章，五十六条。第一章总则、第二章家庭保护、第三章学校保护、第四章社会保护、第五章司法保护、第六章法律责任、第七章附则。《未成年人保护法》的结构体系采用的是立体性结构体系，即一方面它以未成年人生长的环境为主线，组成了家庭保护、学校保护、社会保护以及司法保护等横向保护网络；另一方面它又以保护的不同层次为辅线，组成了纵向保护：一般保护对象（正常保护）、特殊保护对象等。围绕保护谁、谁保护、怎样保护的内容，组成相互衔接的章、节、条、款。（具体内容见教育部官方网站）

(四)《中华人民共和国预防未成年人犯罪法》(以下简称《预防未成年人犯罪法》)

1.《预防未成年人犯罪法》的性质和地位

《预防未成年人犯罪法》和《未成年人保护法》关系密切,两者的立法目的都是着眼于对未成年人的保护,两者相互联系、相互补充。《预防未成年人犯罪法》旨在未成年人犯罪的保护和预防,责任主体涉及学校、家庭、社会和司法部门。

2.《预防未成年人犯罪法》的结构和主要内容

全法共八章五十七条,包括未成年人犯罪教育、对未成年人不良行为的界定和预防、对未成年人严重不良行为的矫正、未成年人对犯罪的自我防范、对未成年人重新犯罪的预防、法律责任等 。(具体内容见教育部官方网站)

三、主要教育法规、政策

(一)《学生伤害事故处理办法》

1. 性质和地位

《学生伤害事故处理办法》是由教育部颁发的,属于部门规章,与法律、行政法规、司法解释、地方性法规相比,它处于下位法地位,在审判实务中,不能适用,只能参照。虽然如此,但它对责任认定、责任划分、归责原则与人身损害赔偿司法解释没有原则分歧。因此,研究它对了解法律规定,掌握处理学生伤害事故应把握的原则与法律原理是有意义的。

2. 基本结构与内容

《学生伤害事故处理办法》共有三部分(总则、分则和附则),六章,四十条。

总则是这一规章立法原则的概述,是规章具体内容的概括和总纲。规定了该规章的宗旨、依据和使用范围;预防、划分责任、事故处理的基本原则,其中突出规定了以预防为主的基本原则;重要点之一是以民法与教育法为基础确立了学生伤害事故中学校与学生的法律关系。

分则(第二至五章)分别从事故与责任、事故处理程序、事故损害的赔偿、事故责任者的处理四大方面做出了相应的规定。

第二章事故与责任:主要概括(预设)实践中可能造成学生伤害事故的各种情形,并根据法律法规的有关规定,对事故责任的归属和认定原则做了规定。

第三章事故处理程序：事故处理程序，是事故处理主体处理学生伤害事故时应当遵循的方式、步骤、时限和顺序。本章对处理学生伤害事故的告知、救援、事故报告、指导与协助、调解、诉讼等处理程序做出了规定。

第四章事故损害的赔偿：本章对学生伤害事故损害赔偿处理的基本原则、赔偿范围与标准、伤残鉴定原则、学校赔偿原则、学校追偿原则、学生赔偿原则、学校赔偿金筹措原则、学校伤害赔偿准备金、学校责任保险、学生意外伤害保险等事项做出了规定。

第五章事故责任者的处理：本章共五条，对发生重大学生伤害事故的学校有关责任人，对存在重大安全隐患、拒不改正、拒不整改的学校，对严重失职的教育行政机关都做了相应的处理规定；对在事故中负有责任的违纪学生做了给予相应学籍处分的规定。

附则共四条，明确适用范围，生效日期以及相关规定。

(二)《国家中长期教育改革和发展规划纲要(2010－2020年)》

1. 性质和地位

《国家中长期教育改革和发展规划纲要(2010－2020年)》(以下简称《教育规划纲要》)是中国共产党和国家的教育政策文件，是21世纪我国第二个10年教育改革和发展规划，是指导全国这一时期教育改革和发展的纲领性文件；规定了我国这一时期教育发展的总体方向、战略任务和各个教育领域改革发展的主要任务；为教育法律法规体系的改进和完善提供了依据；制定并实施《教育规划纲要》，优先发展教育，提高教育现代化水平，对满足人民群众接受良好教育需求，实现全面建设小康社会奋斗目标、建设富强民主文明和谐的社会主义现代化国家具有决定性意义。

2. 结构和主要内容

《教育规划纲要》共四大部分，二十二章，七十条。分别从总体战略、发展任务、体制改革、保障措施四大部分进行阐述。(具体内容见教育部官方网站)

(1)总体战略

指导思想：高举中国特色社会主义伟大旗帜，以邓小平理论和"三个代表"重要思想为指导，深入贯彻落实科学发展观，实施科教兴国战略和人才强国战略，优先发展教育，完善中国特色社会主义现代教育体系，办好人民满意的教育，建设人力资源强国。

工作方针：优先发展、育人为本、改革创新、促进公平、提高质量。

把教育摆在优先发展的战略地位；把育人为本作为教育工作的根本要求；把改革创新作为教育发展的强大动力；把促进公平作为国家基本教育政策；把提高质量作为教育改革发展的核心任务。

战略目标：到 2020 年，基本实现教育现代化，基本形成学习型社会，进入人力资源强国行列。实现更高水平的普及教育。基本普及学前教育；巩固提高九年义务教育水平；普及高中阶段教育，毛入学率达到 90％。高等教育大众化水平进一步提高，毛入学率达到 40％；扫除青壮年文盲。新增劳动力平均受教育年限从 12.4 年提高到 13.5 年；主要劳动年龄人口平均受教育年限从 9.5 年提高到 11.2 年，其中受过高等教育的比例达到 20％，具有高等教育文化程度的人数比 2009 年翻一番。形成惠及全民的公平教育。坚持教育的公益性和普惠性，保障公民依法享有接受良好教育的机会。建成覆盖城乡的基本公共教育服务体系，逐步实现基本公共教育服务均等化，缩小区域差距。努力办好每一所学校，教好每一个学生，不让一个学生因家庭经济困难而失学。切实解决进城务工人员子女平等接受义务教育问题。保障残疾人受教育权利。

战略主题：坚持以人为本、全面实施素质教育是教育改革发展的战略主题，坚持德育为先；坚持能力为重；坚持全面发展。全面加强和改进德育、智育、体育、美育。

（2）发展任务

学前教育：基本普及学前教育；明确政府职责；把发展学前教育纳入城镇、社会主义新农村建设规划；建立政府主导、社会参与、公办民办并举的办园体制；重点发展农村学前教育。

义务教育：巩固提高九年义务教育水平；巩固义务教育普及成果；适应城乡发展需要，合理规划学校布局，办好必要的教学点，方便学生就近入学（并对随迁子女和留守儿童的入学做出相应的规定）；提高义务教育质量，建立国家义务教育质量基本标准和监测制度；增强学生体质；推进义务教育均衡发展；减轻中小学生课业负担。

高中阶段教育：加快普及高中阶段教育；全面提高普通高中学生综合素质；推动普通高中多样化发展。

此外对职业教育、高等教育、民族教育、继续教育和特殊教育的任务也进行了阐述。

（3）体制改革

人才培养体制改革：更新人才培养观念，深化教育体制改革，关键是更新教育观念，核心是改革人才培养体制，目的是提高人才培养水平。创新人才培养模式；注重学思结合；注重知行统一；注重因材施教；改革教育质量评价和人才评价制度。

考试招生制度改革：推进考试招生制度改革。以考试招生制度改革为突破口，克服一考定终身的弊端，推进素质教育实施和创新人才培养。完善中等学校考试招生制度。完善高等学校考试招生制度。加强信息公开和社会监督。

建设现代学校制度：推进政校分开、管办分离。落实和扩大学校办学自主权；完善中国特色现代大学制度；完善中小学学校管理制度。

办学体制改革：深化办学体制改革。坚持教育公益性原则，健全政府主导、社会参与、办学主体多元、办学形式多样、充满生机活力的办学体制，形成以政府办学为主体、全社会积极参与、公办教育和民办教育共同发展的格局。大力支持民办教育；依法管理民办教育。

管理体制改革：健全统筹有力、权责明确的教育管理体制。加强省级政府教育统筹。转变政府教育管理职能。

（4）保障措施

加强教师队伍建设，建设高素质教师队伍；加强师德建设；提高教师业务水平，以农村教师为重点，提高中小学教师队伍整体素质；提高教师地位待遇；健全教师管理制度；加大教育投入，完善投入机制；加强经费管理；加快教育信息化进程；推进依法治教；组织实施重大项目和改革试点，进行义务教育学校标准化建设和义务教育教师队伍建设。

思考与练习

1. 为什么说依法治教是教育管理发展的必然趋势？
2. 教师如何进行依法执教？
3. 教育法律法规及教育政策有何区别？
4. 简述《教育法》的法律地位及主要内容。
5. 简述《教师法法》《义务教育法》的法律地位和主要内容。
6. 结合现实讨论《未成年人保护法》《预防青少年犯罪法》并举出相应的例子。
7. 学习《国家中长期教育改革和发展规划纲要（2010—2020年）》，概括其主要内容。

案例分析

段某，41岁，系某小学四年级(1)班的班主任。2003年10月的一天，段某班上的学生侯某放学后在校园里和其他同学一起玩耍打闹，并相互投掷石块。结果，侯某不小心打坏了学校大礼堂的一块玻璃。第二天早晨，段某批评了侯某，让他在全班同学面前做了检查，并决定按照学校有关规定由侯某赔偿被打坏的玻璃。当天下午，刚下完第二节课，侯某的父亲就冲入教室，不问青红皂白，对段老师挥拳便打。由于毫无防备，段老师被打倒在地上，鼻子嘴角鲜血直流。侯某的父亲还扬言，如再"欺负"他儿子，还要"教训"老师。等其他老师闻讯赶来，侯某的父亲已扬长而去，大家急忙将段老师送往附近医院，经诊断，段老师眼底出血，鼻骨骨折，身上多处软组织受损，经鉴定为轻伤。段老师受到侮辱、殴打怎么办？依据是什么？

分析：段某应当向当地公安机关报案，或直接向当地人民法院提起刑事附带民事诉讼。

段老师无辜受到侮辱、殴打，应当及时向当地公安机关报案，由公安机关对侯某的父亲给予行政处罚，并由其赔偿段老师的损失。如果公安机关认为其情节严重，已构成犯罪，依法追究其刑事责任；段老师也可依据《中华人民共和国刑事诉讼法》第171条有关诉讼案件的规定，直接向当地人民法院提起刑事附带民事诉讼，要求追究侯某父亲的刑事责任并赔偿自己的损失。

教师的职业特点决定其要与社会上各种各样的人打交道，有时不可避免地要与一些不良现象发生正面冲突，有可能受到人身权利的损害。《教师法》将侮辱、殴打教师的行为分几种情况予以制裁，情节较轻微的，给予行政处分或行政处罚；造成损害的由公安机关或法院责令违法者赔偿损失；情节严重的，根据刑法的有关规定，追究刑事责任。从而确保教师的人身权利。

第六章　教师的文化素养

引言

文化，教育的"血脉"

赖配根

没有文化，就没有教育。

有人感叹，我们学校培养出来的人，有能力、没教养。

文化的缺位，已经危及教育的品质。

然而，在许多人眼里，教育改革最重要的不是"人"的转变，而是"物"的改变：投入增加了，大楼起来了，教育就"OK"了。而在另一些人看来，教育的改变只需要做课堂技术层面的变革，他们热衷于教学方式的改善、课型的转变，以为一个好的教学模式就可以拯救一切。

文化成了学校教育中的奢侈品，或者只是装潢门面的"口号"。

苏霍姆林斯基说，学校应该成为人民的精神圣地。一所没有文化的学校，怎么为学生的精神成长提供养料？没有精神的健康成长，一个人怎么成为社会合格的公民？

文化精神之有无，决定一所学校教育品质之优劣。比如提到北大，人们就想起"思想自由，兼容并包"；提起南开，人们就想到"允公允能，日新月异"。易言之，一所学校没有流传久远的办学思想，也没有为学生所津津乐道的教育故事或逸事，那么它的教育必然是苍白的——至少在精神层面。同样，文化精神之厚薄，决定一个教师教育境界之高低。回忆一下，那些给您留下美好印象的教师，哪个不是有丰富的精神个性？那些对您的精神世界乃至人生走向发生积极深刻影响的教师，又有哪个不是具有独特的文化气质？

教师有文化气质，学校有文化精神，教育才会有伟大的未来。

文化是一种独立的寂寞坚守。教育是最需要"傻子"精神的。只有那些把教育当作人生最崇高的理想，把丰富学生精神生命当作毕生最重要使命的人，才可能具备纯粹的教育精神，在他们身上才会有文化精神的闪光。他们也许会名扬四海，但更多的是默默无闻；他们也许会获得丰厚的回报，但更多的是与常人一样度过一生。但他们一走进课堂、一接触年轻的生命，就立刻被一种崇高的使命所激发，把教育当作一项伟业去承担、去完成。有了他们，教育才有精神的魅力。

文化是对生命、心灵的点化或升华。一位学者回忆小学教育时，特别提到一个细节：每天晨跑结束后，语文老师把他们集合在学校大礼堂前。老师在礼堂外明柱上挂个小黑板，"上面写着一句、一段古圣先贤的话，有孔子的、孟子的、程朱的、文天祥的，等等"，比如"己欲立而立人，己欲达而达人。己所不欲，勿施于人""是非审之于己，毁誉听之于人，得失安之于数"等。老师一一给他们讲解，并让他们背下来。这些话语，"对我一生做人做事都有很大影响"。没有什么高妙的教育技巧，只是把学生引到深厚的文化传统中去，引导他们与伟大的心灵对话，教育的伟力就发生了。这就是文化对生命、心灵的点化或升华。有这样的点化，教育才会有内涵、有品位，有超越功利的精神力量。

希望有更多的教师去追慕理想，拥抱文化。

做一个"有文化自觉的教师"，让教育肌体流淌着"文化的血液"，让学校散发精神的光芒。

摘自《中国教育报》2011-12-17(4)（有改动）

学习目标

1. 理解并识记文化、素养和文化素养的含义。

2. 理解提高中小学教师文化素养的必要性。

3. 理解并识记提高教师文化素养的途径和方法。

4. 理解并识记教师人文素养的含义和意义，理解并掌握提高教师人文素养的方法和途径。

5. 理解教师的历史与传统文化素养及意义；了解中外优秀传统文化。

6. 理解教师的文学素养；了解中外文学史上重要的作家作品。

7. 理解教师的艺术鉴赏素养及意义；掌握艺术鉴赏的一般规律，了解中外古代主要艺术成就。

8. 理解科学素养的含义和意义。掌握教师科学素养现状以及提高科学素养的途径和方法。了解中外科技发展史上重要代表人物及其主要成就。

第一节　教师文化素养概述

一、教师文化素养的含义

(一)文化

文化是人类在社会历史发展过程中所创造的物质财富和精神财富的总和。广义的文化，着眼于人类与一般动物、人类社会与自然界的本质区别，着眼于人类卓立于自然的独特的生存方式，其涵盖面非常广泛，所以又被称为大文化。狭义的文化指意识形态所创造的精神财富，包括宗教、信仰、风俗习惯、道德情操、学术思想、文学艺术、科学技术、各种制度等。"文化"包括"人文文化"与"科技文化"。人文文化是人类感性思维探求精神世界的结果，包含了文学、哲学、史学、艺术、宗教等学科。科学文化则是人类理性研究、认识与掌握客观世界规律的所有成绩。当然也可细分为数学、物理学、化学、生物学等。它们又可以派分出经济学、天文学、地质学、电子学、行为学、心理学等。许许多多的学科相互依存，有些如管理学、社会学等新的学科甚至处于人文文化与科技文化之间，界限模糊。

(二)素养

"素养"一词，从词素构成上看，应由"素质"和"修养"构成。"素质"一词原本的含义是生理学意义上的，主要指"有机体天生具有的某些解剖和生理的特征，主要是神经系统、脑的特征，以及感官和运动器官的特征。"但是后来在"素质教育"中的"素质"含义已有了很大的拓展，由原来的"遗传素质""禀赋"扩大为经后天努力形成的"基本品质"。指人在后天通过环境影响和教育训练所获得的稳定的、长期发挥作用的基本品质结构，包括人的思想、知识、身体、心理品质等。"修养"一词，《现代汉语词典》解释为"指理论、知识、艺术、思想等方面的一定水平"。《辞海》的解释是："指在政治思想、道德品质和知识技能等方面，经过长期的学习和实践所达到的一定水平"。如马克思列宁主义的修养、文学修养。"素养"《现代汉语词典》解释为"平日的修养"，《辞海》解释为"经常修习涵养"。具体地说，"素养"就是人通过长期的学习和实践(修习培养)在某一方面所达到的高度。

（三）文化素养

文化素养总的来说，则是对人文文化、科技文化中的部分学科有了解、研究、分析、掌握的技能，可以独立思考、剖析、总结并得出自己的世界观、价值观的一种能力。只修不养，是只知道死读书的呆子；只养不修，则是热衷于主观臆想的狂人。

具有较全面的知识体系，在学习中思辨。不断完善自己的人生观、世界观、价值观，并形成相应的性格特点和行为方式。这就是对"文化素养"的追求。

（四）教师的文化素养

教师的文化素养就是教师在长期的学习和职业行为过程中不断汲取各种文化知识的营养，经过积淀、整合和提炼而形成的价值观念体系和群体意识，是教师精神世界的主要组成部分，反映教师的精神信念、价值取向、学术风范和职业道德。它调节着教师的职业行为，推动教师不断进行自我修养、完善和优化职业行为，促使教师向理想的职业人格和更高的精神境界努力。

二、提高中小学教师文化素养的必要性

（一）教师的文化素养是实现教育功能的基本保障

概括起来教育的功能分为四个方面：政治功能、经济功能、文化功能和科技功能。

1. 教育的政治功能

一般说来，是指教育要为巩固一定社会的政治制度服务。

教育政治功能的具体表现：（1）传播一定社会的政治意识形态，使受教育者形成适应和拥护一定社会政治制度和政治活动的思想意识和行为方式，完成青年一代的政治社会化进程。（2）选择和培养专门的政治人才，促进社会政治的稳定、完善和发展。（3）教育系统作为一种相对独立的社会力量或社会活动方式，对社会现实的各种政治变化和发展产生影响。此外，教育还有宣传本国的社会意识形态的作用。

2. 教育的经济功能

一般说来，是指教育对一定社会的经济发展起着制约和促进作用。

教育经济功能的具体表现：（1）为经济持续稳定的发展提供良好的背景、基础和条件。（2）为经济发展的各部门，提供一支有足够数量、较高质量和搭配合理的人才队伍。（3）帮助人们形成各种新的观念、态度、行

为和习惯，以适应现代经济生活和现代生产的节奏与变化。

3. 教育的文化功能

教育也是一种文化现象，是整个人类文化的有机组成部分。但教育在整个文化现象中又有其独特的价值，它既构成了文化本体，又起着传递和深化文化的作用。教育几乎与文化内的所有部分都发生直接的联系。

教育文化功能的具体表现：（1）传递和保存文化的功能：传递文化是教育的主要功能，通过教育把人类积累的文化的精华传给年青一代，使社会得以生存和延续，个人得以成长和发展。（2）选择文化的功能：人类文化本身是一个浩大无比的宝库。究竟哪些影响是好的、积极的，哪些影响是劣的、消极的，这些都离不开教育的选择。在实施教育的过程中，必须对文化进行精心选择、比较，以使青年一代掌握人类文化的精华。（3）教育具有促进各文化之间相互交流、吸收和融合的功能．

4. 教育的科技功能

社会生产和教育的发展，促进了科技的发展，科技的发展要求教育的科技功能相应地发展，特别是在科技取得重大突破而出现飞跃发展时，对教育的影响则更为深刻。

教育科技功能的具体表现：（1）培养科技人才的功能；（2）提高劳动者素质的功能；（3）传递科学文化知识的功能；（4）进行科学研究的功能。

教师是受一定社会的委托，以培养学生为职责的专门的教育工作者，是学生智力的开发者和学生个性的塑造者。教师作为一种职业，在人类社会发展中起着桥梁和纽带作用，承担着人的思想文化传播、新生一代的培养、各种社会所需要的人才的造就等艰巨任务，那么正所谓"教人者先教己"，教师要完成好这一使命，就必须具备多种文化素养。

(二)实现中小学新课程改革的需要

1. 课程综合化

在新课程改革中，课程的综合化是改革的一个基本理念，在课程综合化的趋势下，各知识门类之间的边界变得模糊，各学科之间相互渗透，每门学科都力求与相关学科相互融合在综合课程的实施中，其内容涉及多门学科知识和领域，仅靠教师单科的知识显然是无法完成的，这就更需要教师尤其是理科教师加强人文素养的培养。

2. 教师即研究者

新课程提倡"教师即研究者"，教师在完成教学任务的同时，还要积极参加教育科研。教师有意识地涉猎一些哲学、文学、历史、法学、艺术等方面的基础知识，可以开阔学术视野，借鉴思维方法，突破原有的思维框架，开拓新的思维空间，使思维更具有独立性、深刻性、灵活性、批判性和敏捷性，并转化为科学研究能力，从而提高学术水平。

因此，提升教师的文化素养，既是实施综合课程的需要，也是教师成为研究者的需要。

(三)提高教育教学质量的需要

1. 提高教育质量的需要

随着教育教学改革的深入，教师的教育观念要更新，教学方法要改进，教师的个人素质要提高。

教师的素质提高问题是教育改革与发展过程中一个相当重要的问题，教师教书育人，一方面需要内在的科学文化知识和一定的思想进行指导；教师为人师表，另一方面又需要有外在的良好个人形象和个人的社会交流能力。作为一名教师在社会发展中有它的传承作用，先进文化的代表作用，科学技术教育的作用，同时教师的能力、气质、性格等个性素质的变化，又在很大程度上影响教师的教育教学效果，因此，教师首先应当成为素质教育的对象。"育人者，必先受教育"，一个有着较高文化素养的教师，尤其是具有较高教育文化素养的教师，能从社会发展的高度、从民族文化传承和发扬的高度，充分认识教育的地位；能从新生一代文化培养的高度，自觉认识自身工作的必要性；能对自身工作怀有强烈而持久的热爱。具有较高文化素养的教师，总是自觉地把培养学生的思想道德素质放在首位，把促进学生"成人"贯穿教育活动的始终，为学生德、智、体、美等方面全面发展创造条件。所有这一切，都必须建立在教师较高的文化素养之上。

2. 提高教学质量的需要

教学的本质和真正价值不仅仅在于教给学生某种知识技能，更重要的是，通过一篇篇凝聚着作家灵感、激情和思想的精神财富的文学，潜移默化地影响一个人的情感、情趣和情操，并最终使其形成正确的世界观、人生观和价值观。

教学是教师的主要职责之一，一名教师的文化素质直接影响教学质量。文化素养高的教师具有渊博的学识，在教学中能旁征博引，能让学生在教学中积极思考，使学生进行有效的学习；文化素养高的教师有着高尚的人格和思想境界，在教学中能给学生良好的示范，使学生进行全面的学习；文化素养高的教师其文雅的举止、大方的神态、优美的谈吐，在教学中能给学生积极的心理暗示，使学生精神振奋，情绪高昂，做到愉快地学习。

教学本身既是科学，又是艺术。高水平的教学应当是科学性和艺术性的有机结合。提高教学质量，就要求教师既要娴熟地掌握教学方法，又具备较高的文化素养。如若教师知识面广，教研水平高，在课堂教学中，不仅能使学生获取自然、社会、思维领域的规律性知识，还可以给人以人文方面的启迪、美的享受，教师的影响就能更多地渗透到学生生活的一切领域中去。

三、提高教师文化素养的途径和方法

(一)教师文化素养现状及原因

1. 教师文化素质现状

当前教师在文化素养方面存在的问题归纳起来主要表现为对教师文化素养重要性认识不足；贫乏人文精神；文化底蕴不厚，视野不宽；追求科学精神的热情不高；对增强课程审美情趣的意识淡薄；教育方式单一，育人乏术。

2. 原因分析

(1)社会因素

当前社会变革剧烈，各种思想意激烈交锋、碰撞。实用主义、功利主义等思想观念冲击着教育行业，部分知识分子选择了沉默、妥协，甚至是随波逐流，工作热情减退。

(2)学校因素

主要体现为思想上重视程度不够，思想认识不到位，学生的学习成绩就是教学质量；环境上人文氛围不浓，人文关怀淡薄；手段上管理模式不当，考核机制不健全。

(3)教师个人因素

主要体现为个人认识不足，或盲目自信；知识结构单一，缺乏系统理论知识；创新意识不强，不能与时俱进。

(二)提高教师文化素养的途径和方法

1. 教师自身

(1)转变理念

积极学习国家素质教育和中小学课程改革的相关文件，领会国家的教育方针政策，转变教育观念，充分认识教师文化素养在教育教学中的作用和深远意义。

（2）加强文化知识学习、改变知识结构

具有丰厚的文化底蕴是教育事业赋予新时代教师的要求。文化素养的缺失必然导致思想的僵化，教育内容、形式、手段等的落后。特别是随着信息高速公路的普及发展和教育智能工具的广泛应用，以及全球教育资源的共享程度大大提高，知识更新的速度也大大加快，这就需要教师积极主动地利用各种内、外部条件提升自身的文化素养。而提升文化素养的最重要的途径就是学习，通过各种渠道学习中外人文文化知识和科学文化知识，充实自己的知识体系，改变知识结构单一匮乏的状况。

（3）文化知识转变为稳定的素养

具有丰富的文化知识并不代表文化素养的提高，教师要把文化知识的精髓转化为稳定的人生观、世界观、价值观，并形成相应的性格特点和行为方式。并在教育教学活动中身体力行，教书育人，将人文教育、科学教育、艺术教育贯彻融入日常教育教学过程之中。

2.学校

（1）积极传承文化理念，营造人文环境

学校管理者要高度重视师资队伍建设，注重师资队伍整体素养的提高，并将其纳入学校工作的整体规划中。积极采取措施，激励和促使广大教师自觉提高自身的文化素养。

（2）建立健全管理模式和考核机制

以提高全体师生的文化素质为导向建立以人为本的管理模式；健全师生评价和考核制度，不要只以分数定优劣。

3.社会

教师作为社会的一员，他的思想和观念也会受到社会环境的影响。提高教师文化素养的目的是提高学生的文化素养，进而提高国民的文化素养。因此，社会各界如各级各类教育机构、文化媒体等也要发挥自己的作用，宣传文化知识、支持文化教育。创造一种良好的社会氛围。

第二节 教师的人文素养

一、教师的人文素养概述

(一)教师的人文素养及意义

教师的人文素养是指教师通过一定的方式，如自我学习、知识传授、环境熏陶、社会实践等，将人文文化的优秀成果逐步内化为自身的人格、气质、学识和修养，成为相对稳定的内在精神品质和心理特征。教师人文素养的结构可分为三个部分，即人文知识、人文精神和人文方法。

人文素养是一个人综合素质的体现，"它"不是什么知识，却是在知识的积淀中提炼出来的。教师的人文素养是教师在语言、文学、哲学、绘画、音乐、雕塑、建筑、历史等方面的知识修养的综合。

人文知识必须内化为人文精神，并表现为行为习惯，才能构成相对稳定的品质结构。即将人文知识转化为人文素养。

提高中小学教师人文素养既是当前社会发展的迫切需要，也是新课程改革、教师专业发展、培养学生健康人格以及创设良好学校文化的需要。

(二)提高教师人文素养的途径和方法

影响教师人文素养的因素有客观和主观两方面：客观因素主要是社会大环境的影响及应试教育的束缚；主观因素主要是教师自身疏于学习、知识面狭窄、读书的功利性太强等。因此，提高中小学教师的人文素养，一方面要营造良好的政策环境和社会环境；另一方面就是教师自身的修炼和努力。

1. 加强历史与传统文化知识的学习，辩证吸收传统文化

历史与传统文化是数千年沉淀下来的精华，学习历史与传统文化，一方面可以增加对历史的了解、对文化的了解，丰富自己的知识面；两一方面可以培养民族自豪感和增强民族凝聚力；另外，万物的发展都有相通之处，数千年的文化史，也是人类数千年的思想和行为演变史，以史鉴今，可以提高教师的思想深度和广度。

2. 多读古今中外典籍，加强文学素养

文学素养是人文素养的一部分。中国有五千年的文明史，文化传统源远流长，文化典籍汗牛充栋，充溢着浓厚的人文色彩。西方文学流派众

多，文学典籍丰富，对人文思想有新的阐释角度。阅读中国文化经典和西方文化经典，可以从中汲取营养，开阔视野，丰富自己的认识和思考。

3. 提升艺术鉴赏修养

艺术是人文的外在表现。博学多才且有一定艺术鉴赏修养的教师，一般具有独立精神和批判意识，不人云亦云，会自然而然地外溢为才情、激情、灵气和创造性，展现出较强的感染力，让学生感受到浓浓的"文化味道"。

4. 形成儒雅气质和高尚人格

基于丰富人文知识的积淀，教师应谈吐儒雅、兴趣广泛、行为习惯中庸和缓。教师优雅的审美品位体现在仪表、言谈和举止上，体现在教学内容的呈现、教学手段的选用、课堂秩序的维持上。教师的人文知识内化为人文精神、儒雅气质和高尚人格，并体现在日常的教育教学活动中。

知识链接：

《完善中华优秀传统文化教育指导纲要》

教育部 2014 年 4 月 1 日印发了《完善中华优秀传统文化教育指导纲要》（以下简称《纲要》）。《纲要》以弘扬爱国主义精神为核心，从爱国、处世、修身三个层次概括凝练中华优秀传统文化教育的主要内容。一是开展以天下兴亡、匹夫有责为重点的家国情怀教育。引导青少年学生深刻认识中国梦是每个人的梦，以祖国的繁荣为最大的光荣，以国家的衰落为最大的耻辱，增强国家认同，培养爱国情感，树立民族自信，形成为实现中华民族伟大复兴的中国梦而不懈努力的共同理想追求。二是开展以仁爱共济、立己达人为重点的社会关爱教育。引导青少年学生正确处理个人与他人、个人与社会、个人与自然的关系，学会心存善念、理解他人、尊老爱幼、扶残济困、关心社会、尊重自然，培育集体主义精神和生态文明意识，形成乐于奉献、热心公益慈善的良好风尚。三是开展以正心笃志、崇德弘毅为重点的人格修养教育。引导青少年学生明辨是非、遵纪守法、坚韧豁达、奋发向上，自觉弘扬中华民族优秀道德思想，形成良好的道德品质和行为习惯。通过家国情怀、社会关爱和人格修养三个层面的教育，培养青少年学生做"有自信、懂自尊、能自强，高素养、讲文明、有爱心，知荣辱、守诚信、敢创新"的中国人。《纲要》要求要以推进大、中、小学中华优秀传统文化教育一体化为重点，整体规划、分层设计、有机衔接、系统推进，促进青少年学生全面发展，培养富有民族自信心和爱国主义精神的社会主义事业的建设者和接班人。《纲要》强调，开展中华优秀传统文化教育，要以弘扬爱国主义精神为核心，以家国情怀教育、社会关爱教育和人格修养教育为重点，着力完善青少年学生的道德品质，培育理想人格，提升政治素养。强调分学段有序推进中华优秀传统文化教育，把中华优秀传统文化教育系统融入课程和教材体系，全面提升中华优秀传统文化教育的师资队伍水平，着力增强中华优秀传统文化教育的多元支撑。

（资料来源：教育部官网）

二、教师人文素养的基本内容

人文素养是人类运用感性思维探求精神世界的结果，包含了文学、哲学、史学、艺术、宗教等学科。因此，以下从历史与传统文化素养、文学素养和艺术鉴赏素养三个方面阐述教师的人文素养。

（一）教师的历史与传统文化素养

历史与传统文化蕴含了民族精神和民族智慧，了解中外历史与传统文化，可以培养、激发民族自尊心、自信心，树立民族自豪感。传统文化中的"位卑未敢忘忧国""精忠报国""轻利忘义""舍生取义""厚德载物""自强不息"等重要内容是爱国主义的精神支撑。

教师把历史与传统文化知识内化为稳定的精神和人格，并通过教育和教学活动传递给学生，这就是教师的历史与传统文化素养。

1. 中国历史文化知识

中国历史悠久，且中华文化源远流长。从盘古、女娲、后羿等神话时代算起约有 5 000 年；从三皇五帝算起约有 4 600 年；自夏朝算起约有近 4 100年；从中国第一次大统一的中央集权制的秦朝算起约有 2 200 年。

中国历经多次演变和朝代更迭。其中，汉族王朝有夏、商、周、秦、汉、隋、唐、宋、明等。少数民族王朝有北魏、辽、元、清等。历史上，中国曾是世界上最强大、最先进的国家，长期领先世界，其经济、文化、科技实力举世瞩目。同时，中原王朝不断与周边各少数民族互动、贸易、征战、融合而逐渐形成中华民族。

2. 中国传统文化知识

中国传统文化是中华文明演化而汇集成的一种反映民族特质和风貌的民族文化，是民族历史上各种思想文化、观念形态的总体表现，是指居住在中国地域内的中华民族及其祖先所创造的、为中华民族世世代代所继承发展的、具有鲜明民族特色的、历史悠久、内涵博大精深、传统优良的文化。它是中华民族几千年文明的结晶。

归纳起来分为以下几个方面。

(1)天文历法

①四象：汉族人民把东、北、西、南四方每一方的星宿想象为四种动物形象，叫作四象。四象在汉族传统文化中指青龙、白虎、朱雀、玄武，分别代表东西南北四个方向，源于中国古代的星宿信仰。

②五更：汉族民间把夜晚分成五个时段，用鼓打更报时，所以叫作五更、五鼓或五夜。一夜分为五更，即一更、二更、三更、四更、五更。

一更夜从黄昏始(19—21点)：一更在戌时，称黄昏，又名日夕、日暮、日晚等。此时太阳已经落山，天将黑未黑。天地昏黄，万物朦胧，故称黄昏。这个时候，人还在活动着。

二更定昏人不静(21—23点)：二更在亥时，名人定，又名定昏等。此时夜色已深，人们也已经停止活动，安歇睡眠了，人定也就是人静。

三更(23—次日凌晨1点)：三更在子时，名夜半，又名子夜、中夜等。这是十二时辰的第一个时辰，也是夜色最深重的一个时辰。

四更(1—3点)：四更在丑时，名鸡鸣，又名荒鸡，十二时辰的第二个时辰。

五更(3—5点)：五更在寅时，称平旦，又称黎明、早晨、日旦等，

③天干地支纪年法：源于中国。中国自古便有十天干与十二地支，简称"干支"，取义于树木的干和枝。

十天干：甲、乙、丙、丁、戊、己、庚、辛、壬、癸。

十二地支：子、丑、寅、卯、辰、巳、午、未、申、酉、戌、亥。

十二地支又与十二生肖对应：子鼠、丑牛、寅虎、卯兔、辰龙、巳蛇、午马、未羊、申猴、酉鸡、戌狗、亥猪。

此外，了解中国的二十四节气和四时的划分。

(2)传统的科技文化

①四大发明：造纸术、印刷术、指南针、火药。

②《九章算术》：中国古代最早的数学专著。

③黄帝内经：《黄帝内经》简称《内经》，是我国现存医书中最早的典籍之一。成书于战国至秦汉时期，是我国劳动人民长期与疾病做斗争的经验总结。

(3)传统艺术

了解书法、"书圣""楷书四大家""文房四宝""岁寒三友"以及花中"四

君子"、京剧、武术等相关知识。

此外，了解中国传统节日、风俗习惯的相关知识；古代称谓（年龄称谓、别称、讳称）、传统思想文化等相关知识。

3. 世界历史文化知识

（1）人类的起源

人类的起源和进化经历了漫长的历史过程。从已发现的人类化石来看，人类的演化大致可以分为以下四个阶段：① 南方古猿阶段。已发现的南方古猿生存于 440 万年前到 100 万年前。根据对化石解剖特征的研究，南方古猿区别于猿类，最为重要的特征是能够两足直立行走。② 能人阶段。公元前 200—前 175 万年。能人化石是 1960 年起在东非的坦桑尼亚和肯尼亚陆续发现的。最早的能人生存在 190 万年前。能人在分类上归入人科下面的人，属能人种。能人有明显比南方古猿扩大的脑，并能以石块为材料制造工具（石器），以后逐渐演化成直立人。③ 直立人阶段。直立人在分类上属于人，属直立人种，简称直立人，俗称猿人。（4）智人阶段。智人一般又分为早期智人（远古智人）和晚期智人（现代人）。

（2）古代史

① 了解尼罗河流域的埃及文明、两河流域的苏美尔文明和印度河流域的哈拉巴文明，了解基督教的创立与传播、玛雅文明。

② 了解世界古代史上的主要历史事件及事件发生的原因和意义。如：特洛伊战争、马拉松之战、奥林匹克赛会等。

（3）近现代史

了解世界近现代史上主要的历史事件及发生的背景、原因和意义。主要有：文艺复兴和宗教改革、圈地运动、启蒙运动、第一次工业革命、美国独立战争与建国、拿破仑帝国的兴亡、《共产党宣言》的发表、日本"明治维新"、巴黎公社、苏伊士运河、第一次世界大战、俄国十月革命、第二次世界大战、联合国的建立、纽伦堡审判和东京审判、越南战争、第二次海湾战争、伊拉克战争等。

（二）教师的文学素养

1. 教师文学素养概述

文学素养是指一个人在文学创作、交流、传播等行为及语言、思想上的水平。文学素养相对于"文化素养"更具有具体性，一般情况下是指在文学领域，如诗歌、小说、评论等方面的综合能力。

2. 中外文学史上重要的作家作品

（1）外国文学

①古典文学

a. 古希腊罗马文学：寓言《伊索寓言》具有很高的哲理性。

b. 中世纪文学：最为著名的是出生于意大利佛罗伦萨的但丁创作的《神曲》。但丁（1265—1321），意大利诗人。《神曲》是但丁在被放逐期间写的一部长诗，是他呕心沥血、历经十四年之久的忧愤之作，是诗人的代表作。《神曲》分为三部：《地狱》《炼狱》《天堂》。

c. 文艺复兴时期的文学：英国文学是文艺复兴时期欧洲文学的顶峰。

莎士比亚是这个时期最伟大的剧作家和诗人，一生创作了 37 部剧本、2 首长诗、154 首十四行诗。主要作品有《仲夏夜之梦》《威尼斯商人》《罗密欧与朱丽叶》《哈姆雷特》《奥赛罗》《李尔王》等。莎士比亚的四大悲剧：《哈姆雷特》《奥赛罗》《李尔王》《麦克白》；四大喜剧：《仲夏夜之梦》《皆大欢喜》《第十二夜》《威尼斯商人》。莎士比亚的作品情节生动丰富、人物个性鲜明、具有广阔的社会背景和丰富多彩的个性化语言，被马克思称为"人类最伟大的戏剧天才"。

d. 启蒙文学：18 世纪的启蒙文学，主要包括法国启蒙运动和德国民族文学。

约翰·沃尔夫冈·歌德（1749—1832），18 世纪末 19 世纪初德国伟大诗人、作家和思想家。青年时期的歌德最重要的作品是小说《少年维特之烦恼》，对当时德国的丑恶现实进行了深刻批判，向封建的德国社会进行了公开挑战。诗剧《浮士德》是歌德以毕生心血完成的一部杰出代表作。它与《荷马史诗》《神曲》等齐名，被文学史家认为是史诗性的巨著。

约翰·克里斯托弗·席勒（1759—1805），18 世纪德国杰出的诗人和戏剧家。其代表作有《阴谋与爱情》《奥尔良的姑娘》《威廉·退尔》等。

②近代文学

a. 浪漫主义文学

浪漫主义作为一种文学观念和一种文学的表现方式，在西方始于 18 世纪末到 19 世纪三四十年代。浪漫主义文学最基本的特点是以充满激情的夸张方式来表现理想与愿望，注重抒发个人的感受和体验，喜欢描写和歌颂大自然，重视中世纪民间文学。19 世纪欧洲浪漫主义文学的主要作家有拜伦、雪莱、雨果、缪塞、大仲马、小仲马、莱蒙托夫、裴多菲等。

拜伦（1788—1824），英国 19 世纪初期伟大的第二代浪漫主义诗人。拜伦带有自传色彩的长篇叙事诗《恰尔德·哈罗德游记》，主要歌颂了欧洲民族民主解放运动。代表作为诗体小说《唐璜》，通过青年贵族唐璜的种种经历，抨击欧洲反动封建势力。

雪莱(1792—1822)，英国浪漫主义诗人。创作了《麦布女王》《解放了的普罗米修斯》《云雀》《西风颂》等，名句"冬天已经来临，春天还会远吗？"广为流传。抒情诗剧《解放了的普罗米修斯》取材于希腊神话。

雨果(1802—1885)，法国浪漫主义文学运动的主将和领袖。他是法国文学史上最有才华的作家之一，雨果的《克伦威尔序言》的发表树起了浪漫主义的旗帜，成为法国浪漫主义的宣言书。其主要作品有《海上劳工》《笑面人》《九三年》《巴黎圣母院》《悲惨世界》等。

亚历山大·大仲马(1802—1870)，法国浪漫主义作家，以小说和剧作著称于世。《基度山伯爵》《三个火枪手》是大仲马的代表作品。

亚历山大·小仲马(1824—1895)，法国著名小说家，大仲马的儿子。其代表作《茶花女》其他主要作品有《私生子》《金钱问题》《放荡的父亲》《半上流社会》《阿尔丰斯先生》《福朗西雍》等。

普希金(1799—1837)，俄国浪漫主义文学的重要代表，俄国现实主义文学的奠基人。被誉为"俄国文学之父""俄国诗歌的太阳"。其主要作品有诗歌《致恰达耶夫》《致西伯利亚的囚徒》《茨冈人》等。农民题材的小说《上尉的女儿》被誉为"俄罗斯生活的百科全书"。诗体小说《叶甫盖尼·奥涅金》是俄国现实主义的奠基作。

裴多菲(1823—1849)，匈牙利浪漫主义作家。其主要作品有长篇叙事诗《使徒》《自由与爱情》。《自由与爱情》脍炙人口的诗句："生命诚可贵，爱情价更高。若为自由故，二者皆可抛。"成为人们传诵的名句。

b. 批判现实主义文学

法国批判现实主义作家的代表人物有：巴尔扎克、梅里美、福楼拜和司汤达等。

巴尔扎克(1799—1850)，法国19世纪批判现实主义文学的伟大代表。他创作的《人间喜剧》《高老头》《欧也妮·葛朗台》等作品，深刻地揭露了金钱的罪恶，批判了资本主义社会中人与人之间赤裸裸的金钱关系。

英国批判现实主义作家以狄更斯、萨克雷、盖斯凯尔夫人、勃朗特姐妹等为代表。

狄更斯(1812—1870)，英国著名的批判现实主义作家。他一生创作了14部长篇小说和许多中短篇小说。他的作品广泛而生动地反映了19世纪英国资本主义社会，描写了维多利维时代的精神。重要作品有《大卫·科波菲尔》《艰难时世》《双城记》《荒凉山庄》等。《大卫·科波菲尔》是自传体小说。

夏洛蒂·勃朗特（1816—1855）。其代表作《简·爱》，描写了一个谦谨、坚强而有独立精神的女性简·爱的形象，在英国文学妇女画廊中独树一帜。

爱米莉·勃朗特（1818—1848），这位女作家在世界上仅仅度过了30年便离开了人间。但她唯一的一部小说《呼啸山庄》却奠定了她在英国文学史以及世界文学史上的地位。她与《简·爱》的作者夏洛蒂·勃朗特和她的小妹妹安妮·勃朗特（1820—1849）——《爱格尼斯·格雷》的作者，号称"勃朗特三姊妹"，在英国19世纪文坛上焕发异彩。

俄国批判现实主义作家代表人物有：果戈理、陀思妥耶夫斯基、契诃夫、托尔斯泰等人。

果戈理（1809—1852），俄国批判现实主义文学的奠基人，对俄国文学的发展起到了巨大作用。果戈理还是俄国现实主义戏剧的奠基人之一，1836年创作的讽刺喜剧《钦差大人》，1842年发表的代表作《死魂灵》是批判现实主义的典范作品。

契诃夫（1860—1904），他以擅长剧作短篇小说著称。其主要作品有《小公务员之死》《变色龙》《脖子上的安娜》《套中人》《樱桃园》等。

托尔斯泰（1828—1910），俄国伟大的批判现实主义作家。他从19世纪中叶到20世纪初，在俄国文坛活动了近60年，创作了大量的文学作品。其代表作有《战争与和平》《安娜·卡列尼娜》《复活》等。

美国批判现实主义文学在19世纪80年代开始出现，马克·吐温、欧·亨利、斯陀夫人等是其代表作家。

马克·吐温是美国批判现实主义最杰出的代表，是一位享誉世界的美国作家。其主要作品有《竞选州长》和《败坏了赫德莱堡的人》等。

欧·亨利（1862—1910），美国著名的短篇小说家，一生著有300多篇小说。代表作有《警察与赞美诗》《麦琪的礼物》《最后一片藤叶》《没有完的故事》《黄雀在后》等，均列入了世界优秀短篇小说。

③现代文学

a. 无产阶级文学

无产阶级文学的出现与发展是19世纪后半期文学史上具有深刻影响和重大意义的文学现象。欧仁·鲍狄埃和马克西姆·高尔基是这一时期的杰出代表。

b. 现实主义文学

苏联文学：如阿·托尔斯泰（1883—1945），著名俄国作家，其代表作为长篇小说《苦难的历程》。

英法文学：英国 20 世纪前期的主要作家及作品有劳伦斯的《儿子与情人》《查泰莱夫人的情人》，毛姆的《人性的枷锁》等。法国在 20 世纪开创了长篇小说新题材，心理刻画向内心世界进一步深化。罗曼·罗兰（1866—1944）的代表作长篇小说《约翰·克利斯朵夫》是其中最成功的作品。

德语国家文学：如雷马克（1898—1970），德国著名作家，对帝国主义和法西斯主义的祸害有着惨痛的切身感受，他的作品大都描写德国人民在两次战争中所经历的厄运。他 1929 年发表的早期小说《西线无战事》是有世界影响的优秀的反战小说。

美国文学：如海明威（1899—1961），现代美国著名作家，对现当代美国和世界文学产生过重要的影响。海明威作为"迷惘的一代"的代表出现，作品反映了强烈的反战倾向和对未来的迷惘，主要作品有长篇小说《太阳照样升起》《永别了，武器》《丧钟为谁而鸣》，中篇小说《老人与海》等。

c. 现代主义文学

意识流文学的代表作家及作品有法国诗人瓦莱里（1871—1945）的《海滨墓园》；爱尔兰诗人、剧作家叶芝（1865—1939）的《驶向拜占庭》；美国作家庞德（1885—1972）的《地铁车站》等；奥地利现代小说家卡夫卡（1883—1924）的《变形记》《城堡》；英国乔伊斯的《尤利西斯》、伍尔芙的《墙上的斑点》和《到灯塔去》；法国普鲁斯特的《追忆逝水年华》；美国"南方文学"代表福克纳的《喧哗与骚动》。

d. 存在主义文学

20 世纪下半期，存在主义文学开始兴起。存在主义滥觞于 20 世纪 30 年代的法国，"二战"后达到发展的顶峰。它是现代派文学中声势最大、风靡全球的一种文学潮流。"荒谬"和"痛苦"是存在主义文学的基本主题。存在主义作家主要有萨特、加缪、波伏瓦和梅勒。

e. "黑色幽默"文学

20 世纪 60 年代风行美国的一个现代主义小说流派"黑色幽默"。它是由美国作家弗里德曼编的一个《黑色幽默》的集子而得名，是一种用喜剧的形式来表现悲剧内容的文学方法。西方评论家把它称之为"绞刑架下的幽默"。美国当代著名作家约瑟夫·海勒（1923—1999）被认为是"黑色幽默"

的一面旗帜，其代表作是《第二十二条军规》，以荒诞的形式，多角度、多层次地展示了一个充满自私、贪婪、虚伪、欺骗、专横、残忍、淫乱和疯狂的现实生活。

f. 魔幻现实主义文学

20 世纪中期拉丁美洲小说创作中出现了一个流派——魔幻现实主义文学。魔幻现实主义文学作品，以拉丁美洲作家马尔克斯(1927—2014)的长篇小说《百年孤独》为标志。

(2)中国文学

①中国古代文学名家名著

a. 诗歌

诗经(《关雎》和《七月》)：中国古代最早的诗歌总集，共 305 篇，分为《风》《雅》《颂》三类。主要篇目有《关雎》和《七月》。

《楚辞》(屈原与《离骚》)：楚辞是战国时期兴起于楚国的一种诗歌样式。代表诗人为屈原。屈原(约公元前 34—前 278)，他既是一个历史政治人物，也是一个诗人。屈原创作了《离骚》《九歌》《九章》《天问》，其影响最大的作品是《离骚》。

乐府诗(《木兰诗》《孔雀东南飞》《短歌行》《蒿里行》)。

山水田园诗(陶渊明的《归田园居》和《饮酒》)。

唐诗(王维、李白、杜甫、白居易、李商隐)。

宋词(柳永、苏轼、李清照、辛弃疾)：初唐时期产生了一种新的诗歌形式，即采用长短句的形式配乐歌唱。因为这种诗歌形式是配乐歌唱的，因而也称为"曲子词"。至宋成为一种引领风气的诗歌创作形式。

元曲：中国的诗歌到宋风气变为词领风骚，至元又变为"曲"。元曲代表作家有关汉卿、马致远、张养浩、睢景臣等。关汉卿有《四块玉·别情》，马致远有《天净沙·秋思》，张养浩有《山坡羊·潼关怀古》，睢景臣有《哨遍·高祖还乡》。

b. 戏曲

古代希腊已有戏剧。中国戏剧则在元得到较快的发展，出现大量戏曲作家。戏曲文学在元称为"杂剧"，有固定的格式，所谓"四折一本"；到明清戏曲形式多样，既有北杂剧，也有由南戏演化而来的"传奇"。

主要戏曲作品：

王实甫和《西厢记》

王实甫，生卒年代不详，他的作品完整地保存下来的有《崔莺莺待月西厢记》(即《西厢记》)和《四丞相高会丽春堂》《吕蒙正风雪破窑记》。

关汉卿和《窦娥冤》

关汉卿(生卒年不详),传世的作品有《感天动地窦娥冤》(即窦娥冤)和《赵盼儿风月救红尘》《望江亭中秋切脍旦》《关大王独赴单刀会》。

汤显祖和《牡丹亭》

汤显祖(1550—1616),明代杰出的戏曲作家。《牡丹亭》,全名《牡丹亭还魂记》。

孔尚任和《桃花扇》

孔尚任(1648—1718),清代戏曲作家,他创作的《桃花扇》被认为是"中国戏曲文学又发展到一个新的高峰"。

c. 中国古代散文:散文作为一种文学样式,包括了除诗歌、戏曲、小说以外的一切文学性的作品,甚至包括了骈文和辞赋。人们用散行的文字,写景状物,记事抒情,因而散文是创作数量非常庞大的一种文学样式。中国古代的散文作品,包括先秦诸子散文、汉代辞赋、六朝骈文、唐宋古文和史传散文等。这里主要介绍唐宋古文和史传散文。

唐宋古文:古文,又称"古体文",是同骈文相对的文体。六朝以后,骈文盛行,讲求声律等,对思想表达有所束缚。中唐时期,韩愈、柳宗元等发起古文运动,主张改革当时文风,恢复先秦两汉散文传统,并称其为"古文"。古文,即先秦传统的散文。由此而产生了著名的唐宋"八大家":韩愈、柳宗元、欧阳修、苏洵、苏轼、苏辙、王安石和曾巩。

史传散文:以文纪史,就有了专门的一类文章。历史是人演绎的,写史的文章的文学性也就产生了。史传散文作品丰富,《尚书》《春秋》《左传》《国语》《战国策》《史记》及其他史书都可列于其中。但开历史先河,并最具有文学欣赏价值的当属汉代司马迁的《史记》。

d. 中国古代小说

小说这个概念从古到今都在发生变化。从今天的文学分类来看,它是一种注重人物形象刻画和故事情节叙述的文学样式。中国古代小说,一般认为从魏晋南北朝的笔记小说开始,经唐宋传奇,到宋元话本,最后在明清成为引领中国文学风气的样式。明代长篇小说有《三国演义》《水浒传》《西游记》《金瓶梅》,为"明代四大奇书"。

明代的短篇小说,称为"拟话本",以冯梦龙的"三言",凌濛初的"二拍"为代表。

清代的长篇小说作品多,涉及面也广,著名的有《红楼梦》《儒林外史》

及历史演义小说等。清代的短篇小说有《聊斋志异》等。

②中国现代文学名家名著

开启中国现代文学的文学革命发生在 20 世纪的"五四"前后，以新文学代替旧文学，以白话文代替文言文，开创了中国文学的新时代。研究者以 1917 年《新青年》刊出胡适的文章《文学改良刍议》、陈独秀的《文学革命论》作为新文学的开端。

从此中国文学从形式到内容都发生了根本的变化。

a. 中国现代诗歌

"五四"时期的文学革命中，诗歌是文学革命的一个突破口。胡适是诗歌革命的重要倡导者，提出"诗体解放"，以白话诗代替文言诗。胡适首先发表新诗尝试之作，新诗由此蓬勃兴起。

主要代表人物和作品有：

郭沫若(1892—1978)，新诗兴起时的重要诗人。他的重要作品有《凤凰涅槃》《地球，我的母亲》《天狗》《炉中煤》。1921 年，他的《女神》出版，奠定了他在中国新诗史上的地位。

徐志摩(1897—1931)，一生有四本诗集：《志摩的诗》(1925)、《翡冷翠的一夜》(1931)、《猛虎集》(1931)、《云游》(1932)。他的诗风轻盈，代表作《再别康桥》给人以清风拂面的感觉。

其他重要诗人有：闻一多、艾青等。

b. 中国现代小说

现代小说的发展，是文学革命的重要方面，在这方面鲁迅是公认的旗手。小说革命的表现，也在运用白话文和表现新的思想、新的生活内容。

主要代表人物和作品有：

1918 年 5 月，鲁迅在《新青年》上发表了《狂人日记》。这是新文学史上第一篇白话小说。此后他出版了两本重要的小说集《呐喊》和《彷徨》。

茅盾(1896—1981)，原名沈德鸿。字雁冰，在小说创作方面成果丰硕。长篇小说代表作是《子夜》。他的短篇小说也颇有影响，如《林家铺子》《春蚕》等。

巴金(1904—2005)，原名李尧棠。巴金是一位多产的作家，他的"激流三部曲"《家》《春》《秋》曾深远地影响过一代青年。

在"五四"文学革命中或以后成长起来的作家还有很多，如叶圣陶、许地山、丁玲等。

c. 中国现代散文

文学革命中，散文的创作是十分丰硕的，有成就的作家也很多。鲁迅也是散文创作的重要作家，他的杂文尤其富有成就。

主要代表人物和作品有：

朱自清（1898—1948），现代文学史上重要的散文作家。其散文面向人生，意味深厚，如散文《背影》，也有水光秀色的散文，如《桨声灯影里的秦淮河》。

冰心（1900—1999），原名谢婉莹，作为现代文学史上的女作家，其散文充满童心。代表作有《寄小读者》。

d. 中国现代戏剧

在中国戏剧发展史上，最早将现代话剧形式比较完整地搬上舞台的是一群中国留日学生。曾孝谷、李息霜（李叔同）等 1906 年冬在日本东京成立春柳社，演出外国的话剧，如《茶花女》等。20 世纪 20 年代的文学革命中，中国的现代戏剧发展起来了，中国现代戏剧是直接在外国戏剧影响下发展起来的。从此中国的戏剧形式，从传统戏曲一变而为话剧。从 20 世纪 20 年代开始，中国的戏剧呈现出崭新的面貌。戏剧代表作家有洪深、田汉、曹禺等。

田汉（1898—1968），被认为是 20 世纪 20 年代戏剧成就最高的作家。他的代表作品有《名优之死》《南归》。《名优之死》反映了那个时代艺人的悲惨遭遇，《南归》则写浪迹天涯的流浪者。抗战以后他对中国传统戏剧进行改造，改编或创作了《新雁门关》《新儿女英雄传》《江汉渔歌》《风云儿女》《武则天》《武松》等。

曹禺（1910—1996），原名万家宝，他对中国话剧的发展做出了特别的贡献。他创作的《雷雨》《日出》《北京人》，成为中国现代话剧的经典作品。

（三）教师的艺术鉴赏素养

1. 艺术鉴赏的含义和特征

（1）含义

艺术鉴赏，又称艺术欣赏，指人们在接触艺术作品过程中产生的审美评价和审美享受活动，也是人们通过艺术形象（意境）去认识客观世界的一种思维活动。在艺术鉴赏过程中，感觉、知觉、表象、思维、情感、联想和想象等心理因素都异常活跃。

艺术鉴赏是人们在接受艺术作品的过程中，通过感知、情感、想象和理解等各种心理因素的复杂作用进行艺术再创造，并获得审美享受的精神活动。

（2）特征

①充满着感性与理性的统一。

②充满着情感与想象。

③充满着积极主动的审美再创造。

④充满着审美通感与个人审美的偏爱与差异。

2. 艺术鉴赏的意义

概括起来讲，艺术鉴赏作为一种审美再创造活动，主要体现在以下几个方面。

第一，艺术品必须通过鉴赏主体的审美再创造活动，才能真正发挥它的社会意义和美学价值。

第二，鉴赏主体在艺术欣赏活动中，并不是被动、消极地接受，而是积极主动地进行着审美再创造。

第三，从最根本的意义上讲，艺术鉴赏同艺术创作一样，也是人类自身主体力量在审美活动中的自我肯定与自我实现。

3. 艺术鉴赏能力的培养与提高

第一，艺术鉴赏力的培养与提高，离不开大量鉴赏优秀作品的实践。大量地、经常地鉴赏优秀的艺术作品，更是直接有助于人们艺术修养与鉴赏力的培养与提高。

第二，艺术鉴赏力的培养与提高，离不开熟悉和掌握艺术的基本知识和规律。

第三，艺术鉴赏力的培养与提高，离不开一定的历史、文化知识。

第四，艺术鉴赏力的培养与提高，离不开相应的生活经验与生活阅历。

第五，美育与艺术教育在培养和提高艺术鉴赏力方面，具有特别重要的地位与作用。

4. 艺术鉴赏的一般规律在教学中的运用

艺术鉴赏作为一种审美再创造活动，需要鉴赏主体在艺术欣赏活动中，并不是被动、消极地接受。而是积极主动地进行着审美再创造。它同艺术创作一样，也是人类自身主体力量在审美活动中的自我肯定与自我实现。教育者要想将艺术鉴赏的这种规律有效地运用于教育教学活动，需注意以下几个要点。

（1）充分揣摩作品内涵

对艺术的欣赏不能仅仅停留在艺术作品的表象，而是要从审美心理出发去感受作品、感受艺术家、感受作品的内涵。进而达到欣赏者和艺术家、个人审美经验和普遍经验的交融，甚至于使欣赏者得到更深层次的升华，这才是欣赏的真正含义。

（2）引导受教育者参与

艺术鉴赏活动是主观和客观的统一，活动需要主体的直接参与。让全体学生参与到动手实践过程中去，亲历探究过程，通过自主学习、研究性学习和合作学习，不仅能激发学生探究的乐趣，而且能培养学生的独立精神。帮助学生更好地理解作品的内涵，充分体现学生的主体地位。

（3）为受教育者提供指导

学生审美感知能力的提高和审美意识的培养，离不开理性知识的引导。马克思曾说："如果你想得到艺术的享受，那你就必须是一个有艺术修养的人。"在欣赏中把感性经验与理性经验相结合，才能知道他是美的，更能了解他为什么是美的。问题的关键在于怎样将概念深入浅出、通俗易懂地讲解给学生。要在一个系统性的整体教学中逐步发展，由低向高的发展。每个学生对作品的感性认识都是不同的，教师要让学生在其指导下，通过与别人交流感受，然后在理性知识的指导下使学生个体感受与艺术家创造达到基本统一的境界。尽量保持一点学生个体的一些感受，从学生的长远发展来看，这是有益的。

（4）自主探究，实现教育功能

艺术具有教育作用，这些都需要教师引导、帮助学生分析审美客体的形象、情节和作者的创作意图，尤其是一些有感染力的细节需要深入挖掘，唤起学生的审美经验来感受作者的内心世界，再加以提出恰当的问题，引发心境共鸣。在这一过程中学生往往不能独立完成由感知到共鸣的飞跃，需要教师帮助引发联想、想象，使情感体验得到强化进而达到情感共鸣。对于提出的问题不要急于得到统一的答案，而应该让学生各抒己见，给予学生更大的思考，体验空间，否则将影响学生的体验过程。当然艺术的教育功能同道德教育迥然不同，更不是灌输某种思想的宣传工具。艺术的教育功能是以审美价值为基础的，具有美学的意义和艺术的魅力。在艺术创作中，艺术家化"善"为"美"，使艺术教育具有自己鲜明的特点。这种教育是使受教育者通过审美体验进而净化心灵。达到人格的完善。艺术鉴赏教育同时也具有娱乐功能，艺术的作用和功能是一个有机整体，通过"寓教于乐"来感染人，将艺术思想性寓于审美娱乐性之中。通过艺术欣赏教育，陶冶和净化人的情感，来培养美好和谐的情感和心灵，从而实现人格的建构。

5. 中外古代主要艺术成就

(1)绘画

①中国主要代表人物及作品

顾恺之,字长康,小字虎头,晋陵无锡(今江苏)人。擅画人像、佛像、禽兽、山水等,有"才绝、画绝、痴绝"之称,与陆探微、张僧繇并称"画界三杰"。其绘画的传世摹本有《女史箴图》卷、《洛神赋图》卷、《列女仁智图》卷等几种,以《洛神赋图》数量最多。此外,他所提出的"迁想妙得""以形写神"等艺术观点对后世影响极大。

阎立本《步辇图》《历代帝王图》;吴道子《八十七神仙卷》《天王送子图》;周昉《簪花仕女图》。

张择端,字正道,东武(今属山东)人。故宫博物院所藏《清明上河图》是其传世名作。

元四家(黄公望、王蒙、倪瓒、吴镇);赵孟頫代表作《秋郊饮马图》。元代画家黄公望的《富春山居图》是中国十大传世名画之一。这幅画于清代顺治年间曾遭火焚,断为两段,前半段重新定名为《剩山图》,现藏于浙江省博物馆;后半卷《富春山居图》世称《无用师卷》,现藏台北故宫博物院。

王渊,字若水,号澹轩,钱塘(今杭州)人,善画山水、人物,尤精花鸟竹石。其传世作品主要有:故宫博物院藏《山桃锦鸡图》《墨牡丹图》,山西省博物馆藏《花鸟》轴,上海博物馆藏《花竹禽雀图》轴,台北故宫博物院藏《桃竹春禽图》轴等。

郑燮,字克柔,号板桥,江苏兴化人。乾隆元年(1736年)进士。为官清正,性格旷达。有"狂""怪"之誉,为"扬州八怪"(罗聘、李方膺、李鱓、金农、黄慎、郑燮、高翔和汪士慎)之一。书画皆善,画中以兰竹之作最负盛名。其作品有《兰竹荆石图》轴等。

齐白石,原名纯芝,后名璜,字渭清,又字兰亭,号濒生,别号白石山人、寄园、寄萍、寄萍堂主人、老萍、萍翁、寄幻仙奴等。湖南湘潭人,擅绘画、篆刻和书法,也攻诗词。绘画以花鸟见长。曾任中央美术学院名誉教授、中国美术家协会主席。20世纪中国画艺术大师,20世纪十大书法家、画家之一,世界文化名人。代表作品有《虾》《蟹》《牡丹》《牵牛花》《蛙声十里出山泉》等。

张大千,法号大千,四川内江人,从小即在母亲指导下学习花鸟画与书法。在技法上以泼彩、泼墨相结合的手段,为中国画的用色、用墨开辟了新途径。他是20世纪中国画坛最为传奇的国画大师。代表作有《振衣千仞冈》《来人吴中三隐》《石涛山水》《梅清山水》《巨然茂林叠嶂图》等。

徐悲鸿，1895年出生，江苏宜兴屺亭镇人，现代画家、美术教育家。代表作品有《八骏图》《愚公移山》等。

傅抱石，江西新余人，原名傅瑞麟，因喜爱清初石涛的画，自号"抱石斋主人"，后遂改名为傅抱石。后得徐悲鸿赏识，赴日留学。新中国成立后任教于南京师范学院美术系，曾任江苏国画院院长、中国美协副主席等职。其作品有《潇潇暮雨》等。

②外国主要代表人物及作品

达·芬奇，全名列奥纳多·达·芬奇，意大利文艺复兴三杰之一，也是整个欧洲文艺复兴时期最完美的代表。他是一位思想深邃、学识渊博、多才多艺的画家、寓言家、雕塑家、发明家、哲学家、音乐家、医学家、生物学家、地理学家、建筑工程师和军事工程师。他的艺术实践和科学探索精神对后世产生了重大而深远的影响，他是人类智慧的象征。

毕加索，西班牙人，自幼有非凡的艺术才能。他的父亲是美术教师，又曾在美术学院接受过比较严格的绘画训练，具有坚实的造型能力。他一生中画法和风格几经变化，分为这样几个时期："蓝色时期""玫瑰红时期""黑人时期"。代表作《亚维农少女》《卡思维勒像》《瓶子、玻璃杯和小提琴》《格尔尼卡》《梦》。

（2）文字和书法

①商朝

甲骨文已经成为比较成熟的文字，用于王室和贵族的占卜活动。我国已出土甲骨15万片，共发现甲骨文4 500余字，目前仅破译了1 500多字。

②西周

金文是铸刻在青铜器上的文字。西周晚期的毛公鼎，腹内铸有铭文499字，是目前已发现的铭文最多的青铜器。

③秦朝

标准字体是小篆，民间流行更简化的隶书。

④东汉

隶书是汉朝主要字体，东汉末年书法成为一种艺术，张芝是东汉著名的草书大家，被后人称为"草书之祖"。

⑤曹魏

钟繇开始把隶书转化为楷书。

⑥东晋

"书圣"王羲之,代表作《兰亭序》《黄庭经》。

⑦唐代

初唐三大家:欧阳询、虞世南、褚遂良;盛唐:颜真卿,"颜体",代表作《多宝塔碑》《颜氏家庙碑》《祭侄文稿》;中晚唐:柳公权,"柳体",代表作《神策军碑》《玄秘塔碑》《冯宿碑》《李晟碑》;张旭和怀素和尚被誉为"草圣"。

⑧宋

宋四家(苏轼、黄庭坚、米芾、蔡襄),宋徽宗赵佶也是位杰出的书法家,以"瘦金体"著称。

⑨元代

赵孟頫与唐朝欧阳询、颜真卿、柳公权并称为"楷书四大家"。

2009年,中国书法、篆刻艺术双双被联合国教科文组织列入"人类非物质文化遗产代表作名录"。

(3)手工艺

中国古代手工艺技术的成就主要体现在青铜器、瓷器、玉器、纺织品等方面。

①青铜器

青铜器在商周时期达到了登峰造极的高度。汉代以后逐渐没落,工艺失传。在河南安阳殷墟、陕西周原、江西、湖南、四川等地出土了大量青铜器国宝。

②陶瓷器

有旧石器时代晚期距今1万多年的灰陶、有8000多年前的磁山文化的红陶、有7000多年的仰韶文化的彩陶、有6000多年的大汶口的"蛋壳黑陶"、有4000多年的商代白陶、有3000多年的西周硬陶,还有秦代的兵马俑、汉代的釉陶、唐代的唐三彩等。唐代"南青北白唐三彩":"南青"指越窑的青瓷,"北白"指邢窑的白瓷,"唐三彩"指洛阳出土的彩陶俑。

宋代"五大名窑":汝窑、官窑、哥窑、钧窑、定窑。

景德镇瓷器:发达于元代,在明代成为全国制瓷中心。景德镇有四大传统名瓷:青花瓷、粉彩瓷、颜色釉瓷和玲珑瓷。

③玉器

距今8000年的红山文化辽宁查海遗址出土大量玉佩、玉饰。内蒙古红山文化遗址出土了大型C型玉龙,被称为"中华第一龙"。距今5500

年—4 300年的浙江良渚遗址发掘出土大量玉器，包括玉琮、玉钺等。经科学家勘别，良渚玉器所用玉为新疆和田玉。而在四川三星堆古蜀国遗址，发掘出土了良渚的玉器，说明在四五千年前中国东西部已经有了经贸交流。

④纺织品

现存最早的家蚕丝织品出土于具有5 000多年历史的良渚遗址。西汉马王堆汉墓出土仅49克薄如蝉翼的素纱禅衣。中国四大名绣：蜀绣、苏绣、湘绣、粤绣。南京云锦、中国蚕桑丝织技艺于2009年成为联合国教科文组织评选的人类非物质文化遗产。

（4）中国古代建筑

中国古建筑的特点：木结构建筑为主，在造型上，人字屋顶和飞檐斗拱体现了最典型的东方风格。保留至今的杰出古代建筑典范如下。

①皇家建筑：故宫、天坛、颐和园、承德避暑山庄、沈阳故宫。

②帝王陵寝：秦始皇陵和兵马俑、乾陵。

③明清皇陵：清东陵、清西陵、明十三陵、南京明孝陵。

④宗教建筑：嵩山古建筑群、武当山古建筑群、五台山古建筑群、布达拉宫。

⑤防御工事：长城、藏羌碉楼。

⑥最为古老的木建筑：唐朝仅存的木结构建筑——五台山古刹佛光寺和南禅寺；千年木塔——山西应县木塔（辽代）；古老的砖石建筑：河北赵州桥、西安大雁塔、大理崇圣寺三塔、开封铁塔。

（5）中国音乐

中国的音乐文化底蕴厚重，不同时期代表人物及其代表作品能够体现中国音乐文化发展的历程。中国历代著名音乐家主要有：

①伯牙，古代传说人物，生于春秋战国时代，相传琴曲《水仙操》《高山流水》是他的作品。

②师旷，春秋时代晋国音乐家，相传《阳春》《白雪》《玄默》是他的作品。

③王玉峰，清末民间盲艺人，创"三弦弹戏"，以能在弦上模仿谭鑫培、龚云甫等京剧名演员唱腔知名。

④华彦钧，现代民间音乐家，人称"瞎子阿炳"。所作《听松》《二泉映月》《寒春风曲》等二胡曲最为曼妙。

⑤聂耳，我国无产阶级革命音乐奠基者，1933年加入中国共产党。作有《义勇军进行曲》《开路先锋》《大路歌》《前进歌》《铁蹄下的歌女》等三十余

首歌曲及歌剧《扬子江暴风雨》。

⑥冼星海，现代作曲家、人民音乐家。作品有大合唱《黄河》《生产》等，歌曲有《到敌人后方去》《在太行山上》等，交响曲《民族解放》《神圣之战》，交响组曲《满江红》等。

⑦张曙，现代作曲家，作品有《保卫国土》《洪波曲》等二百余首。

⑧麦新，现代作曲家，其作品《大刀进行曲》《游击队歌》在群众中广泛流传。

(6)中国戏曲

①京剧

京剧是在北京形成的戏曲剧种之一，至今已有200年的历史。它是在徽戏和汉戏的基础上，吸收了昆曲、秦腔等一些戏曲剧的优点和特长逐渐演变而形成的。2010年11月16日，京剧列入"人类非物质文化遗产代表作名录"。

②昆曲

发源于14、15世纪苏州昆山的曲唱艺术体系，糅合了唱念做表、舞蹈及武术的表演艺术。现在一般亦指代其舞台形式昆剧。昆曲以鼓、板控制演唱节奏，以曲笛、三弦等为主要伴奏乐器，主要以中州官话为唱说语言。昆曲在2001年被联合国教科文组织列为"人类口述和非物质遗产代表作"。

③越剧

中国五大戏曲剧种之一，中国第二大剧种。越剧长于抒情，以唱为主，声音优美动听，表演真切动人，唯美典雅，极具江南灵秀之气；多以"才子佳人"题材的戏为主，艺术流派纷呈。主要流行于上海、浙江、江苏、福建等广大江南地区，以及一些北方地区。2006年5月20日经国务院批准列入第一批国家级非物质文化遗产名录。

④豫剧

豫剧，是在河南梆子的基础上，不断进行继承、改革和创新发展起来的。新中国成立后因河南简称"豫"，所以称豫剧。豫剧在安徽北部地区称梆剧，山东、江苏的部分地区仍称河南梆子戏。豫剧的流行区域主要在黄河、淮河流域，是我国最大的地方剧种。

⑤粤剧

粤剧，汉族地方戏曲，原称大戏或者广东大戏，源自南戏，自1522—1566年开始在广东、广西出现，是糅合唱念做打、乐师配乐、戏台服饰、抽象形体等为一体的表演艺术。粤剧每一个行当都有各自独特的服饰打扮。最初演出的语言是中原音韵，又称为戏棚官话。到了清朝末期，知识分子为了方便宣扬革命而把演唱语言改为粤语广州话，使广东人更容易明白。粤剧名列于 2006 年 5 月 20 日公布的第一批 518 项国家级非物质文化遗产名录之内。2009 年 9 月 30 日，粤剧获联合国教科文组织肯定，列入"人类非物质文化遗产名录"。

⑥黄梅戏

旧称黄梅调或采茶戏，与京剧、越剧、评剧、豫剧并称中国五大剧种。黄梅戏唱腔淳朴流畅，以明快抒情见长，具有丰富的表现力；黄梅戏的表演质朴细致，以真实活泼著称。2006 年 5 月 20 日经国务院批准列入第一批国家级非物质文化遗产名录。

⑦评剧

评剧是流传于我国北方的一个戏曲剧种。全国五大戏曲剧种之一。20 世纪 30 年代以后，在京剧、河北梆子等剧种影响下，评剧在表演上日趋成熟，出现了李金顺、刘翠霞、白玉霜、喜彩莲、爱莲君等流派。1950 年以后，以《小女婿》《刘巧儿》《花为媒》《杨三姐告状》《秦香莲》等剧目在全国产生很大影响，出现新凤霞、小白玉霜、魏荣元等著名演员。

(7) 中国电影

中国电影诞生于 1905 年，北京丰泰照相馆创办人任景丰拍摄了由谭鑫培主演的《定军山》片断，这是中国人自己摄制的第一部影片。

中国第一部电影是戏曲片京剧《定军山》，内有《请缨》《舞刀》等片断，清光绪三十一年（1905 年），由北京丰泰照相馆摄制。无声片，长约半小时。中国第一部故事片是《难夫难妻》，1913 年在上海拍摄，无声片，郑正秋编剧，郑正秋和张石川联合导演。

中国第一部有声电影是《歌女红牡丹》，明星影片公司 1931 年摄制。

中国第一部获得国际大奖的影片是 20 世纪 30 年代由蔡楚生导演的《渔光曲》，它在 1935 年莫斯科国际电影节上获"荣誉奖"。

中国第一部彩色电影是 1948 年拍摄于上海的戏曲片《生死恨》，由华艺影片公司出品。费穆导演，主演梅兰芳，著名摄影师黄绍芬为摄影指导，李生伟任摄影师。

新中国成立后第一部故事片是《桥》，编剧于敏，导演王滨，东北电影制片厂 1949 年摄制。

中国第一部彩色故事片是 1957 年拍的《祝福》（鲁迅著，夏衍改编，桑弧导演)，北京电视制片厂摄制。

中国第一部彩色宽银幕故事片是 1959 年拍的《老兵新传》，编剧李准，导演沈浮，上海海燕电影制片厂摄制。

中国第一部彩色立体宽银幕故事片是 1962 年拍的《魔术师的奇遇》，编剧：王栋、陈恭敏、桑弧，导演桑弧，上海天马电影制片厂摄制。

中国第一部彩色舞台纪录片是 1954 年拍的《梁山伯与祝英台》，编剧：徐进、桑弧，导演桑弧，上海电影制片厂摄制。

中国第一部遮幅式宽银幕故事片是 1977 年拍的《青春》，李云官、王炼编剧，谢晋导演。

新中国成立后的第一部译制片是《团的儿子》，原译名《小英雄》，杨范、陈涓翻译，周彦译制导演，上海电影制片厂 1950 年译制。

中国与外国合拍的第一部彩色故事片是 1958 年由北京电影制片厂与法国加朗斯公司合摄的《风筝》，导演王家乙、罗歇·比果。

第三节　教师的科学素养

一、科学及科学素养的含义

(一)科学

科学一词来源于拉丁文"scientia"，意指"知识""学问"。1893 年康有为引进并使用"科学"一词，随后，严复在翻译《天演论》和《原富》时，也使用"科学"这个词语。此后，"科学"便在中国广泛运用。苏联《大百科全书》中说："科学是对现实世界规律的不断深入认识的过程。"《中国大百科全书》把科学定义为"关于自然、社会和思维的知识体系"。

现代意义上的"科学"，具有多重含义：①科学是对客观事实和规律的理性认识；②科学是知识体系；③科学是一项社会实践活动。

科学分为自然科学和社会科学。

(二)科学素养

对科学素养这个概念，国内外学者有不同看法。《美国国家科学教育标准》认为："所谓有科学素养是指深谙进行个人决策，参与公民事务和文化事务，从事经济生产所需的科学概念和科学过程。有科学素养还包括一些特定门类的能力。"我国《科学课程标准》(教育部基础教育课程教材发展中心，2001）中，科学教育包括四个方面：科学探究（过程、方法与能力），科学知识与技能，科学态度、情感与价值观，科学、技术与社会的关系。

2006 年国务院《全民科学素质行动计划纲要》中提出："公民具备基本科学素质一般指了解必要的科学技术知识，掌握基本的科学方法，树立科学思想，崇尚科学精神，并具有一定的应用它们处理实际问题、参与公共事务的能力。"

概括起来，科学素养主要指必要的科学知识、科学的思维方式、对科学的理解、科学的态度与价值观，以及运用科学知识和方法解决问题的意识和能力。

二、我国中小学教师科学素养的现状分析

2001 年首都师范大学"小学教师科学素养的要求及培养方案研究"课题组，对北京市 42 所小学的 1250 名教师进行了科学素养问卷调查。2003 年南京大学与中央教育科学研究所合作，对 21 个省、市、自治区的 1737 位小学科学教师（主要是城市教师）进行了"小学科学教师科学素养"的问卷调查。2006 年辽宁省鞍山市铁东区青少年活动中心刘谦对鞍山市九所参与"全国青少年科技创新能力后备人才培养的师训计划"实验学校的 439 名中小学教师进行关于教师科学素养的问卷调查。

调查结果总的来看，目前中小学教师的科学素养状况总体达不到应有水平，在科学素养方面还存在着以下一些问题。

(一)教学观念和方法陈旧

在课堂教学中，教师的科学教育观念仍然比较淡薄，偏向传授科学知识，较少触及科学态度、科学精神领域。教师过分注重自身专业的发展，忽视其他相关学科知识的学习，没有采用科学的教学方法；过于注重学生智力的开发，忽视知识、技能、方法的协调发展。

(二)科学信息资源利用的局限性

部分教师只注重教科书的使用，认为通过书本、计算机、网络等媒体获取信息已经足够了，缺乏学术交流。现在有很多教师常年没有学术交流机会，也缺少教师与教师之间的交流，有的教师不愿与其他教师分享自己的教学经验。

(三)知识结构不合理

大量教师在知识结构上存在着严重的不科学、不合理现象。学科课程过深、过剩、过专。基础学科方面的知识过于狭窄、陈旧，理科教师缺乏

人文基础，文科教师缺乏科学基础。重学科课程，轻教育理论课程。缺乏现代教育理念，对教育的本质和价值不理解。

(四)教师个人因素对科学素养的影响较大

学历、执教专业对教师科学素养的水平影响最大。其余因素：年龄、教龄、性别、职级，影响依次递减。这说明提高教师的科学素养关键在自身。

(五)科学素养水平在各个维度上的差异较大

教师在科学知识方面的平均得分情况较好，但在科学方法、科学性质方面的得分较低。

(六)科学素养对教学的影响

科学教育的目标必须通过教学过程才能实现。虽然教师已接受新课程改革理念，如鼓励学生自主探究、积极参与，强调学生之间的合作及情感态度价值观方面的教育。但运用在实际教学中时，大多数教师仍然采取竞争、竞赛、限制时间完成探究实验的做法。大多数教师误把学生的想象当作科学探究。

(七)教师的创新意识和科研能力薄弱

在教育、教学活动中创新意识薄弱，科研能力缺乏，不能通过总结教育教学经验、教育实验、专题研究来展示教育教学规律的能力。有87%以上的教师未达到每年发表一篇论文的指标，对"我具有对新的教育思想和方法的探索和创造能力"表示否定或模糊。

三、提高教师科学素养的途径和方法

提高教师科学素养是基础教育改革对教师的一项新要求，现阶段我国教师科学素养普遍较低。要提高教师的科学素养，必须采取多种措施，从科学知识、科学品质、科学意识、科学方法和科学能力等方面提高教师的科学素养。

(一)树立终身学习观念，拓展科学知识体系

素质教育及中小学课程改革的目标要求教育工作的重心不再是教给学生固有的知识，而是转向塑造学习者新型的人格。学校教育的根本任务在于使学习者学会如何学习，学会如何工作，学会如何合作，学会如何生存。因此，教师要不断更新自己的科学知识与科学观念。只有树立终身学习观念，及时汲取当代最新知识、最新教育科研成果，才能在教育教学中游刃有余。

1. 教师要有终身学习的思想和能力

中小学教师应该牢牢树立终身教育的思想。必须具备自我发展、自我完善的能力，不断地提高自我素质，不断地接受新知识和新技术，不断更新自己的教育观念、专业知识和能力结构，以使自己的教育观念、知识体系和教学方法跟上时代的变化，提高对教育和学科最新发展的了解。终身学习的能力既是社会发展对人的要求，也是教育变革对教师科学素养提出的要求。

2. 培养学生终身学习的意识和能力

中小学教育重要的是要学生学会学习，掌握学习的方法，树立终身学习的理念。普通中小学教育是打基础的教育，这种基础就包括了终身教育意识和能力的基础。终身教育是一种教育理念，体现这种理念的教育体系就是终身教育体系。

科学素养的体现要以科学知识为基础，科学知识是培养和形成其他要素的载体。教师必须通过终身教育不断扩充科学知识的学习渠道，拓展科学知识体系。同时，教育的任务和教师的职责要求教师必须用自己终身教育的观念影响学生，使学生形成终身学习的意识，学会自我学习的能力。

(二)关注科学发展，更新科学知识

当代科学发展迅猛，技术创新的速度不断加快，深刻改变着经济和社会的面貌。多学科交叉，数学等基础科学向各领域的渗透，先进技术和手段的运用等，是当代科学发展的主要特征。随着科技的发展，前沿科学的内容也是动态发展的。因此，教师不能倚老卖老、一劳永逸，停滞不前；学历、教龄不再是唯一的资本，要与时俱进，跟上时代科技发展的步伐。并把这些前沿的信息与教学实践结合，这样才能实现教育教学的目标，培养出新时代合格的人才。

教师了解前沿科学和技术的途径，就是通过网络、刊物、书籍等多种渠道，不断学习，更新自己的知识体系，并把新的知识充实到教学内容中，新的科技手段运用到教学中。激发学生的学习兴趣、提高师生科学素养。

(三)开展教育科研，提高科学能力

教育科研是研究教育现象及其本质规律的活动。教育科研是理论和实践相结合的过程，是从已知探索未知的过程。教师参加科研活动本身就是学习提高的过程，教师参加科研活动的过程中，能有效地提高自己的科学素质。这是因为：要搞科研，就要自觉发现问题，学习、了解相关的理论进行选题；就要查阅资料，了解已有的研究成果；就要选择合适的、科学的方法开展研究，获得事实资料；就要进行分析思考，把搜集的材料进行加工制作；就要实施研究方案，在实践中检查方案的真理性。教师通过把自己的教育科研成果发表与同行交流，掌握大量信息，从各种不同的意见的比较中，认真思考，摄取有价值的观点，进而促进现实问题的解决。

开展教育科研活动不仅可以提高教师的科学意识、科学研究能力、分析思考综合能力、文字表达能力、创新能力，还可以促进教师的教育思想水平和教育行为水平的提高，促进教师从知识型向创造型、从经验型向研究型的转变，进而促进教师科学素养的提高。

四、中外科技发展史上重要代表人物及其主要成就

(一)中国科技史上的主要代表人物及其主要成就

1. 中国古代科技史上的主要代表人物及主要成就

(1)《春秋》记载，公元前613年，"有星孛入于北斗"，这是世界上公认的首次关于哈雷彗星的确切记录。

战国时期，出现了世界上最早的天文学著作《甘石星经》，其中有丰富的天文记载。

(2)《墨经》中有大量的物理学知识，其中包括杠杆原理和浮力理论的叙述，还有声学和光学的记载，尤其是关于光影关系、小孔成像等，写得很系统，被现代科学家称为"墨经八条"。

(3)战国时期名医扁鹊，被后人奉为"脉学之宗"，他采用的望、闻、问、切四诊法，成为我国中医的传统诊病法，两千多年来一直为中医所沿用。

(4)西汉关于太阳黑子的记录，被世界公认为是有关太阳黑子的最早记录。

(5)东汉科学家张衡，从日、月、地球所处的不同位置，对月食做了最早的科学解释。张衡发明制作的地动仪，可以遥测到千里之外地震发生的方向，比欧洲人制作地动仪早一千七百多年。

(6)成书于东汉的《九章算术》是当时世界上最先进的应用数学，它的出现标志中国古代数学形成了完整的体系。

(7)战国问世、西汉编订的《黄帝内经》，是我国现存较早的重要医学文献，奠定了我国医学的理论基础。

(8)东汉的《神农本草经》，是我国第一部完整的药物学著作。

(9)东汉的华佗擅长外科手术，被人誉为"神医"，他发明的麻沸散，可以大大减轻病人的痛苦，这一发明比西方早一千六百多年。

(10)东汉的张仲景，著有《伤寒杂病论》，后人称张仲景为"医圣"。

(11)我国是世界上最早发明纸的国家。西汉前期已经有了纸。105年，东汉蔡伦改进了造纸术，人称"蔡侯纸"。

(12)南朝的祖冲之精确地算出圆周率是在 3.1415926 至 3.1415927 之间，这一成果比外国早近一千年。他著有《缀术》，对数学的发展做出了杰出的贡献。

(13)北朝贾思勰所著的《齐民要术》，系统地总结了公元 6 世纪以前黄河中下游地区农牧业生产经验、食品加工与储藏、野生植物的利用等，是中国现存最早最完整的农书。

(14)西晋裴秀是中国古代杰出的地图学家，他绘制出了《禹贡地域图》，还提出了绘制地图的原则。

(15)北魏郦道元所著的《水经注》，全面而系统地介绍了水道所流经地区的自然地理和经济地理等诸方面的内容，是一部历史、地理、文学价值都很高的综合性地理著作。

(16)公元 7 世纪，中国发明了火药，并逐渐将其广泛用于军事，用来制作火器。南宋时发明了管形火器"突火枪"，这开创了人类作战史的新阶段。

(17)唐朝杰出的天文学家僧一行制订的《大衍历》，比较准确地反映了太阳运行的规律。僧一行还是世界上用科学方法实测地球子午线长度的创始人。

(18)唐朝杰出医学家孙思邈所著的《千金方》，全面总结历代和当时医药学成果，并有许多创见，在我国医药学史上占有重要地位。

(19)吐蕃名医元丹贡布编著的《四部医典》，在国内外有重要影响。

(20)唐高宗时编修的《唐本草》，是世界上最早的、由国家颁行的药典。

(21)隋朝工匠李春设计的赵州桥，是一座石拱桥，"奇巧固护，甲于天下"，在世界桥梁史上占有重要地位。

(22)北宋平民毕昇发明了活字印刷术，欧洲人用活字排版印刷比毕昇晚了四个多世纪。

(23)指南针在宋代航海交通上已普遍使用，指南针用于航海，对世界经济文化的交流和发展起了巨大的推动作用。

(24)北宋李诚编写的《营造法式》是我国建筑史上的杰出著作。

(25)北宋科学家沈括所著的《梦溪笔谈》一书，总结了我国古代尤其是北宋时期的许多科技成就，在我国和世界科技史上有重要地位。英国学者李约瑟称沈括是"中国科学史中最卓越的人物"，《梦溪笔谈》是"中国科学史的里程碑"。

(26)元朝杰出的天文学家郭守敬主持编订的《授时历》，一年的周期与现行公历基本相同，但问世比现行公历早 300 多年。

(27)明朝李时珍的《本草纲目》，全面总结了 16 世纪以前的中国医药学，被誉为"东方医药巨典"。

(28)明朝徐光启的《农政全书》，综合介绍了我国传统农学成就，建立了一个比较完整的农学体系。书中还将他与西方传教士合译的《泰西水法》一书的内容引入，介绍了欧洲先进的水利技术和工具。

(29)明朝徐霞客的《徐霞客游记》是一部地理学巨著，书中对石灰岩溶蚀地貌的观察和技术，早于欧洲约两个世纪。

(30)明朝宋应星著述的《天工开物》，总结了明代农业、手工业的生产技术，国外称之为"中国 17 世纪的工艺百科全书"。

2. 中国现当代科技史上的代表人物及主要成就

(1)钱学森，著名科学家、物理学家。我国近代力学事业的奠基人之一。在空气动力学、航空工程、喷气推进、工程控制论、物理力学等技术科学领域做出许多开创性贡献，是中国"两弹一星"功勋奖章获得者之一。

(2)钱三强，核物理学家，中国科学院院士，在"核裂变"方面成绩突出，是许多交叉学科和横断性学科的倡导者，为中国原子能科学事业的创立和"两弹"研究做出了重要贡献。

(3)邓稼先，物理学家，在核物理、理论物理、中子物理、等离子体物理、统计物理和流体力学等方面取得了突出成就，被称为"中国原子弹之父"。

(4)周培源，著名力学家、理论物理学家、教育家和社会活动家，我国近代力学事业的奠基人之一。周培源在学术上的成就，主要为物理学基础理论的两个重要方面，即爱因斯坦广义相对论中的引力论和流体力学中的湍流理论的研究，奠定了湍流模式理论的基础；研究并初步证实了广义相对论引力论中"坐标有关"的重要论点。

(5)钱伟长，著名力学家、应用数学家、教育家和社会活动家，我国近代力学的奠基人之一。擅长应用数学、物理学、中文信息学，著述甚丰，特别在弹性力学、变分原理、摄动方法等领域有重要成就。

（6）吴有训，物理学家，中国近代物理学奠基人，教育家，为康普顿效应的确立做出了重要贡献。

（7）严济慈，物理学家、教育家，中国光学研究仪器研制工作的奠基人，也是现代物理研究奠基者之一。

（8）华罗庚，世界著名数学家，是中国解析数论、矩阵几何学、典型群、自安函数论等多方面研究的创始人和开拓者。

（9）陈景润，在研究哥德巴赫猜想和其他数论问题上的成就极高，证明了哥德巴赫猜想中"1＋2"这个难题，被誉为哥德巴赫猜想第一人。

（10）李四光，古生物学家、地层学家、大地构造学家、第四纪冰川学家，中国地质力学的创始人。化石新分类标准的提出、中国南方震旦纪与北方石炭纪地层系统的建立、中国东部第四纪冰川的发现与研究是他对地质科学的重大贡献。他为中国甩掉了"贫油"帽子，对中国原子弹和氢弹的研制成功有重大贡献。

（11）竺可桢，地理学家、气象学家、中国现代气象学和地理学的一代宗师，是我国物候学研究的创始者、推动者。

（12）侯德榜，著名科学家，杰出的化工专家，我国重化学工业的开拓者。主要成就有：揭开了苏尔维法的秘密；创立了中国人自己的制碱工艺——侯氏制碱法；为发展小化肥工业做出了重大贡献。

（13）袁隆平，农学家、杂交水稻育种专家，中国研究杂交水稻的创始人，世界上成功利用水稻杂交优势的第一人。他于1981年荣获我国第一个国家特等发明奖，被国际上誉为"杂交水稻之父"。

（14）丁颖，著名的农业科学家、教育家、水稻专家，中国现代稻作科学主要奠基人。

（15）梁希，林学家，提出全面发展林业的经营方向，创立了中国林产制造化学的学科。

（16）汤飞凡，微生物学家，世界上第一个分离出沙眼病毒的人，沙眼病毒被称为"汤氏病毒"。

（17）詹天佑，中国近代铁路工程专家。主持修建了我国自建的第一条铁路——京张铁路；创造了"竖井施工法"和"人"字形线路。

（18）茅以升，著名桥梁专家、土木工程学家、桥梁专家、工程教育家，主持修建中国第一座现代化桥梁——钱塘江大桥；中国土力学学科的创始人和倡导者。

(19)童第周，生物学家，中国实验胚胎学的创始人。

(20)张钰哲，中国现代天文学家，"中华"小行星的发现者。

(21)梁思成，中国著名的建筑学家和建筑教育家。毕生从事中国古代建筑的研究和建筑教育事业。系统地调查、整理、研究了中国古代建筑的历史和理论，是这一学科的开拓者和奠基者。曾参加人民英雄纪念碑等设计，是新中国首都城市规划工作的推动者，新中国成立以来几项重大设计方案的主持者。新中国国旗、国徽评选委员会的顾问。

(二)外国科技史上的主要代表人物及其主要成就

1. 阿基米德

阿基米德(公元前 287—前 212)，伟大的古希腊哲学家、百科式科学家、数学家、物理学家、力学家，静态力学和流体静力学的奠基人，主要成就为推出了几何体的表面积和体积的计算方法。并且享有"力学之父"的美称，阿基米德和高斯、牛顿并列为世界三大数学家。阿基米德曾说过："给我一个支点，我就能撬起整个地球。"

2. 伽利略

意大利的著名物理学家。给出了匀变速运动的定义，推断并检验得出，无论物体轻重如何，其自由下落的快慢是相同的；通过斜面实验，推断出物体如不受外力作用将维持匀速直线运动的结论。

3. 开普勒

约翰尼斯·开普勒(德语：Johannes Kepler，1571—1630)德国天文学家、数学家。开普勒是 17 世纪科学革命的关键人物。他最为人知的成就为开普勒定律，这是稍后天文学家根据他的著作《新天文学》《世界的和谐》《哥白尼天文学概要》萃取而成的三条定律。

4. 牛顿

牛顿(1643—1727)发现了牛顿定律及万有引力定律，奠定了以牛顿定律为基础的经典力学。是一位英国物理学家、数学家、天文学家、自然哲学家，著有《自然哲学的数学原理》《光学》《二项式定理》和《微积分》。

5. 欧几里得

古希腊数学家，他活跃于托勒密一世(公元前 364—前 283 年)时期的亚历山大里亚。欧几里得被称为"几何之父"，数学巨著《几何原本》的作者，亦是世界上最伟大的数学家之一。

6. 希波克拉底

希波克拉底(约公元前 460—前 377)，被西方尊为"医学之父"的古希腊著名医生，欧洲医学奠基人，古希腊医师，西方医学奠基人。提出"体液（humors）学说"，他的医学观点对以后西方医学的发展有巨大影响。卒于公元前 377 年，享年八十三岁。

7. 卡文迪许

卡文迪许是英国物理学家，巧妙地利用扭秤装置测出了万有引力常量 G。

8. 哥白尼

尼古拉·哥白尼（1473—1543）是 15—16 世纪的波兰天文学家、数学家、教会法博士、牧师。日心说的创立者，近代天文学的奠基人。

9. 布鲁诺

乔尔丹诺·布鲁诺（Giordano Bruno，1548—1600），意大利思想家、自然科学家、哲学家和文学家。他勇敢地捍卫和发展了哥白尼的太阳中心说，并把它传遍欧洲，被世人誉为是反教会、反经院哲学的无畏战士，是捍卫真理的殉道者。

10. 瓦特

詹姆斯·瓦特（James Watt，1736—1819）是英国著名的发明家，是第一次工业革命时的重要人物。1776 年制造出第一台有实用价值的蒸汽机。以后又经过一系列重大改进，使之成为"万能的原动机"，在工业上得到广泛应用。他开辟了人类利用能源新时代，标志着工业革命的开始。后人为了纪念这位伟大的发明家，把功率的单位定为"瓦特"（简称"瓦"，符号 W）。

11. 达尔文

查尔斯·罗伯特·达尔文是英国生物学家、进化论的奠基人。出版《物种起源》，提出了生物进化论学说，从而摧毁了各种唯心的神造论以及物种不变论。除了生物学外，他的理论对人类学、心理学、哲学的发展都有不容忽视的影响。恩格斯将"进化论"列为 19 世纪自然科学的三大发现之一（其他两个是细胞学说、能量守恒转化定律），对人类有杰出的贡献。

12. 爱迪生

爱迪生是人类历史上第一个利用大量生产原则和电气工程研究的实验室来进行从事发明专利而对世界产生重大深远影响的人。他发明的留声机、电影摄影机、电灯对世界有极大影响。他的发明共有两千多项，在美国拥有 1328 项专利。

13. 爱因斯坦

阿尔伯特·爱因斯坦(1879—1955)是犹太裔物理学家。他于 1879 年出生于德国乌尔姆市的一个犹太人家庭(父母均为犹太人),1900 年毕业于苏黎世联邦理工学院,入瑞士国籍。1905 年,获苏黎世大学哲学博士学位,爱因斯坦提出光子假设,成功解释了光电效应,因此获得 1921 年诺贝尔物理奖。同年,创立狭义相对论,1915 年创立广义相对论。

思考与练习

1. 什么是文化素养?

2. 为什么要提高中小学教师的文化素养?

3. 提高教师文化素养的途径和方法有哪些?

4. 教师的人文素养指的是哪些素养?

5. 什么是艺术鉴赏素养?如何在教学中运用艺术鉴赏的规律?

6. 科学素养的含义是什么?我国中小学教师的科学素养存在哪些问题?

7. 提高教师科学素养的途径和方法?

实践练习

选择阅读一部中外文学名著,分析作者的写作风格、人物性格等特点。写一篇内容赏析。不少于 1 000 字。

第七章　教师的基本能力

引言

随着文明的突进、科学文化发展的日新月异和新课程改革的不断深入，现代教育对教师的专业化发展提出了越来越高的要求，如何更新教师的教育理念和知识，丰富教师的专业素养，提高教师的专业能力，从而促进教师专业化发展以适应现代化教育发展的诉求，已成为各级教育主管部门和各基层学校急需解决的问题。

为了提高我国中小学教师教育技术能力水平，促进教师专业能力发展，2004 年 12 月 25 日，国家教育部正式颁布了《中小学教师教育技术能力标准》。这是我国中小学教师的第一个专业能力标准。它的颁布与实施是我国教师教育领域一件里程碑性的大事，将对我国教师教育的改革与发展产生深远影响。本标准适用于中小学教学人员、中小学管理人员、中小学技术支持人员教育技术能力的培训与考核。

学习目标

1. 理解并识记信息素养的含义和特征。
2. 理解并掌握中小学教师应具备的信息素养。
3. 掌握常用的信息检索与处理能力。
4. 了解网络信息交流的特点，掌握网络信息交流的常用方式。
5. 了解多媒体可见制作的基本知识，学会运用常用的课件制作工具制作多媒体课件。
6. 理解并掌握逻辑思维的基础知识，认识逻辑思维能力的重要性。
7. 了解阅读和写作能力的基本知识，掌握提高阅读和写作能力的途径和方法。

根据对《中小学教师教育技术能力标准》的理解和当前中小学教育教学活动的实际特点和需要，当前中小学教师除具备基本的教育教学和班级管理能力外，还应具备信息能力、教育科研能力、逻辑思维能力、阅读理解和写作能力。

第一节　信息能力

一、信息素养的含义与特征

(一)含义

"信息素养(Information Literacy)"的本质是全球信息化需要人们具备的一种基本能力。信息素养这一概念是信息产业协会主席保罗·泽考斯基于 1974 年在美国提出的。简单的定义来自 1989 年美国图书馆学会(American Library Association，ALA)，它包括：能够判断什么时候需要信息，并且懂得如何去获取信息，如何去评价和有效利用所需的信息。

我国信息素养研究者对于信息素养概念的理解有三个方面。

1. 对信息有效的检索、评价和使用。

2. 对信息进行批判性的思考，并将有用信息转变成自己思想的一部分。

3. 具有对信息主动鉴别、有区别的对待信息的能力。

信息素养的核心是"对信息有效的检索、分析和运用"。

(二)特征

在信息社会中，物质世界正在隐退到信息世界的背后，各类信息组成人类的基本生存环境，影响着芸芸众生的日常生活方式，因而构成了人们日常经验的重要组成部分。虽然信息素养在不同层次的人们身上体现的侧重面不一样，但概括起来，它主要具有五大特征。

1. 捕捉信息的敏锐性。

2. 筛选信息的果断性。

3. 评估信息的准确性。

4. 交流信息的自如性。

5. 应用信息的独创性。

二、中小学教师应具备的信息素养

信息素养是信息时代对创新型人才的基本要求，全面提高学生的信息素养是新时期教育改革的重要目标。学生信息素养的培养要以教师的信息素养为基础，因而，教育部在《关于推进教师教育信息化建设的意见》中指出："教师教育必须加快信息化进程，加大信息化建设力度，为全面提高中小学教师的信息素养奠定坚实的基础。"由于其职业的特殊性要求，教师不仅应具备基本的信息素养，还必须具有从事教育教学工作的教育信息素养。

信息处理能力又称为信息选择与加工能力，通常包括：文献检索能力，使用工具书的能力，网络资源的开发利用、多媒体课件制作与运用能力等。这些应是现代教师必备的信息处理能力。当今社会，科学技术的迅速发展，知识更新的日新月异，教师肩负着传承文化、服务社会、培育人才的重任，必须具备良好的信息选择与加工、处理能力，以利于更好地完成教育教学任务。

中小学教师应具备的信息素养概括起来有三个方面：运用信息检索工具获取信息的能力；对所获得的信息进行分析处理的能力；对经过分析处理后的信息加以运用的能力。这些素养通过教育教学活动中的以下三种能力体现出来。

(一)信息检索与处理能力

1. 信息检索能力及分类

信息检索是指将信息按一定的方式组织起来，并根据信息用户的需要找出有关的信息的过程和技术。信息检索与文献密切相关，又叫文献检索。

信息检索能力包括：传统信息检索的能力（工具书检索能力）；运用现代信息技术检索的能力（网络检索能力）。

2. 工具书检索能力

(1)工具书及分类

所谓工具书，顾名思义，是指在学习或工作时可以作为工具使用的特定类型的图书。倘若一定要给它下一个定义，可简略地这样说：凡是按照一定的目的收集某些资料并按一定的方法编排起来供人查考的图书，即可称之为工具书。

常用的工具书一般有以下几种。

①百科全书：《中国小学生百科全书》《中国大百科全书》等。

②年鉴：《中国教育年鉴》《教育统计年鉴》等。

③手册：《小学语文教师手册》《小学英语教师手册》等。

④字典、词典(辞典)：《教育大辞典》《汉语大辞典》等。

⑤名录：《期刊名录》《中国图书馆名录》等。

⑥图录：地图、历史图谱、文物图录、人物图录、科技图谱等。

⑦表谱：《中国文化史年表》《中外历史年表》《达尔文年谱》《孙中山年谱》等。

⑧其他类书、政书。

(2)工具书的结构

一般工具书有序(前言)、凡例、目录、正文、附录和索引几部分构成。索引最为重要，是查阅词典的工具。

(3)工具书排检方法

排检法是指对一定数量的文献或其他信息记录或文献实体按某一标识及规则进行排序，并按同一标识及规则进行查检的组织方法。排检法应用十分广泛，如检索工具的编制和检索系统的建立，工具书的编制，文献的排架，电话簿、电码本、字符集的编制，各种名单的编排，等等。

①中文工具书排检方法

工具书的排检方法，既是工具书的编排方法，也是工具书的检索方法。由于读者对工具书有不同的检索习惯和不同的检索目的，所以在历史上出现了许多工具书的排检方法，主要的字顺排检，包括部首法、笔画笔形法、音序法、号码法、分类法、主题法、时序法、地序法。在这些排检法中，很难说哪一种是完美无缺的，所以一部工具书往往以一种排检法为主，辅以其他方法，增加检索的途径。我们在使用每种工具书时，应当先认真阅读它的凡例、目录等说明文字，了解它使用的是哪种编排方法，只有这样才能迅速准确地查找到自己所需的资料。

②外文工具书的排检方法

西文工具书的排检是使用拉丁字母顺序排列。

其他外国文也根据文字特点有一定的排列方法。

(4)工具书检索的一般程序

①根据需要确定检索范围。

②熟悉和利用现有的对口工具书。

③查阅凡例和熟悉排检法，检索出所需资料。

④摘录和复制资料。

途径：一是卡片摘录，这是针对所需要的资料很少的时候用的；二是复印，这是针对所需要的资料很多、长篇大论都可以用的时候用的；三是下载打印，这是针对电子数据或资料而用的；四是剪贴，这是针对自己订阅的报刊和书籍而用的，图书馆和其他公共场所的报刊是绝对不能剪贴的；五是电脑保存，这是针对有自用电脑的人而言的，但必须做好多个备份或保存到多个移动硬盘里，以免因计算机中病毒或重新安装系统或不小心格式化硬盘而造成数据或资料丢失。

（5）整理资料

一般是分类整理：有笔记式、卡片箱式、袋装式等各种形式。

3．网络检索能力

（1）网络信息检索

网络信息可以是文本、图像、图形、动画、声音或其他，超越了纸质文本检索的各种限制，运用各种信息的链接方式，可以在短时间内找到自己所需要的信息。

（2）常用的网络检索工具种类

①网上搜索引擎：代表性的搜索引擎有"百度""搜狗"等。

②网络百科全书：代表性的有"百度百科""中文维基百科""互动百科"等。

③网上数据库。

中国期刊网：收录国内中、英文期刊，涉及理工、农业、医药卫生、经济、政治与法律、文史哲、教育与社科等领域。

万方数据资源系统：以科技信息为主，集经济、金融、社会、人文信息为一体的网络化信息服务。

中文社科报刊篇名数据库：收录的报刊基本覆盖了全国哲学和社会科学的期刊和报纸。

复印报刊资料数据库：涉及马列、社科、哲学、政治、法律、经济、教育、语言、文学、艺术、历史、地理等学科，且有文摘和索引。

中国科学引文数据库、中文社会科学引文索引数据库：收录了中国出版的数、理、化、天、地、生、农林、医药卫生和工程技术领域的中、英文期刊，是一个集多功能为一体的综合性文献数据库。

超星图书馆：是文献数量很大的中文在线数字图书馆，提供大量的电子图书阅读资料，其中包括文学、经济、计算机等五十余大类，数十万册电子图书及数百万篇论文。

（3）网络检索信息的方法

①搜索引擎使用的方法。

按专题检索信息：大多搜索引擎在其首页都提供分类范畴表，有的还分好几级类目，这种方式基本上只需要点鼠标操作，只是在最后一级可能需要输入一个关键词来限定一下检索范围，然后逐级浏览，直到找到与自己的需求有关的信息。

按关键词检索信息：索引式搜索引擎提供对关键词、主题词或自然语言的查询，检索者只需要输入与查询资料相关的词语，即可链接到自己所需的信息。

按地区检索信息：按万维网（www）服务器的结构和它们位于世界上的物理位置进行按地区的链接和查询，链接的常常是按国家、地区继而按机构排序的超文本。

②数据库的检索步骤。

明确搜索的目的和需求；选择合适的搜索引擎；明确关键词范围；构造恰当的检索表达式；检索结果的输出。

4. 信息处理能力

信息处理即根据要解决的问题对信息检索所获得的信息进行加工整理，在教育教学活动中主要指的是根据教育教学问题或教育教学研究的问题对信息的筛选；信息的加工、整理与分类；信息的传递、运用；信息存储与管理等。

信息的处理一般可分为以下三步。

第一步是根据信息资料的性质、内容或特征进行分类。

第二步是进行资料汇编。汇编就是按照研究的目的和要求，对分类后的资料进行汇总和编辑，使之成为能反映研究对象客观情况的系统、完整、集中、简明的材料。

第三步就是进行资料分析。即运用科学的分析方法对所占有的信息资料进行分析，研究特定课题的现象、过程及内外各种联系，找出规律性的东西，构成理论框架。

拓展阅读：

按教育文献的加工程度划分，文献可分为零次文献、一次文献、二次文献和三次文献。

文献的分级并不说明文献价值，它只是说明文献来源的不同层次。从零次文献、一次文献、二次文献到三次文献，是一个由分散到集中、由无序到有序、由博而精的对知识信息进行不同层次的加工过程。

1. 零次文献

也被称为"第一手文献"，是比较原始的素材。这类文献包含两部分内容：一是直接作用于人的感觉器官的情报信息，如人们通过口头交流或参观展览、聆听报告会等获得的有价值资料；二是从未发表和大范围交流的最原始的资料，如学校的规划、工作日志、工作报告、会议记录等。这类文献充分弥补了一般的公开文献从信息的客观形成到公开传播之间费时甚多的弊病。

2. 一次文献

一次文献是作者以本人的实践和科研成果为基本素材而创作出来的文献，又被称为"一级文献"。如教育专著、教育期刊中发表的学术论文、教育研究报告、学位论文等，都属于此类文献。一次文献在整个文献查阅过程中是数量最多的一种，它具有较大的创新性，是文献对比分析的主要依据。其不足在于这类文献信息量大，质量参差不齐，难以系统获得和全面掌握。

3. 二次文献

二次文献是指对一次文献进行加工、提炼和压缩整理（包括著录其文献特征或摘录其内容要点等），并按照一定的逻辑方式编排成系统的、便于查找的工具性文献，又被称为"二级文献"。如索引、目录、文摘、年鉴等，都属于此类文献。二次文献具有明显的汇集性、系统性和可检索性，便于利用，使查找一次文献所花费的时间大大减少。但二次文献中的信息只是对一次文献的加工和重组，并不是新的信息。

4. 三次文献

三次文献是对有关的一次文献和二次文献进行广泛深入的分析研究之后综合概括而成的产物，又被称为"三级文献"。如综述、述评、进展动态报告，以及文献指南、书目指南等，都属于此类文献。因为它是选用大量相关的文献，经过综合、分析、研究而编写出来的文献，所以这类文献可以让查阅者在短时间内充分了解某一课题的研究历史、发展动态、研究水平等，具有较高的实用价值。

（二）网络信息交流能力

随着互联网的迅速发展和教育教学活动的改革，网络交流已成为教师工作的一部分。与领导、专家、同行的交流，与家长的交流，与学生的交流等。这些工作需要教师具备一定的网络交流能力，进而提高工作的效力和效率。

1. 网络信息交流的特点

与面对面交流相比较，网络交流具有以下特点。

（1）打破了时空界限：交流者不受时间和空间的限制，可以自由选择交流的时间和地点。

（2）交流种类的多样性：可以是没有目的的非正式的交流；也可以是目的明确的交流，如学术交流。

（3）主动与被动、单向与多向交流的统一。网络交流打破了主动与被动的界限，克服了单向与多向交流的障碍，使信息交流更积极、高效。

2. 网络信息交流的常用方式

（1）电子邮件：和传统邮件、电话通信方式一样，但是通过网络传递邮件具有即时性，不需要邮递人员传递，不需要漫长的邮递时间。

（2）BBS：电子公告系统，是一种许多人参与的网络论坛系统，在其中可以进行无时间和空间限制的讨论。

（3）腾讯 QQ、MSN、ICQ：即时通信软件，可以即时发送和接受信息，进行语音视频面对面聊天，打破了人们之间进行即时信息交流的空间限制。

（4）Blog：可以记录下个人的经历、感受、认识等，可以让人们分享相关的信息。

（5）微博：信息分享、传播和获取的平台，它以简短的文字更新信息，实现信息分享，速度更快、更便捷。

3. 中小学教师网络信息交流应注意的问题

（1）确保网络信息交流的真实性

网络是一个虚拟空间，一方面网络信息交流是为了教育教学工作，提供的交流信息要真实；另一方面需要对交流者的信息加以识别。

（2）确保网络信息交流的规范性

由于虚拟环境减小了规范的压力，所以要注意缺乏道德自律能力者产生违背社会规范的行为。

(三)课件设计与制作能力

1. 多媒体课件

随着信息技术的迅猛发展，多媒体技术在教育教学领域中的应用越来越广泛。人们利用计算机强大的多媒体功能，从文字、图片、音响、动画、电影等多方面把静态的、枯燥乏味的书本知识转化为生动形象的声音、图像文件。

多媒体教学课件将图、文、声、像等不同形式的媒介载体与计算机技术相融合，成为一个合理的有机体，从而改善人机交互的界面，使学生的各种感官得到刺激，最大限度地吸收信息。教师根据教学内容自行设计制作多媒体教学课件，能更好地满足学生心理上的不同要求，具有更强的实用价值。

2. 一个好的多媒体课件的特征

(1)能充分、合理、恰当利用多种媒体(文字、图像、视音频及动画等)，以弥补传统教学方法与手段的不足。

(2)必须以学生为本，摸透学生的思维方式方法，在课件中尽可能全面地提供可能出现的问题及其相应解决方法；而且课件播放不能是单纯的线形，要有一些人机对话或交互式元素。

(3)新颖的教学思路与结构。

(4)色彩对比要强力、搭配和谐、构图美观、制作有创意。

3. 教学课件设计与制作的步骤

制作课件是一门综合性知识与技能的运用。要经过①选择教学课题，确定教学目标；②研究教材内容，构思设计脚本；③搜集媒体素材，制作合成课件；④试用课件，修改充实完善等一系列操作活动。

4. 课件制作工具

(1)PowerPoint

PowerPoint 是幻灯片制作软件，由于它容易使用，界面友好，因此在设计制作多媒体课件中，应用也很广泛。特点是可以将搜集的素材直接插入幻灯片中，达到整合课件的目的。需要注意的是用它制作含有声音、视频等素材的课件，必须将相关的素材与课件存放在同一文件夹下，否则在其他计算机上播放时会出现没有声音和视频的现象。还有在嵌入 Flash 动画时，需要设置绝对路径，否则在播放时嵌入的部分为空白。

（2）FrontPage

FrontPage 是一个用于制作网页的软件，用它来制作课件可以借用于网站站点的制作，一个站点是一个课件，由一个网页或多个网页组成，其中一个网页相当于 PowerPoint 的一张幻灯片，相当于 Flash 的一个场景。相对容易使用，界面友好，因此在设计制作多媒体课件中，应用也相对广泛。除含有 PowerPoint 的特点外，FrontPage 还可以添加脚本，使课件更加美观。但脚本编写需要专业知识，通常可以借用编好的脚本来修饰。注意事项和 PowerPoint 大致一样。

（3）Authorware

Authorware 是一个图标导向式的多媒体制作工具，通过对图标的调用来编辑一些控制程序走向的活动流程图，将文字、图形、声音、动画、视频等各种多媒体项目数据汇在一起，就可达到多媒体软件制作的目的。优点是可以利用 Authorware 内部的一些原件及功能制作相对简单且无法在 PowerPoint 里实现的动画效果并且支持脚本运行。制作好课件还可以通过打包和发布可以生成可执行（扩展名为 EXE）的文件，不需要 Authorware 软件支持，就可独立播放。

（4）Flash

Flash 是一个相对比较专业的动画制作软件，通过"元件"在"场景"里的"图层"和"帧"的动作来实现动画效果，其原理好比我们拍电影的过程，制作者就是导演，元件就是演员，导演通过安排演员的出场顺序和时间来完成一部作品。用 Flash 制作的作品可以嵌入其他应用软件中去，并可以独立播放。利用 Flash 不但可以制作课件，还可以制作动态网页、电影、游戏等很多带有动画效果的作品。

第二节　教育科研能力

教师的教育科研（教育研究）将在第十章进行详细介绍。

第三节　逻辑思维能力

一、逻辑思维能力是中小学教师的基本职业能力

思维是人脑对客观事物间接的、概括的反映，它包括形象思维和抽象思维。抽象思维是运用概念进行判断、推理的思维活动，这种思维需要遵循逻辑规律，因此，又称作逻辑思维，是人类特有的复杂而高级的思维活动。

逻辑思维能力是指正确、合理思考的能力。即对事物进行观察、比较、分析、综合、抽象、概括、判断、推理的能力，采用科学的逻辑方法，准确而有条理地表达自己思维过程的能力，是智力的核心能力。

素质教育要求教育者以人为本，尊重、关心、理解和信任每一个学生，在向学生传授知识的同时，"授之以渔"，教会他们终身学习的本领。素质教育的内涵决定了它与思维方法有着密切的关系。在教育过程中，"学什么"是关于教学内容的问题，"怎样学"是关于学习方法和思维方法的问题，一般来讲，教学中较为重视"学什么"的问题，而往往不重视或忽略"怎样学"的问题。解决好"学什么"固然重要，然而只注重"学什么"，而忽略"怎样学"，后果也是不堪设想的。也就是说，培养学生掌握和运用科学的思维方法是非常必要的。素质教育的目标重心是能力培养，实现由知识转化为能力的途径就是科学的思维方法。

思维的正确性是教育教学活动的基本要求。只有思维正确才能正确地理解教学内容、选择合理的教学方法；思维能力也是实现教师与学生、同行、领导沟通交流的保障。总之，只有思维灵活、流畅，才能保证教育教学活动有条不紊、高效地进行。因此，中小学教师要了解相关的逻辑知识和逻辑规律，并运用于教育教学实践中。

二、逻辑思维的基础知识

（一）概念

1. 概念及其基本特征

所谓概念就是反映事物（对象）属性和范围的思维形式；是思维形式最基本的组成单位，也是构成命题、推理的要素。

内涵和外延是概念的两个基本逻辑特征。概念的内涵，是指概念所反映的事物的特性或本质。例如，"商品"这个概念的内涵就是"用于交换的劳动产品"。

概念的外延，就是具有概念所反映的特有属性的事物，统称概念的适用范围。例如，"商品"这个概念的外延指具有商品这个概念内涵的、在市场上出售的所有商品。

任何概念都有内涵和外延，概念的内涵规定了概念的外延，概念的外延也影响着概念的内涵。即概念的外延由它的内涵决定，例如"等边三角形"的内涵是由三条等长的直线所围成的平面图形，它的外延是所有那些并且仅仅那些具有这些性质的三角形。

当一个概念的内涵增加了，如"人""活着的人""活着的四十岁以上的人"，每个概念的内涵都比前面的概念的内涵增加，但是可以发现这些概念的外延情况却相反，"活着的人"的外延要比"人"的外延少。即一个概念的内涵越多，那么这个概念的外延就越少；反之，如果一个概念的内涵越少，那么这个概念的外延就越多。

2. 概念外延间的关系

概念外延之间的相互关系归纳起来表现为以下几种情形。

（1）全同关系

全同关系亦称为同一关系。对于任意两个概念 A、B，如果它们的外延完全相同（即所有的 A 是 B，并且所有的 B 是 A）。那么，概念 A 与概念 B 之间就具有全同关系。

（2）真包含（于）关系

真包含关系亦称属种关系。对任意的两个概念 A、B，如果 B 的外延完全在 A 的外延之中，而 A 的外延只有部分与 B 的外延相同（即所有的 B 是 A，而且有的 A 是 B，有的 A 不是 B），就称概念 A 真包含概念 B；概念 B 真包含于概念 A。或称 A 和 B 之间具有属种关系，并且称 A 为属概念，B 为种概念。

（3）交叉关系

对任意的两个概念 A、B，如果 A 的部分外延与 B 的部分外延相同，A 的部分外延与 B 的外延不相同，B 的部分外延与 A 的外延不相同（即有的 A 是 B，有的 A 不是 B，有的 B 是 A，有的 B 不是 A），就称 A 和 B 之间具有交叉关系。

（4）全异关系

对任意的两个概念 A、B，如果 A 的外延与 B 的外延完全不相同（即所有的 A 不是 B，所有的 B 不是 A），就称 A 和 B 之间具有全异关系。

（二）命题

1. 命题

命题是对思维对象有所断定的思维形式。例如，①宪法是国家的根本大法；②语言不是上层建筑。上面两个例子就是两个命题。例①肯定"宪法"具有"国家根本大法"的属性；例②否定"语言"具有"上层建筑"的属性。

思维对象是指作为思维主体的人所思考的一切对象，它既包括客观上存在的事物对象，也包括人类思维的现象。

2. 命题的性质

命题具有两个基本的逻辑性质。

（1）必须对事物的情况有所断定

所谓有所断定是指对思维对象的性质、关系等的肯定或否定。任何一个命题都有其确定的断定内容。在同一思维过程中，它肯定什么就肯定什么，否定什么就否定什么。命题的这个逻辑性质，目的是要消除日常语言的歧义性。从而以具有明确断定内容的判断来加强人们相互之间的沟通。如"这些运动员来自北京"就是一个命题。

（2）必须有真和假的区分

既然命题是对事物情况的断定，它就应该如实地反映事物的本来面目。这样就必然存在所做的断定是否符合客观实际的问题。如果一个判断符合客观实际，那么这个命题就是真的；如果一个判断不符合客观实际，那么这个命题就是假的。如"有些猫是波斯猫"符合客观实际，为真；而"所有的猫都不是波斯猫"不符合客观实际，则为假。而"这个人是个小偷"可能为真也可能为假，需要参照其他的标准来判断，但它也是一个命题。

3. 命题的分类

在思维活动中，人们所要认识的事物是多种多样的，因而反映事物真假情况的命题也是多种多样的。根据不同的划分标准。可以对命题进行不同的分类。

根据命题中是否包含有"必然""可能"等模态词，将命题划分为模态命题和非模态命题。

（1）模态命题

模态命题是包含有"必然""可能"等模态词的命题，反映事物情况必然性的命题为必然命题，而反映事物情况可能性的命题为可能命题。

如"今天必然要下雪"和"宇宙中可能有外星人"都属于模态命题，分别是必然命题和可能命题。

（2）非模态命题

非模态命题则是指不含有模态词的命题。根据是否包含有其他命题，将其划分为简单命题和复合命题。

简单命题是本身不再包含其他命题的命题。如"小王不懂计算机知识"。

复合命题是本身还含有其他命题的命题。它根据逻辑连接词的不同性质分为以下几种。

①联言命题：是断定事物的若干种情况同时存在的命题。如："文艺创作既要讲思想性，又要讲艺术性"就断定了"文艺创作要讲思想性"和"文艺创作要讲艺术性"这两种情况同时存在。在现代汉语中表达联言命题逻辑联结词的通常有："……和……""既……又……""不但……而且……""一方面……另一方面……""虽然……但是……"等。如果取"并且"作为联言命题的典型联结词，用"p""q"等来表示联言支命题，那么联言命题的形式可表示为：p 且 q。

②选言命题：选言命题是断定事物若干种可能情况的命题。如："或者你听错了，或者我说错了"。

③假言命题：是断定事物情况之间条件关系的命题。假言命题中，表示条件的支命题称为假言命题的前件，表示依赖该条件而成立的命题称为假言命题的后件。如："如果银行降低存款利率，那么股票价格就会上升。"

④负命题：通过对原命题断定情况的否定而做出的命题，就叫作负命题。如："并非一切金属都是固体。"

4. 命题的形式

每一命题形式都由逻辑常项和逻辑变项组成。逻辑变项是指命题形式中可变的部分；逻辑常项是指某一命题形式中固定不变的部分。对于简单命题和复合命题来说其形式是不同的。

简单命题。例如"所有金属都是导电的""有些顾客不是会员"等，这类命题可以写成"所有 S 都是 P""有些 S 不是 P"的表达形式，其中，"S"和"P"是逻辑变项，"所有……都是……""有些……不是……"是逻辑常项。

复合命题。例如"如果天下雨，那么地湿""或者你去参加比赛，或者我去参加比赛"等，这类命题可以写成"如果 P，那么 Q""或者 P 或者 Q"，其中，"P""Q"是逻辑变项，"如果……那么……""或者……或者……"是逻辑常项。

逻辑常项是判定一种命题形式的类型的唯一根据，也是区别不同类型的命题形式的唯一根据。无论给逻辑变项代入何种不同的具体内容，命题形式不会改变。

5. 命题的真值

一个命题要么是真的，要么是假的，无所谓真假的语句不表达命题。而符合事实的命题是真的，它就不可能是假的；不符合事实的命题是假的，它就不可能真。因此一个命题不可能既真又假。我们把真假叫作命题的逻辑值，又称作命题的真值（truth-value）。

对简单命题我们是直接以事实为根据来判定其真假。例如"有的动物已经灭绝了"这个命题符合事实，因此为真。

而复合命题则不同。它是由联结词联结命题而构成的。从这个意义上讲，复合命题描述的是支命题之间的逻辑关联，命题之间的逻辑关联就表现为支命题的真假对整个复合命题真假的制约关系。复合命题的真假是由支命题的真假决定的。

逻辑关联是由联结词决定。联结词不同，支命题之间的逻辑关联就不同。支命题的真假对整个复合命题真假的制约情况就不同。把一种形式的复合命题其支命题真假对复合命题真假的制约情况列出来，就得到一张表，把它叫作该种形式复合命题的真值表。

例如，"或者 p，或者 q。"这个选言命题的真值表如下：

p	q	或者 p，或者 q
真	真	真
假	真	真
真	假	真
假	假	假

（三）推理

人们在思维过程中，总是根据已有的知识，反映更为复杂的事物之间的联系，从而扩大认识领域，获得新的知识。这是一种由已知推断未知的思考活动，而反映这种思维活动的思维形式就是推理。

1. 推理及其结构

推理是由一个或几个已知命题推出新命题的思维形式。

每个推理都包含着两部分的命题：一部分是已知的命题，它是推理的根据，叫作推理的前提；另一部分是由此而推导出的命题，叫作推理的结论。逻辑学主要研究推理过程中前提和结论之间的关系。

2. 推理的分类

根据从前提到结论这一推导过程的方向不同，将推理分为演绎推理、归纳推理和类比推理。演绎推理通常被说成是从一般到个别的推理，即根据某种一般性原理和个别性例证，得出关于该个别性例证的新结论。归纳推理通常被说成是从个别到一般的推理，即从一定数量的个别性事实中，抽象、概括出某种一般性原理。但更精确的说法是：演绎推理是必然性推理，即前提真能够确保结论真；归纳推理是或然性推理，前提只对结论提供一定的支持关系，即前提真结论不一定真。

(1)演绎推理

①演绎推理的定义

演绎推理是从一般性原理出发，引申出较特殊性结论的推理。这种推理的推导方向，是由一般到个别。

②演绎推理的特点

演绎推理的前提是一般性原理，演绎所得的结论是蕴含于前提之中的个别、特殊事实，因此，演绎推理是由一般到特殊的推理。

在演绎推理中，前提与结论之间存在着必然的联系。只要前提和推理形式是正确的，结论必定正确。

③演绎推理的一般模式：三段论

大前提——已知的一般原理。

小前提——所研究的特殊情况。

结论——根据一般原理，对特殊情况做出的判断。

(2)归纳推理

①归纳推理的定义

归纳推理是指从一系列个别性的判断出发，引申出一般性结论的推理。这种推理的推导方向，是由个别到一般。

②归纳推理的分类

归纳推理按照其推理的前提中是否考查了一类事物的全部，可以分为完全归纳推理和不完全归纳推理。不完全归纳推理，又分为简单枚举归纳推理和科学归纳推理。此外，还有概率归纳推理和溯因归纳推理。

需要注意的是，归纳推理中的"完全"和"不完全"是相对的。它是就推理前提的数量方面来说的。所谓"完全"是从整体上来对一类对象的全体加以考查；所谓"不完全"则是从局部（部分）上来对一类对象的全体加以推断。因此，它只具有相对的意义。

完全归纳推理：是以某一类对象中的每一个成员都具有（或不具有）某种属性为前提，因而推断出该类对象的全体都具有（或不具有）这种属性的推理。因此，完全归纳推理的前提是个别性的，其结论却是一般性的。

不完全归纳推理：是以某一类对象中的部分对象具有或不具有某种性质。因而推出该类对象的全体具有或不具有这种性质的一般性结论的推理。

不完全归纳推理根据前提中是否考查了事物对象与其属性间的内在联系。可以分为简单枚举归纳推理和科学归纳推理。

③归纳推理的方法：运用归纳推理，必须占有材料，使用观察、实验和调查等收集经验材料的方法。在观察、实验和调查中获得的材料，需要运用比较、归类、分析和综合以及抽象和概括等整理经验材料的方法，进行加工整理，才能形成正确的结论。

a. 比较

比较是确定对象共同点和差异点的方法。认识某一对象，往往把这一对象与其他对象进行对照。以发现其间的相同点和差异点，以便更好地认识事物。在进行比较时必须注意以下两点。

第一，要在同一关系下进行比较。

第二，要在事物的实质方面进行比较。例如比较两个罪犯的罪行大小，必须就他们的犯罪情节、对社会的危害性等实质方面进行比较，通常没有必要就性别、年龄、职业、籍贯等非实质方面进行比较。

b. 归类

归类是根据对象的共同点和差异点，把对象按类区分开来的方法。通过归类，可以使杂乱无章的现象条理化。使大量的事实材料系统化。归类是在比较的基础上进行的。

c. 分析和综合

分析是在思想中把对象分解为各个部分、方面，分别加以考察的方法。如分析一篇文章，可以把它分为不同的部分、段落，再从各段落分出句子，还可从句子中分出词语等。对事物的认识，最初往往是模糊、笼统和表面的印象，要想深入了解事物，必须从其各方面加以分析。分析是把复杂问题化为简单问题，把大而难的问题化为小而易的问题。分析由浅入深，由近及远，先易后难。通过分析，人们能够认识事物的各个部分、方面，但是要了解事物的全貌、整体，就必须在分析的基础上进行综合。

综合是同分析相对立的一种方法。它是指人们在思维过程中将与研究对象有关的片面、分散、众多的各个要素（情况、数据、素材等）进行归纳，从错综复杂的现象中探索它们之间的相互关系，从整体的角度把握事物的本质和规律，通观事物发展的全貌和全过程，获得新的知识、新的结论的一种逻辑思维方法。

综合的一般方法：一是简单综合，对与研究课题有关的信息进行汇集、归纳和整理。二是分析综合，对搜集到的与特定事物有关的信息进行对比、分析和推理的基础上进行综合，以认识事物的本质、全貌和动向，获得新的知识和结论。三是系统综合，从系统论的观点出发，对与研究课题有关的大量信息进行时间与空间、纵向与横向等方面的综合研究。

d. 抽象与概括

抽象是在思维中撇开对象的非本质属性，抽取对象本质属性的方法。概括是在思维中把对对象本质的、规律性的认识，推广到所有同类的其他事物上去的方法。如揭示"用于交换"这一"商品"的共同本质后，可把这种共同的本质推广到全部商品上去，概括出古今任何一种商品，都具有"用于交换"的本质属性。

（3）类比推理

①类比推理的定义

类比推理是从两个或两类对象的某些属性相同出发，从而引申出它们在另一属性上也相同的结论。类比推理从前提到结论的推导方向，是由特殊到特殊。

②类比推理的运用

应用类比法进行推理的过程就是类比推理，它是在对两个（类）对象之间的共同点或部分共同点进行分析、比较的基础上所进行的一种推理。类比推理能够使人们举一反三，触类旁通，获得创造性的启发或灵感，从而找到解决难题之道。

类比推理的结论是或然的，也就是说可能为假，因为事物之间固然有相似之处，但也有差别所在。于是，从两个或两类事物在某些地方相似，推出它们在另外的地方仍相似的结论就不具有必然性。类比结论的可靠性程度取决于许多因素，要降低或然性程度，就要注意以下问题：

第一，类比对象之间的相同点越多，其结论的可靠性程度也就越大。

第二，已知相同属性与推出属性之间的相关程度越高，类比结论的可靠性越大，相关程度越低，可靠性越小。如果我们能证明 A 对象所具有的 a、b、c 属性，与 d 属性之间存在着某种联系，即只要有 a、b、c 存在，便必然有 d 存在，那么由于 B 对象也具有 a、b、c 属性，所以我们推得它也具有 d 属性便是必然的、正确的。反之，如果我们发现在 B 对象的属性中，有某种属性不能与 d 并存，那么我们说 b 对象也可能具有 d 属性的结论便是错误的。

第三，不能将 A 对象所具有的某种偶然性拿来跟 B 对象类比。因而推断 B 对象也具有这种偶然性。

(四)论证

1. 论证的定义及论证结构的组成

论证是用某些理由去支持或反驳某个观点的过程或语言形式。在结构上通常由论点、论据和论证方式构成。

论点即论证者所主张并且要在论证过程中加以证明的观点。它所回答的是"论证什么"的问题。

论据是论证者用来支持或反驳某个论点的理由，既可以是某种公认的一般性原理。也可以是某个事实性断言。它所回答的是"用什么来论证"的问题。

论证方式是论据和论题的联系方式，即论据和论题的关系，也就是推理形式。它所回答的是"如何用论据来论证论题"的问题。论证要使用推理，甚至可以说就是推理：一个简单的论证就是一个推理，它的论据相当于推理的前提，论点相当于推理的结论，从论据导出论点的过程（即论证方式）相当于推理形式。

2. 论证结构的鉴别

找出一个论证特别是复杂论证中的论点、论据及其论证形式，并不是一件十分容易的事情。但是鉴别一个论证的结构关键有两个步骤：第一步，识别论点，要弄清楚论者的意图是什么，他要读者接受什么样的观点。第二步，识别论据，即找出在论证过程中有哪些理由在支持论者的观点。

3. 论证有效性的分析

论证有效性分析可以是否定性的，也可以是肯定性的，但通常是要进行否定性的分析。金无足赤，一个论证总会存在这样或者那样的毛病。论证有效性分析就是挑毛病。

而一个论证是由论据、结论和论证方式构成的，要判断它是否有效，主要就从这三个方面来查看。首先要看推理是否有效，即在结构上或形式上是否有效；如果结构上不正确，就会出现形式上"推不出"的错误。其次，一个论证是否有效，还牵涉到所用到的概念是否有效，所用到的论证原则和方法是否有效。最后，一个论证是否有效，还涉及前提是否真实。结论是否正确等；如果前提虚假或者结论不正确，那么它还是无效的。总的说来，推理上无效的论证肯定是无效的，但即使推理上有效的论证也未必有效。

（1）概念的有效性

概念可以说是思维的基本细胞，当然也是一个论证中最基本的部分。如果在一个论证中。概念的内涵和外延不明确，出现了混淆概念或者偷换概念的情况，显然这样的论证是缺乏说服力的。所以，对于一个论证来说，在概念特别是核心概念的界定和使用上是否清楚、正确和前后一致显得尤为关键。

（2）论据的有效性分析

论据是用来论证论点真实性的命题，它所回答的是"用什么来证明"的问题。论据也称为证据，通常包括事实论据和理论论据。一般来说，事实论据是已经得到确定的客观事实，理论论据是在科学上已经得到证实的命题或科学原理。寻找事实论据也叫摆事实，用理论论据来进行论证也叫讲道理。用论据来论证论题的过程就是摆事实、讲道理的过程。要判断论据的有效性问题，可以从以下三个方面来考虑。

①真实性

真实性是判断论据是否有效时首先要考查的问题。如果论据不真实，就会犯"论据虚假"的逻辑错误。如果论据不真实，又如何来证明呢？有时，虽然难以证明论据的虚假性，但是否可以从某种角度、某种程度上质疑它的真实性。例如，论据的真实性是否还依赖于其他因素？如果是的话，这些因素是否具有当然的合理性？比如论据是否已经得到证实或者客观确证？如果论据是尚待证实的命题，就会犯"预期理由"的逻辑错误。

②充足性

有时，即使论据是真的，是否就足以支持论点？根据论据是否就能够充分地推出论点？这也是考查论据有效性的重要方面。

③唯一性

如果论证所证明的是事件之间的因果联系，导致结果的是否还有论证没有提及的其他原因？从前提推出结论，除了已经表述的论据以外，是否还需要假设其他条件？这些条件是否成立？是否存在未被提及的更有力的证据？对该论证做何种修改或补充可以进一步增强说服力？这些都是进一步考查论据有效性的重要方面。

（3）论证方法的有效性分析

用论据来论证一个论点，需要有一定的论证方式或论证方法。如果所采用的论证方式或论证方法不当，就会存在各种逻辑上的漏洞，从而导致论证缺乏应有的说服力。所以，在评价一个论证的时候，我们还需要考查该论证的推理过程和论证方法是否存在逻辑漏洞，存在怎样的漏洞，论证对所证明的结论是否做了不恰当的引申和推广。

（4）结论的有效性分析

在一个论证过程中，结论的得出依赖于论据和论证方式，因此，一个结论的有效，首先结论本身要正确，然后得出结论的论据要有效，即论据要真实、充足和唯一，再者整个论证过程要有效，这样才能保证结论有效。

要评价一个结论的有效性，可以直接针对结论进行评析，也可以通过分析论据和论证方式的有效性来进行结论的有效性分析。

三、逻辑思维规律

逻辑基本规律是正确思维的根本假定，也是理性的交流的必要条件。主要的逻辑基本规律有四条：同一律、矛盾律、排中律和充足理由律。

（一）同一律

1. 同一律的基本内容

在同一思维过程中，每一思想的自身必须是同一的。同一律的公式是："A 是 A"。公式中的 A 可以表示任何思想，即可以表示任何一个概念或任何一个命题。就是说，在同一思维过程中，所使用的每一概念或判断都有其确定的内容，而不能任意变换。

同一律在思维或论证过程中的主要作用在于保证思维的确定性。而只有具有确定性的思维才可能是正确的思维，才能正确地反映客观世界，人们也才能进行思想交流。否则，如果自觉或不自觉地违反同一律的逻辑要求，混淆概念或偷换概念、混淆论题或偷换论题，那就必然会使思维含混不清，不合逻辑，既不能正确地组织思想，也不能正确地表达思想。因此，遵守同一律的逻辑要求乃是正确思维的必要条件。

2. 违反同一律要求的逻辑错误

（1）混淆概念或偷换概念

把两个不同的概念混淆起来，并用一个概念代替已经使用的另一个概念；表现为：①随表达需要而随意变更概念的内涵和外延；②将同一词语在不同语境中表达的不同概念混为一谈；在同一思维中必须保持概念自身的同一，否则就会犯"混淆概念"或"偷换概念"的错误。

例如，某报载小品文一则，讽刺一些恋人的"向钱看"：

小伙子："您老是要这要那，不怕人家说你是高价姑娘吗？"

姑娘："怕什么?! 裴多菲都说了，'生命诚可贵，爱情价更高'嘛，价钱低了行吗？"

显然，这位答话的姑娘故意偷换概念。我们知道，所谓"高价姑娘"的"价"，是"价格"的"价"——人们是用"高价姑娘"来贬斥那些把爱情当商品加以买卖的姑娘。而裴多菲诗中"爱情价更高"的"价"是"价值"的"价"——它赞美真正的爱情比生命还要宝贵。因此，同一个语词"价"表达的是不同的概念，但姑娘的上述答话却故意将它们混同起来，用前者偷换后者，这是一种明显的违反同一律要求的逻辑错误。

（2）转移论题或偷换论题

在同一思维过程中，改变原来的断定内容，或者用另一断定代替之；表现为：①在思维中，用一个与原来相似但不同的命题代替原来的待断定命题；②思考或谈论问题时，没有中心论题或者远离中心论题。

例如，有人在讨论中学生需不需要学习地理时讲过下述这样一段话：

"我以为中学生没有必要学习地理。某个国家的地形和位置完全可以和这个国家的历史同时学习。我主张可以把历史课和地理课合并，这样对学生是方便的。因为，这样做所占的时间较少，而获得的效果却很好。否则就会这样：这个国家的地理归地理，而它的历史归历史，各管各，不能互相联系起来。"

从这段话里不难看出：谈话者最初提出的话题是"中学生没有必要学习地理"，而随后所论述的却是另一个论题："可以把历史课和地理课合并"。显然，谈话者是把后一个论题与前一个论题混淆起来了，因而他就自觉或不自觉地用后一个论题去偷换了前一个论题。这就是一种混淆或偷换论题的逻辑错误。

(二)矛盾律

矛盾律实际上是禁止矛盾律，或不矛盾律。矛盾律的基本内容是：在同一思维过程中，两个互相矛盾或对立的思想不能同时是真的。或者说，一个思想及其否定不能同时是真的。矛盾律的公式是：A 不是非 A。

公式中的"A"表示任一命题，"非 A"表示与 A 具有矛盾关系或对立关系的命题。因此，"A 不是非 A"这个命题是说：A 和非 A 这两个命题不能同真，亦即其中必有一个命题是假的。

矛盾律的主要作用在于保证思维的无矛盾性，即首尾一贯性。而保持思想的前后一贯性，乃是正确思维的一个必要条件。矛盾律要求对两个互相矛盾或互相反对的判断不能都肯定，必须否定其中的一个。否则，会犯"自相矛盾"的错误。

例如，我国战国时代的思想家韩非子曾经谈到过这样一个故事：有一个卖矛（长矛）和盾（盾牌）的人，先吹嘘他的盾如何的坚固，说："吾盾之坚，物莫能陷"。过了一会儿，他又吹嘘他的矛是如何的锐利，说："吾矛之利，物无不陷"。这时旁人讥讽地问："以子之矛，陷子之盾，何如？"卖矛与盾的人无言以答了。因为，当他说"我的盾任何东西都不能刺穿"时，实际上是断定了"所有的东西都是不能够刺穿我的盾"这个全称否定命题；而当他说"我的矛可以刺穿任何东西"时，实际上又断定了"有的东西是能够刺穿我的盾的"这一特称肯定命题。这样，由于他同时肯定了两个具有矛盾关系的命题，因而就陷入了"自相矛盾"的境地。

从语言方面看，在遣词造句时，如果把反义词同时赋予同一主语，那就会发生文字上的矛盾。这种文字上的矛盾也必然会导致思想上的逻辑矛盾。例如下面两个例句：

"他是多少个死难者中幸免的一个。"

"船桨忽上忽下拍打着水面，发出紊乱的节奏声。"

(三)排中律

1. 排中律的基本内容

在同一思维过程中，两个互相矛盾的思想不能同假，必有一真。排中律的公式是："A 或者非 A"。排中律的主要作用在于保证思想的明确性。而思维的明确性也是正确思维的一个必要条件。

排中律的逻辑要求是：对于两个互相矛盾的判断，必须明确地肯定其中之一是真的，不能对两者同时都加以否定。对于两个互相矛盾的命题，如果有人既不承认前者是真的，又不承认后者是真的，或者说，如果有人既认为前者是假的，又认为后者也是假的，那么此人的思想就陷入了我们习惯所说的"模棱两可"之中（实际上应该叫"模棱两不可"）。模棱两可是一种常见的违反排中律要求的逻辑错误。所谓模棱两可，就是在两个互相矛盾的命题之间，回避做出明确的选择，不做明确肯定的回答，既不肯定，也不否定。

2. **违反排中律要求的逻辑错误**

（1）两不可：对于相互矛盾的命题同时否定。

（2）模棱两可：在两个相互矛盾论断中，既不肯定，又不否定，而是采取骑墙居中的态度。

（四）充足理由律

在同一思维论辩过程中，一个判断确定为真，就要有真实可靠并与之具有必然联系的另一个（另一组）判断作为理由。充足理由律的公式是：A真，是因为B真，并且由B能推出A。其中A代表一个判断，B代表一个或一组判断。充足理由律要求人们的思维要有论证性，即人们提出论题、做出判断都必须有充足的根据。没有充足根据的判断是不可信的。

"充足理由律"包含有两方面意思：第一，一切事物都有一个成因，这个成因决定了这个事物为什么会存在，为什么它是真实的，为什么它是这个样子而不是另外的样子。人们认识了这个成因，也就认识了这个事物，也就可以改变这个事物。正如莱布尼兹所说的："如果不具有充足的理由，或者没有确定的理由，就什么也不能达到。"第二，事物的感性存在，直观存在并不重要，只有事物背后的成因才是最为重要的，最真实的。应该说，"充足理由律"在科学的领域里是无可非议的，它对人们从科学的角度了解和研究自然有着独到的贡献。

第四节　阅读理解与写作能力

阅读和写作是教师教育教学活动的重要任务，在阅读过程和写作过程中有多种能力发挥作用。因此，阅读和写作是一种综合能力，是教师综合素质的体现。同时，阅读和写作也是教师自我学习和自我提高的一种方式。中小学教师掌握一定的阅读和写作知识，对提高自身的教育和教学素质和自己的文化素养会有很大的促进作用。

一、阅读理解能力

(一)阅读理解能力的构成

阅读理解能力是阅读者运用自己的知识、经验和一定的方法顺利地进行阅读并理解文字的能力，是由多种因素组成的复杂系统。主要包括以下几种能力。

1. 认读语言的能力

认读语言的能力，就是对文字符号的感知能力，即对阅读材料中的单字、词语、句子的认识能力。它是最基本的阅读能力，是整个阅读过程的基础，也是阅读的最起码要求。顺利进行认读的心理特征，主要有两项：一是视读的广度，即视知觉范围的大小；二是认读的准确度，主要表现在对一些音形义混淆，容易错读、错写的字以及对同义词、反义词的辨析等，同时注意在认读时避免增字、减字、重字。读得准确，不仅能锻炼语言的感知能力，而且能促进对语言的理解和记忆等。

2. 理解语言的能力

理解语言的能力是在认读的基础上，对阅读信息进行消化、加工的能力，它是阅读能力的核心，衡量阅读能力最主要的是看理解能力。

理解语言的能力包括如下几个方面：理解词语的能力、理解句子的能力、理解语言结构的能力、理解文章表达方法的能力等。整个理解过程是按照从对语言形式到对语言内容的理解、从对部分的理解到对整体的理解，然后在这个基础上，加深对语言形式和部分内容的理解这样的规律来完成的。在这个循环往复的过程中，从字词句入手，经过判断和推理、抽象与概括的思维活动，达到对材料主旨的理解。

3. 评价语言的能力

评价语言的能力是指对阅读材料的体验和评价能力，包括对从材料的思想内容到表现形式、语言文字、写作风格等进行评价，就是能从评价的角度进行阅读。

4. 应用语言的能力

应用语言的能力指通过阅读后，将获取的种种信息加以灵活使用，以获得知识的能力。应用语言的能力的最大特征是由此及彼，举一反三。这是一种较高的思维活动，需要掌握精读、速读、浏览、质疑、比较等方法，具有独立性和研究性。

(二)阅读能力的培养和提高

1. 认读能力的培养

认读能力是阅读中应首先培养的最起码的能力。缺乏这种基本能力，阅读就无法进行，因为阅读是借助对文字符号的感知而进行的。培养这种能力，旨在积累语言文字感性材料。

认读能力，就是认字、读字、识词的能力，即通过对文字符号的认读和词义的感知，来了解字词所包含的意义和表达内容的一种能力。就学习语文和学习写作的程序来说，也是从认字、识词、联句发端，然后进入写话、写作、创作阶段的。就一篇文章和一部作品而言，字是组成词的因素；词是组成句子的基本单位；句是组成段落的基本部分。因字组词，以词成句，合句成段，缀段成篇，形成有组织的书面语言——文章或作品。鉴于此，阅读中培养认读能力，这不仅是一个人语言文字修养的表现，而且也是阅读的基本功和写作的基本功所在。汉代思想家王充说："文字有意以立句。句有数以连章，章有体以成篇。"刘勰也说过："夫人之立言，因字而生句，积句而成章，积章而成篇。"这就是说，字、词、句按照作者的意图和思路，才能组成篇章，这就强调了字、词、句在文章中的基础作用，所以 我们在阅读中就不能忽视认读能力的培养。

怎样培养认读能力呢？这就必须进行认识性阅读的基本训练。这种阅读从字词入手，扫清阅读中有关字词的障碍；通过对文字符号的感知和词义的理解，能读懂读通一篇文章，从而积累语言的感性材料，掌握一定的语言知识。认识性阅读，着重字词能力的训练，是阅读的积累和感性阶段，是整个阅读的基础。据统计，现存汉字约六万多个，用这些字组成的词则难以统计。汉字数量之多，汉语词汇之丰富，汉语的精确与优美，在全世界语言中是屈指可数的。据有关资料统计，认识二千七百汉字，则可以阅读一般文章；掌握三至四千汉字，则可以从事于写作了。所以，要学好汉语写作，首先就必须学会汉语的基本知识，并运用到写作实践中去。从阅读中培养认读能力，更有不容忽视的特殊意义。

2. 理解能力的培养

理解能力是构成阅读能力的核心部分。所谓理解能力就是培养阅读的悟意明理能力，是由认字识词的感性阶段到理解内容的理性阶段的深化。阅读中的理解消化能力，要求在了解一字一词表面意思的基础上，进而理解语言文字之间的内在意义及内部联系，理解文章的思想内容、篇章结构、写作方法。理解是阅读的深化，是阅读的关键，是阅读诸能力中最为重要的一种能力。

理解能力与思维能力密切相关。因为理解的过程就是一个思维的过程，离开了思维，理解就无法进行，例如我们在阅读一篇文章时，要理解文章的全部内容和精神实质，就必须把整体分解为局部，把集中的内容分散理解，这就是分析；然后又由部分到整体，由分散到集中，这就是综合；就必须由个别到一般，从现象到本质，这就是概括；就必须由此及彼，温故知新，这就是联想。分析、综合、概括、联想等，都是思维能力在阅读中的表现。所以，阅读中理解能力的培养，实际上就是阅读中对思维能力的训练。就以综合、分析而言，从分析到综合，既是阅读中对文章内容的理解消化过程，也是阅读中思维活动的整体性表现。通过分析与综合，我们才有可能达到对文章全部内容和精神实质的把握与理解。

怎样培养理解能力呢？这就必须进行理解性阅读的基本训练。理解性阅读又叫分析性阅读，它是以理解文章全部内容为中心的一种阅读活动，是认识性阅读的必然延伸，是阅读的理性阶段。古人云："善读者，始熟读而明其章句，继融会而究其意蕴"，这就指的是理解性阅读。认识性阅读可"明其章句"；理解性阅读则"究其意蕴"，要求从文章的立意构思，篇章结构，语言运用，表现技巧等多方面入手，对文章进行全面分析和深刻理解。培养理解能力，可以训练思维能力，促进智力的发展。

3. 评论能力及其培养

评论能力，是指对文章作品的内容与形式进行全面评价和深入品评的一种能力。评论能力，不仅是写作中十分重要、应用十分广泛的一种能力，而且也是阅读的各种能力中较高的一种能力。

怎样培养评论能力呢？这就必须进行评论性阅读的基本训练。评论性阅读是对文章作品进行全面、深入的阅读，是对文章作品进行正确评论，提出自己见解的阅读。以分析综合为主要特征的理解性阅读，是偏重于对文章作品的全部内容、作者的观点及作者所介绍的知识的一种阅读。

在评论性阅读中，读者既可以评价作者的思想、作品的内容，还可以评价作品的形式、作品的技巧，或总结写作中的经验与规律。它是训练理解、鉴赏、评论，乃至创造等多种能力的一种有效的阅读方式。在这种类型的阅读中，阅读者为了培养某种能力，在选择文章作品进行阅读时，必须有强烈的针对性，以某种既定的目的进行训练。

总之，阅读理解训练的类型由浅到深依次是：理解材料中重要概念和句子的含义；分析文章结构、把握文章思路；归纳内容要点、概括中心思想；分析作者的观点、态度；根据材料推断隐含的信息。

二、写作能力

(一)写作的基础知识

1. 写作的概念

写作是指人类运用语言文字符号反映客观事物、表达思想感情、传递知识信息的创造性脑力劳动的过程。

2. 写作的过程

从现代信息论、系统论的角度来看，写作是一个收集、加工、输出信息的整体系统。作为一个完整的系统过程，写作活动是有阶段性的。大致可分为采集、构思、表述三个阶段。具体又可分为采集、立意、谋篇、用语、修改五个环节。每个阶段和环节都有自身的特点、规律和要求。

(二)记叙类文体

1. 记叙文

记叙文是以叙述、描写为主要表达方式，以记人、叙事、写景、状物为主要内容的一种文体。

(1)记叙文的要素

记叙文是写人叙事的，而事情总是在某个时间、发生在某个地方，有它的前因、后果和经过。因此我们把事物的起因、经过、结果，事情发生的时间、地点以及有关的人物称之为记叙文的六要素。

(2)记叙文写作方法

①叙述：对人物的经历、事物的发展过程做介绍、说明，是写作中最基本、最常见的表达形式。

②描写：对人、事、物、景做具体形象的刻画。

③抒情：感受和感情的抒发、表达。分为直接抒情和间接抒情。直接抒情法一般适用于抒发强烈而紧张的感情，可以使感情表达得朴实真切，震动人心。特点是叙述时感情强烈，节奏快、紧张，情感直露，容易把握。

间接抒情一般可以在客观叙述的同时，加入作者主观的感情色彩，使读者在叙述过程中感受作者的思想感情；也可通过议论表达作者强烈的爱憎、褒贬，或者在描写中渗透自己的情感，使文章语言富有感情色彩。间接抒情的特点是抒情含蓄婉转，富有韵味。

④夹叙夹议：将叙事和议论穿插进行，写法上灵活多变，作者自由自

在地表情达意。

⑤说明：是用简明扼要的文字，把事物的性质、特征（如形状、功用等）、关系、成因等说明清楚的表达方式。说明的对象可以是具体事物，也可是抽象的道理。

（3）记叙文分类

①侧重写人的记叙文：以人物的外貌、语言、动作、心理描写为主。如朱自清的《背影》。

②侧重叙事的记叙文：以叙述事情的发生、发展、经过和结果为主。如冰心的《小橘灯》。

③侧重描绘景物的记叙文：以描绘景色，寄托情怀为主。如《荷塘月色》。

④侧重状物的记叙文：以状物为主，借象征抒怀，如《白杨礼赞》。

2. 散文

在现代，广义的散文包括了除去诗歌、小说、戏剧、影视文学之外的一切叙事性、议论性、抒情性的文体，如秦牧在《海阔天空的散文领域》中说，"不属于其他文学体裁，而又具有文学味道的一切篇幅短小的文章，都属于散文的范围"。这样，就有了抒情散文（如《我的小桃树》），叙事散文（如《从百草园到三味书屋》）和议论散文（如《地下森林断想》）等的分类。狭义的散文则专指抒情散文。

3. 报道

是运用叙述、描写、抒情、议论等多种手法，具体、生动、形象地反映新闻事件或典塑人物的一种新闻报道形式。它是记叙文的一种，是报纸、广播电台、通讯社常用的文体。它是一种比消息更详细地报道具有新闻意义的事件、经验或典型人物的一种文体。

在中小学的教育教学活动中，学校对外宣传、校内文体活动等都需要些新闻报道。

新闻报道的内容一般包括：人物、时间、地点、事件、原因五个要素；在结构上一般包括标题、导语、主体、背景和结尾几部分。在写作上叙事直截了当，语言简洁，篇幅短小。

(三)议论类文体

1. 一般议论文

（1）议论文及其三要素

议论文是对某个问题或某件事进行分析、评论，表明自己的观点、立场、态度、看法和主张的一种文体。

议论文有三要素，即论点、论据和论证。论点是你的观点，论据是支持你观点的依据，论证就是用论据来证明论点的过程。常用的论证方法有以下几种。

①举例论证：列举确凿、充分，有代表性的事例证明论点。

②道理论证：用马列主义经典著作中的精辟见解，古今中外名人的名言警句以及人们公认的定理公式等来证明论点。

③对比论证：拿正反两方面的论点或论据做对比，在对比中证明论点。

④比喻论证：用人们熟知的事物做比喻来证明论点。此外，在驳论中，往往还采用"以尔之矛，攻尔之盾"的批驳方法和"归谬法"。在多数议论文中往往是综合运用的。

⑤归纳论证，也叫"事实论证"。它是用列举具体事例来论证一般结论的方法。

⑥演绎论证，也叫"理论论证"，它是根据一般原理或结论来论证个别事例的方法。即用普遍性的论据来证明特殊性的论点。

⑦类比论证，是从已知的事物中推出同类事例的方法，即从特殊到特殊的论证方法。

⑧因果论证，它通过分析事理，揭示论点和论据之间的因果关系来证明论点。因果论证可以用因证果，或以果证因，还可以因果互证。

⑨引用论证："道理论证"的一种，引用名家名言等作为论据，引经据典地分析问题、说明道理的论证方法。引用的方法有两种：一是明引，交代所引的话是谁说的，或交代其出处；二是暗引，即不交代所引的话是谁说的或出处。

（2）议论文的结构

议论文的结构方式通常有以下几种。

①纵贯式结构方式

按照引论（导论、绪论）、本论（正文）、结论三部分组织材料，叫纵贯式结构方式。它大体上是按照提出问题—分析问题—解决问题的逻辑顺序来安排的。又称"三段式结构方式"。

②并列式结构方式

围绕中心论点，从不同角度进行论证，形成若干分论点，几个分论点构成并列关系，共同论证中心论点，这就是议论文的并列式结构方式。

③递进式结构方式

在阐述中心论点时，各层次、段落之间的关系，是环环相扣、逐层深入的关系，前一部分论述是后一部分论述的基础，最后推导出文章的结论。

④对比式结构方式

这是把正反两方面的观点、事例，对比地组合在一起的结构方式，形成强烈的反差，使两种不同的事理在对比中更清晰，从而更有力地突出正面的论点和主张。

在议论文中，上述结构方式常常交错使用，一般是以某一种结构方式为主，以其他方式为辅。

2．科研论文

教育科研论文是用来呈现教育科学研究成果的论文，一般也是议论文体。目的是用来在学术期刊上发表，必须遵循期刊的论文写作要求。一般包括：论题、作者信息、摘要、关键词、正文、参考文献等几部分。

(四)说明类文体

1．定义

说明文是一种以说明为主要表达方式的文章体裁。它通过对实体事物科学的解说，对客观事物做出说明或对抽象事理的阐释，使人们对事物的形态、构造、性质、种类、成因、功能、关系或对事理的概念、特点、来源、演变、异同等能有科学的认识，从而获得有关的知识。说明文有的是以时间为序，有的是以空间为序；有的由现象写到本质，有的由主写到次；有的按工艺流程顺序来说明，有的按事物的性质、功用、原理等来说明。

2．说明文的三要素

(1)内容的科学性

如实地反映客观事物，把握事物的特征、本质和规律，给读者以正确无误的认识。

(2)说明的条理性

按时间顺序写和记叙文相似；按空间顺序写需注意观察点，注意事物的表里、大小、上下、前后、左右、东南、西北等的位置和方向；按逻辑顺序写要注意摸清各部分的内在联系，由表及里，由浅入深，由现象到本质。

（3）语言的准确性

表示时间、空间、数量、范围、程度、特征、性质、程序等，都要求准确无误。语言简明，说明严密。

（五）应用类文体

应用类文体是国家机关、企业、事业单位、社会团体、人民群众用于工作、学习、生活等方面，直接为现实生活服务，具有实用价值、惯用格式的一类文章的总称。对于教师来说，常用的应用类文体主要有计划、总结、调查报告等。

1. 计划

根据一定的教育目的和培养目标制定的教学和教育工作的指导文件。它决定着教学内容总的方向和总的结构，并对有关学校的教学、教育活动、生产劳动和课外活动、校外活动等各方面做出全面安排，具体规定学校的学科设置、各门学科的教学顺序、教学时数以及各种活动等。教学计划、教学大纲和教科书互相联系，共同反映教学内容。

计划的基本结构是：标题、正文和结尾。

正文是计划的核心，一般包括目标、任务（内容）、步骤与措施。

2. 总结

工作总结（Job Summary/Work Summary），以年终总结、学期总结最为常见和多用。就其内容而言，工作总结就是把一个时间段的工作进行一次全面系统的总检查、总评价、总分析、总研究，并分析成绩的不足，从而得出引以为戒的经验。总结是应用写作的一种，是对已经做过的工作进行理性的思考。总结与计划是相辅相成的，要以工作计划为依据，订计划总是在总结经验的基础上进行的。其间有一条规律：计划—实践—总结—再计划—再实践—再总结。

总结的主要内容一般包括：基本情况、具体做法、取得的成绩、经验和教训、未来工作目标等。

思考与练习

1. 信息素养的含义和特征是什么？

2. 教师应具备的信息能力有哪些？

3. 逻辑思维的基本规律是什么？

实践活动

1. 物理老师出一道题当堂考学生，题目是："一炉铁水凝结成铁块，它的体积缩小了三十四分之一。后来，铁块又熔化成铁水，体积增加多少？"

学生甲经过计算，回答道："熔化后的铁水的体积比铁块增加了三十三分之一。"

乙马上反对说："不对。同是一块铁。缩小的是三十四分之一，增加的是三十三分之一，不是自相矛盾吗？"

甲又说："不是我自相矛盾，而是你混淆了概念"。

请分析甲、乙两人谁是谁非。

2. 有一块空地可以种庄稼，甲、乙两人讨论这块地重什么庄稼好。甲一会儿说应该种小麦，一会儿又说不应该种小麦。针对甲的说法，乙说："你的两种意见，我都不同意"。试分析甲、乙两人犯了什么逻辑错误。

3. 写作练习：以《爱的教育》为题写一篇文章。

要求：观点正确，语言通顺，文体不限，1 000 字以上。

第八章 教学实践：教师专业发展的基础

引言

袁振国教授认为："教师专业发展是一个持续不断的成长过程，其专业内涵的持续改变，包括三大内容，即专业知识、专业技能和专业情意的发展。"而这些内容又都植根于教师的实践场所——课堂教学。备课、说课、上课、观课、评课是教师日常教学工作的基本流程，也是教师的"基本功"，基于"备课、说课、上课、观课、评课"的教学实践是教师专业发展的基础。

学习目标

1. 理解备课、说课、上课、观课、评课的关系。
2. 理解备课的基本策略。
3. 明确教案编写的内容。
4. 把握说课的内容与方法。
5. 掌握观课的内容与方法。
6. 明确观课记录的内容。
7. 理解评课的原则与标准。
8. 掌握评课的方法。

第一节 基于课堂教学的教师专业发展

教师的成长基于课堂、扎根于教学，基于"备课、说课、上课、观课、评课"的实践活动，是教师专业发展最基本的载体和形式。

　　备课是教师从事教学活动的第一步，是教师加强教学预见性和计划性，实现教师主导作用的先决条件。说课是备课的理性提升的一种延续，把备课时的隐性思维展现出来。观课是通过现场观察，来了解教师的教学状况和学生学习情况。观课之后的评课，能帮助教师、指导教师改进教学，提高课堂教学质量。备课、说课、上课、观课、评课，从教学的系列化活动和功能上看，都存在明显的关联性。

一、备课与说课的关系

　　备课与说课都是教师上课前的准备工作，是教师教学和专业成长的"基础工程"。两者的区别在于：一是备课，尤其是传统的备课，其功能指向是上课；说课是面向同行教师，功能指向是教学技能的理性提升。二是备课的职能，从构思、资料准备到教案的形成，回答的是上课将做什么、怎么做等；而说课则是在备课的基础上再上升为理性化认识，向同行或领导介绍有关课的理解、分析和设计，集中回答为什么要这样教、这样做。

　　从两者的关系上看，没有备课的基础，便难有说课的成功；没有说课的理性梳理，备课与写教案的行为，便会陷入"不知所以然"的窘境；有了备课后的说课，教师的教学行为便会有更坚实的理性支柱。

二、备课与上课的关系

　　特级教师斯霞说："要上好课，首先要备好课"，"只有踏踏实实，认认真真地备好课，才能取得应有的教学效果。"备好课是教师教学活动走向良性循环的起步环节。上课是备课后的教学实践延伸，精心备课，才可能有精彩的课堂。

　　其实，影响课堂教学的因素很多，教师要上好课，备课只是基础，是预设，教师上课时还要有组织教学的能力，有面对学生生成的灵感和现场的教育机智等。

三、说课与上课的关系

　　说课是对上课中教与学行为的理性思考，它不仅要解决教什么、怎样教的问题，而且还要说出"为什么这样教"等问题。说课是备课后的提升，自然对上好课有着更高层次的驾驭作用。

　　说课与上课的对象不同，前者的对象是领导和同行，后者的对象是学生。上课是教师消化教材、运用教材的过程，以学生的学习效果为评价标准；说课除了运用教材外，还要有相关的教育学、心理学的理论运用，它以教师整体素质为评价标准。

四、观课与评课的关系

观课是观课者在课堂现场的所有观察活动的总称。评课是评价者在观课后的课堂教学评价。观课需要通过评课或议课，才能使观课的延续功能得以实现。加强观课前期培训，进行心理准备、专业职能准备和具体的技术准备，才能产生预期的评议效果。

备课、说课、上课、观课与评课的内在关系可用图 8.1 来表示。

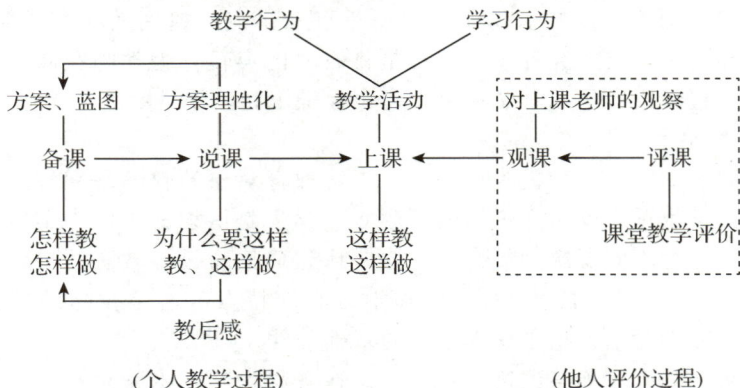

图 8.1　备课、说课、上课、观课、评课内在机理图

第二节　备课

一、备课的基本策略

参考目前国内外教学策略研究的有关内容，备课的基本策略可以归纳为如下几种。

(一)"三知"策略——备课的基础性策略

"三知"是指教师在备课时，首先要做到知教材、知学生、知教法。教材、教师、学生是课堂教学三个最基本的要素，三者之间的关系状态是决定课堂教学质量高低的主要因素，而三者之间的关系状态很大程度上又取决于教学方法和学习方法。

1. 知教材

"知教材"是为了更好地用教材教，教材不仅是知识点，不仅是事实性知识和原理性知识，还有能力体系和思考方式。有的教材还蕴藏着方法论和伦理知识。所以，知教材，首先要正确认识教材的内容构成，不仅关注知识体系，还关注与其直接关联的智力价值、发展价值，重视态度、动机、情感的价值。也就是说教师在研读教材时，既要梳理知识点、事实性知识和原理性知识，又要关注思考方式、方法论，甚至是伦理知识。

知教材的具体操作：一是精读、细读教材，尤其要把握好如下几点：了解知识结构；掌握知识体系；认清重点和难点；找到教与学的质疑点，以便引导学生进行探究性学习。二是将教材内容转化为教师在课堂上的呈示行为，包括语言呈示、文字呈示、声像呈示和动作呈示等。

2. 知学生

备课中的"知学生"极为重要，不了解教育对象的教学是无效或低效的教学。知学生首先要树立正确的学生观：学生是认识的主体；学生具有能动性；学生是不同层次的集合体。这些认识应作为设计教法的出发点。其次是了解学生知识与能力的基础和学习心理特点，这是教师设计具体教法、开展教学对话、指导学生学习的基础条件。

要将知学生作为备课策略来研究，还务必做到：不能将对学生的一般性了解，作为每节课备课的基础，要细化到所教学生的学习基础与能力基础；要从本学科、本章节教学目标的视角，深入分析学生认知、能力、思维和情感态度。只有基于学生现状，才能有针对性地备好课。

3. 知教法

"知教法"有两层意思：一是选择教法。教师要了解现代教学的基本方法，熟悉教改中倡导的优化课堂教学的各种教学设计和教学策略。在此基础上，以具体教学目标、教学内容和学生实际为依据选择教法，同时也要考虑教师自身特点和优势，选择与自己相适应的教法。

二是教法的优化组合与应用。一堂课的教法是多种多样的，如何以"一法为主，他法辅之"，教师要充分把握，这样才能体现主体效应与综合效应。对青年教师来说，简单地模仿优秀教师的教法，可能效果并不理想，因为教师的素养层次不同，教学过程中的智慧应对能力也不同。

（二）"三寻"策略——备课的方向性策略

"三寻"是指教师在备课时，要"寻思路""寻方法、手段""寻讲练结合点"。"三寻"策略适合具有一定教学经验的教师采用。在熟练掌握"三知"策略的基础上，教师要进一步提升用教材教的能力，形成教与学互促共进的态势。

1. 寻思路

"寻思路"主要指教师寻找课堂教学时的切入点、启动点，呈示点、沟通点、延伸点、拓展点等，然后以师生互动的各种方法，将课堂教学过程构成一个教与学的共同体。

切入点、启动点是新课导入的两个关键点。奥苏伯尔认为，要促进新知识的学习，就要增强学习者认知结构和新知识的联系，即通过"教"加强新旧知识的联系，才能把新知识纳入学习者原来具有的知识结构中。通常所说的"新课导入"就是寻找这种知识链中的衔接处。许多教师在备课中创造性地设计了多样化的"导入"，如提问导入、实践导入、直观导入、悬念导入、质疑导入、讨论导入等。如果说，切入点是知识衔接的话，那么启动点便是兴趣的激发和思维的开启。可见导入应兼备衔接与激趣两项功能。

呈示点是指新知识的呈现，是在已有知识基础上的生成与延伸。教师在备课时要追求最便于学生理解和应用的呈示方法，一要考虑学生的年龄特征和不同发展阶段特点，二要组织最佳的学习序列。而沟通点主要是促进"教"向"学"的转换，教是为了学，教的思路和脉络要起到导学的作用，所有的认知、解读、感悟、体验都要让学生在活动中进行。

教师备课时不能局限于仅仅完成教学任务，无论是课的过程还是课的结尾，都应给学生生成、延伸与拓展的空间，要寻找延伸点与拓展点。设计时应从如下几方面考虑：一是以本堂课的知识为基础，在学生"最近发展区"内，提出一些挑战性问题让学生思考；二是为本学科拓展性或探究性学习提供一些思考题或案例；三是为下一节课的讲授提供知识准备或思维方向。

2. 寻方法、手段

这并非单纯指教师讲课的方法问题，还包括指导学生认识、识记及各种思维训练与发展的方法。也就是说，这里的方法已上升为"策略"，方法为策略服务，方法之外还有媒体、教学形式与结构等才能形成策略。而寻找为教学目标与内容服务的教学手段，主要指板书、教具学具设计与制作等。

3. 寻讲练结合点

教师的教学是有目标指向的，以完成教学任务为宗旨，因此，随堂的巩固与熟练至关重要。备课在备教、备学的同时，还要备讲与练的结合，随堂的听、说、读、写、计算与具体的操"练"，都必须精心设计。如语文课朗读与语感的随堂训练，数学课的答题、解题训练，理化课的实验操作训练等，都要求教师精心设计。另外，讲练结合点不宜仅仅理解为问题的回答和习题的训练，其背后更有学科思维的训练和智力的开发。

(三)"三化"策略——备课的方法技巧性策略

"三化"策略是骨干教师或学科带头人所应具备的。

1. 知识的结构化整理

首先，教师要把本堂课的知识点放到整本教材甚至本年段的整个知识体系中来备课，以便建立知识的链接，从而便于学生更好地进行知识建构。这样做，教师一方面可以从高处审视知识体系，另一方面也可使自己在下一阶段教学时，更好地驾驭教材，提高教学质量。

其次，对课堂教学活动的内容、方法和过程，在设计时要呈示结构。课堂教学不是按时间的延续而呈现的单线的信息传输，不是简单的认知活动，而是呈现立体的、结构状的知识体系与活跃的思维活动的组合，它要求教师所教的知识是系统的、成体系的。

最后，教师在对学科知识进行教学时，要努力构建知识的生成、过程体系和纵横网络的体系，其浅层的含义就是要整理知识，使知识结构化。学生掌握了结构，就具备了解决不熟悉领域新问题的工具，促使学生思维方式产生变化。这也是教学"三维目标"中"过程与方法"的策略化和操作化。

2. 知识学习与思维发展做一体化处理

这主要是指备课时，教师不能单纯地构思如何让学生记住和理解教材中的词汇、概念、定义、事实，还要在利用教材内容对学生进行思维训练上下功夫。

教师教知识的同时，要建立"教会思维，为思维而教"的现代教学理念。实践证明思维品质是可以培养的，北京师范大学朱智贤、林崇德教授曾进行长达 5 年的培养思维品质的研究，他们总结了优秀数学教师的经验，制定了在运算中培养小学生思维品质的一系列措施，取得了明显的效果。

3. 学科知识学习做问题化处理

关心未来教育的学者在 20 世纪 80 年代初就认为，未来的学习着重于考虑、发掘问题，及时培养学生的问题求解能力。这就是"问题化策略"的指导思想。

问题性是现代学习方式的基本特点之一。问题是科学研究的出发点，是探求任何一门科学的钥匙。现代教学论认为，从本质上讲，感知不是学习产生的根本原因(尽管学生学习需要感知)，问题才是产生学习的动力与能源。带着问题才会去深入思考，否则学习只能是肤浅的。有问题、有疑问即有动力，有质疑便会生成问题。

备课时的设问构思是问题化处理的关键，下面几点值得遵循：一是问题要明白无误，要让学生理解并明白用何种方式做出回答；二是问题应发生在"最近发展区"内，而不是引导他们接受现成的答案；三是不论是话题还是案例都要归结于问题，才能有效找到切入点或启智点，进而融入教学进程。

二、教案的编写

(一)教案的内容

教案是教师为课堂教学而准备的书面计划或方案。既然是计划或方案，就要有一定规范，由于课堂教学模式的差异和课型的不同，教案的格式可以有所不同。教案所要反映的基本内容主要有以下十项。

1. 课题(本课名称)。

2. 教学目标(包括知识与技能，过程与方法，情感、态度与价值观三个方面)。

3. 课型(指新课、复习课、练习课等)。

4. 课时(指课时安排)。

5. 教学重点(指本课所必须解决的关键问题，重点可以因课时和教育对象而异)。

6. 教学难点(本课教学时易产生理解困难和障碍的知识点)。

7. 教学过程(指教学过程的结构，包括教学内容、方法、步骤、措施等)。

8. 作业(指作业布置)。

9. 板书设计(指黑板上板书提纲或多媒体显示的授课提纲)。

10. 教具(指教学时使用的材料与设备，要写明名称、使用情况，此项也可置于第 4 项"课时"之后)。

上述十项内容中，"教学过程"的设计是主体部分，因为教学目标主要靠教学过程来实现。它要求教师根据教学目标，结合学生实际，选择适当的教学方法，按照教学基本原则设计教学程序和步骤。教学过程设计决定着教学效果的实现。通常，教学过程的设计包括如下内容(见图 8.2)。

1. 导入新课 ｛ 设计新颖活动，精当概括。
怎样进行，复习哪些内容？
提问哪些学生，需要用多少时间？

2. 教授新课 ｛ 针对不同教学内容，选择不同教学方法。
怎样提出问题，如何逐步启发、诱导？
教师怎么教，学生怎么学？详细步骤安排，需用时间。

3. 巩固练习 ｛ 练习设计精巧，有层次，有坡度，有密度。
怎样进行，谁上黑板演示？
需要多少时间？

4. 巩固小结 ｛ 怎样进行，是教师还是学生归纳？
需要多长时间？

5. 作业安排 ｛ 布置哪些内容，需不需要提示或解释？
需要多少时间？

图 8.2　教学过程设计图

(二)新课程理念下教案编写的基本要求

1. 预设与生成的统一

教案是预设的，这种预设体现施教者的计划，体现对教材文本的尊重与依托。但教师在教学中又需要生成，生成既体现了学生的主体地位，又体现了对学生的尊重。预设是有计划性和稳定的，生成是动态性与开放的，预设与生成是辩证的对立统一体。如何才能达到一种动态中的平衡呢？

一是预设要精心，但不能僵化。"凡事预则立"，教师课前若没有精心准备，在课堂教学中教学目标指向和过程结构就会松散或零乱。但如果过于严密，时间全被教师"霸占"，那么，学生参与活动就无法充分体现。

二是确立课堂现场的教学生成意识。由于精心的预设无法全部预知精彩的生成，而预设中若过分追求教师的主导也不利于随堂的生成，因此，教师在编写教案与授课中应确立生成意识。教师要有心理准备，不可拘泥于教案中的安排，巧妙利用意外或借助学生的智慧，会产生意想不到的教学效果。

当然，如果教师一味追求课堂上即时的"生成"，又会因缺乏有效的控制和引导，出现"放而失度"的现象。因此，我们要理性地看待预设和生成，预设要有弹性、有留白的空间，以便在目标实施中能宽容地、开放地纳入始料未及的生成。教师对学生积极的、正面的、价值高的生成要大加鼓励、利用；对消极的、负面的、价值低的生成，应采取更为机智的方法，让其思维"归队"，回到预设的教学安排上来。课堂教学因预设而有序，因生成而精彩。

2. 体现生活化与经验

教材源于科学也源于生活，新课程把关注生活和经验作为编制原则。教师要留心收集、整理、筛选源于生活的学科知识和辅助材料，并将其融入教学设计。教师要努力做到：用生活创设情境；用生活引导学生解决一些问题；用文本知识服务于生活；用学科知识去创造"生活"。

3. 体现学习方式的转变

学习方式的转变是新课程改革的显著特征。改变原有的单一、被动的学习方式，建立学生主体性的、多样化的学习方式，是新课程改革的核心任务。这就要求教师构建旨在培养创新精神和实践能力的学习方式及其对应的教学方式。

教师设计教案要从"教会学生学习"的指导思想出发，把教学过程变成发挥学生的主体性、能动性、独特性，不断在教学情境中生成、张扬、发展、提升的过程，从以讲为主到以引导学生学习为主，促使学生"自主学习"和"发现问题"。

4. 体现差异教学

现代学习方式的另一个特点是独特性，因为每个学生都有自己独特的内心世界、精神世界和内在感受。独特性也意味着差异性、层次性。把差异看成一种资源去开发和利用，正是新课程理念所倡导的。教师可从如下几个方面构思：一是确立学生的个性与层次性意识，教案设计要体现各层次学生的接受能力；二是实行分层教学，至少关注 A、B、C 三个档次学生目标与过程的差异；三是可适当开展分层的课外辅导，分层布置作业与个别化批改。

第三节　说课

　　说课是在教师备课的基础上，授课教师对同行教师或者研究人员系统地介绍自己的教学设计及其理论依据，然后进行评议，以达到互相交流、个体提高的目的。说课是一种新兴的教研活动，是集体备课的一种重要形式。

一、说课的内容

　　在说课开始之前，应当先做自我介绍，再报出课题，本课题是哪个年级使用的哪个版本的教材，教材中的哪节、哪课时。整个说课一般分为以下几个部分。

(一)说教材——教材的分析与处理

　　说教材，就是要全面正确地理解教材，这样做要达到两个目的：一是确定学习内容的范围与深度，明确"教什么"；二是揭示学习内容中各项知识与技能的相互关系，为设计教学顺序奠定基础，知道"如何教"。

　　1. 教材的地位与作用

　　教师在认真阅读教材的基础上，要向听课的教师介绍这部分教学内容是在学生学习了哪部分知识的基础上进行的，是前面所学哪些知识的延伸与应用，又是后面哪些知识的基础，在整个知识体系中处在什么地位。

　　2. 提出本课题的教学目标

　　教学目标的介绍主要解决两个问题：一是阐述目标确定的依据，如课标要求、教育理论与教学经验中的依据等；二是要将目标细化。课时目标越具体，越有条理，说明备课越充分。要从认识、理解、掌握、应用四个层次上分析教学目标。教学目标要从知识与技能、过程与方法、情感态度和价值观目标等几方面加以说明。

　　3. 分析教材编写思路、结构特点以及重点、难点

　　编写思路也就是编写意图，意图既体现在课标中，又表达在教材中。教师要以此作为分析教材的指导思想和依据。这样做既尊重教材，又不迷信教材，一切从学生实际出发来处理教材。教师要说清重点和难点，阐述重点、难点确定的依据，说明难点的关键是什么。

4. 教材的处理、裁剪与加工

对教材的分析，目的是准确把握教材、处理教材。新课改理念是"用教材教"，而不是简单的"教教材"。说课，就是在教学目标确定之后，教师如何为实现目标而组织材料、筛选材料，经过加工之后将其转化为自身的教学内容。教学中要择其"精要"，"详略得当"，并根据具体的教学方法与手段对教学内容做裁剪与处理。

"教材"是教师教学最基本、最主要的依据，教师在教"教材"的同时也要用"教材"教。因此要弄懂作者的构思、编者的意图，这样才能说准、说清本教材的地位与作用，也只有明确了"地位与作用"之后，教师的教学设计才能找到确切的方向。

(二)说学生——分析学情的共性与个性

说学生，包括说学生学习本课程、本教材的基础状态即学情，然后在此基础上进行学法指导。分析教学对象的共性与差异性是教师教学的基本要求。教师要做到"目中有人"，才能使自己的教学切合实际，有的放矢。说学生一般包括以下几方面。

1. 学生的知识基础和生活经验

知识基础指接受新知识前的认识(包括课本知识和实践经验)，生活经验指与本节课相关的生活经验。要指出它们对学习新知识将会产生怎样的影响。

2. 基础能力分析

分析学生掌握教学内容所必须具备的学习技巧，以及是否具备学习新知识所必须掌握的技能和态度。

3. 心理特点和学习风格

说明该年龄段学生心理特征和学习本部分知识的相关性，说明该班学习风气、规范等。

(三)说教法和手段——介绍教学方法和手段及依据

手段为目的服务，方法为内容服务。教学方法是由教学内容、教学目标决定的，要参照学生认识活动的规律和一定年龄阶段的发展水平。教学方法可以多样化和灵活化，不仅要说明采用的教学方法，还应该介绍采用这种方法的理论依据，以及在具体课堂教学中，通过什么途径有效运用这些教学方法，预计达到什么样的效果。选择教学手段要考虑实用性、可操作性和目的性，切忌为表演而表演。

(四)说教学程序——介绍教学过程设计

教师的教学思想、个性和风格，很大程度上能在教学设计中反映出来。因此它应是说课的重点内容。一般来说，教学过程设计要说出以下几个重要问题。

1. 教学总体思路和环节结构

首先，要说出如何把握教材、处理教材，采用怎样的教学方法与手段组织教学。其次，要说出教学过程的基本环节，如教什么和教的程序、环节，还要讲出"为什么"这样安排，即本课程理念和本章节的编者意图与教育理论依据。

2. 教与学的双边活动安排

新课程改革强调学生的主动发展，课堂上活跃的师生双边活动是成功教学的一个重要标志。双边活动要体现教法和学法的和谐统一，知识传授与智力能力开发的和谐统一，德育与智育的和谐统一。如：教师准备提哪些问题，这些问题能起什么作用，学生怎样参与，如何组织，学生可能会出现哪些问题，教师有什么应对措施，有哪些思维定式需要克服，采取哪些措施等。

3. 重点与难点的处理

重点与难点可以根据课标和教参来确定，更要根据学生实际和课的类型来认定和处理。"突出重点"不完全是多花时间，而要在剖析、点明、深化上下功夫；"解决难点"，不仅有方法和手段，更有其教学的艺术，这些都要有所交代。

4. 总结归纳，拓展延伸

有的教师设计课堂教学时，在总结、延伸以及习题练习上有一定创意，那么可以说说如何归纳知识体系，形成结构，通过怎样的形式与方法实现知识与思维活动的适度拓展。教师在总结阶段进行习题设计与课后的作业布置时，如有自己独特的创见也可做适当说明。

5. 板书说明

板书是直观教学的组成部分，很能体现教师的教学风格。教师要说出板书结构和设计的意图。板书可用多媒体显示，也可用小黑板展示。

此外，说教学程序应注意两方面问题：一是注重说理，强调理性构思下的过程设计；不是简单陈述过程，更不能把上课过程做全套讲述。二是突出重点，强调教学过程机理；不是什么"过程"都说，不能没有关联地、没有承接地说环节、说先后；务必抓住说课的核心理念，将线性思维与多元思维结合起来，把说程序与其他说课内容适当融合起来。

二、说课的方法

(一)说课准备的方法

说课准备和备课写教案的过程大体上是同一个思路。备课从构思到落笔写教案以及在写教案过程中再仔细推敲，主要是沿着教什么、怎样教的思路进行，而说课除了要说明教什么、怎样教之外，重点是说出为什么这样教。也就是说，说课应以说理为主。

1. 选好要说的课

每课都应有一"案"，但每课不一定都要"说"。除了学校指定的课外，自选的说课要首先考虑代表性、典型性，既能充分体现本学科特点，又能与当前该学科教改方向相吻合的课。其次，要选择与教师本人业务专长相呼应的有关章节。

2. 寻准教法的依据

这是指教师以标(课标)本(课本)为选择教学方法的基础条件，以学情为教法与学法指导的出发点，在此基础上，往上找理论依据，往下升华、提炼教学经验。

课堂教学策略、教学方法的理论很多，从宏观、中观到微观，跨多种学科。有教学论中的教学规律、教学过程、教学原则、教学策略方法和教学组织管理等方面的理论；有心理学中的教与学的心理理论；有现代流行的控制论、信息论和系统论；还有教学艺术与技巧的方法论；等等。教学中的程序设计与具体做法，在说明理论依据时，关键的一步是要"自圆其说""言之有理"。

3. 把握说课程序

这里的"程序"有两层含义，一是指课文中的知识系统和结构要厘清；二是教学结构环节要分清，这两方面在说课时都要说明白。此外，还要介绍教学中师生活动的安排程序及其理由。

4. 突出重点，显现个性

说课的内容十分丰富，各个部分不宜平均分配，不要以为"什么都说"就是好的说课，应该有重点，有所侧重。另外，说课时要将这堂课的设计中，哪些地方体现了自己创新之处，哪一环节展现了自己的教学艺术用恰当的语言表述出来。

（二）说课过程中的方法

说课不能念教案、读教案。因为教案不能全部反映说课应有的内容，读教案无法体现说课"说"的本质特征。

1. 说课是"说明书"

说课是信息传递，是告知。你首先要告诉听者"我是谁"（所在学校、任教学科，所教章节），随后围绕"教什么""怎么教""为什么这样教"等展开说课。这就要求教师以陈述、解说为主线，在分析时可适当用辨析词语加以推理与论证。

2. 说课是"新闻发布会"

说课重在说依据、说缘由、说意图，这些都属理性思维，是观念性的内容。在表达这些观点"是什么"的同时，还要与如何指导相应的教学行为相"对接"，这样才能说理有度，自圆其说。

3. 说课是"真诚的告白"

说课说在教学效果产生之前，暂无实践效果的验证，因此尽量要少用或不用十分肯定或否定的语言，不宜过多地"歌颂"自己。从备课写教案转向说课，这并不难，难的是说课之后，引出听众的共鸣、认可或争论。

（三）说课的表达方法

说课中，语言用来表达教学思维，交流情感；多媒体技术用于直观呈现，调动听者的视觉、听觉，引起注意；体态语言和相关演示操作，辅助呈现感性直观以提高说课效果。

说课进行中要注意如下六点：守时守信，不要随意拖拉；教态自然，谦逊、大方；语言简练、流利，速度适中；条理清楚，层次分明，逻辑性强；表述完整，理由充分，具体实在；个人特长显现，有感染力。

此外，说课时还可适当展示有关板书设计、教学程序结构图或有关教学设备方面的内容。总之，说得新颖，说得有理，说得熟练就是一次好的说课。

案例：

说课案例：轴对称图形

刘显国编著的《说课艺术》一书中，收集了全国说课获奖案例——小学数学"轴对称图形"，是由昆明市五华区教育科研中心古晓华撰写的，说课内容很精彩，特级教师普明贵的评析也很周到。

说课（昆明市五华区教育科研中心古晓华）：

轴对称图形的教学是在学生学习了多种平面图形的基础上进行的。目的是使学生对所学平面图形中轴对称情况做全面的了解，进一步认识所学平面图形的本质特征，结合自然界和日常生活中许多事物具有轴对称的这一特点，渗透轴对称思想，从而更好地发展学生的空间观念。

我们知道，21世纪是人才与科学技术竞争激烈的时代，当前教育领域正发生着一场意义重大、影响深远的改革，这场改革具体表现在教育思想、教学内容、教学方法、教学手段等方面。基础教育要适应时代的发展，要培养21世纪人才，首先要进行教学思想和教学手段的更新。为此，设计这节课的指导思想是"重视信息反馈、教给学习方法"。

教学目标：

1. 初步认识轴对称图形，知道轴对称图形的特点，能找出各种轴对称图形的对称轴。

2. 教给学生们通过观察、实验，自觉发现规律的学习方法，培养自主的学习能力。

3. 激发学生对轴对称图形的审美情趣，培养学生的空间想象能力。

教学过程：运用现代教学媒体，创设情境，为学生提供丰富、生动、直观的观察材料，激发学生学习的积极性和主动性。

教学过程分为以下三个环节：

1. 观察找特点

课一开始，即提出本节课的学习要求，"认真观察，动脑思考，发现问题，勇于探索。"接着计算机创设情境"涓涓溪流随山而转，满山的枫叶映在清灵的水中，那一片片火红的枫叶随风飘零，在绿茵草地的映衬下显得妖艳似火。"柔美的音乐舒缓而流畅，声、光、色一体将诗情画意的大自然展现在学生面前，当这片枫叶逐渐放大、定格时，让学生观察"这片枫叶，除了颜色美，它的形状有什么特点？"把学生思维的注意力从观察事物的形象引向观察事物的本质特征。在这一过程中，不要求学生急于回答，而是让同学们静静地思考。接下来用同样的方法去观察蜻蜓、天平。当学生充分接受信息后，组织讨论，同学们不难发现三幅图形的特点，那就是"沿中线对折，两侧图形的形状相同，大小相等"。接着让学生列举出周围具有这种特点的物体图形。这一反馈措施，既使学生获得了完整的信息，又实现了信息反馈的全面性和系统性。

2. 操作实验、形成概念

在第一阶段学习成功的基础上，继续利用计算机演示把一张长方形纸沿中线对折，画上图案，用剪刀剪开，展开后会是一个什么样的图形？通过想象激发学生动手操作的欲望，让学生模仿，自己现手制作一幅雪松图，然后给枫叶、蜻蜓、天平、雪松这样的物体图形取名叫轴对称图形。那什么是轴对称图形？让学生们自己阅读材料，得出结论："沿直线对折，两侧图形完全重合，这样的图形叫作轴对称图形。"那要判断一个图形是不是轴对称图形，关键是什么？这时候继续用计算机演示出不同位置放置的雪松图，让学生通过观察、讨论，自己发现判断一个图形是否是轴对称图形，不是看它位置的变化，而是要看沿一条直线对折后，两侧图形能否完全重合。由于抓住了信息反馈的真实性和发展性，学生独立正确地判断是不是轴对称图形就水到渠成，最后用计算机辅助进行判断练习。

本节课的教学难点是找出对称轴，在大量形象生动的演示、观察后，让学生动手操作，自学课本，相互讨论，同学们能弄清"折痕所在的这条直线是这个图形的对称轴"。那么是不是所学过的平面图形都是轴对称图形，是不是所有轴对称图形都只有一条对称轴？从而诱发学生探索的欲望，进入第三阶段的学习。

3. 大胆尝试、寻找规律

概念形成后，让学生大胆尝试，用八个平面几何图形自己做对折实验，去发现规律。在实验过程中要求学生画出这八个图形的对称轴，并完成自学练习卡。通过这一活动，同学们创造性地发现平行四边形或非等腰梯形，无论怎么折，两侧图形都不能完全重合，它们没有对称轴，所以它们不是轴对称图形，与此同时也深刻地认识到轴对称图形的对称轴不仅只有一条，有的两条，有的三条，有的四条．还有的有无数条。难点突破，活跃思维，发展个性，使信息反馈的创造性和深刻性达到新的境界。

通过以上环节的教学，结合计算机声、光、色一体的动画演示，打破了时间和空间的限制，把不同场景、不同时间的生活画面糅合在一起提供给学生，使学生学得轻松有趣，并领悟到数学知识的美就在我们的生活和学习中，生活中的你、我、他要做一个会观察、会思考、会学习、会创造的有心人。

评价（特级教师普明贵）：

在中国教育学会小学教学研究会第十五届年会说课大赛上，最后登台的是昆明市五华区教育科研中心副主任古晓华老师。她以一节《轴对称图形》的说课折服了与会一千多位观摩教师。来自祖国各地的小学数学教学专家和评委们交口称赞："说得太好了！简直把说课艺术升华到了一个新的高度。"那么，古老师《轴对称图形》说课艺术的成功之处在什么地方呢？笔者认为，是先进教育思想与现代教育技术有机融合，二者相得益彰。

古老师《轴对称图形》的说课设计，把教学目标定格在"发现——创新"上。为了实现教学目标，第一，古老师充分、恰当地运用了现代教育技术——计算机辅助教学。第二，古老师把教学过程细化为三个环节，而贯穿三个环节的先进教育思想是——重视信息反馈，教给学习方法。

1. 重视信息反馈

教学过程就是教师不断把学习内容和学习方法的信息，通过各种教学手段或媒体，传递给学生，学生通过各种感官接受了这些信息，又通过大脑进行感知觉的分析，形成记忆，从而初步获得"知识"。获得的"知识"是否是真知，再通过"知识"信息输出的讨论、回答、操作、练习等途径，从师生中吸取反馈信息进行调节，获取真知，发展思维，由此可见，信息反馈在教学过程中的重要性。《轴对称图形》说课的设计，从"教学目标"始，就把信息反馈摆到了显著位置。"找出""发现""操作"等目标要求，充分反映出反馈教学的指导思想。

(1)重视信息反馈的全面性、系统性。在教学过程中教师改变了一问一答的传统教学模式，注意留给学生接受信息的时间和空间。首先教师运用电脑演示枫叶图形、蜻蜓图形、天平图形，通过对折比较的动作演示，不要求学生急于回答。让学生重复地接受信息之后，全班讨论，发现三幅图形的共同特征：折痕两侧图形形状相同、大小相等。接着，让学生列举有该特征的物体图形。这一反馈措施，既使学生获得了完整的信息，又实现了信息反馈的全面和系统性。

(2)重视信息反馈的真实性、发展性。在教学过程的第二环节中，教师用电脑演示，让学生模仿自己动手制作一棵雪松的图形。学生制作出就说明接收了正确的信息，这样的信息真实可靠，值得提倡。然后，引导学生观察自己的作品，沿折痕画条直线对折，两侧图形完全重合，这就是轴对称图形，与图形摆放位置无关。由于抓住信息反馈的真实性和发展性，学生独立正确地判断是否是轴对称图形就水到渠成。

(3)重视信息反馈的创造性、深刻性。教学过程的第三个环节，教师用电脑演示学生熟悉的八个平面几何图形，让学生自己去做对折实验，引导学生通过找对称轴判断是否是轴对称图形。通过这一活动，学生创造性地发现了平行四边形、非等腰三角形和非等腰梯形无论怎么折，两侧图形都不能完全重合，它们没有对称轴，所以不是轴对称图形。与此同时，学生也深刻认识到，轴对称图形的对称轴不仅只有一条，准确地找出了常见轴对称图形对称轴的条数。最后，学生自己设计、制作轴对称图形，使信息反馈的创造性和深刻性达到新的境界。

2. 教给学习方法

学习是学生现在和将来完成学习和工作任务的手段和途径。教给学生学习方法是教育落实"三个面向"、培育"四有"新人的要求。教学是教师的教与学生的学交相辉映的双边教育活动，教给学生科学的学习方法是当前教学改革的一个发展趋势。重视教给学生学习方法，就能激起学生的学习兴趣，产生求知欲，积极思索，使之成为学习的主体。

学科不同，学习方法也不尽相同。数学科应教给学生什么学习方法，《轴对称图形》的说课做了很好的示范。

(1)教给学生观察的方法。轴对称图形教学中的观察是很好的学习方法。首先，观察目的要明确。教师通过电脑显示枫叶、蜻蜓、天平的平面图形。指明学生观察两侧图形的形状和大小，同时抽象出学生学过的近似几何图形。教师创设安静的学习气氛，不问不答，让学生静静地观察思考，观察结束才组织学生讨论。这一安排不仅给学生独立思考的机会，而且教给学生观察的思维方法。

在电脑演示剪雪松图的终了，教师让学生闭上眼，想象展开后的形象，这正是培养空间想象力的极好的学习方法。

(2)教给学生阅读教材的方法。通过观察，学生初步形成了轴对称图形的观念。怎样强化这一观念呢？找出各图形特征后，教师以给图形命名为由，指导学生阅读教材。学生观察之余，认真读书，既强化了形成的观念，又使认识深化。"愤悱"之时通过读书，知道这就叫轴对称图形，完成了抽象的思维过程，豁然开朗，充分体验了学习的乐趣。关键之时读教材这是重要的学习方法。

(3)教给动手操作探索知识和规律的方法。《轴对称图形》的说课设计，安排了三次给学生动手操作的机会。第一次是依照动画在对折的纸上画了自己的图画，剪一幅雪松图；第二次是学生用事先剪好的8种几何图形，对折找对称轴；第三次是学生用纸对折设计一幅轴对称图形。学生动手操作的过程就是轴对称图形的抽象概念在头脑中形成的过程，也就是获取知识、认识规律的学习过程。

总之，从说课可以看出，学生是在观察、阅读、动手操作等这些学习方法的交替活动中，通过自己的思考，达到学习目标的。

（资料来源：摘自方贤忠编著《教师专业发展的4项基本技能》，华东师范大学出版社2013年版，第236～240页。）

第四节　观课

观课又称听课或课堂观察，人们仍然习惯称为"听课"。其实，课堂上发生的教与学现象，仅靠耳朵听是远远不够的，我们要用多种感官去接受与收集信息、体悟课堂。可见，把听课改为"观课"更为贴切。

一、观课的内容

（一）观察教学目标实施与教材处理情况

课程目标与单元目标中虽有规范化要求，但在每堂课的施教中，教师要将其分解细化，要考虑是否在认知、情感、技能和个性发展等方面有所体现，是否将目标贯穿在教学各个环节、整个过程。教材的处理主要看教师是否将教材"改造"成可输出的教学信息。

（二）观察教学结构状况

教学结构主要包括各教学环节安排的有序性、有机性、流畅性；学生主体地位在教学各环节中的体现；教法与学法的和谐与统一等。

（三）观察教学手段的选择与运用

手段为目的服务，任何一种教学手段都有其优势与弱点，因此教学手段既要多样化又不能过于繁杂，使用现代教学手段的课，其教学效果不一定最佳。观课中观察教学手段的使用，一是看其如何为教学内容服务，二是看教学手段使用的效率如何。

（四）观察课堂教学状态

教学状态包括教师、学生以及整个课堂师生群体的状态。教师状态包括心理状态和外显性的言行举止。教师的激情与成功的愉悦感能大大提高教学的效果，恰如其分的言谈举止会使教学信息的"输出"畅通，学生易于接受。

根据上述的观课内容，教师和教学研究人员在观课时既要听教师讲，也要看学生的学；既要观察教师的教学活动，也要观察师生之间、学生与学生之间的教与学的交流活动。在操作层面上看，观课时主要把握以下两方面。

1. 观察教师驾驭教材的个性特点，优化教学的综合能力

教材有它的系统性，又有学科与章节的特殊性。教师在处理教材时，如果仅用共性代替个性，以一般取代特殊，那么教师的教学就没有风味，学生学得也没有兴趣，结果是教者谆谆，听者藐藐。观课中，总体上要看教师是否从课的类型、教材类型、学生状况出发来处理教材，归纳起来，有以下几个"看"。

(1)看课题的铺垫、导入、揭示是否能为解决主要矛盾服务。

(2)看新课是否紧扣特点，抓住重难点，精心设计提问，善点拨，引导学生从"是什么"过渡到"怎么样""为什么"，是否有利于从知识结构的构建到思维的发展。

(3)看讲、练、议、评中是否注重教之以法、育之以能、养之以习，让所有学生动其情、促其思、开启智慧之窗。

(4)看板书结构及其归纳功能是否体现学科与教材的特点。

2. 观察学生学习态势

看学生情绪是否饱满，思考问题是否积极主动，举手发言和思维是否活跃；看学生活动时间和相互交往是否充分适当；看学习困难学生精神状态和学习的积极性是否调动起来；看师生情感交融状态；看学生各种学习习惯是否养成；看学生回答问题的正确率、创新性；看学生当堂说、练、写、算正确率是否较高；看学生观察、思维、表达能力是否提高。

二、观课的方法

课堂教学中所产生的信息是大量的，它有着多元化的信息流和信息系统，这些信息采集越全面、越系统，便越能客观、公正地对课堂教学的方方面面做出评价。

(一)观察

1. 观察教师

观察的内容相当广泛，由表及里，从表象到内涵、本质、素质都属于观察的内容。

(1)看教师上课精神是否饱满，教态是否自然、亲切，表情举止是否沉着、自然，从容不迫。

（2）看教师板书设计是否工整、合理、有序，是否条理清楚，一目了然；教具准备是否充分，演示是否规范、熟练；能否充分利用已有现代化手段来辅助教学。

（3）观察执教者在从铺垫阶段到引入新课阶段是否有衔接点和快速迁移力，在新旧知识之间架设"认知桥梁"。

（4）观察执教者新课的授课设计是否有较大的密度，运用较好的教法，在最佳时域内突破重点，化解难点，同时要让学生有充分的参与教学活动的机会，即让学生有观察、动手、交流、思考、表现的机会，成为学习的主人。

（5）观察执教者在巩固阶段是否注意到"多层次""多角度"构思巩固练习的各种活动，以体现因材施教的原则。

（6）观察执教者知识点、能力点和教育点是否准确、系统、全面，教学各环节是否恰如其分，丝丝入扣。

2. 观察学生

观察学生课堂上的精神面貌状况，课堂气氛是否活跃，主动参与程度，注意力集中状态，是否与教师的思路同向，能否举一反三，展开想象的翅膀，学生反应能力、理解能力、实际操作能力、创造性思维能力是否得到培养与训练，师生关系是否融洽、配合默契，双向多向反馈是否充分等。

3. 观察设备、设施

观察教室设备、设施与环境布置等是否有利于形成良好的学习氛围。

(二)倾听

主要指倾听教师课堂语言和学生课堂语言。苏联教育家苏霍姆林斯基指出："教师的语言修养在极大程度上决定着学生在课堂上的脑力劳动的效率。"教师语言要力求达到科学性与艺术性的统一，教育性与审美性的统一。此外，还要注意音量大小、轻重、强弱、缓急的调节，语调抑扬顿挫，节奏与停顿、重音的使用要恰当，在导入、过渡、讲授、提问、评价、小结以及应变语言上都有不同的要求。使用现代教育技术手段时，教师的语言要与屏幕上的声像、色彩、图像配合默契。

现代课堂教学强调学生参与，充分发挥其主体性。评价者要仔细倾听学生在朗读课文、回答问题、提出问题、交流、评议时语言的规范性、科学性，在独立思考、求异思维、创新思维上有何不同程度的表现。

(三)询问

询问包括询问教师和询问学生。为了在观课后做出更客观、公正的评价，对教师与学生进行适当询问是必要的。对教师的询问可在课前或课后进行。可由浅入深，由近及远，要以请教、求知、切磋、探讨的态度进行交谈，不宜用挑剔口吻、居高临下的姿态、监督审查的眼光来询问。对学生的询问，其内容主要是听得怎么样、懂不懂，对一些关键内容或练习题提出一些问题让学生解答。如果发现听课对象有过多的"包装"或将已上过的课再上一遍，可以提出诸如"你回答的问题是否事先准备好的"等问题来了解。

(四)核查

核查是指检查教师与学生的有关文字性材料。这是观课后的又一种辅助性方法。如果想要通过观课来全面了解执教者的业务状况，显然较片面。这就要更多地了解、查看执教者的教案、教学计划、教学研究成果性文字材料等。另外，对学生作业、课堂笔记、作品也有必要给予不同程度的关注。如查看教师布置作业的数量与频率、针对性强弱、难度系数的高低、作业类型、方式的变化情况、批改方式方法的变化等。若有必要还可做问卷调查、口头测试等。

三、观课记录

观课记录包括两大内容：一是教学实录，评价者将课堂教学中师生活动的主要信息做客观、全面的记载。二是对执教者的教学活动做随堂点评。按照一堂课的进程，观课记录可分为以下十项。

(一)记概况

记本节课的章节题目、听课时间、地点、班级、执教者姓名和单位，记本节课的类型、公开课的性质等。

(二)记过程

记本节课的教学各环节。包括组织教学、引入新课、新课讲授的阶段、层次与方法，课堂师生活动的安排、习题与作业等。

(三)记衔接

重点记录环节与环节之间、知识点和知识点之间的衔接、过渡与转折的语言，记知识点的延伸和思维发展、训练的过程安排等。

(四)记时间

记录主要教学环节的时间分配，学生上台演练的时间，学生交流讨论或做练习的时间等。时间分配合理与否和课堂教学效果有很大的关系。

(五)记备注

记教师课堂语言以外的教学行为、状况，记学生各种学习活动的频率等。

(六)记点评

在观课过程中，评价者对程序安排、结构设计、重点的突破、难点的化解、教法与学法的关联性、学生的反馈状况等，都可以在记录本的右侧栏内写点评。点评的语言要精辟，点出正误、优劣。评价者个人的看法与建议也可在点评中写出。

(七)记板书

执教者的板书，一般采用逐步呈现的方法写在黑板上，一堂课结束时，一个完整的板书也就出来了。板书内容一般具有较强的逻辑性、结构性与系统性。评价者记下板书内容，有利于对课的程序、结构做更全面的分析。

(八)记思想

主要指教学方法的科学性、艺术性，教学全过程思路的流畅性，教师主导作用和学生主体作用的呈现状态等。

(九)记特色

教学特色是执教者个性的表现。课堂教学特色表现在教学模式的创新、教学方法的创新、学生思维训练的创新、独具风格的教态、幽默的语言、巧妙的应答、娴熟的教学技艺等。

(十)记总评

总评是指评价者对执教者做总体评价，评价中要充分肯定成功的一面，也要有针对性地提出存在的不足和值得进一步推敲的地方。总评内容包括教材的处理、教学整体思路、教学重点难点关键点、结构设计、教学手段的运用、教学基本功等各方面。当然总评记录不可能包含以上各个方面，可以以1~2个方面为侧重点，其他方面略写，更具体的内容在评课时交流。

第五节　评课

评课是一种课堂教学评价，是教学活动的重要环节。它对课堂教学的成败得失及其原因进行切实中肯的分析和评估，并且从教育理论的高度对课堂上的教育行为做出正确的解释，促使教学活动更加理性化、科学化，提升教师的教学能力和教学效果。

一、评课的原则

(一)实事求是原则

实事求是是指评课时应以课堂教学的真实情况为依据，以科学的理论做指导，客观公正地对执教者做出评价。实事求是原则要求评价者在评价时既要坦诚又要中肯，成绩说够，缺点说透。对执教者的教学优势、教学创新之处要深入剖析，帮助执教者找出教学优势的过程表现、脉络结构以及教育效果；对执教者的不足之处要指出原因，寻找克服不足的方法。

(二)激励性原则

激励即激发鼓励。评价者充分肯定执教者的成功之处，能使执教者产生愉悦感，激发教师继续钻研教材，研究教学，努力克服自己的不足。评价者应用激励导向原则，做到观一堂课而促进多堂课，观一人而激励一批人。

评课时不论是教师还是学校领导都要把握好这个原则。具体的方法是：目标激励——以执教者成功之处为基点，指出今后提高的方向或研究方向；闪光点激励——对执教者在教学中的某一环节、某些教学行为的独到之处、创新之处，要充分给予肯定；榜样激励——应用教师群体中各种成功的教学经验，作为评价的"参照物"，激励大家学习教学典型；条件激励——评价者本着互相帮助、共同提高的宗旨，主动为执教者提供教学参考资料、提供各种信息资源。

(三)差异性原则

被评课的教师情况不同，课堂类型不同，开课的目的不同，评课的侧重点也应有所不同。不能用统一的标准去评价所有的课。教龄在1～2年的青年教师开课，在评课时就只能用课堂教学的基本要求作为评价标准；以研究一种新的教学方法的运用为目的的公开课，就要以是否掌握和灵活应用、是否应用得法作为评价主要指标，而其他方面的评价，则可以适当降低标准。

(四)兼顾整体原则

一堂课是一个完整的教学过程。评价者在评析时应以完整的教学目标与教学全过程作对照，对全局要有总体认识，然后在此基础上对教学的局部或教学某一主线做出整体与局部的关联性评价。要科学地处理点与面、局部与整体的关系。对执教者的评价也要以一堂课的状况与平时多堂课的状况联系起来综合考虑，尽量避免仅凭一两节课就给执教者的教学水平下结论的片面做法。

(五)导向性原则

评课应确立发展性教师评价的思想，评析"现在"，面向"未来"，以最终调动教师的积极性为根本宗旨。常规的检查性评课活动，要以教学常规性要求基准来评价，研究性听课评课活动，要以课题研究目标为导向开展评课活动。整个观课评课活动要纳入学校整体办学目标的运行轨道之中，充分发挥教师评价的导向功能。

二、评课的方法

(一)常规性评课方法

1. 分析性评价法

评课、分析课一般有以下两种方法。

(1)以局部的好或差为果，对照评课标准探源寻根——对具体表现做具体分析，归纳优点、缺点，探究"为什么"或"该怎样"。运用这种评价法进行评议，具体明确，教师易于理解接受，但缺乏整体感，重点不突出，不能概括出整节课的特征。

(2)以整体的成或败为果，探源寻因——从完成教学目标、评价教学效果出发，衡量整节课成败与否，由果追因。分析教学目标是否明确，是否从属并服务于单元和学科教学的目标，所有教学环节、手段、方法是否都围绕教学目标进行，推动教学目标的落实。从现象到本质、从表现到规律，丢开枝节，抓主要的实质性问题，概括出教师教学的突出特点和主要问题，揭示规律，提炼和推广已有的成功经验，提出需要集中研究解决的问题。这是一种比较理想的分析法，但操作难度较大。

2. 发展性评价法

(1)一分为二

评价的着眼点要放在教学的改进和发展上，评课要反对那种一味恭维、只讲好话、不讲问题，只唱赞歌、不提希望的"捧教"，这只会让人沾沾自喜，故步自封，不能调动教师的积极性；同时也要反对那种求全责备，不谈优点、只讲问题，吹毛求疵、一无是处的"批教"，这只会挫伤教师的积极性。因此，评课要从教学实际情况出发，坚持一分为二，要恰如其分地肯定优点和主流，寻找成功的原因；也要指出主要问题，探讨不足的根源，还要提出改进的办法，探寻努力的方向。

(2)因人制宜

评课要看对象、分层次，看执教者的年龄特征、教学水平，在标准和要求上因人而异，让不同层次的教师在各自的基础上都有提高，都有发展。对教学能力较强的教师，通过多次观课概括出他的教学特点，并在理论分析上达到一定的深度，引导他逐步形成个人的教学风格。对勇于创新的教师要倍加赞赏，发现经验要帮助总结，发现问题也要予以扶持，鼓励继续探索。对教学能力一般的教师，在否定某些做法的同时，要提出解决这一问题的具体设想和建议，使教者学得到、做得到。对教学能力较差的教师，如果问题较多，要分轻重缓急，抓住主要问题，逐步解决；要善于发现优点，积极肯定、鼓励，帮助其树立信心。

3.差异评价法

(1)突出"导"，倡导"帮"

评议青年教师的课应突出一个"导"字，倡导一个"帮"字。青年教师缺乏教学经验，需要指导和帮助。评课时，首先要充分肯定成绩，激励他们进取。其次，对教学中出现的问题，要分清主次，每次帮助执教者解决一两个教学中存在的主要问题，尤其是那些在教学中处理不当又感到棘手的问题，促使他们不断提高教学能力。

(2)突出"研"，倡导"争"

对教改试验性的观摩课评议，应突出一个"研"字，倡导一个"争"字。对教学改革研究课应采取一支持、二保护的态度。评课时要求大家从共同提高的愿望出发，紧紧围绕教改课研究的课题，充分发表意见，进行讨论、争辩。一方面总结教改经验，另一方面研究教学中存在的问题，提出改进办法，使试验不断完善。

(3)突出"比"，倡导"学"

对竞赛课和评优课的评议，应突出一个"比"，倡导一个"学"。评课前要制定出切合实际的评课标准，按照统一标准进行评价。在评比中选优，在评比中总结教学经验，并将评优与推广先进经验结合起来，推动教学改革的发展。

(二)研究性评课方法

1.综合评析法

综合评析法是一种以课堂教学的整体结构为视野，以教学基本要素的构成原理与理论为依据，经过综合分析、归纳之后，做出整体性综合评价的方法。进行综合分析和评价，需从教学全过程需要把握的七个方面入手，围绕教学目标、教材处理、教学程序结构、教学方法手段、教学基本素养、教学效果和教学个性化等方面进行高度概括性的分析评判。这种全方位评价要求较高，难度较大。优点是全方位整体性强，缺点是各个方面无法详细深入。

另一种综合评析法，是从七个方面中挑出某一个或几个单项做全面分析。如对"教学目标"作综合分析，分析思路是：教学目标确定是否科学、准确，教学目标分解与构成是否合适、合理，教学目标是否明确地体现在教学的各个环节，教学目标是否在教学重点中显现，教学手段是否紧密地围绕目标、为目标服务，重点突破、难点化解的程度与目标达成度关系如何，知识巩固、思维的发展、技能的训练等方面是否紧紧围绕目标展开。再如对"教学方法和手段"作综合分析，可从如下几点展开评析：教的方法与学的方法是否同步、和谐，是否一法为主、多法并用，教学手段的应用是否能使教学方法更加有效，教学方法和教学程序安排是否紧密结合，教学方法的使用是否有所改革与创新，现代化教学手段运用是否注意发挥其独特的性能和教学效果。

2. 专题评析法

专题评析是指评价者选择一个角度、一个侧面或课题研究中的专题切入进行评课，这种方法可以避免评价者之间在评价内容上交叉和重复。综合评析法十分注重整体的分析，即使做某一单项的综合分析，也要将此单项与教学全过程的方方面面结合起来分析。而专题评析是单项内容的纵深化、细化。

专题的选择可先从执教者课堂教学中的成功之处、独创之处入手，其次可从评价者自身的优势入手。如果执教者在导入新课的设计上有独创之处，评价者就可以就"导入设计"作专题评价。大致内容是：执教者导入新课所运用的信息材料和方式方法是什么？为什么比较成功？符合怎样的教育规律与心理学原理？导入的过程是否流畅、合理？是否与新课的知识点紧密衔接、转换自然？是否符合构建新的知识结构和发展学生思维能力的要求等。

如果执教者在板书设计上有较大特色，评价者就以"板书设计"为专题作评价。大体内容是：执教者板书的基本特点是什么？具体内容是否简练？是否形成结构化、网络化？是否既有利于教师教、又有利于学生学？执教者板书呈现的方法是什么？具体内容是整体一次呈现，还是依次逐步呈现？是教师把握全局逐步呈现，还是在师生共同探究下逐步呈现？这种呈现方法有什么教学效果？这堂课板书最大的优点是什么？还有哪些地方需要进一步探讨等。

3. 以果追因评析法

课堂教学追求实际效果，而教学效果与课堂教学设计、教学过程息息相关。通过这种方法，可以从教学现象中看到本质与规律，突出和强化有效的教学行为。这种方法的操作大体上有如下程序。

（1）验证一下当堂教学效果。一是利用观察法收集学生上课的注意力、情绪、神态和学习气氛等有关资料；二是让学生复述重要的知识点，也可以设计一些题目对学生进行测试。

（2）将上述反馈的资料与教师上课时的教学程序结构、教学方法与学法指导、教学手段的运用等联系起来，做出分析判断。

（3）总结归纳。找出教师成功的教学行为有哪些？哪些比较符合规律？哪些做法不妥当？最后做出总体评价。

4. 诊断式评析法

这种评析是以问题为中心，围绕提出问题——研究问题——解决问题三个方面来进行的。提出的问题来自教学实践，而"诊断"就是对问题进行分析，分析时主要围绕得与失、利与弊、因与果做探讨，围绕是否合理、合适、适时、适度等问题展开。最后提出改进意见与建议。

三、评课的标准

课堂教学的评价需要定性与定量两方面结合进行，这样才有助于课堂教学评价走向科学化，增强课堂教学评价的操作性和实用性。对教师课堂教学行为做全面的、科学的评价，制定科学合理的评价指标，必须以正确的教育思想和科学的教学理念为指导。

（一）充分重视教学目标确定和教学目标分解的适切性

课堂教学是实施素质教育的主渠道，教学目标决不能仅仅停留在应试教育的框架内，而要向情感、技能、个性和智力发展延伸。

（二）充分重视以学生发展为本，淡化以教材为中心的思想

教师不是教教材，而是用教材教，教材只是多种教学材料的主体部分。在评价指标中，对"教材处理"的理解应以学生适应性与需要为前提。

（三）充分认识教的过程和学生学的过程的同步性

教师教学过程中要坚持目标导向，更要注意学生的学习行为与变化，并根据学生的反应随时调整自己的教学，反对教师中心、只重结果的做法。

（四）充分重视体现学生主体意识的思维训练活动

现代教学要求教师充分重视课堂教学中的信息多向交流，改变学生被动学习的状况，使教学成为一种有效的、多方位的、多层次的、主动的信息交流过程。

（五）充分认识陈述性知识与程序性知识同等重要

教师的课堂教学要从以陈述性知识为主，转向陈述性知识与程序性知识同等重视，这是教师认知观的一种革命，也是教学目标从知识走向能力的一种标志。即从单纯教"是什么"的知识，转变为不仅教"是什么"的知识，还需要教"怎样做"的知识，而且后者比前者更重要。

思考与练习

1. 备课、说课、上课、观课、评课有什么异同？
2. 编写教案的主要内容有哪些？
3. 说课包括哪些内容？
4. 说课准备的方法与备课方式有什么不同？
5. 观课中具体的观察内容有哪些？
6. 观课记录包括哪些项目？
7. 评课时应遵循的基本原则是什么？
8. 各种评课方法的侧重点各不相同，请说出它们各自的优点。

实践活动

中小学课堂教学观摩

教师组织同学们深入中小学进行课堂教学观摩活动，选择一堂课进行集体观课，要求同学们做好观课记录，课后与授课教师和学生进行交流，并要求中小学教师和同学们一起评课。

第九章　学习与反思：教师专业发展的保障

引言

　　2012年2月，教育部发布了《中学教师专业标准（试行）》和《小学教师专业标准（试行）》（教师〔2012〕1号），要求中小学教师要学习先进教育理论，了解国内外教育改革与发展的经验和做法；优化知识结构，提高文化素养；具有终身学习与持续发展的意识和能力，做终身学习的典范；主动收集分析相关信息，不断进行反思，改进教育教学工作。中小学教师应该终身学习、持续反思，针对教育教学工作中的现实需要与问题，进行探索和研究，不断提高自身专业素质。

学习目标

　　1. 了解教师学习的特点与方式。
　　2. 了解中小学教师的阅读书目。
　　3. 理解教学反思的内涵与意义。
　　4. 掌握教学反思的内容与方法。

第一节　教师学习的特点与方式

一、教师学习的特点

　　教师的学习具备一般学习的特征，但与学生的学习相比，教师的学习又具有自身职业的鲜明特征。

(一)教师学习是一种成人学习

教师是成年人，教师学习自然具有成人学习的特点。美国成人教育专家林德曼(Lindman)认为成人学习是"一种没有权威的合作探讨和非正规的学习，其主要目的是发现经历的意义，一种思想追求，为的是挖掘塑造我们行为的先入之见的根源"。

教师作为成人学习者，在承担社会角色和责任过程中易于形成较强的自我意识(概念)，有能力确定自己希望学习的内容；由于教师积累了很多生活经验，因而对一些学习模式和学习环境形成了明确的偏向。另外，教师作为成人，其思维能力更成熟，知识积累更丰厚，理论体系更完整，其学习主体性和探究性表现得更突出，可以在学习中更多地体现出独立思考、具有独立的见解与创新学习策略的特点。

(二)教师学习是一种经验性学习

所谓经验性学习，是指根据已有经验获取新知识和技能的过程。实践表明，教师的学科知识(本体性知识)和教育心理学知识(条件性知识)的简单叠加并不能形成教师的专业化素质，它们必须通过教师实践的整合，才能内化为教师的专业素质。因此，教师获得教育教学知识和技能的一个重要途径就是积累经验，这些经验是其丰富的学习资源。当新的信息与教师原有的经验联系起来，并对教师产生意义的时候，信息会转化成知识，而当这些知识被用于教师的教育教学实践中起到学以致用的效果时，知识最终转化成能力。

教师经验性学习的目的在于通过经验建构个人教育知识，学会教学。科布尔(Kobl，D. A.)提出，教师在基于先前经验的主动学习中需要有四种能力：投入新经验的开放态度和意愿；观察和反省的技能，这样才能从各种不同的观点来看待新经验；分析能力，这样才可以从观察中创造出整合性的理念和概念；决策和解决问题的技能，以便实际行为中采用这些新理念和概念。教师在教育实践中所获得的经验积累，也是教师教育实践智慧的重要源泉。

(三)教师学习是一种源于问题的学习

教师学习是一种源于问题的学习，包含多层次的内涵。首先，教师在教育教学实践中总会碰到这样或那样的问题，为解决这些问题，教师必须学习。其次，教师在自我成长的不同阶段，对自身的角色概念、职业认同、教育教学水平的认知等也会出现许多心理或思想上的问题，也必须加强学习。这种学习不仅仅是为了系统掌握某个方面的知识并形成完整的体系，而是以问题为中心，结合工作和生活实际，解决实践问题。

教师的职业特点和教育对象的特点决定了"有问题"是教师实践的本质，特别是在教育教学改革中，课程设置、教材使用、教学模式、教学方法等方面都会碰到具体的问题。在这些具体的教育教学行动中，也总会碰到学生的学习、心理、思想品德、人际关系等方面的问题，要解决这些问题，教师就必须对问题进行思考、研究，提升自身的专业能力和素质。

教师在专业发展过程中，其教育教学实践也在不断变革，即使是教学熟练的教师，甚至是老教师，都会遇到问题，这就需要教师不断学习。当教师在工作、生活中，对自身职业价值等的判断出现焦虑，面对"倦怠""转型"等问题而失落时，教师更要加强学习、提升自身素质，还要掌握必要的心理学知识，进行自我调节。而这些在专业发展过程中遇到的问题，又会成为教师学习的现实动力。

（四）教师学习是一种行动学习

教师行动学习的含义是：教师为改进自己的教学而学习，在教学过程中学习，即教学学习化，学习寓于教学过程之中。当前倡导的"把工作当学问做""把问题当课题做""在工作中学习，在学习中工作"等，就是这种学习的具体表现方式。

行动学习包括专业知识的学习，但学习的主要的目的不是获得这些专业知识，而是运用这些专业知识去分析、研究实际工作中的问题，提出解决问题的方案并付诸实施。这种学习是一种结合教育教学行动的学习，实效性高，有助于教师自身教学能力的提高。教师在教育实践中还会不断碰到复杂性和不确定性的情境和问题，需要丰富的实践性知识才能解决，因此，教师必须在真实的教学环境中、在行动中学习，掌握新的教育理念和技巧，增长自己的教育智慧。学习不仅仅是教师生活的一种必要方式，也是教师职业的一种道德要求；不是外部强加于教师的专业发展方式，而是教师职业人生中必不可少的一种内在追求。只有这样，教师才会自觉地在教育教学行动中学习。

二、教师学习的方式

学习是教师专业发展的必由之路。从广义上说，教师的学习方式包括有意义的接受性学习（如读书、听报告、参加学术会议等）、实践参与性学习（如集体备课、观课评课、专题研讨等）和研究性学习（如做课题、写论文等）。这里我们所说的教师学习指的是狭义的学习。

（一）读书

读书是同古今中外各种思想家、学者、专家交流的一种捷径，可以在很短的时间内将作者长时间的思考与经验纳入自己的经验系统之中。教师作为知识分子，应该有求知的欲望与天性，把读书作为自己的一种生活方式。

教师读书应该处理好博与专的关系。所谓"博"，主要指教师要通过读书拓展自己的视野，不局限于某个领域或者学科。博览群书可以帮助教师建立宽广的知识面，增强教师的文化底蕴以及科技、人文素养，促使教师把教育工作置于更加广阔的背景下来思考，提升教育的境界。所谓"专"，主要指教师要在自己的业务领域进行比较精深的阅读，阅读教育名著和学科专业书籍，深入学习教育专业知识与学科专业知识，为形成教学与研究专长打下知识基础。现在有一些专门针对基础教育新课程且基于教学实践的教育学和心理学书籍，以及关于各学科教学的专门期刊，是中小学教师专业阅读的可选材料。另外，教师还可以选取自己比较欣赏的教学专家或者特级教师的著述甚至教案进行系统的阅读，这样可以追踪名师大家的成长轨迹，为自己找到学习的榜样和教学的范例。

案例：

我的阅读史（干国祥）

一直到工作的第六个年头，我仍然被认为是一个不负责任的教师，因为我基本上不写教案，不出试卷和批试卷（除了统一组织的考试之外），也极少批改作业。有关考试的各种率的计算一直摇摇晃晃，"一不小心"就会落到最后。——许多年后我在思考教师与教育行为的关系时曾说："每个教师都像上帝一样在以自己为原型捏着泥人。"当时，我确实也不过是以自己为原型在"教书"。作为一名在学校里基本不交作业，平时靠小聪明混过考试关的学生，我对考试是既不感兴趣也并不害怕的，甚至有点轻视它。这一特殊的经历保留了我自由的天性和创造力；然而躲避了枯燥的高中和大学学习，同时也就意味着错失了系统知识的建构和学术研究的基本训练。知识结构单薄，缺乏足够的学养，对学术研究的框架和术语容易产生恐惧，对最新动态的学术和整个思想界缺乏了解……这些沉重的硬伤伤及筋脉，触及骨骼，使我在今天面对"那一代"与"这一代"的争论时，只能生出"中间物"的自怨自艾，却既无力承担"那一代"的衣钵，也不敢成为"这一代"的先锋。

......

我在 27 岁时人生有了一个小小的转折，当时仅仅是偶然的一小步。那一年我生了一场病，病中学生对我和我的课堂的怀念让我意识到自己的"逍遥"是对学生极不负责的表现。于是我提前出院回到学校，投身于刚刚发现乐趣与责任的教育。我担任毕业班的语文老师兼班主任并筹划建立了若干文学社团，而我的学生也开始在各类比赛中打破沉寂……然而当我开始行动的时候，却发现自己确确实实站在旷野上，我急于要寻找导师来帮我解决眼前的各种困难。就这样，原先扔在书柜角落里的"魏书生"被我每天放在案头，即使在了解全书的思想甚至细节之后，我仍然会不时地翻阅，用魏书生的思想和策略对自己的教育行为进行监督与纠偏——如果是魏老师面对这事他会怎么说、怎么做？这是那些年我经常诘问自己的一个问题，今天，当我和我的朋友们对"那一代"展开批评的时候，我个人的感情是颇为复杂的，因为我不仅仅是从"魏书生们"那儿汲取了营养长大起来的，而且我自己唯一的成功也可以说是建立在"技术主义""公开课"和"应试主义"上的，除此以外我别无所有，对魏书生的反对也就是对自己历史的一次反叛。"魏书生们"不仅仅制造了自己的神话，在他们的神话里，也有着无数个像我这样的教师的成长。

在短短的几年里，我一跃成为学校中最受学生欢迎、家长信任甚至校长器重的骨干教师，班级整齐的风貌，学生深深的依赖，各方面显赫的成绩，所有这些让我在一段时间之内颇感自豪。这里不得不提到，正是利用知识树及相关的教学方法，我在没有增加时间的前提下使学生的应试成绩有了明显提高。那一届学生毕业后的新学期第一个星期天，有三十几位学生不约而同来看望我，然而正是那一天，和随后陆续收到的书信，让我的内心经历了一场痛苦的风暴——我的"三率"极高的学生在进入高中同城区学生一道学习之后，带给我这样的消息：城里的同学能说会写，思路活跃，语文水平太高了！他们讲的某些书、某些人，我们根本没听说过。他们进高中的第一篇作文，是《我难忘的老师》，而他们的笔，几乎没有例外地指向了我，但是这些文章放在其他优秀的文章中……

肯定有什么地方出错了！——也许是我读错了魏书生所以导致了这一切，我相信在他的书里不仅仅含有应试的策略，同时也应该有着提高学生语文素养的思想。为了找到答案，我开始向外寻找，钱梦龙、于漪、宁鸿彬、陈仲樑和林炜彤……我寻找一切视野内的特级教师的课例和著作，后来又接触到叶圣陶、吕叔湘和张志公对语文的论述，试图在其中找到"教育是什么"和"语文是什么"的正确解答。当时正是模式盛行的时候，借助杂志中的一些文章，我开始涉猎外国的一些教育理论。那些在当时殊不可解的结构主义、控制论、信息论等西方现代理论开始一点点地切开我的皮肤，进入我的思想。这里最最重要的是我读到苏霍姆林斯基的《给教师的建议》。对苏氏的阅读让我体验到空前的愉悦，然而同时也给我带来毁灭性的冲击，因为就是在那一刻，我觉察到"中国并没有真正的教育"，觉察到了先前所阅读的中国大师们存在着先天性的致命伤，没有任何一个中国教育家能够与苏氏相提并论，也没有任何一所中国的中学可以和帕夫雷什中学相比。我站在中国教育的废墟上，窥见漂亮装饰下的空虚与单薄，然而先天知识结构的不足加上后天阅读上的营养不良却使我根本无力来对当前的中国教育做彻底的解构和宏大的建构——甚至仅仅是批判。我只是近乎本能地开始对"知识树""课堂教学目标""课堂的控制"等模式说"不"。

（资料来源：摘自刘良华著《教师专业成长——刘良华教育讲演录》，华东师范大学出版社 2008 年版，第 91～92 页）

(二)听报告

教师每年都要听培训机构或者学校组织的一些专题报告，报告者一般都是在某方面有经验或理论造诣颇深的大学或教育科研机构的专家。大学专家一般不如一线教师更了解教学实践，所以专家报告的内容肯定与教师的实践有一定距离。但是他们在理论上有长处，在某些问题上钻得深、站得高、看得远。教师不能以急功近利的心态期望从专家的报告中获得一些教学技巧或具体的教学"处方"，教师听报告的重点应是从专家的介绍中获取解决教学实践问题的思路与方法。从一定意义上来说，理论与实践之间必定存在一定的距离，这是由理论的概括性与抽象性决定的，但正是由于这种距离的存在给教师将理论转化为实践创造了空间。因此，教师听报告不能仅仅是听，还要开动脑筋去想，要吸收理论中的观点用来指导自己的实践，使自己从经验型的教书匠转变为有独立思想与系统知识的专家型教师。

除了现场听专家的讲座和报告，教师也可以听名师现场授课，或者观看专家的讲座视频和名师课堂录像，还可以观看"教育电影"和"教育电视（节目）"。另外，也要善于利用网络资源进行学习和研讨。

案例：

我的成长之路（魏志渊）

　　教育在线为我打开了一扇窗户，让我突然看到了另一个世界，那一段日子，我所有的业余时间都花在了网上，贪婪地浏览，认真地回复。我的视野被打开了，对教育教学有了一份前所未有的自觉，有了许多以前从没有过的思索，更值得一提的是，以前几乎不动笔，也从不发表文章的我，居然在短短三个月内，敲了大量的帖子或文章。

　　更重要的是，在网络中，我认识了一批和我一样在苦闷中独行的同道，大家依靠网络相互支持，借助文字相互取暖。资源网的温馨如家、其乐融融，教育在线的激烈犀利、激情飞扬，一个如乡村，一个似都市，深深地影响了我。那些网友已经成为我生命中的一部分，我们实际上是在彼此分享对方的思想甚至生命，这种相互启发、相互切磋、相互鼓励已经形成了一种巨大的精神力量并支撑着我。

　　网络为我打开了一个世界，在这个世界里，我认识到了自己的力量，同时也看到了自己的局限，这力量给我自信，这局限促我改进。上网之前，我是非常鄙视教育理论的，以为不过是纸上谈兵而已。但网络改变了我的看法，许多优秀同行的课堂实录里所渗透的新鲜理念，极大地吸引了我。我开始了如饥似渴的网络阅读，特别是正面交锋，而这种交锋又促使我去读一些理论书籍来充实自己，不知不觉中，我一年内所读过的教育理论著作及文章是我此前十多年总和的几倍！说来可笑，教了十来年书了，只是在上网之后，才有了明确的专业意识和专业化追求。

　　比这更重要的，是我渐渐地领略了网络的真义，体会到一种网络精神。在这个虚拟的社会里，民主意识很容易得到普及，一个真正尊重别人的网友才能够最终得到尊重认可。网络的公共性又使得丰富的资源在很大程度上要建立在无私的奉献上，我们在这种奉献中表达自己、丰富自己。而且这种民主、尊重、奉献的意义一天天地潜移默化于我的大脑中。正是在网络中，我对于民主的理解逐渐加深了，而民主意识的形成又促使我去反思日常教学中的专制因子，反思师生关系。

（三）参加学术会议

　　教师参加学术会议也是一种非常好的进修与学习的机会，其主要价值在于获取学术前沿信息，开阔研究视野，增长专业见识，结交专业伙伴。

参加学术会议，教师要敢于和专家交流、向专家学习。同时，教师参加学术会议也是认识同行的机会，可以把专业交流从校内拓展到校外，在更大的范围或更高的层次上寻找学习的榜样与伙伴。作为一个专业人员，教师参加本学科的相关学术会议，并在会议上发表见解，这应当是其专业活动的一部分。当前教师参加学术会议的意识还不够强，不同学校为教师提供的学术进修条件也存在较大的差别。因此，一方面，教师要尽可能地了解本专业领域的学术活动信息，主动争取加入对自己有帮助的专业组织；另一方面，学校也要鼓励教师参加学术活动，并为教师参加学术活动提供一定的经费支持。

第二节　中小学教师阅读地图

一、教育教学知识分阶推荐书目

(一)教育学

1. 阶梯一

《特别的女生萨哈拉——一个孩子的特别成功经历》：[美]爱斯米·科德尔著；包含丰富场景的处理问题学生的优秀小说。

《小王子》：[法]圣埃克苏佩里著；一本能够帮助教师通过"驯养"深刻理解何谓以及如何建立关系的寓言式作品。

《儿童的秘密——秘密、隐私和自我的重新认识》：[加]马克斯·范梅南、[荷]巴斯·莱维林著；教育现象学著作，通过对儿童秘密问题的现象学研究，促进对儿童的进一步理解。

《孩子们，你们好》：[苏]阿莫纳什维利著；尤其适合小学低段的教育教学叙事作品，全息性的活的教育学。

《给教师的建议》：[苏]苏霍姆林斯基著；以唤醒儿童尊严和培养儿童思维为核心的全息性"教育圣经"。

《学校是一段旅程》：[美]特林·芬瑟著；可领略华德福教育的精髓以及儿童成长的若干奥秘的华德福教师手记。

《童年的消逝》：[美]尼尔·波兹曼著；运用心理学、历史学、语义学和麦克卢汉的学说，深刻揭示了被掩盖在熟视无睹的日常生活下的"童年"消逝的命运。

2. 阶梯二

《教育人类学》：[波]博尔诺夫著；深刻地阐述了教育的非线性特征以及"危机""遭遇"的教育意义。

《静悄悄的革命》：[日]佐藤学著；批评广泛存在于小学中的主体性神话，倡导润泽的合作的教育。

《被压迫者教育学》：[巴西]保罗·弗莱雷著；从意识形态角度对灌输、师生关系、对话等有精彩阐述。

《什么是教育》：[德]雅斯贝尔斯著；原典型书籍，对教育中最根本的一些问题有精辟的论述。

《教育的目的》：[英]怀特海著；分析教育中存在的"浪漫—精确—综合"的节奏以及指出"自由—纪律"的辩证关系是本书的精髓。

《论对话》：[英]戴维·伯姆著；探讨人类如何交流和沟通的问题，揭示对话本质的杰作。

《中国古代教育论著选》：姜国均、杜成奥著；华东师范大学、浙江大学教育系主编。

《课程与教学的基本原理》：[美]泰勒著。

《学会关心——教育的另一种模式》：[美]内尔·诺丁斯著。

《生活体验研究》：[加]马克斯·范梅南著。

3. 阶梯三

《民主主义与教育》：[美]杜威著；集中体现杜威实用主义教育思想的作品，也是新教育实验的主要理论基石。

《教育的哲学基础》：[美]H. A. 奥兹门著；以关键概念为纲编写的教育哲学的入门书籍。

《后现代课程观》：[美]小威廉姆·E. 多尔著；描绘了取代传统的单向独白式权威教育的后现代多元而开放的课程设计蓝图。

《理解课程》：[美]威廉·F. 派纳、威廉·M. 雷诺兹、帕特里克·斯莱特里、彼得·M. 陶伯曼等著。

《复杂性理论与教育问题》：[法]埃德加·莫兰著；运用复杂性理论来探讨教育基本问题的原理型著作。

《课程与教师》：[日]佐藤学著；以"课程"和"教师"为主题对日本学校教育的发展问题进行反思。

《教学原理》：[日]佐藤正夫著。

（二）心理学

1. 阶梯一

《儿童的人格教育》：[奥]阿尔弗雷德·阿德勒著；特别强调自卑对于儿童的影响以及积极意义。

《爱的艺术》：[美]艾里希·弗洛姆著；借助对爱的诠释教导我们如何创造性地生活。

《三种心理学》：[美]罗伯特·纳著；对弗洛伊德、斯金纳及罗杰斯的心理学理论进行了精当的介绍。

《西方教育心理学发展史》：高觉敷、叶浩生主编。

2. 阶梯二

《自卑与超越》：[奥]阿尔弗雷德·阿德勒著；对于自卑与人的发展之间的关系进行了全面阐述。

《逃避自由》：[美]艾里希·弗洛姆著；从人的心理、社会因素和人性结构三者相互影响的总体探讨了自由对现代人的意义。

《动机与人格》：[美]马斯洛著；蕴含包括需要层次论在内的基本理论，关于自我实现部分尤其精彩。

3. 阶梯三

《精彩观念的诞生——达克沃斯教学论文集》：[美]达克沃斯著。

《道德教育的哲学》：[美]柯尔伯格著。

《儿童心理学》：[瑞士]皮亚杰著。

《同一性：青少年与危机》：[美]埃里克森著。

（三）教育管理

1. 阶梯一

《今天怎样"管"学生》：李茂编译；一个实用的教育管理工具箱。

《小学课堂管理》（第三版）：[美]温斯坦、米格纳诺著；一种基于建构主义的超越技术的积极的课堂管理思维。

《优秀是教出来的——创造教育奇迹的 55 个细节》：[美]罗恩·克拉克著；管理问题学生的若干技巧。

《做一个专业的班主任》：王晓春著；提供了专业班主任工作的一系列原则与技术，尤其强调思维方式的转变。

《创建优质学校的 6 个原则》：[美]艾伦·布兰克斯坦著。

2. 阶梯二

《有效的学习型学校——提高学生成就的最佳实践》：[美]杜福尔、埃克著；介绍将学校打造成学习共同体的核心元素。

《儿童纪律教育——建构性指导与规训》(第四版)：[美]费尔兹著；全面实用地介绍 3~8 岁基于自主建构的儿童纪律教育的方法。

(四)职业认同

1. 阶梯一

《新教育之梦》：朱永新著；关于新教育实验的愿景。

《爱心与教育——素质教育探索手记》：李镇西著；一个永葆童心的教师和一群孩子的爱的故事。

《我的教育理想》：朱永新著；新教育实验的奠基之作，全面丰富地展示新教育实验的愿景目标。

《成功无捷径——第 56 号教室的奇迹》：[美]雷夫·史斯奎著。

《班主任工作漫谈》：魏书生著。

2. 阶梯二

《教学勇气——漫步教师心灵》：[美]帕克·帕尔默著；通过认识自我、认识教师心灵来重新认识和体验教育教学。

二、语文学科分阶推荐书目

(一)汉语知识

《汉字密码》：唐汉著；利用甲骨文知识还原汉字真相。

《简明·连贯·得体——中学生的语言修养和训练》：章熊、缪小放著；运用大量丰富例证透析语文教学中涉及的修辞。

《修辞学发凡》：陈望遗著；第一部有系统的兼顾古话文和今话文的修辞学著作，修辞学里程碑式作品。

(二)文本解读

1. 阶梯一

《唐宋词十七讲》：叶嘉莹著；提出兼用"兴发感动"与"文化符码"来理解古典诗词。

《童话人格》：柯云路著；利用心理学原型工具，解读几部经典神话与童话。

《名作细读》：孙绍振著；运用还原和比较等方法对大量中小学课文进行细读，揭示其深层的、话语的、生命的奥秘。

《五十年：散文与自由的一种观察》：林贤治著；从意识形态角度对五十年来散文作品进行全面的品评，发表于《书屋》杂志，网上可下载。

《古老的回声》：王富仁著；运用西方文艺理论尤其是心理学解释中国古典诗词。

《如何阅读一本书》：艾德勒、范多伦著；关于阅读的权威指南。

《巫婆一定得死——童话如何形塑我们的性格》：雪登·凯许登著；通过童话分析人类心理的形成。

《永恒的魅力——童话世界与童心世界》：布鲁姆·贝特尔海姆著；解析童话背后的儿童心理及儿童发展。

《易中天品三国》：易中天著；通俗易懂地解释《三国演义》。

2. 阶梯二

《诗词例话》：周振甫著；从风格、修辞、写作等角度分门别类地介绍古典诗词鉴赏技巧的大家小书。

《汉字的魔方——中国古典诗歌语言学札记》：葛兆光著；从语言学角度分析诗歌，别开生面。

《小说家的十三堂课》：王安忆著；小说家在大学讲堂里讲小说，敏锐细腻。

《中国古典小说史论》：夏志清著；以西方人的眼光审视四部中国古典名著。

《金圣叹评点水浒传》：施耐庵著，金圣叹评；运用批注法进行文本细读的典范的作品。

《心灵的探询》：钱理群著；详细分析鲁迅的精神世界。

《文学性讲演录》：孙绍振著；阐释文学批评诸多问题。

3. 阶梯三

《人间词话》：王国维著；以"境界说"为核心，融西方美学思想与中国批评理论为一体的诗话作品。

(三)学科理论及实践

1. 阶梯一

《听王荣生教授评课》：王荣生著；从语文课程论和教学论角度对几十年来若干经典课倒的专业剖析。

《名师课堂实录》：中学推荐钱梦龙、宁鸿彬、于漪、郑桂华等，小学推荐于永正、支玉恒、王崧舟、窦桂梅。

2. 阶梯二

《语文教学内容重构》：王荣生著；重点阐述语文教学教什么的问题。

3. 阶梯三

《语文科课程论基础》：王荣生著；语文课程论方面的奠基之作。

(四)文学作品

1. 大量优秀文学作品

(书目略)

2. 新教育"毛虫与蝴蝶"儿童课程推荐共读书籍

(1)低年级(12本)

《木偶奇遇记》《丑小鸭：安徒生童话选》《灰姑娘：格林童话选》《猜猜我有多爱你》《爷爷一定有办法》《爱心树》《石头汤》《犟龟》《一只孤独的乌鸦》《我和小姐姐克拉拉》《跑猪噜噜》《小猪唏哩呼噜》。

(2)中年级(12本)

《彼得·潘》《波丽安娜》《绿野仙踪》《青鸟》《爱丽丝漫游奇境记》《柳林风声》《中国神话传说》《苹果树上的外婆》《一百条裙子》《特别的女生萨哈拉》《时代广场的蟋蟀》《木偶的森林》。

(3)高年级(12本)

《爱的教育》《小王子》《秘密花园》《汤姆·索亚历险记》《圣经故事》《希腊神话故事》《夏洛的网》《永远讲不完的故事》《人鸦》《德国，一群老鼠的童话》《草房子》《女儿的故事》。

三、数学学科分阶推荐书目

(一)数学本体性知识

1. 数学史

(1)阶梯一

《世界数学通史》：梁宗巨等著；辽宁教育出版社。

《数学符号史》：徐品方著；科学出版社。

(2)阶梯二

《数学简史》：张红著；科学出版社。

《数学的源与流》：张顺燕编著；高等教育出版社。

(3)阶梯三

《中国古代数学思想》：孙宏安著；大连理工大学出版社。

(4)阶梯四

《数学史概论》：李文林著；高等教育出版社。

（5）阶梯五

《数学史》：〔英〕斯科特著；广西师范大学出版社。

2. 数学与数学教育

（1）阶梯一

《数学教学基础》：郜舒竹著；教育科学出版社。

《小学数学的基础理论》：钟善基、李家骏编；北京师范大学出版社。

《给数学教师的 101 条建议》：季素月著；南京师范大学出版社。

（2）阶梯二

《数学教育的价值》：黄翔著；高等教育出版社。

《作为教育任务的数学》：弗赖登塔尔著；上海教育出版社。

《数学中的美学方法》：徐本顺、殷启正著；江苏教育出版社。

（3）阶梯三

《数学方法论入门》：郑毓信著；浙江教育出版社。

《数学教育再探——在中国的讲学》：弗赖登塔尔著，刘意竹、杨刚等译；上海教育出版社。

（4）阶梯四

《数学教育：动态与省思》：郑毓信著；上海教育出版社。

《文化视野中的数学与数学教育》：张维忠著；人民教育出版社。

《小学数学教学新视野》：吴亚萍著；上海教育出版社。

（5）阶梯五

《数学教育学导论》：张奠宙等著；高等教育出版社。

《中国数学双基教学》：张奠宙著；上海教育出版社。

3. 数学心理

（1）阶梯一

《走进儿童的数学学习》：张兴华著；河海大学出版社。

（2）阶梯二

《小学数学学习心理研究》：徐速著；浙江大学出版社。

（3）阶梯三

《数学教育心理学》：章建跃等著；北京师范大学出版社。

（4）阶梯四

《数学教育心理》：李士锜编著；华东师范大学出版社。

《中小学数学能力心理学》：〔苏〕克鲁捷茨基著，李伯黍等译；上海教育出版社。

(5)阶梯五

《数学教育心理学》：喻平著；广西教育出版社。

(二)数学课程与教学

1．课程理论

(1)阶梯一

《小学数学教学论》：周玉仁著；中国人民大学出版社。

《小学数学新课程教材教法》：陆丽萍主编；东北师范大学出版社。

(2)阶梯二

《当代中小学数学课程发展》：王林全著；广东教育出版社。

(3)阶梯三

《数学课程发展的国际视野》：孙晓天著；高等教育出版社。

《数学教学理论选讲》：唐瑞芬著；华东师范大学出版社。

(4)阶梯四

《数学教学论》：陆书环等著；科学出版社。

《现代数学教学论》：叶立军等著；浙江大学出版社。

(5)阶梯五

《小学数学课程标准比较研究》：黄建弘编著；华东师范大学出版社。

2．课程实施

(1)阶梯一

《设计合理的数学教学》：马复编著；高等教育出版社。

《数学解题思维策略——波利亚著作选讲》：刘云章等著；湖南教育出版社。

(2)阶梯二

《数学的发现——对解题的理解、研究和讲授》：[美]乔治·波利亚著；科学出版社。

《怎样指导孩子学数学》：[英]帕梅拉·利伯克著，寿明道译；上海科学技术文献出版社。

(3)阶梯三

《数学新课程与数学学习》：孔企平等编著；高等教育出版社。

《数学思想应用及探究——建构教学》：王培德著；人民教育出版社。

《我教小学数学》：李烈著；人民教育出版社。

(4)阶梯四

《数学习题理论》：戴再平著；上海教育出版社。

《寻找中间地带——国际数学教育改革的大趋势》：顾泠沅、易凌峰、聂必凯著；上海教育出版社。

《小学数学教学改革实践与研究》：郑俊选著；人民教育出版社。

(5)阶梯五

《数学教育：从理论到实践》：郑毓信著；上海教育出版社。

《中国数学课堂教学模式及其发展研究》：曹一鸣著；北京师范大学出版社。

3. 教学研究

(1)阶梯一

《新课标理念下的数学课堂教学技能》：王秋海著；华东师范大学出版社。

《小学数学创新性备课》：《人民教育》编辑部编；教育科学出版社。

《名师备课经验(数学卷)》：肖川著；教育科学出版社。

(2)阶梯二

《小学数学课堂教学案例透视》：张延银著；人民教育出版社。

《松子评课》：宋淑持著；上海教育出版社。

《小学数学课堂教学案例透视》：斯苗儿著；人民教育出版社。

《新课程理念的探索实践》：潘小明著；上海教育出版社。

(3)阶梯三

《数学教学过程中的学生参与》：孔企平著；华东师范大学出版社。

《小学数学课堂诊断》：彭钢等著；教育科学出版社。

《小学数学典型课示例——历史视角下的研究》：吴卫东、丘向理著；东北师范大学出版社。

(4)阶梯四

《教与学的新方法·数学》：[英]J. L. 马丁著；北京师范大学出版社。

《小学儿童如何学数学》：孔企平著；华东师范大学出版社。

《数学学习与教学设计》：庞维国著；上海教育出版社。

(5)阶梯五

《新课程小学数学教学叙事研究》：陈亚明著；宁波出版社。

《小学数学课堂教学新论》：徐丽华著；浙江大学出版社。

《基于问题解决的数学教学研究》：乔连全著；厦门大学出版社。

4. 数学文化及数学哲学

(1)阶梯一

《数学的本性》：[美]莫里兹著；大连理工大学出版社。

《数学思维与小学数学》：郑毓信著；江苏教育出版社。

(2)阶梯二

《化归与归纳、类比、联想》：史久一等著；大连理工大学出版社。

《数学证明》：萧文强著；大连理工大学出版社。

《数学思想方法》：顾泠沅著；中央广播电视大学出版社。

(3)阶梯三

《康托的无穷的数学和哲学》：[美]道本著；大连理工大学出版社。

《数学领域中的发明心理学》：[法]雅克·阿达玛著；大连理工大学出版社。

《数学文化》：课程教材研究所、数学教材研究开发中心编；人民教育出版社。

(4)阶梯四

《数学思维与数学方法论》：郑毓信等著；四川教育出版社。

《古今数学思想》(共四册)：[美]莫里斯·克莱因著；上海科学技术出版社。

(5)阶梯五

《数学教育中的建构主义：一个哲学的审视》：谢明初著；华东师范大学出版社。

《数学教育哲学》：郑毓信著；四川教育出版社。

《徐利治谈数学哲学》：徐利治著；大连理工大学出版社。

5. 数学科普

(1)阶梯一

《有趣的数学》：[韩]李光延著；北京理工大学出版社。

《创造发明1000例(数学卷)》：李虹梅等编著；广西师范大学出版社。

《小臭身边的数学问题——小学数学能力题趣味题》：蔡东彩、慕小飞、刘玉和著；华东师范大学出版社。

(2)阶梯二

《从数学教育到教育数学》：张景中等著；中国少年儿童出版社。

《课堂中的数学游戏》：胡子安等著；福建教育出版社。

（3）阶梯三

《每天变得聪明一点：Happy 数学》（A—F 六分册）：［美］德尔西蒙著，朴玉等译；长春出版社。

《数盲世界——数学无知者眼中的迷茫》：［美］约翰·史伦·保罗士著，柳柏濂译；上海教育出版社。

《数学的故事》：［美］曼凯维奇著；海南出版社。

《生活中的数学》：朱乐平著；浙江少年儿童出版社。

《数学游戏新编》：唐世兴、唐方、苏正、沙枫著；上海教育出版社。

《小学生能解答的数学名题》：刘国恩编；中国少年儿童出版社。

（4）阶梯四

《混沌与均衡纵横谈》：梁美灵等著；大连理工大学出版社。

《无穷的玩艺——数学的探索与旅行》：［匈］路沙·彼得著；大连理工大学出版社。

《稳操胜券》：谈祥柏著；江苏教育出版社。

《数学与智力游戏》：倪进著；大连理工大学出版社。

《从惊讶到思考——数学悖论奇景》：韩雪涛著；湖南科技出版社。

（5）阶梯五

《数学脑》：［英］巴特沃思著；中国出版集团东方出版中心。

《从此不怕数学——经典趣味解题思维训练》：［日］冈部恒治、藤原和博著；姚岚译，中国民族摄影艺术出版社。

《三车同到之谜：隐藏在日常生活中的数学》：［英］罗勃·伊斯特威、杰里来·温德姆著，陈以鸿译；上海教育出版社。

四、通识知识推荐书目

类别	书目
文学艺术	一切优秀文学名著及批评理论 《美的历程》（李泽厚著）　　《十九世纪文学主流》（勃兰克斯著） 《时间的玫瑰》（北岛著）　　《歌德谈话录》（爱克曼著） 《谈美书简》（朱光潜著）　　《艺术哲学》（丹纳著） 《美学散步》（宗白华著）　　《艺术的故事》（贡布里希著）

续表

类别	书目
哲学历史宗教及社会学	《西方哲学史》(罗素著)　　　　《哈维尔文集》(哈维尔著) 《希腊的神话和传说》(斯威布著)　《万历十五年》(黄仁宇著) 《苏菲的世界》(乔斯坦·贾德著)　《官僚主义的弊害》(阿兰·佩雷菲特著) 《圣经的故事》(房龙著)　　《乌合之众——大众心理研究》(古斯塔夫·勒庞) 《儒教》(杜维明著)　　　　《1932—1972年美国实录：光荣与梦想》 　　　　　　　　　　　　　　(威廉·曼彻斯特) 《基督宗教》(哈维·寇克斯著)　《娱乐至死》(尼尔·波兹曼著) 《佛教》(阿部正雄著)　　　　《通往奴役之路》(哈耶克著) 《老子的智慧》(林语堂著)　　《剑桥中国史系列》(麦克法夸尔、费正清编) 《中国文化的深层结构》(孙隆基著)《丑陋的中国人》(柏杨著) 《论语今读》(李泽厚著)　　　《黄河边上的中国》(曹锦清著)
科学	《时间简史》(霍金著)　　　　《别闹了，费曼先生》(费曼著) 《昆虫记》(法布尔著)　　　　《爱因斯坦的圣经》(萨缪尔等著) 《上帝掷骰子吗：量子物理史话》(曹天元著)
综合及其他	《教师人文读本》(商友敬等编)　　《拯救与逍遥》(刘小枫著) 《大学人文读本》(夏中义编)　　《给青年诗人的十封信》(里尔克著) 《近距离看美国》(林达著)　　　《傅雷家书》(傅雷著) 《宽容》(房龙著)　　《沉默的大多数——王小波杂文随笔全编》(王小波著) 《从优秀到卓越》(吉姆·柯林斯著)　《首先，打破一切常规》(吴建宏著) 《现代化的陷阱》(何清涟著)　　《潜规则：中国历史的真实游戏》(吴思著) 《第五项修炼》(彼得—圣吉著)　《寂静的春天》(卡逊著) 《美德的起源——人类本能与协作的进化》(麦特·里德雷著)

*

第三节　教学反思的内涵与意义

一、教学反思的内涵

教学反思是指教师自觉地把自己的课堂教学实践作为思考的对象，对自己的教学目的、教学行为、教学过程和教学结果等进行全面而深入的审视和分析，从而提高自己的教学能力、使教学达到更优化状态、使学生得到更充分发展的活动。对于反思的概念，我们要全面把握。有一些认识，对反思的理解很肤浅，甚至是误解，需要澄清。

(一)"反思就是冥思苦想"

反思不是一般性的思辨性的思考。它是对自己的思考。这种思考，有两个特点，第一是反身性的，思考回到自身。第二是反思引起教学行为的变化，而不是纯思辨。反思与行动相联系，或者说反思是对自己的行动的反思，在行动中反思。反思与行动密不可分。

(二)"反思就是自己独自思考"

这也是错误的。我们强调自己要做自己专业发展的主人，强调对自己的教学实践进行反思，并不排斥教师之间的合作交流。相反，我们认为，反思离不开教师之间的合作学习。

(三)"反思就是对自己的教学实践进行研究，不必再学习理论"

虽然，反思性实践强调从个人的经历中学习的重要性，但并不否定教育文献的学习。反思是根本，教育文献为我们的反思提供新的视角，为反思服务，而不是代替我们的反思。反思往往带有我们独特的个性，理论可以帮助我们识别其中的一般与普遍的因素；正因为理论的这种品格，可以发展起我们看待事物的多种观点，从而丰富我们的反思。

(四)"反思只是对自己的教学实践进行反思"

这种认识把教师的反思局限在教学领域。这样反思就很可能丧失批判性，停留于教学技术层面。反思实质是对教师全部生活方式的审视，而不是把反思的基本内容限制在教学技术和班级组织的技术问题上。从其表面看是对教师教学实践的反思，实质是要深入教育领域、教育的价值和教师生活的态度。

二、教学反思的意义

反思是教师专业发展和自我成长的核心因素，是教育智慧的源泉。斯坦托姆说："我们已经注意到，二十年的教学经验也许只是一年经验的二十次重复；除非我们善于从经验中汲取教训，否则我们就不可能有什么改进。"波斯纳提出了一个教师成长的公式：教师成长＝经验＋反思。从中我们可以看出，教师的成长过程是一个总结经验、发现问题、反思实践的过程。

教学反思可以让教师搭建起感性与理性的对话桥梁，教师借助于教学反思，记录自己的感性经验，用理论来进行梳理、整合，把感性与理性相结合，实践与理论相联系，使教学活动经验走向教学理论，丰富个体的理论知识，拓展教师的专业视野。这是教师提高自身业务水平、促进自身专业成长的一条重要途径。因此，教师要提高教学反思的意识，明确教学反思的目的，并尽快地学会反思，善于反思。

教师既是教学实践的主体，也是教学研究的主体。教学反思正是以教师的实践为源头、为内容、为线索，进行富有个性的教学研究的形式，也是教师在教育实践中寻找"意义"、重建自己的教育生活、从而构筑专业成长的精神家园的历程。教师在这样的过程中，由教学实践走向教学理论，由教学理论引导着教学实践，不断地超越自我，成长为一名专家型教师。苏霍姆林斯基固守在教学实践一线 32 年，写了 32 年的教学日记，记录了 32 年的人生经历和专业发展轨迹，在记录中成为一代教育家。叶澜教授指出："一个教师写一辈子的教案不一定能成为名师，如果一个教师写三年反思就有可能成为名师。"

第四节　教学反思的策略

一、教学反思的内容和视角

(一)教学反思的内容

1. 对教育行为的反思

在反思中深化对教育行为的认识，超越原有的经验，穿透经验洞察教育的本真意义，在对教育有了深层理解的基础上改善自己的教育行为。

2. 对教育信念的反思

教师教育行为的背后都有一定的教育信念，它一般内隐于教师的个人实践性知识体系内。教师在反思中，内隐的教育信念显性化，教师能够明确意识到什么样的教育信念在支配自己的教育行为，哪些信念是合理的，哪些有待修正。

3. 对教育理论的反思

教学反思重视教师"实践话语"的生成，并不意味着否定教育理论的作用。反思的真正价值在于将教师与实践碰撞出火花的理论落实到实践中来。

(二)教学反思的视角

1. 以学生的视角进行反思

我们可以回顾我们作为学生(包括接受培训时的学生角色)时的一些事件、感受、人物，就可以让我们从"别人"的角色来反观我们自己。自己过去和现在的学习经历成为自己教学实践的"镜子"。这样就可以很自然地把自己的教学和现在学生的经历联系起来，考虑他们的感受、情绪、思维与行为。回顾我们作为学生的一些感受，可以影响我们喜欢或避免某些教学行为。我们还可以站在现在学生的角度进行反思。学生时时刻刻用眼睛和心灵观察和思考着教师。从学生的行为、思维状态、学习成绩以及学生对教师的期待都会反映出我们教学的状况。"学"反映了"教"。我们知道自己的教学对学生意味着什么，我们就能够更好地改进我们的教学。有人主张"要学会'从下看上'，即从'学'的角度看问题，关注学生的需要，学生的发展状况，以及学生发展能力和素质。以此为出发点来反思'教'的行为、'教'的目的和'教'的思想。"

从学生的眼里了解自己的教学，办法很多，如让学生建立学习档案、写学习日记、进行问卷调查、召开师生座谈会等。

2. 以同伴的视角来反思

约请同事观察自己的教学并与他们交流和对话，可以使我们用新的眼光看待自己的教学实践。这是教师之间的共同学习、合作学习。我们在下一节将集中讨论这个问题。我们还可以对照榜样教师的行为反思自己的教学行为。这里的"榜样"是一种宽泛的理解，他可以是正面的，也可以是反向的。你喜欢和不喜欢的教师，都会成为我们模仿和学习或讨厌的榜样。或者说，正是这些老师的教学影响你形成了潜在的教学理念。回顾这些经历，你可以对自己的教学有更清醒的认识。

3. 站在"超自我"的视角进行反思

所谓"超自我"就是有意识地抛弃习惯和成见，以一种全新或另类的眼光看自己的过去。这是教学反思最主要的研究视角，也可称为教师自传的研究。它可以使我们对自己教学的观念、行为、设计理念进行深刻的审视。对自己教学实践的反思方式有很多，比如教学日记、一段时间的教学回顾、角色模仿演练、教学录像等。

对自己的教学实践进行反思，尤其要抓住关键事件。关键事件就是教师生活中重要的事件，教师要据此做出关键性的决策。关键事件有的是突发事件，有的是平常教学中的事件。抓住这些事件引起反思，往往会是教师捕捉住了自己发展的时机。

4. 以专家的视角来反思

教师要争取一切机会，与专家进行对话和交流，进而反思自己。但常见的方法还是通过阅读相应的文献，使我们对一些问题找到与自己不同的解释和见解，可以帮助我们接受新的信息、观点，用新的方式研究我们自己。反思，不是排斥理论学习，相反倒是认识我们自己的一个角度。

5. 通过家长对学生的发展的意见来反思

学生家长最为关心学生的发展。学生在学校中的表现（如学习成绩如何，思想品德如何），学生在校外以及家中的表现，家长都很关注。他们的一些观察、了解、思考，往往是我们教师所难以了解的。所以，通过家长的眼睛来看学生的发展，倾听他们的意见也是教师反思教学的一个必要途径。不过要注意的是，家长有可能对教育的全面发展的价值观不甚了解，导致只关注学生的成绩，这是教师听取家长意见时要细心分析的。

二、教学反思的步骤和方法

（一）教学反思的步骤

1. 收集重要的教学事件或经验

描述日常教学中发生的重要或感兴趣的事件，揭示隐藏在其背后的动机、趋势和教学实际的深层因素。

2. 简单明了地加以记载

不加任何的分析与判断，以简单明了的方式描述事件发生、发展的过程与细节。

3. 分析事件发生的原因

一般可从理念与行为（操作）两个层次进行反思。行为层次的反思主要是常规的教学技术与班级管理行为的反省，理念层次的反思则是从教学问题入手，挖掘隐藏在其背后的教学观念、伦理规则以及伴随教学产生的文化背景与社会期待。

4. 思索对教学实践的意义

经过反思，能初步归纳整理出事件背后的各种意蕴，进一步分析其对教学实践的意义，并运用于实践之中，借以改进自己的教学工作。

(二)教学反思的方法

1. 课后笔记

一节课结束以后，对自己这一节课的总体设计是否得当，教学手段的运用是否充分，重点、难点的突破是否达到预定目标，哪些地方需要调整等内容，做一个简单总结，为进一步改进教学工作打下坚实的基础。

2. 反思日记

在一天的教学工作结束后，能静下心来，总结自己一天的工作，记录自己的经验和教训，反思成败得失。

3. 交流讨论

教师们课后聚集在一起，针对课堂教学的情况和存在的问题，各抒己见，共同探讨解决问题的办法，得出最佳方案，以达到共同提高的目的。

4. 教学研究

为解决课堂教学中遇到的比较突出的问题，教师应以教学理论为指导，广泛开展教学研究，通过调查、反思、实践、再反思的过程，把握问题的实质和规律，探索改进教学方法、提高教学效率的方案，以提升教学质量、促进学生发展。

案例：

记我的一次反思教学经历(华应龙)

缘起："坑人"事件

二年级上册《数学》(义务教育课程标准实验教科书新世纪版)上有"关于概率的初步认识"——"可能、一定"。大家都在研究如何上好这节课。有的研究课我觉得上得有点偏，主要偏在哪呢？主要偏在教学定位。这节课的编写意图是让学生通过活动感受到有些事件的发生是可能的，有些事件的发生是一定的，也就是初步认识可能事件和确定事件，仅此而已。而有的教师上这节课的时候，把"可能性有大有小"和列举可能性的若干种情况都纳进来了。这主要是由不太清楚教材的结构体系造成的。

我在上这节课的时候，先让孩子们从装有三个黄球和三个白球的盒子里摸出一个球，让孩子们感受"可能"——可能是黄球也可能是白球。然后再让孩子们从装有六个黄球（没有白球）的盒里摸出一个球，让孩子感受"一定"——一定是黄球，不可能是白球。但事先不告诉孩子们盒子里装的什么球，而是——

师：刚才同学们摸球了，有趣吗？

众生：有趣。（声音不高）

师：现在还想摸吗？好，（拿出事先准备好的盒子）如果你摸出的是白球，将会得到这个奖品（出示奖品），一个很好玩的小东西。（学生的情绪一下子被调动起来，都举起手，好多孩子竟站了起来。）谁来摸呢？看谁坐得端正！

（指名一男生到讲台前来摸球，孩子的手刚要从盒子里拿出来却被我按住。）

师：他摸到的是什么球？

生1：黄球。

生2：是白球。

生3：可能是黄球。

师：他用上了"可能"这个词，真好！请你拿出来吧。（男生将球拿出，是黄球，孩子们发出一片惋惜声。再指名一女生，又摸出了一个黄球，孩子们又是一片惋惜声。这时学生情绪高涨，争先恐后。）

师：（再指名一女生）这一次摸到白球了吗？（停顿，让孩子们在脑子里猜测）好，请拿出来。

她摸到的也是黄球，她自己笑了，同学们也笑了。

师：再指名一男生，他能得到华老师的奖品吗？

他拿出来的还是黄球，孩子们有些骚动。

师：还想摸吗？

还是有不少孩子举起手。

师：有没有人有意见？有没有想法？

女生：我觉得这盒子里全部都是黄球。第一，您怕同学得到奖品在课上玩。第二，这奖品是买来的，您以后还要用。所以我觉得这盒子里全部都是黄球。我肯定这一点了。

师：真的吗？你想知道真实的情况是怎样的吗？

众生：想！

我打开盒子，让学生看到了六个黄球，众生哗然。猜对的同学大喜。我将球一个一个拿出来，最后将盒子倒扣过来，孩子们都笑了。有一男生的声音："上当了！"

师：上当了？是，这是华老师跟大家开了一个玩笑，这个盒子里面装的都是黄球，可能摸出白球吗？

众生：不可能。

师：板书，不可能，从这个盒子里面摸出一个球——

生1：百分之百是黄球。

生2：一定是黄球。

我板书：一定。

接着，我又创编了一个看连环画、听故事的活动，让学生用上已形成的"可能和一定"来判断。

出示连环画、画外音：一个公司老板亟须招聘一些员工。于是，他就在公司的门口贴出一张特别具有诱惑力的广告。上面写着：来我公司工作，工资高，每天你可能得到9枚金币。这个广告贴出去之后好多人都看到了。它真是太具有诱惑力了。于是真的有很多人来到公司打工。大家辛辛苦苦干了一个月，该拿工钱的时候，却发生了这样一件事——老板提着一袋金币过来，打工的刚想拿，老板说，不许动，要想拿到金币，还得做一件事情——你们把它抛起来掉在地上的时候全部正面朝上，你们才能把这袋金币拿走，打工的人能拿到这些金币吗？

接下来就让学生说想法。

……

男生：如果是和盒子里的一样的话，那些人也只有一个答案，只有反面。因为我猜测金币两面都是反面。如果在盒子里的话，盒子里有两个字，你也能猜到。

师：让我来猜哪两个字？

男生：（点头），就在盒子里面，你自己应该能猜到，看是看不见，但你脑子里面应该能得到。

师：挺厉害的，盒子里的两个字是什么？

女生：（善意提醒）没有。

男生：（重重地说）坑人。

（全场哄堂大笑。）

师：（放声大笑之后）对，华老师就是想让大家知道，刚才那个摸球游戏是坑人的！

（全场掌声和会意的笑声。）

……

反思与再实践：

回眸"肯定"的女孩

那个女孩虽然判断出了盒子里都是黄球，但她是从前四位同学摸出的情况来判断的吗？不得而知，但从她的解释来看，却是另一个判断过程："我觉得这盒子全部都是黄球。第一，您怕同学得到奖品在课上玩。第二，这奖品是买来的，您以后还要用。所以，我觉得这盒子里全部都是黄球。我肯定这一点了。"或许，这位女孩的思维是两者兼而有之，但她表达出来的却是来自她课堂生活积淀的合情推理，并不是根据摸出的球的情况而做出的"可能"猜想。

她为什么会这么说呢？

新课程实施以来，有一股非常好的潮流，就是我们数学课堂尽可能地和孩子的生活接近，取材于孩子们的生活，追求"数学生活化，生活数学化"，既调动了他们的学习积极性，又让他们体验到数学的价值。但是有的老师为了让学生围着自己转，许诺奖给学生卡通玩具；有的老师让学生运用所学的知识为老师、为学校、为市长"排忧解难""出谋划策"……然而，"图穷匕首见"，忘了兑现，不予兑现，不可兑现。这样，学生们积淀下何种情感呢？

回味"坑人"二字

"有奖摸球"是有意设计的。设计的意图：一是调动孩子们参与的积极性——摸到白球，孩子们会更来劲；二是孩子们已经形成了"可能"的概念，那么他想自己摸到白球的愿望会强烈，未能如愿，就会迫切地做出猜测。原先摸到白球的愿望越强烈，后面"从这样一个盒子里摸出来一定是黄球"体验也就越深；三是促进孩子的社会化。西安的"宝马车案"不就是这样的吗？街头摊贩就常有这样的把戏。

不过，我没想到学生会诘问出如此激烈的"坑人"二字。小学生，特别是低年级的孩子对老师非常敬佩，他们觉得老师特别高大。可是今天的这个活动做完以后，他们觉得"上老师当了"，他们觉得老师在"坑人"。这样对于教师形象的负面影响是很大的。亲其师才能信其道，怎么解决这样一个问题呢？

如果没有奖，就没有这样的问题，学生是不会说老师"坑人"的。但没有奖又怎样让学生参与兴致高呢？后来想到：摸出一个黄球，就不放进去，然后再去摸的时候，摸到白球的愿望也就会越来越强烈。但我后来再想：这样的设计不好，它和后面将讲到的统计概率的游戏规则相冲突。摸球一类游戏的规则是摸出来还要放回去才能再摸。不放回去，样本就不一样了。

我还是不想把"有奖"去掉，那怎么办呢？

想了两天以后，我儿子的一句话启发了我。我到学校后面的小商店里拍了一张相片，小商店的货架上是琳琅满目的商品。开始上课时，有意不穿外套。到"有奖摸球"前，我穿上外套，投影那张相片。然后说："我是这个商店的老板，你看我这里有吃的，有喝的，有玩的，还能摸球得奖呢！"然后，组织学生摸球……当孩子们情绪开始激愤、有意见的时候，要说"坑人"的时候，把外套脱了。"同学们，老师来了，你有什么话想说？"相当于是一次采访，让学生谈感受。一件外套，将老师保护起来，还这类游戏的本来面目。

第二次上这节课时，我这样做了，真有效，没有学生再说"上老师当了"。为什么这么有效呢？这就是一种角色扮演。有没有这种角色扮演，效果就是不一样。有时候一件小小的道具、一个小小的手，其作用是挺神奇的。

后来我又想：还有没有更好的办法？有道是"没有最好只有更好"。后来想到一个办法：把两次摸球的先后次序颠倒一下，还有奖，先摸六个球，再摸三个黄球、三个白球。先摸六个黄球，当孩子感觉"没有白球""上当了"的时候，老师有一个很好的解释就是："对不起，老师拿错盒子了。"不是老师有意而是老师的疏忽。分析、揭示"一定"之后，接着再来摸三个黄球、三个白球，感受"可能"，真把奖品奖出去。

第三次讲这节课，我尝试了新的设计，效果却不好！

这是怎么回事吗？我想最主要的原因就是次序调整后，孩子们没有先摸装有三个黄球和三个白球的盒子，还没有形成"可能"的概念，摸一个球出来会是什么结果，学生心中是无数的。同时事先没法交代盒中球的情况，真有点"盲人骑瞎马"的味道。所以这样设计的教学效果就不好。

看来还是要先摸三个黄球、三个白球，再摸六个黄球。摸六个黄球有奖但不可能得到，如果后面能再设计一个活动，让学生有可能得到这个奖品就好了。我在思索……

顾盼四幅连环画

回头看看创编的看连环画、听故事环节，挺欣慰。那是费了两天的功夫才编成的，可以达到多个目的：改变题目呈现方式的积极尝试；让学生在饶有情趣的情景下，运用"可能、一定"来进行分析、判断；在富有挑战性的情境中，积累应对智慧。

再细想，觉得这样一个故事也有不妙的地方。金币落到地上有没有可能全部正面朝上？从理论上说应该是可能的，只是可能性太小了。这个微乎其微的可能性，能让二年级的学生来认识吗？

有一天，看中央电视台的《今日说法》，突然悟出撒贝宁讲的故事可以"拿来"一用。于是，我将录像剪成两段。

撒贝宁：古代有一个将军打了败仗，他和他的手下被敌军追到河边，走投无路的时候，将军决定拼死一战，但是手下的人都觉得凶多吉少，将军拿出一枚铜钱说："如果抛出是正面，那么我们就必定胜利；如果抛出是反面，你们就跟着我投河自尽。"

故事播放到这里，挺悲壮的。然后组织学生发表感想：铜钱落到地上可能正面朝上，也可能反面朝上；将士们可能胜利，也可能投河自尽。

撒贝宁：结果铜币抛出来是正面，士气大振，他们把敌军杀得片甲不留。最后，将军拿出铜钱给大家一看，两面都是正面。

再让孩子们在笑声中分析：如果两面都是正面，那会怎么样？一定是正面。

这样，用一个现成的故事，把"可能""一定"很好地串起来。

感悟：教学的生命力在于"刷新"

面对变化不居的课堂，面对课堂上发生的教学事件，当我们以经验的方式无法化解的时候，就需要通过反思来提升我们的教育智慧。同时，反思教学会使我们从"日常教学"中觉醒过来。叶澜教授说："一个教师写一辈子教案不一定成为名师，如果一个教师写三年的反思有可能成为名师"。有学者指出：对教师而言，能否以"反思教学"的方式化解教学中发生的教学事件，是判别教师专业化程度的一个标志。不断地反思，我们的教育智慧也随之不断增长。

反思之后当以再实践来检验。再实践以后再反思：为什么有的方法是行得通的，有的方法是行不通的，再寻求新的解决方法。在这样的循环往复中，就可以提升我们的专业素养。

反思之后要学习。思而后学，学得更有效，思得更深刻。捧读专著是学，请教同仁是学，观天、赏花、看电视也是学。

实践、反思、学习应当是一个不断循环、相互融合的过程。新课程要求我们教师具备的不只是操作技能技巧，还要有直面新情况、分析新问题、解决新矛盾的本领，在更高的起点上不断实现自我超越的精神。我们教学的生命力不是"复制"而是"刷新"。

（资料来源：摘自郑金洲著《教师如何做研究》，华东师范大学出版社2005年版，第211～222页。）

思考与练习

1. 与学生相比，教师学习具有什么特点？
2. 从广义来说，教师学习的方式有哪些？
3. 通过学校图书馆，了解中小学教师的阅读书目。
4. 教学反思的内容和视角有哪些？
5. 教学反思的步骤和方法是什么？

实践活动

制订专业阅读计划

请同学们认真阅读第二节《中小学教师阅读地图》的内容，了解里面所列出的书目，选择自己感兴趣的书籍，制订一份大学期间的阅读计划。

第十章 教育研究：教师专业发展的推动力量

引言

　　"教师成为研究者"是当前教师专业化的重要内容，进行教育研究是提高教师自身素质和专业素养的有效途径。2012年2月，教育部颁布了《中学教师专业标准(试行)》和《小学教师专业标准(试行)》，明确提出中小学教师应树立以下基本理念：学生为本、师德为先、能力为重、终身学习。其中，能力为重，要求中小学教师要研究学生，遵循学生成长规律，提升教育教学专业化水平；主动收集分析相关信息，不断进行反思，改进教育教学工作；针对教育教学工作中的现实需要与问题，进行探索和研究；坚持实践、反思、再实践、再反思，不断提高专业能力。但是，很多中小学教师不知道为什么要进行教育研究，教育研究到底要做什么，他们认为，教育研究是高高在上的，由专业的研究人员做就行了，一线教师理论水平不高，根本没有能力做研究；中小学教师每天扑在教育教学工作上，没有时间和精力进行研究工作；而且即使他们想做，也不知道如何开展研究。什么是教育研究？中小学教师为什么要开展教育研究？怎样开展教育研究？本章我们将一起探讨教育研究的一些基本问题。

学习目标

1. 理解教育研究的内涵和意义。
2. 识记教育研究的步骤。
3. 了解教育研究课题的来源和选题要求。
4. 掌握教育研究课题论证的内容与基本过程。
5. 掌握各种教育研究方法的特点与实施步骤。
6. 了解教育研究成果的基本形式。

7. 掌握教育研究成果表述的基本规范。

第一节　教育研究概述

一、教育研究的内涵

按照《现代汉语词典》的解释，研，即钻研；究，即仔细推求；研究，即探求事物的真相、性质、规律等。由此分析，研究是指人们在一定理论的指导下，采用一定的方法，遵循一定的规范，以探究事物的性质和规律的活动。教育研究是指研究者运用科学的原理和方法，有目的、有计划地对教育现象和问题进行探究，以揭示教育的本质和规律、解决教育实践的问题、提高教育质量的活动。

教育研究的内涵可以从以下三个方面理解：第一，教育研究必须遵循科学的态度，运用科学的原理和方法进行研究；第二，教育研究是有目的、有计划的认识活动和实践活动，是一种发现、探索教育规律的过程；第三，教育研究的目的在于发现和认识教育现象的本质和规律，从而更好地指导教育实践，提高教育质量。

教育研究人员既包括专业的教育研究人员，也包括教育行政管理人员，更包括一线的广大中小学教师。随着教育改革的不断深化，教育研究的重要性日益凸显，中小学教师参与教育研究的积极性日益高涨，越来越成为教育研究的主力军。中小学教师开展的教育研究与教育专家的研究存在一定的区别。一般来说，专家研究侧重在描述和解释"是什么"的问题，多为基础研究，中小学教师的教育研究直接指向教育实践，注重解决"怎么做"，多为应用研究。教育专家往往以旁观者的身份，置身于"教育之外"研究教育，而中小学教师置身于"教育之中"，是教育研究的参与者。教育专家的研究更多的是"关于教育的研究"，主要目的是促进教育理论的探索，中小学教师的研究是"为了教育的研究"，主要目的是改进教育实际工作。

二、教育研究的类型

根据不同的维度，教育研究可以划分为多种不同的类别。

(一)基础研究和应用研究

根据研究的目的，教育研究可分为基础研究和应用研究。基础研究的主要目的在于发展和完善理论，它回答"是什么"及"为什么"的问题；应用研究的主要目的是应用或检验理论，解决教育实践中的问题，提高教育质量和效益，它回答"怎么办"的问题。在教育研究中，基础研究和应用研究都是重要的，两种研究常常互为补充。一般来说，中小学教师更适合开展应用研究。

(二)定性研究和定量研究

根据研究方法的性质，教育研究分为定性研究和定量研究。定性研究主要运用文字来描述教育现象，它强调研究的自然情境，强调整体探究，注重的是不同教育现象的意义及其特性，而不是它们的数量关系。定性研究本质上是归纳的过程，即从特殊事例中归纳出一般的原理。

定量研究是运用数字和量度来描述研究对象，通过对数据进行量化处理、检验和分析，以判定事物的性质和变化、得出有意义结论的研究。它强调研究的操纵和控制，常采用统计分析方法，目的是对研究对象的量的属性做出回答。定量研究本质上是个演绎的过程，即从一般原理推广到特殊事例。教育现象和问题大都比较复杂，单一的研究方法往往不足以揭示其原因和发展变化的规律，因此，教育研究要把定量研究与定性研究有机结合起来。

(三)纵向研究与横向研究

根据研究持续的时间不同，教育研究分为纵向研究和横向研究。纵向研究是在较长时间里对研究对象的某些特征进行系统的、定期的研究，又称追踪研究，如"小学阶段儿童同伴关系发展的追踪研究"。其优点是能够详细系统地了解事物变化的过程和规律，但纵向研究的难度大，一般不宜做到，常用于个案研究。横向研究是在同一时间里对大量的对象进行研究，这类研究实施方便，可以在较短的时间内获取大量研究资料，从中找出规律性的东西，但这种研究有时不够系统，不容易归纳出事物发展的连续性和转折点，如"中小学教师职业压力与职业倦怠的调查研究"。

(四)现状研究、比较研究与发展研究

根据研究的时间连续性不同，教育研究可以分现状研究、比较研究和发展研究。现状研究即研究某一类对象当前的基本特征，如"沧州市小学教师专业素养的现状研究"；比较研究是对两种教育现象进行对比研究，如"农村和城市中学生自主学习能力的对比研究"；发展研究是研究对象随

着年龄的增长而发生的某种特征发展的研究，如"3～6 岁儿童语言表达能力发展的研究"。

三、教育研究的基本步骤

在教育研究中，由于研究的目的、内容、思路不同，研究者采用的研究路径与方法也不尽相同，但一般都包括以下基本的研究步骤。

(一)选择与确定课题

不论哪种类型的研究，都要从选择与确定课题开始。课题反映着研究的价值，引导着研究的方向，决定着研究的质量。选题是研究的关键，选题好坏直接影响研究的效果。

课题的选择与确定是一个由初步意愿到思路明晰的过程。研究者可以从理论或实践入手，结合自己的兴趣，通过研读各级科研主管部门发布的课题指南、学习教育理论或对教育实践进行观察与思考等途径初步选择确定课题的研究范围，再通过查阅文献资料、分析研究的主客观条件，逐步缩小课题范围，确定出有研究价值、有一定的实践和理论基础、有研究可行性的课题。

(二)查阅文献

任何研究都是在前人研究的基础上进行的，研究者在选择与确定课题之后，就要全面了解前人在该领域、该问题上已经做过的工作和已获得的成果，解决了哪些问题，尚需进一步探讨的问题和所采用的方法，所得出的结论及其可靠程度等。通过查阅文献可以使研究者了解该课题国内外研究现状及发展趋势，明确研究课题的依据，确立研究的范围、思路和方法，避免不必要的重复，保证研究成果有更新的高度。

查阅文献有多种方法，为了节省查阅文献资料的时间和精力，研究者可首先查索引、看文摘、阅读文献综述，然后再查找与自己研究有关的重要资料，并于读后做出摘要或记录，最后写出文献综述。

(三)制订研究计划

研究计划是在对教育研究进行设计的基础上对整个研究过程的全面规划和对各项工作的总体安排。它是指导实施教育研究的蓝图，对课题研究起着导向、调控与激励的作用。

研究者制订的研究计划应主要包括研究题目、研究目的、研究内容、研究思路、工作方案等。在总计划之下，对于某项或某一方面的工作还可制订更详细的具体工作计划。在研究工作计划中应明确所要研究的问题及其范围，明确研究目的、研究内容和研究思路，明确采用的研究方法、研究对象和时间进度等。在研究工作开始之后，也许会发现原计划某些地方不符合当前的实际情况，这就需要对原定计划进行调整。这时一方面要尽量尊重原定计划；另一方面也要从实际出发，把计划性和灵活性有机地结合起来。

(四)搜集、整理资料

资料是教育研究的基本材料，是获得研究结果的原始资料。搜集资料是指获取本研究项目最终结论所需要的事实材料或数据，即按研究计划的规定，有组织、有系统地搜集研究所需的资料和信息。搜集资料要严格遵守操作规程，做到客观、准确、规范。具体来说，一要根据课题研究的需要设计搜集计划，并按照计划进行；二要力求搜集基础材料，采集原始数据；三要注重资料、数据的客观性。

搜集材料之后，还要进行加工整理，使获得的资料整齐有序，便于下一步研究的进行。事实资料的整理一般需要核对、分类、挑选等步骤，数据资料需运用归类与统计等方法进行整理。

(五)综合分析、形成结论

综合分析是对研究资料在搜集整理的基础上进行进一步的加工，以揭示教育的内在规律，指导教育实践。教育研究中，文献资料主要用逻辑方法进行分析，包括比较、归类、类比、抽象、概括、归纳、推理等；数据资料主要用统计方法进行分析，并把分析结果用数据图表的方式表现出来。

教育研究的主要任务是从表面上杂乱无章的现象中，发现和研究被掩盖的规律。综合分析最关键的问题是下结论，即把综合分析的结果用概括、简练的语言表达出来，形成研究成果。在进行综合分析时，如果发现原有材料尚有欠缺之处，就应当重新在材料的搜集与整理上下功夫，占有足够的材料才能得出可靠的结论。

(六)撰写研究报告，鉴定评价研究成果

撰写研究报告是指研究者把研究的过程及取得的研究成果以书面形式合理地表达出来。学前教育研究成果的主要表现形式有多种，如观察报告、调查报告、实验报告、教育案例、学术论文、专著、教材、教具以及教学软件等。

鉴定评价研究成果是对研究成果的学术规范、研究内容、研究质量、研究报告等进行鉴定评价。具体来说，首先是对研究成果的学术水平和应

用价值进行鉴定，其次是对研究活动的科学性进行评估。研究成果的鉴定与评价可以采取自我评价、专家评价和行政评价等方式，自我评价是专家评价和行政评价的基础。

（七）推广运用研究成果

推广，即把教育研究成果扩大到适合的时间、空间范围；运用，即将教育研究成果作用于教育实践。教育研究成果的推广运用对于丰富发展教育研究成果、推动教育教学改革、提高教育质量、提升学校办学层次、提高教师专业素养，都具有重要的意义。从某种意义上说，推广运用教育研究成果，是教育研究的生命力所在。

四、教育研究的意义

（一）重视教育研究是当前世界教育发展的趋势之一

教育研究对促进教育发展具有重要价值，重视教育研究是当今世界各国教育发展的重要趋势之一。20世纪初，欧美国家的"教育科学化运动"促使教师开始运用科学的方法解决教育问题，20世纪50年代，美国教育家斯滕豪斯（Stenhouse）呼吁"教师成为研究者"以后，美国教育界对教师的职能重新加以确定，认为教师不仅是知识的"搬运工"，更重要的是最伟大的理论家和研究者。美国对教育研究的重视可谓国际典范之一。美国教育部公布的2002—2007年教育部战略目标中规定，"支持教师在基于研究的教学工作中获得专业发展"，"关注基于研究的教学实践"，"为新教师开展基于研究的引导和咨询项目"。近年来联邦政府出台了多部法律，对教育研究的多方面内容做出明确规定。这一切，对于提高美国教育研究水平，推动教育事业发展起到了至关重要的作用。

（二）推进教育改革，提高教育质量

纵观教育发展的历史，人们可以得出这样一个结论：开展教育研究是教育理论发展的源泉，是改革教育实践的动力，是成就教育家的平台，是提升教育质量、促进社会发展的根基。教育改革必须以教育研究成果为指导，只有不断加强科学研究，才能更好地把握教育与学生身心发展的规律，及时发现和纠正教育过程中的偏差和失误，促进教育事业协调、健康发展，促进学生健康快乐成长。

（三）完善教育体系，提供决策依据

通过开展教育研究，一方面，可以系统地总结我国广大教育工作者多年来积累的大量实践经验，借鉴国内外优秀的教育思想，不断丰富和完善

教育的理论和实践体系。另一方面，教育研究是教育决策的基础，开展教育研究，可以为教育决策的科学化提供信息、理论和依据。

(四)提升教师专业素养，促进教师专业发展

目前，"教师作为研究者"已经成为教师专业化非常重要的内容，被认为是教师提高自身素质和专业素养的一个十分有效的途径。苏霍姆林斯基说："如果你想让教师的劳动能够给教师带来乐趣，使天天上课不至于变成一种单调乏味的义务，那你就应当引导每一位教师走上从事研究这条幸福的道路上来。"中小学教师参与教育研究可以帮助他们更好地认识和把握教育的规律和特点，树立科学的教育理念，运用正确的教育方法、措施和途径，降低教育教学过程中的盲目性。通过教育研究，可以促使教师自觉地学习、钻研教育理论，运用理论去了解、分析、研究各种教育现象，解决教育中遇到的实践问题，使教育理论和教育研究的知识得以不断地扩充，自身专业素质得以不断发展。中小学教师参与教育研究，还可以提升自我反思的意识和能力，从更高的理论视角审视自己从事的教育教学工作，更好地解决教育工作中出现的问题和冲突，提升教育教学质量。

第二节　教育研究的选题与论证

一、研究课题的选择

研究课题即研究的题目，是依据研究目的，通过对研究对象的主客观条件进行分析而确立的研究问题。每一项科学研究都是从发现问题、提出问题开始的，教育研究的第一个环节就是选题，选题决定着研究的价值和成败，是衡量研究者素质的重要尺度。一般可以从研究者感兴趣的问题中选择课题，可以从当前教育改革的实际问题中选题，也可以从各级科研主管部门发布的课题指南中选题。这就要求我们深入钻研教育理论，在实际工作中认真观察和思考，敢于对身边习惯了的教育教学现象提出质疑，从理论的高度去发现教育教学中的问题。

(一)选择研究课题的意义

选题使研究的目的具体化，使研究活动指向特定的对象和内容范畴，具有指向性、概括性和限定性等特点。教育科研课题的选择，对于整个研究过程和组织管理教育活动都具有十分重要的意义。

1. 课题选择可以反映研究的价值

著名的物理学家爱因斯坦说过，提出一个问题比解决一个问题更重要。他认为解决问题也许仅是一个数学上或实验上的技能而已，而提出新的问题，却需要有创造性的想象力，而且标志着科学的真正进步。在教育研究中，课题同样具有重要的价值。教育研究的目的是要解决教育面临的各种问题。这些问题由于其对教育的影响不同，在教育活动中所处的地位和作用不同，因而其价值体现也就不同。

2. 课题选择引导着研究的方向

在教育实践中有许多问题需要我们去研究和解决。研究者总是根据实践和自身发展的需要，从中选择问题进行研究。所谓研究方向，就是研究者在教育科学领域中经过长期的研究与实践所认定的必须着手解决的某些方面的问题，并在这些方面开创自己的研究领域，形成稳定、明确的主攻目标和研究线索。课题还影响着整个研究过程的方向。课题是对研究对象、研究范畴、研究主题的界定，整个研究工作由此发展，并围绕其进行。课题明确，整个研究活动的方向就明确。

3. 课题选择决定研究活动的成败

课题作为教育科学研究的起点，启动着整个教育研究的机制，制约着教育研究的进程和方式。课题研究活动的成败，应以对教育实践活动是否具有实际价值和实际意义为标准。总体上说，教育科学研究所要解决的主要是教育中的理论或实践问题，只有切实解决教育实际问题的研究才有生命力、才有价值。科学的、有意义的选题，能够保证教育科学研究是有价值、有意义的研究活动，保证教育科学研究能够获得成功。好的选题，对教育改革和发展，对中小学的管理，对不断改进教学工作，都具有重要的促进作用。

(二)研究课题的来源

1. 从教育实践中选题

教育实践是教育研究课题的主要来源，只要我们认真观察、勤于思考，就能从教育实践中发现许多需要研究的问题。

(1)从实际工作面临的难题中选题

中小学教师在具体的教育教学实践中经常会遇到各种各样的带有普遍性的工作难题。如长期困扰教育界的中小学生课业负担过重问题，留守儿童的教育对策等，都是值得我们去研究的问题，这样的选题更能体现出科研对实践的指导作用。

（2）从有争议的热点问题和容易被忽视的盲点问题中选题

教育改革与发展中有很多令人关注的急需解决并富有争议的热点问题。在这些问题中选定一个合适的课题加以研究，无疑是很有意义的。教育领域中存在的某些问题，常常会被人们忽视，特别是属于学科交叉的问题，容易处于一种研究的"盲点"状态。如果我们能从这些盲点问题中选定一个课题进行研究，往往比较容易出成果。

（3）从日常观察发现的问题中选题

很多责任心强的中小学教师会自觉地记工作日记或课堂观察日记，通过总结与反思，他们会发现许多关于课堂教学、学生身心发展等方面的实际问题，可以从中选择课题进行认真研究，有助于提高教育教学水平和解决实际问题的能力。

2. 从教育理论文献中选题

理论具有深刻性和普遍适用性，能较好地指导实践，在科学理论指导下开展的实践探索，立意比较高，有助于实践工作者扬长避短。在现有的教育理论文献和前人构造的教育理论体系中，我们可以从以下五个方面来找寻研究课题。

一是从现有的教育理论文献中寻找空白点，去发现他人尚未研究过的问题。二是找到他人研究结论不一致、甚至是相矛盾的地方，在学术观点的争论中寻找课题。三是从前人的学术观点中获得启发，在继承前人理论的基础上，以反思的态度分析已有理论的不足之处，对前人的学术观点进行质疑，从而产生研究某个问题的方法和思路。四是结合我国实际，将我国教育事业发展与改革中提出的一些理论问题作为课题。五是将科学理论中推导出来并有待验证的假设问题作为课题。有些理论是从已知科学理论中演绎推导出来的，在解决实际问题之前，必须得到充分的验证并通过实践的检验，研究者也可以以此为课题。

3. 从基础教育课程改革需要中选题

2000 年，我国启动了基础教育课程改革，新课程改革在理论基础、思想观念、教育目标、课程设计、教材编制、学习方式等方面都有许多急需解决的重大问题，我们也应从课程改革的需要提出研究课题，如课堂教学的有效性研究、课程资源创造性开发与利用研究、综合实践活动的内容与实施研究、学生自主学习、探究学习和合作学习方式的研究等。

4. 从先进的方法和已有的成功经验中提出问题

很多中小学教师在教育教学实践中积累了丰富、宝贵的经验，但往往是零碎的、不自觉的，也未经科学检验。因此，这些经验往往用于个人的工作中，没有推广应用。如果予以科学检验与总结，并给予理论的抽象与概括，就成了课题研究的成果。由成功经验生长出的课题，实践和研究的基础较好，容易展开。

5. 移植、借鉴其他领域的先进经验和方法提出问题

在现代科学大发展的形势下，各学科之间的交叉领域涌现出大量值得开拓的新问题，以学前教育学为例，学前教育与哲学、人文科学、社会科学、自然科学等领域渗透交叉中而产生了学前教育控制论、学前教育生态学、学前教育生理学、学前教育评价学等新学科，这些处在学科交叉或边缘领域的问题很多，只要开阔思路，大胆探索，就会找到有价值的问题，就会找到所要研究的课题。

6. 从教育研究规划中选题

从中央到地方的各级教育行政部门，都会根据我国经济社会发展和教育自身发展的需要，定期制定教育科学研究规划；各级各类教育研究学会、各种教育杂志也会提供一些选题的范围，研究者可以根据自己的主客观条件，从中选择能够胜任的课题。但是，这类课题往往都比较笼统，需要通过具体化处理，分解成为容易操作的小课题，才能成为中小学教师可选的研究课题。

(三)选择研究课题的基本要求

两次获得诺贝尔奖的约翰·巴丁博士曾说：决定一个研究能否取得成效，很重要的一点就是看它所选择的科研课题。为保证研究的质量，教育研究课题的选择应该遵循以下一些基本要求。

1. 课题要具有研究价值

教育科学研究要有明确的目的。为什么选择这一课题？这一课题的研究对教育具有什么价值？选题者必须明确回答这些问题。教育科学研究选题的价值包括理论价值和应用价值。其中理论价值又称学术价值，是指课题对于发展教育理论、完善理论体系是否具有重要意义。应用价值是指课题能否解决教育实践中亟待解决的问题，提升教育实践质量。一般来说，好的教育研究课题，既可以是具有理论价值，也可以是具有应用价值，更可以是两种价值兼而有之。对于一线教师来说，选择课题更多考虑的应是应用价值，因为他们开展教育研究的主要任务与目的是解决教育实践中遇到的问题。

2. 课题要有科学性

课题的科学性是指课题的提出要有一定的实践和理论基础，课题的表述要符合一定的规范。选择课题首先要有一定的事实依据，教育研究课题应从教育实际出发，解决教育中的实际问题，促进教育的改革和发展。教育理论对选择课题起着定向、规范、选择和解释作用，没有理论指导的课题起点低、盲目性大，研究价值也将大打折扣。因此，选择课题还应以一定的教育理论为依据，应该通过对教育的历史、现状的分析，对他人的研究成果和各方面资料的搜集、整理和分析，经过严密的科学论证等形成课题，切忌主观想象、盲目选题。

课题的科学性还要求选择的问题要具体明确，不能太宽、太大、太复杂，表述要清晰，要有利于研究的设计与实施。对于一线教师来说，更应立足于自己的教育实践，先开展一些"小课题研究"，从微观课题做起，逐渐拓展出系列课题，构建起课题群，形成研究特色。

3. 课题研究要有创新性

创新性是科学研究最显著的特征，可以说没有创新性的科研选题是没有价值的选题。一般来讲，具有创新价值的选题可以是前人未曾解决的问题或前人未完全解决的问题。对于工作在教育教学第一线的普通教师而言，创新性是相对的。因为在教育教学实践中，中小学教师所遇到的问题常常是大同小异的；但对同一问题的解决方法和解决途径却是多种多样的。所以，即使是曾经有人研究过的问题，或已经有了某种答案的问题，也可以作为我们进一步研究的课题，应善于从不同角度、不同途径，以新的视角去研究。要想使我们的研究选题具有独创性，最为重要的是必须尽可能多地占有与所研究课题有关的各种资料。如果对前人对相关问题的研究情况不了解，我们就无法开展新的研究，也无法确定我们的研究是否真的有价值。

4. 课题研究要有可行性

所谓选题的可行性，是指我们所确定的教育科学研究选题必须是能够被研究的，同时也应当是研究者可以进行研究的。教育研究是一项严谨求实的活动。教育研究课题的选择必须充分考虑主客观条件，分析课题在实际研究过程中的切实可行性。

研究的主观条件，主要指研究者本人原有的知识、能力、基础、经验、专长，以及所掌握的有关这个课题的资料和对此课题的兴趣。强调主观条件，就是要求我们在确定研究课题的时候，必须从研究者本人的实际出发，根据自己的条件寻找与研究课题的结合点，选择能够发挥自己特长的课题来进行研究。研究的客观条件，主要指开展课题研究是否具有必要的资料、工具、时间、经费、技术、人力等条件，是否能得到领导的支持和各方面的配合等。

对于中小学教师来说，选择课题应充分考虑自己的力量与研究课题的大小难易是否相称。刚开始从事研究的研究者应该选择范围较窄、内容比较具体、难度较低的课题，特别是紧密结合自己的教育教学实际、有可利用的条件、能直接用于教育实践的课题。以后，随着研究经验的积累、研究能力的提高，再逐渐选择一些难度较大或综合性较强的课题。

(四)研究课题的表述

1. 研究课题表述的主要内容

研究课题的表述一般包括研究的问题、研究的对象和研究的方法三个部分，如小学生心理健康教育的实验研究；新课程标准下高中生物课堂有效教学研究；农村寄宿制初中学生心理健康教育的实效性研究；小学英语分层教学研究。有的课题表述中可以不写研究方法，但研究的对象和研究问题必须表述清楚。

2. 研究问题要具体，研究对象的总体范围要表述清楚

在选择研究问题时，如用"农村初中学生课外阅读的调查研究"就不合适，这样表述总体范围就是全国农村初中的学生，作为一个普通教师不好调查，如果将其改为"河北省任丘市农村初中学生课外阅读的调查研究"，操作起来就比较容易了。

3. 研究课题与论文的题目不同

研究课题的表述不能像论文题目那样用结论性的语句。课题是问题，要体现问题性，而论文是研究成果的表述形式，因为已经取得了研究结论，所以论文题目可以用结论性的语句表述。课题如果用结论性语句表述，说明研究者对教育科研的实质、对研究课题的含义还不理解。比如"良好的思维习惯是幼儿思维能力形成的前提"就不能作为研究课题，应改为"幼儿良好的思维习惯与思维能力形成关系的研究"。

4. 研究课题含义确切，用语要严谨

研究课题在表述时用语要严谨，要用学术性的语句，不应用"大白话"，不应用比喻句。如"浅谈中小学教师队伍建设"，"浅谈"不是研究。再如"特别的爱给特别的你""反复抓，抓反复""托起明天的太阳""扬起自信的风帆"等，看起来很生动，但很不严谨，也没有确切的含义。再如"鼓

励冒险，培养流畅的口语能力"，不仅无研究对象，无研究范围，而且"鼓励冒险"，用语不严谨。

二、研究课题的论证

教师开展课题研究，首先要填写课题申请书，对所要研究的课题进行论证，以获得教育科研主管部门的批准。

(一)课题论证的基本内容

不论是纵向申报还是横向联合的研究课题，课题申请书的具体格式不尽相同，但课题论证的基本内容都是一样的，一般包括以下几部分(第九、十部分适用于纵向课题的申报)。

第一，课题名称、所属学科、研究类别、研究起止时间。其中研究类别一般指基础研究、应用研究等。

第二，课题研究的负责人、课题组成员的基本情况(包括姓名、年龄、专业、学历学位、职称、近年来与本课题有关的研究成果等)和任务分工。

第三，课题研究的意义及国内外研究述评。主要包括课题提出的理论与实践依据、国内外研究的水平与发展趋势、研究的应用前景、课题研究的价值等。

第四，课题研究的目标、内容(包括核心概念的界定、内容的具体分解，有框架研究还应提出研究假设)、创新点等。

第五，课题研究的对象、思路、方法、途径、手段和实施步骤(研究计划、阶段目标等)。

第六，完成课题研究的可行性分析。主要包括资料准备、人员结构、前期准备等。

第七，预期研究成果。主要包括阶段性成果和最终成果的名称、形式、预计走向及使用范围等。

第八，经费预算(包括资料费、调研费、设备费、会议费等)与来源。

第九，课题负责人所在单位的意见。

第十，审批单位的意见。

(二)课题论证的过程

1. 查阅资料，分析课题

查阅国内外教育书刊以及相关领域的著作、论文集等，以清晰地了解该课题国内外研究的情况。在此基础上，认真分析课题，界定课题的研究范围、角度，特别要认真琢磨课题研究突破口，即创新所在。

2. 论证价值，预测结果

这是论证过程的关键性阶段，预测结果、弄清课题研究的价值，不仅是选题与开题的必要步骤，而且对于坚定研究者的信心、争取社会认可和外界支持，都是必不可少的。

3. 论证研究的内容、途径和方法

明确研究内容的结构、重点和难点，从总体上设计研究途径和方法，并论证是否可行。

4. 分析完成课题条件，制订研究计划

研究计划不一定是课题研究的详细方案，但是制订研究方案的蓝本，是合理组织科研活动的基本设想。

三、课题论证报告的撰写

(一)论述研究的目的、意义

课题研究的目的、意义是课题论证的开始，要求论述要实事求是。研究意义的论述要说明课题的立论依据，一是分析研究的有关背景，如理论的、实践的或政策的背景，说明根据什么、受什么启发而选择这项研究。二是通过分析本校或本人的教育教学实际，指出为什么要研究该课题，现实的、问题的针对性何在。三是还要从理论与实践两个方面进一步说明研究的价值，指出研究本课题的紧迫性。如，通过本课题的研究可完善或矫正某领域的教育理论，在实践中解决哪些实际问题等。

(二)交代清楚本课题的国内外研究现状

本部分撰写要清楚交代本课题目前有无人员已在研究，如果有，是什么地方、什么人在研究，研究进展情况如何，取得什么结论等；如果没有，有无类似课题在研究。此内容的交代既是向评审人员表明自己对研究动态的了解情况，同时又为今后的研究提供经验和借鉴。

(三)确定研究的目标和内容

研究目标内容的陈述应全面、准确、清晰。课题研究目标就是指课题要解决哪些具体问题，最后要达到什么具体目的。研究目标应具有科学性，即有充分的理论或实践依据，不能毫无依据地推测和主观臆断。研究目标应具有可检验性，即研究目标可以预测研究的结果，研究结果能够实现研究的目标。

研究内容要与课题相吻合，根据研究目标来确定研究内容。研究内容的多少与课题的大小有直接关系，如果研究课题很大，那么研究的内容必定很多；如果研究课题较小，那么研究的内容也就比较少。一般可以从现状研究、归因研究、方法或对策研究几方面来确定研究内容。现状研究是基础，归因研究是为了寻找解决问题的突破口，方法或对策研究是研究重点。

（四）设计研究的方法和步骤

"研究方法"主要反映一项课题的研究要"做些什么"和"怎样做"。除了要叙述清楚使用什么方法进行研究之外，还要尽可能写得细致一些。如用调查法，可写明调查方式是问卷还是访谈。如果用问卷调查，最好能将设计好的问卷附上。如果是访谈调查，尽可能附上访谈提纲。在教育科研中，每一种方法都有其优点与局限性。采用单一的方法，往往只能获取部分信息，难以做出全面准确的结论。要根据课题的研究目的、内容、条件等选择恰当的研究方法，提倡定量研究与定性研究综合运用，以一种方法为主、其他方法为辅。

根据研究课题的性质、特征和内容，选择正确的研究方法。在确定研究方法的基础上，进一步设计出研究步骤，说明阶段的划分，交代每一阶段具体要完成的任务、成果和时限。在进行研究进度安排的确定时既要注意抓紧时间，又要留有适当的余地，应考虑到研究过程中的偶然因素对研究进程的干扰。在撰写这部分内容时，一般可简略些，但在开题论证时要具体。

（五）分析完成课题的条件

这一部分在撰写时，应主要说明课题组的特色和优势，可能完成的课题成果的形式与数量。论证报告中应详细说明课题申请者以及课题组全体成员所具备的学术水平、研究基础和条件，介绍他们过去在本课题所涉及的学科领域中做过的研究工作、发表的论文和出版的论著，以及积累的研究经验和受到过的学术训练。此外，还要交代本课题的物质准备、资料占有情况和课题组成员所在单位的支持程度。在一般论证报告中还应写上研究经费的预算情况，预算应本着从课题组实际出发、厉行节约的原则，使论证报告中的支出预算合理。

（六）交代课题成果的形式

课题论证中要交代课题研究最终的成果形式。设计成果形式，从研究者角度来说，可以明确将来用什么表现研究成果，从一开始就积累材料、构思框架、进行分工，以利于研究成果的顺利问世。从课题研究管理者的角度来说，可以据此进行检查验收。常见的成果形式有研究报告、论文、专著、教材、案例集、软件、课件、建议、方案、规划等多种形式，其中研究报告和论文是教育研究成果最主要的两种表现形式。比较大的课题，除了要有最终成果形式，还应该有阶段性成果形式。最后将阶段性成果综合并发展成最终成果。

第三节　教育研究的方法

教育研究方法是按照某种程序和路径，有组织、有计划、系统地研究教育现象和构建教育理论的方式，是解决教育实践问题和发展教育理论的重要工具。教育的复杂性决定了教育研究方法的多样性，常用的教育研究方法主要有：文献研究法、观察研究法、调查研究法、实验研究法、行动研究法、个案研究法等。

一、文献研究法

(一)文献研究法的概念

1. 文献的概念

文献的现代定义为"已发表过的或虽未发表但已被整理、报道过的那些记录有知识的一切载体"。"一切载体"，不仅包括图书、期刊、报纸、各种文件、会议资料、学位论文、科技报告、专利文献、档案等常见的纸质印刷品，还包括磁盘、光盘、电影片、幻灯片、录像带、唱片、录音带、微缩胶卷、胶片等。

2. 文献研究法的概念

文献法主要指搜集、鉴别、整理文献，并通过对文献的研究形成对事实的科学认识的方法。文献法是一种古老而又富有生命力的科学研究方法。一般来说，科学研究需要充分地占有资料，进行文献调研，以便掌握有关的科研动态、前沿进展，了解前人已取得的成果、研究的现状等。这是科学、有效、少走弯路地进行任何科学工作的必经阶段。从教育科学研究的全过程来看，文献法在科学研究的准备阶段和进行过程中，经常被使用。没有一项教育科学研究是不需要查阅文献的。

(二)文献研究法的一般过程

文献研究法的过程包括五个基本环节，分别是：提出课题或假设、研究设计、搜集文献、整理文献和进行文献综述。

1．提出课题或假设

提出课题或假设是指依据现有的理论、事实和需要，对有关文献进行分析整理或重新归类研究的构思。

2．研究设计

研究设计首先要建立研究目标，使用可操作的定义方式，将课题或假设的内容设计成具体的、可以操作的、可以重复的文献研究活动，然后通过收集、整理、解读和分析文献，对课题或假设所涉及的教育现象或观点进行描述和评论。

3．搜集文献

搜集文献的主要渠道有：图书馆，档案馆，博物馆，社会、科学、教育事业单位或机构，学术会议、个人交往和计算机互联网等。

(1)搜集文献需要注意的问题

①搜集文献，主要看与课题研究是不是相关，在此基础上尽量搜集第一手资料，因为第一手资料的准确性、可靠性要相对高些。

②力求搜集与课题研究相关的各方面资料，做到全面占有资料，才能得出比较正确的结论。

③要尽量搜集新的文献，因为新的文献比旧的文献资料更新、更全面、更可靠。

④不但要搜集和自己观点一致的材料，也要搜集和自己观点不一致的资料，这样可以学会比较分析，使自己研究的结论比较科学、全面。

(2)常用的文献检索方法

①顺查法：从课题相关内容研究开始的时间为起点，逐步推进到当前新出版的文献。

②逆查法：从当前的文献逐年回溯过去的文献，直到满足需要为止。

③抽查法：选择某课题领域发展迅速、研究成果较多的时期进行重点检索。节省时间，但容易漏检。

④追溯法：利用手头的文献所附的引文注释和参考文献目录作为线索，逐一追查原文，再从这些原文所附的参考文献目录逐一扩展。

4．整理文献

文献的整理是文献法的重要环节和内容。它包括对文献的阅读、记录、鉴别、分类处理。

阅读研究文献的方法一般有浏览、粗读和精读三种。这三种阅读方法各有所长和不足，对于研究工作者阅读分析文献来说，均为非常有用的方法，都应当很好地掌握，并善于在研究过程中综合、灵活地运用。

记录就是把通过阅读找到的有价值的资料保留下来，以供进一步分析研究之用。记录可以帮助记忆、锻炼思维、提高文字表达能力，有利于研究新问题。记录研究文献的方法和形式主要有：标记与批语式、抄录式、提要式、札记式、综述式。

筛选资料的原则有四个。针对性：选择与课题相关的材料；可靠性：最好是原始文献或来源于权威部门；时间性：尽量选择最新出版或发表的资料；典型性：保留那些质量高、作用大的典型资料，去掉重复、过时的资料。

文献分类整理的要求：一是不能以今天的观点甚至理想来美化或苛求历史性文献中的内容；二是不能随意剪裁史料，来满足预先编制的结论或现成的结论。

5. 文献综述

文献综述是文献综合评述的简称，指在全面搜集有关文献资料的基础上，经过归纳整理、分析鉴别，对一定时期内某个学科或专题的研究成果和进展进行系统、全面的叙述和评论。

(三)文献综述的撰写

1. 文献综述的格式

完整的文献综述由四个主要组成部分：引言、正文、结语和参考文献。

(1)引言。引言的作用是说明写作的目的、界定概念和综述的范围，综述文章的开端应开门见山地揭示所要叙述的问题，扼要说明有关主题的现状或争论焦点，使读者对全文要叙述的问题有一个初步的轮廓。

(2)正文。要对课题的研究意义，研究的背景，问题的起源、现状做出交代，指出已解决的问题和尚未解决的问题、研究方案和手段，对当前的影响以及今后的发展趋势进行概述，其中发展概况和当前的研究现状应该是综述的重点部分。

正文是综述的主体，写法没有固定的格式。可按年代顺序综述，也可按不同的问题综述，还可以按不同的观点进行比较综述。不管用哪一种格式综述，都要将所搜集到的文献资料归纳、整理及分析比较，阐明有关主题的历史背景、现状和发展方向，并对其评述。尤其要强调，正文部分引用的文献要具有代表性、科学性和创造性。

(3)结语。结语是对综述内容的总结。与研究性论文的小结有些类似，要概括指出自己对该课题的研究意见，存在的不同意见和待解决的问题等，最好能提出自己的见解。

(4)参考文献。列出参考文献目录，包括所依据主要资料的作者、标题和出处，著录条目必须按标准书写。

2. 文献综述的基本要求

(1)文献综述要提纲挈领，突出重点。紧紧抓住所研究的课题，系统反映研究对象的历史、现状和趋势，对以往研究的优点、不足和贡献进行批判性评论。材料与评论要协调、一致，避免简单的文献罗列。

(2)引用的文献应该有代表性、可靠性和科学性。要选择那些权威的、质量高、作用大的典型资料，用于评论的观点、论据最好来自一次文献，从原始文献中得出一般性结论，尽量避免使用别人对原始文献的解释或综述。

(3)掌握全面、大量的文献资料是写好综述的前提，资料匮乏不可能写出好的综述。搜集文献应当客观、全面，引用内容要忠实于文献，但综述中尽量避免大量引用原文，要用自己的语言把作者的代表性观点说清楚，不能混淆文献中的观点和作者个人的思想。

(4)文献综述绝对不能省略参考文献，而且必须有足够多的作者直接阅读过的文献资料。虽然参考文献放在文末，但却是文献综述的重要组成部分，它不仅表示对被引用文献作者的尊重及引用文献的依据，而且为读者深入探讨有关问题提供了文献查找线索。

二、观察研究法

(一)观察研究法的含义

观察法是研究者依据一定的目的和计划，在自然条件下，对研究对象进行系统的、连续的观察，并做出准确、具体和详尽的记录，从而获取经验事实的研究方法。观察法是教育科学研究中使用广泛的、基本的研究方法。

(二)观察研究法的分类

1. 自然情境中的观察与实验室中的观察

根据对观察的环境条件是否进行控制和改变，可以将观察分为自然情境中的观察和实验室中的观察。

自然观察又称现场观察，指在自然情境中，观察人的行为、分析人的心理。对观察对象和观察环境没有任何的控制。如上课过程中，观察学生注意的稳定性。实验室观察又称控制性观察或条件观察，指研究者预先设置一定的情境，在预设情境中观察幼儿的心理和行为的变化。如在实验室中，运用一定的学习材料，创设一定的学习情境，研究学生的记忆效果。

2. 直接观察与间接观察

根据是否借助于一定的媒介（如摄像、单向玻璃等），可以将观察分为直接观察和间接观察。直接观察是指用人的感觉器官如眼、耳在现场直接观测，获取第一手资料的观察。间接观察是指借助于一定的媒介如录音、录像等，间接地对幼儿的心理或行为进行观测、获取资料的观察。

3. 参与性观察与非参与性观察

根据观察者是否直接参与被观察者所从事的活动，可以将观察分为参与性观察和非参与性观察。参与性观察是指观察者参与到被观察者的生活、学习、活动中进行观察。如教师与学生共同听课或活动的过程中观察学生的行为。非参与性观察是指观察者以旁观者的身份进行观察，不参与被观察者的活动，可以是公开的，也可以是隐蔽的观察。

4. 结构式观察与非结构式观察

根据是否对观察活动进行严格的控制，可以将观察分为结构式观察与非结构式观察。

(三)观察研究的实施步骤

1. 观察准备阶段

这一阶段主要是为观察做准备，主要包括以下几个方面。

(1)相关的知识准备：根据研究的内容，查阅相关的文献，了解所研究问题的相关知识背景。另外，进行现场预备性观察，了解所研究问题的具体行为表现。如研究学生的数学技能，就要了解学生数学技能的具体行为表现及影响因素，为观察变量的操作化和观察记录表的编制做好准备。

(2)制订严密的观察计划：在做好知识准备后，就要开始制订观察计划，它是进行实际观察的依据，也是观察质量的保障，所以要尽量严格、详细。观察计划一般包括以下几个方面：观察研究的目的和意义；明确观察内容和行为；明确观察的时间、地点、观察对象；确定观察记录方式，编制相应的观察记录表格。

(3)观察人员的培训：如果观察研究有多个观察者，观察之前要对观察人员进行培训，使他们了解观察的目的和具体内容，明确观察记录的标准，尽量减少观察者之间的观察误差。进行预备性观察，发现问题，讨论纠正。

2. 实施观察

按照观察计划，到现场实际观察，观察过程中要注意以下方面。

(1)要有严谨的态度，实事求是，不能粗枝大叶。不要根据自己的主观期望进行观察记录，导致观察误差。

(2)与观察对象接触，首先要建立良好的、自然的关系，不要因观察人员的介入而干扰观察对象的正常活动。

(3)应严格而灵活地执行观察计划。一方面，观察活动尽量不要脱离观察计划。但是，如果预定的观察计划有不妥之处，或者观察对象出现一些没有预料到的行为，这些行为又非常重要，则应及时修改观察计划，使记录更全面，研究更完善。

(4)做好观察记录。根据观察的具体内容和行为特点，选择合适的观察记录方式。如果是叙述性观察，就应注意资料的详细和完整。如果是取样观察，要选择好观察的行为样本，注意行为的操作化，编制相关的记录表，进行观察记录；如果用评定法记录，选择合适的评定方式，按相应的程序进行观察记录。

3. 整理分析观察资料

观察记录的资料形式因观察记录的方式不同而不同，但概括起来分为定性资料和定量资料两种。观察记录搜集了观察资料以后，首先要进行分类、整理。对于定性资料，每次观察记录都要进行分析、综合，这种分析和综合具有一定的主观性，但比较全面。对于量化资料，需要进行归类、统计、计算，用数据来说明问题，这种方法比较客观，但信息不够全面。所以，在通常的观察研究中，尽量采用定性资料分析和定量资料统计分析相结合的方式。

4. 撰写观察研究报告

将观察记录进行分类整理并分析，探讨原因和规律，得出结论，写出观察报告。观察报告是研究报告的一种，它的格式和一般研究论文的格式基本相似，包括标题、摘要、关键词、前言、研究方法、研究结果和结论等部分。

三、调查研究法

(一)调查研究法的含义

调查研究是教育科学研究中常用的基本方法之一。调查研究是指在一定的理论指导下，用科学的手段和方法搜集有关研究对象的客观事实材料，进行整理和分析，得出结论或解决问题的方法。教育调查研究就是在教育科学理论指导下，运用问卷、访谈、测验及作品分析等方法，有目的、有计划地了解教育实践中的问题，并在大量材料的基础上进行分析综合，得出科学结论，指导教育实践的研究方法。

(二)调查研究的类型

1.根据调查的功能划分

（1）现状研究

现状研究指研究某种教育现象或研究对象的基本特征。通过现状调查，可了解研究对象的实际状态，发现存在的问题，有针对性地提出改进策略。如中小学教师专业素养的调查、独生子女和非独生子女性格特点的调查等。

（2）关系研究

关系研究是考察研究对象的某些特征之间是否存在联系，目的是揭示变量之间是否存在关系及关系的紧密程度。根据关系的紧密程度，关系研究又分为相关调查研究和因果调查研究。

相关调查首先通过一定的方式获得两个变量的数据资料，然后计算其相关系数，再根据相关系数的值，来判断两个变量之间关系的紧密程度。如学生问题行为和父母教养方式的相关研究、中小学教师工作压力和职业倦怠的相关研究等。

因果调查的目的是揭示某种教育现象或学生心理和行为特征形成的原因。因果调查可以广泛地调查影响研究内容的因素，然后进行核实、筛选，找出可能的原因；或者通过调查发现两组研究对象某些特征方面是否存在显著差异，分析造成差异的可能原因。单凭调查研究法只能找到"可能"的原因，要确定严密的因果关系，还需要进行严格验证。

（3）发展研究

发展研究是考察和了解教育对象或现象的某一特征随时间的延续（或年龄的增长）而发生变化的调查研究。根据研究方式不同，又分为纵向研究和横向研究。

纵向研究：指对同一组研究对象就某方面的特征进行跟踪调查，了解其发展进程，发现某方面心理和行为特征的发展规律。

横向研究：指研究者同时对不同年龄组学生就某一心理和行为特征进行调查，根据不同年龄组之间的差异，发现随年龄的增长心理和行为发展的规律。

纵向研究由于是同一组研究对象，所以研究结果不存在被试差异的影响，但研究周期较长。横向研究研究周期短，但研究结果受被试差异的影响。在具体研究中，可以根据研究的需要选择不同的研究方式。

2. 根据调查的手段划分

(1)问卷调查法

问卷调查法是以书面语言为媒介进行的调查研究，指研究者根据研究的具体内容，编制相关的问卷，让被调查者回答问卷，回收问卷，对被调查者回答的情况进行整理、分析，获得一定结论的方法。问卷是问卷调查的工具，问卷的质量直接影响调查的真实性和可靠性，所以问卷的设计和选择是问卷调查中非常重要、非常关键的一个环节。

(2)访谈调查法

访谈调查是以口头语言为媒介进行的调查研究，指研究者根据一定的研究目的，通过与调查对象面对面的谈话直接搜集现实资料的研究方法。访谈调查法可以作为一种单独的研究方法，也可以作为其他研究方法搜集资料的辅助手段。访谈调查的过程一般分为四个环节：访谈准备、访谈实施、访谈结束和访谈记录的整理与分析。

(3)测验调查法

测验调查就是研究者以数量化的方法对研究对象的某些心理和行为特征及学习结果进行测查和评价，搜集研究资料，并进行数量化的统计分析，从而得出一定的结果和结论的方法。测验法可以作为一种独立的研究方法，如智商测验、人格测验等，也可以与其他研究方法如实验法、问卷法等相结合，作为变量测量的一部分。

(4)作品分析法

作品分析法指通过分析研究对象的作品，如日记、教案、作业、试卷、手工、绘画等，从而了解研究对象的心理和行为特征的发展状况和规律的研究方法。如搜集分析教师的教学计划、教案、工作总结等，了解教师的素质和教学能力；搜集分析学生的作业，了解学生的心理和行为特点；搜集学校的工作计划、规章制度、教学设备等资料，了解学校的管理和教学工作等。

3. 根据调查的范围划分

(1)全面调查

全面调查是指对符合研究要求的所有对象进行调查，能够得到全部调查对象的资料，结果比较真实、可靠。但是由于时间、经费、人力上的限制，只适合小范围的调查研究，如校本研究。

（2）抽样调查

抽样调查是指从符合研究需要的全部研究对象中，用科学的抽样方法抽取一部分有代表性的个体组成样本，通过对样本的调查研究，推断总体的情况，是教育科研中运用比较广泛的一种方法。抽样调查中，样本的代表性非常关键。常用的抽样方法有：随机抽样和有意抽样两大类。随机抽样的具体方法有简单随机抽样、系统抽样、分层抽样和整群抽样。有意抽样是研究者根据自己的主观判断，从总体中选取一部分个体作为调查对象。这种取样方法不符合随机性的原则，只有当研究者对调查总体的情况比较熟悉或具有丰富的研究经验时才能采用。

（3）典型调查

典型调查是在对调查的教育现象或研究对象分析了解的基础上，选择典型的单位或个体进行调查研究的方法。即个案研究。如优秀教师教学经验的总结推广、教改示范校的经验研究等。

（三）调查研究的步骤

1. 课题的来源

研究者通过对当前教育领域中研究形势的了解以及教育现状的探讨，来选择调查研究的课题。研究课题的选择前面已经做过详细介绍，这里就不再赘述。

2. 制订调查计划

调查计划是调查工作进行的依据，也是调查计划能否顺利进行和调查研究质量的保证。调查计划一般包括以下几个方面。

（1）阐明研究课题的目的和意义

主要说明研究题目的产生过程以及这一课题的重要意义（理论意义和实践意义）。说明研究要解答哪些问题，要达到什么目的，以及选择这个课题的意图和价值。

（2）说明调查的内容，将调查内容具体化

调查研究的内容往往由一些抽象的概念组成，要进行调查，首先要明确调查的变量是什么，把变量进行操作化，确定调查指标。指标是表示一个概念或变量含义的一组可观察到的事物，概念是抽象的，而指标是具体的。所谓操作化，就是将抽象的概念转化为可观察、可测量的具体指标的过程；操作化是调查研究中的关键一环，是由理论到实际、由抽象到具体这一过程的"桥梁"。如"溺爱孩子"可以操作化为不注意培养孩子的生活自理能力、不注意培养孩子的劳动习惯、对孩子过分迁就、物质上尽量满足等几个观测指标。指标的确定没有固定的标准，根据研究的具体变量和研究对象的行为表现来确定。

（3）说明调查范围（总体）、调查对象（样本）

说明调查的总体，如果是抽样调查，要说明抽样方法和步骤，抽取的样本规模，调查对象的性别、年龄等信息。

（4）调查手段和方法及调查的具体步骤

说明调查研究的手段和方法（问卷、访谈、测查等）；调查所用的工具（问卷、量表等）；说明调查研究过程的具体步骤。

（5）说明调查人员的组成、组织结构及培训安排

主要说明调查人员的知识水平和能力水平，明确分工和组织管理；突出调查研究人员的组织保障和能力保障。

（6）确定调查的时间进度和经费使用计划

说明调查研究每一步的具体时间安排；说明调查研究经费的来源和预算。

3. 搜集资料，实施调查

按照调查计划制订的调查步骤到现场实施调查，为了保证调查材料的真实性、可靠性，实施过程要注意以下问题。

（1）调查人员要实事求是地搜集材料，不能带有任何偏见，不能提示或暗示。

（2）所有的调查人员采用统一的标准和统一的记录方式进行调查，避免产生误差。

（3）尽可能采用多种手段或途径进行调查，从不同的角度或侧面广泛地搜集资料，进行比较。

4. 资料的整理、分析

调查所获得的资料有定性的文字资料和定量的数据资料。资料的整理首先是对资料进行分类、汇总，检查资料的真实性、可靠性，筛选有效的调查资料。其次，对文字材料进行分析、综合；对数据资料进行录入、统计分析。最后，定性分析和定量统计的结果相结合，得出全面、可靠的结果。

5. 总结、撰写调查报告

结合实际情况及有关教育理论对调查结果进行综合分析，得出调查结论，以调查报告的形式呈现出来。这样既可以保存调查研究的成果，同时

也可以与同行进行经验和学术交流。

调查报告是科研论文的一种形式，它的格式和论文格式很相似。包括标题、前言(引言或问题提出)、研究方法、研究结果及分析、结论、对策或建议等部分。

四、实验研究法

(一)实验研究法的含义

实验研究法是研究者按照研究目的，合理地控制或创设一定的条件，人为地影响研究对象，从而验证假设，探讨条件和教育对象之间的因果关系的研究方法。

(二)实验研究法的分类

1. 根据实验进行的场所，可分为实验室实验和自然实验

实验室实验是指在实验室中，通过严密地控制实验控制过程，包括自变量的控制和改变、无关变量的控制以及因变量的测量等，尽量保证实验结果的准确性和可靠性。实验室实验能够紧密地说明变量间的关系。但是，由于实验室是在特定的人为控制的环境中进行的，得出的结果的推广性较差。

自然实验法是在自然状态下，即教育现象发生的真实环境中，在不影响正常的教育教学和生活秩序的情况下，研究者根据研究目的，尽可能地控制一些无关因素的影响，通过控制或改变某些条件(自变量)，观测由此带来的被试的行为变化(因变量)，进而分析变量间关系的一种实验方法。自然实验法对条件的控制不够严密，结果的精确性相对较低。但由于实验是在真实的情境中进行的，研究结果的可推广性比较强。

2. 根据实验的目的可以分为确认性实验、探索性实验和验证性实验

确认性实验指通过实验收集事实资料，确认所研究的对象是否具有研究假说内容的基本特征，并推动教育教学实践活动的发展。

探索性研究是指对研究的问题了解不多，研究的目的是在一定的理论指导下，探索实验假设实现的可能性，明确变量间的关系，目的在于探索未知。

验证性实验指在实验前有明确的实验假设，实验研究的目的是验证所得的研究结果是否符合研究假设，是对某种理论假设进行验证和推广。

3. 根据同一实验中自变量因素的多少，可分为单因素实验和多因素实验

单因素实验是指实验中的自变量只有一个的实验研究。如"教师的态

度对学生行为的影响"，实验中自变量只有一个，即"教师的态度"。单因素实验操作比较简单，实验结果也比较好处理，但实验中一些无关因素的控制比较困难。

多因素实验是指实验研究中的自变量有两个或两个以上。如"影响学生注意力稳定性因素的研究"。实验中的自变量有教师教学方式、学生的个性等多种因素。多因素实验研究的内容比较深入、全面，但实验操作过程、结果的处理都比较复杂。

（三）实验研究法的实施步骤

1. 确定课题、提出研究假设

确定研究的课题之后，要对课题题目进行明确化，提出具体的研究假设。

2. 做出实验设计（实验计划）

实验设计是指研究者根据研究假设和具体的研究条件，有目的、有计划地对教育实验过程的一系列活动进行预先的设计和安排（如何安排各种成分、如何进行实验）。实验设计的内容一般包括：

（1）变量的确定。包括：自变量的确定、自变量的操作化和呈现方式的说明；因变量的确定、因变量的操作化和具体的测量指标、测量方法；实验过程中需要控制的额外变量及控制方法。

（2）被试的选择。说明研究的总体，选取样本的方法、样本规模；说明被试的详细信息，如年龄范围、性别比例以及涉及的被试变量的控制等；说明被试的分组情况。

（3）实验的组织类型。说明采用的实验组织类型及实验模式，被试分组和变量的安排。

（4）实验程序。分步骤说明实验的详细过程。从实验选取被试开始，到记录因变量变化的原始数据为止。要尽量详细，使他人能够按照实验步骤重复实验。

（5）统计方法的选择及结果预测。根据实验的目的和研究假设，说明选取什么统计方法。预测统计结果出现什么情况，那么研究假设才是成立的。

3. 实施实验设计

按照实验过程逐步开展实验。创设一定的实验条件或情境，按照实验设计呈现自变量、控制额外变量、观测和记录因变量的变化。搜集、记录文字资料或数据资料。同时，在实验过程中及时调整实验设计中遗漏或不妥当之处，及时发现问题，进行补充和解决问题。

4. 资料的整理与分析

实验过程获得大量的原始资料或数据，研究者首先对这些资料进行审核，对原始资料进行筛选，剔除无效的极端数据。在整理资料时，一定要坚持实事求是的原则，不要为了实验假设的成立而人为地变更数据或资料。

数据整理完毕后，利用 SPSS（社会科学统计软件包）进行数据的录入，选择适合的统计方法，对数据进行统计分析，得出相应的结果。同时对实验过程中记录的文字资料，进行分析、讨论。定性资料和定量分析相结合，得出综合的结论。

5. 写出实验报告

在以上各个环节的基础上，写出实验研究报告，这是实验研究的最后一个环节。把实验研究的目的和意义、实验研究过程、研究的结果以书面文字的形式表达呈现出来，与他人进行交流。把实验研究的结果进行推广、应用，直接影响到实验研究的成果和作用，对实验研究的进一步深入和完善有促进作用。

五、行动研究法

(一)行动研究法的含义

对于行动研究的概念，学者们有各种不同的表述。《国际教育百科全书》对行动研究法的定义是"由社会情景（教育情景）的参与者，为提高对所从事的社会或教育实践的理性认识，为加深对实践活动及其依赖的背景的理解，所进行的反思研究"。仅从此定义理解，行动研究不是一种研究方法，而是一种研究取向。行动研究关注的不是理论研究者认定的理论问题，而是实际工作者将研究和实践结合起来，通过批判性的思考及采取相应的行动而解决的实际问题。

(二)行动研究法的特点

1. 研究的目的是解决实践问题

行动研究打破了传统研究目的的局限性，它的根本目的不是构建系统的学术理论，而是要解决教育教学实践中所存在的问题，提高教育教学质量和研究水平。例如，怎样选择合适的多媒体教学软件，提高课堂教学的质量和效率等。这些问题具有一定的针对性和特殊性，能及时满足教育实践活动中教师寻求困难解决办法的需要。行动研究的目的具有实用性，问题的解决具有即时性。但这并不是说行动研究轻视理论，而是重在以先进的理论指导实践的改进。

2. 研究的主体是实际工作者

行动研究的主体是实际工作者，专家学者参与研究扮演的角色是提供意见与咨询，是协作者。实际工作者不是被动地接受局外人的研究成果，而是对自己所从事的实践进行研究，同时又是行动研究成果的应用者。通过研究与行动的密切配合解决教育实践问题，使教育研究成果具有实际应用价值，提高教育工作者的能力素质。

3. 研究的环境是实际工作情境

行动研究是走出实验室的一种"边行动边研究"的研究活动，研究工作就在问题发生的实际工作情境之中，它所解决的是这个环境中的问题，并力求改善这个环境。在行动研究中面对实际工作情境的问题以及各种复杂因素，不仅看得清楚，摸得准确，而且容易抓住要害，利于问题的解决。这种研究有利于克服闭门造车、从书本到书本研究的弊端。所以，有人将行动研究叫作"现场研究"。由于研究情境有其特定性，行动研究结果不宜做情境推论。

4. 研究方法是兼用量与质的方法，偏向质性研究

现实中教育教学问题的复杂多样性，决定了行动研究不受传统研究范式的限制，灵活选用研究所需要的研究方法。常用的方法有观察法、调查法、实验法和个案法等。例如，行动研究不仅要利用观察调查手段去诊断现状、发现问题，还要用实验的手段去改变现状。虽然行动研究兼用量与质的方法，但偏向质的研究，而且重视运用反馈与反思的方法。通过反思，研究者可以及时找出工作计划、研究方法等方面存在的不足或漏洞，而后迅速进行调整或补救。行动研究所采取的具体方法和技术应根据研究者所要解决的问题来决定。

5. 研究过程螺旋式上升，循环发展

行动研究过程不同于自然科学研究，往往不能简单、集中地表现出计划与结果之间的必然的线性关系。它是一个由计划、行动、观察和反思四个环节构成的循环往复的运作系统。由于教育教学过程是一个复杂、多变的动态过程，研究者通过信息反馈，随时调整计划，使工作过程成为一个研究过程，使研究过程成为一个理智的工作过程，在一个自我反思的、不断螺旋式上升的循环发展的过程中解决问题，完善行动。另外，行动研究是研究者与实际行动者共同参与协同合作的研究过程，行动研究的过程重

视协同合作。

有人用三句话概括行动研究的特点，即"为行动而研究""在行动中研究""由行动者研究"。还有人对教育行动研究的特点做了如下简要的概括，"问题即课题，工作即研究，教师即专家，效果即成果"。这些话能在一定程度上帮助我们理解教育行动研究的特征。

（三）行动研究法的实施方法与要求

1. 计划

计划是行动研究的第一个环节，是整个行动研究的基础。计划的主要任务是确定研究的问题，明确研究目标，制订研究计划。

（1）确定问题

确定问题包括发现问题和分析问题。发现问题是行动研究的起点，行动研究的问题通常是教师在实际工作中遇到的问题。分析问题，即对问题予以界定，诊断其原因，确定问题的范围，以期对问题的本质有较为清晰的认识。确定问题需要弄清楚：第一，现状如何？为什么会如此？第二，存在哪些问题？从什么意义上讲有问题？第三，关键问题是什么？它的解决受哪些因素的制约？第四，众多的制约因素中哪些虽然重要，但一时改变不了？哪些因素可以改变，但不重要？哪些是重要的而且可以创造条件改变的？第五，创造怎样的条件，采取哪些方式才能有所改进？第六，什么样的设想是最佳的？

（2）拟订计划

行动研究计划应包括总体计划和具体计划两种。总体计划是整个行动研究过程的全面系统安排，具体计划是根据总体计划而制订的研究行动的具体措施实施的安排。拟订计划主要有以下几个方面的要求。

①以充分的调查为基础。行动计划始于问题解决的需要，并最终指向问题解决。判断一个研究计划的优劣在于有利于问题解决的程度。因此，制订一个适宜的行动研究计划，有赖于行动研究者围绕现实的问题，通过充分的调查，对研究所需的综合条件做出准确的判断。

②具有可行性与可操作性。行动研究计划是研究者制订的用来指导规范自身研究实践的行为规范要求，如果缺乏应有的可行性与可操作性，研究计划也就难以落实。考察行动研究计划是否具有可行性与可操作性，一是看计划所设计的每个步骤是否具有转化为行动的可能性。二是看能否准确、清楚地表述具体步骤或问题，以保证行动研究的实施效果。

③计划具有清晰的层次或梯度。行动研究计划包括总计划和每一个具

体行动的计划。总计划是对整个行动研究过程的总体规划与设想，因此，在陈述上有时带有原则性和规范性的指导意味。具体行动计划规定每个行动的步骤，要求明确、具体、具有可操作性。不同层次的计划之间不存在绝对的界限，应保持内在的一致性，体现相应的梯度，具体的计划应反映总计划的基本精神。

④具有灵活性与开放性。严格说来，行动研究计划的意义不在于规定研究实践的每个细节，而在于提供研究实践的基本规范和要求。因此，行动研究的计划不是一成不变的，它允许在行动过程中不断地修正计划，把本来未考虑到却在行动中显现出的各种新情况、新因素纳入计划。

⑤体现参与者的需要。行动研究计划是行动计划与研究计划的高度统一，它并不是在行动之外制订一份研究计划，而是在行动之中融入研究，通过研究提高行动的自觉水平。因此，行动研究中每个人既是计划的制订者，又是计划的实施者。制订行动研究计划要根据问题的实际价值和参与者自身可供支配的资源(如时间、经费支持等)综合考虑。

2. 行动

行动是行动研究的第二个环节，行动既是问题解决的实际操作过程，也是研究计划付诸实施的过程。行动的主要任务是在研究中促进工作的改革、认识的改进和行动所在环境的改善。从行动研究的整个过程来看，研究者的行动(或实践)具有实质性的意义，也是后续的考察和反思的实践基础。行动的要求主要有以下几个方面。

(1)行动之前，做好准备

首先，做好思想准备。在采取行动之前，研究者需要获取有关行动及其背景、条件、效果的信息，并对这些信息进行必要的分析和考量，从而在一定程度上理解行动的动因与意义，为采取行动提供思想上的准备。其次，保证人和物到位。课题组成员在共同分析背景和行动的基础上，对总计划、具体行动提出修改意见，对所需资料进行核实，对考察手段进行核对，保证人和物到位。

(2)处理好研究与其他工作间的相互关系

研究者兼有实践者与研究者等多重角色，可能在实施计划的过程中面临着来自其他方面的干扰与阻力，影响到原定计划的实施。这就要求教师处理好行动研究与其他工作之间的相互关系。在执行计划时，要充分考虑行动中现实因素的变化，并根据实际情况做出必要的计划调整。

（3）注意研究过程与行动过程的统一

虽然行动研究以解决实际问题为其首要目标，但并不因此排斥对事物规律的研究，它只是更强调理论和措施都必须接受实践的检验、修正、补充甚至证伪。更强调知识和理论的源泉是实践，并在实践中得到发展。因此，在采取行动时注意行动与研究的结合，注意研究过程与行动过程的统一。

3. 考察

考察是对行动者及其行动的实际状态（包括背景、过程、结果、特征等）的全面了解和认识。主要任务是搜集行动过程中的相关资料。这些资料是反思、修订计划和进行下一步研究的前提条件。考察的要求如下。

（1）要进行多视角的考察

由于行动研究赋予教师以"研究者"与"行动者"的双重角色，教师不再是一个研究活动的"旁观者"或"局外人"。为使考察更有利于获得行动研究状态的真实信息。在行动研究中，可以有教师的自我考察，可以借助其他仪器，或通过其他研究者、同事或学生的观察和描述。

（2）使用各种有效的考察技术

为了使考察系统、全面和客观，行动者和研究者应该运用各种有效技术，既可以是行动者借助各种有效手段对本人行动的考察技术，也可以是其他人的考察技术。究竟采取哪种考察技术，必须视教师的能力和具体的教育情境而定。

（3）考察要与思考相结合

考察过程中要认真思考，提高研究的质量。例如，怎样对所发生的现象有深刻认识？怎样与有关人员开展讨论？需对问题和总计划进行怎样的重新认识？能设想什么样的新计划？

4. 反思

反思是行动研究的第四个环节，反思是在行动和考察之后做出的对整个行动研究过程的系统描述和对行动研究过程、结果进行判断和评价。反思是行动研究的一个螺旋圈的终结，又是过渡到另一个螺旋圈的中介。反思的要求如下。

（1）以研究问题为基点

行动研究是始于问题解决的。在反思改进步骤中，教师需要针对原初的问题具体地展开反思改进。如是否解决了原初的问题？在多大程度上解决了原初的问题？还有哪些问题需要在下一步的计划中得到解决？等等。

（2）以研究计划为参照

教师的行动或实践是在研究计划的指导下展开的，结合研究计划来反思行动或实践，一是有助于考察原有研究计划的合理性；二是有助于完善下一步的研究计划。无论原有研究计划的合理性如何，都能对下一步的研究计划提供参照的价值，因为我们在后续的计划中可以汲取其合理的内容，摒弃其失当的或不合理的内容。

（3）以教师行动为对象

在行动研究中，反思是行动者的反思，是教师对自身行动或实践的反观。这种反观有时是描述性的，如对行动或实践所处的教育情境的记述；有时是批判性的，如多角度地对自身行动或实践合理性的综合剖析。

（4）以改进实践为归宿

行动研究从教育实践中的问题开始，最终走向教师实践的改进。教师反思的指向也应该是实践的，即在研究的过程中，教师个人的教育教学素养是否得到了提升？是否增进了教育？

六、个案研究法

（一）个案研究法的含义

个案研究法是一种对真实情境中的个体（可以是学生，也可以是教师、学校等）进行全面、深入、系统研究的方法。通过综合运用观察、问卷调查、谈话、作品分析等多种手段最大限度地搜集反映个体各方面情况的详细资料，对研究对象的心理发展过程、个体特点等方面进行细致的考察，并且可以随着时间的推移追踪研究对象的发展变化。

（二）个案研究法的特点

教育个案研究法具有以下几个方面的特点。

1. 研究对象的个别性与典型性

教育个案研究的对象通常是单个的个体，既可以是某个学生，也可以是某位教师，或是某个教育团体。另外，作为教育个案研究对象的个体还应具有与众不同的显著特征，可从三个方面进行判断。①在某方面有显著的行为表现。②与这方面有关的某些测量指标与众不同。③教师、家长等主要关系人都有类似的印象和评价。

2. 研究内容的深入性和全面性

个案研究法既可以研究个案的现在，也可以研究个案的过去，还可以追踪个案的未来发展。因此，个案研究法既可以做静态的分析与诊断，也可以做动态的调查或跟踪。由于个案研究的对象不多，所以研究时间较为充裕，可以进行透彻深入、全面系统的分析与研究。

3. 研究方法的多样性和综合性

个案研究法的手段往往是综合的，搜集个案资料的方法也是多样的，可以通过观察、访谈、问卷调查、评定、实物分析等多种方式，全方位、多角度地深入搜集有关研究资料，以获得对被研究者充分而深刻的理解，发现和挖掘问题产生的深层次原因。

个案研究法的优点是规模小、方法灵活多样、没有时间限制，且研究结果具有针对性，特别有利于因材施教，因此适合一线教师使用。其局限性主要表现为因样本较小而代表性、普适性差；定性分析的结果难以量化、标准化，容易做出主观的不精确的结论；费时费力，研究对象易流失，由此导致研究结论的可靠性削弱。

(三)个案研究的目的

1. 提供描述

在许多教育个案研究中，研究者的主要目的是全面、如实、清楚地描绘并概念化某个现象，即对情景和环境进行再现式的一系列的描述，让人们能够从这些生动的描述中认识到该情境所具有的意义，获得对特定人物或事物的生动的图景。

2. 提供解释

在有些教育个案研究中，研究者的目的是解释某些特定的现象，了解某一现象与其他现象之间的联系，从某个个案或某些个案中寻找个体行为和程序上的特定模式。模式代表的是现象与现象之间可能存在的关系。如果一种现象的变化引起另一种现象的变化，这种模式被称为因果模式。如果不能确定发生变化的几种现象之中究竟谁是原因方、谁是结果方，则只能将其称为关系模式。

3. 提供评价

通过对某些特定现象进行个案研究，可以对计划、个体和环境等做出评价，包括过程性评价和终结性评价，也包括与社会、组织和人的表现相关的需求评价。

(四)个案研究的基本过程

个案研究虽然研究对象较少，但其研究的过程却并不简单。一项完整的个案研究一般需要经过以下研究步骤。

1. 确定研究问题，建构理论假设

实施个案研究，首先要明确想对什么问题进行研究，因为研究问题不仅反映了研究的目的，也影响到对研究对象和研究方法的选择，影响到对研究过程的组织和实施。个案研究始于问题的发现，"是什么""为什么"是研究的开始。其次还需要对要解决的问题进行分析，搞清楚问题研究的方向和范围，明确研究的重点和研究思路。

问题确定之后，研究者就要针对问题建构相关的理论假设。假设是指研究者对某一问题或现象的主张和看法，它是引导研究进行的线索和蓝图，能够帮助研究者分解研究目标、细化研究问题、制订研究计划、搜集和分析研究资料以及归纳总结研究结论等。假设必须以对研究问题现有的可解释理论和资料为基础，通过科学的推理得出，不能毫无根据地"猜测"。

2. 选择研究对象

在个案研究中，研究者应根据研究的问题和研究的目的，确定在某一方面具有典型意义的人和事作为研究对象。适用个案研究的状况主要有以下几种：一是在对个体某属性有了研究后，需要用个案来说明个体总的状况；二是有的事物并不普遍、不具有代表性，但值得关注，也适合作为个案研究的对象；三是在对某种理论、方法的运用中，采用个案加以反馈，在实践中验证；四是出于不断积累研究材料的需要，以个案作为实验对象，为大面积进行深入研究打下基础。

3. 搜集个案资料

详尽的资料搜集是得出准确结论的重要保证。为了对研究对象进行全面深入的研究，找出问题产生的原因，必须尽可能地运用观察、问卷调查、访谈、测查等各种手段，搜集与研究对象和研究问题有关的资料。个案研究的资料内容不仅包括个案研究对象的现状资料，而且还应包括个案研究对象的历史资料。运用多种方法搜集同一现象的资料，可以增强研究结果的可靠性。

个案研究资料的记录可以按时间顺序进行，如按年月先后顺序记录，或按研究进程的阶段（起始、调查、诊断、治疗、跟踪）进行记录；也可以按专题内容分项记录，如家庭状况、社区环境、社会文化背景、教育状况、健康状况、经济收入、娱乐活动、精神状态、兴趣、职业等。在教育研究中，个案记录通常采用累积记录的方式，即对个案在相当长一段时间内进行跟踪记录。

4. 个案资料的整理与分析

资料整理主要有三个作用：一是查漏补缺，对重要的缺失的资料及时补救；二是归纳分类，为资料的分析提供思路；三是去伪存真，甄别价值，保证资料的客观性和有效性。

对研究过程中搜集的研究资料，如观察资料、访谈资料、测验或实验数据和照片、录像、录音等材料以及研究者查阅的文献资料等，应该分类登记。对个案资料的整理一般以表格的形式进行。可以用标题索引图示或用网络关系图来表示个案资料之间的顺序和关系。

研究者只有对搜集到的个案研究资料进行分析才可能获得重要的、有意义的发现。在进行个案研究资料分析时，研究者需要对搜集到的大量资料进行归类，按横向联系或纵向联系做一番梳理、汇总，考察研究对象的行为和心理特点，比较各因素之间的关系，在此基础上通过分析形成一定的观点、理论，对研究对象的身心发展规律和形成原因进行解释、说明。

个案研究资料的分析类型主要有解释性分析、结构化分析和反思性分析，其中反思性分析在教育研究中运用得较多。反思性分析是指研究者主要依赖自己的直觉和个人判断对搜集到的资料进行分析的过程，也可以包含对现象的批评观点。对教师来说，必须经历丰富的教育实践才有可能有效地进行反思性分析。

(五)个案的补救、矫正与发展指导

个案研究的重要目的之一是为了促进个案的发展，这就是个案的补救、矫正与发展指导。研究者根据对个案资料的分析、诊断，把握个体差异、找到问题所在，提出恰当的教育措施，设计一套因材施教的方案并加以实施，有效促进学生的健康发展。

从影响个案发展的内、外部条件因素来看，对个案的发展指导可从两个方面进行：一是通过心理治疗、思想交流等方式矫正影响学生发展的自身内在的因素，以使其与社会环境的要求相适应；二是通过改进学校教育方式、对家庭教育进行指导等方式改善影响学生发展的外部条件，使之适应学生发展的需要。

(六)撰写个案研究报告

个案研究报告大致可分为三类。第一类是描述性报告，比较详细地叙述个案资料，尽可能用原话来描述个案的呈现和解释；第二类是简介性报告，着重反映个案的主要特征，较简洁；第三类是分析性报告，对论点进行直接论述，并说明个案的各种可能现象及推理过程。

撰写个案研究报告时，要注意区分"事实"与"意见"。个案研究中的"事实"资料是个案真实发生的事件，而"意见"资料则主要涉及主观感受和价值判断。在对研究资料进行分析的过程中，研究者应该根据自己掌握的知识经验，或是通过将不同来源、不同方式获得的信息与资料加以比较，来判断研究资料究竟是"事实"资料还是"意见"资料。在撰写研究报告时，必须明确描述哪些资料是事实资料，哪些资料是有关的证据，哪些是价值判断和推论。

(七)确定个案研究结果的应用程度

教育实践工作者在阅读个案研究时，关注的重点往往是研究结果在多大程度上能应用到自己所在环境中去，也就是说关注个案研究的可应用程度。

确定个案研究结果的应用程度的方法之一是看个案的抽样策略。通常认为，如果研究者选择了一个具有典型性的个案，那么其研究结果被认为可以应用到其他类似的个案中去。如果研究者研究的是多个个案，那么不同案例之间的研究结果若是一致的，就证明该研究结果可以应用到其他情况和个体身上。

第四节　教育研究成果的表述

教育研究成果，是针对某种教育现象、某一教育课题或某种教育理论进行调查研究、实验或论证后所得出的新的教育观点、新的教育思想、新的教育方法或新的教育理论。一项教育研究工作完成后，需要对整个过程及其结果进行分析、总结，用文字记载下来，即形成一份研究的书面材料。教育研究成果表述得如何，直接影响着教育研究成果的交流和运用。

一、教育研究成果的形式

教育研究成果有着丰富多样的表现形式，如研究报告、学术论文、教育日记、教育反思、教育案例、教育叙事、教学课例和著作等。

(一)研究报告

教育研究报告是描述教育研究工作的结果或进展的文件，是报告情况、建议、新发现和新成果的文献。研究报告不但是研究者对整个研究的全面总结，更主要的是为了将研究的结果通过各种途径，如刊登于专业报刊、打印散发、学术会议交流等，让更多的人能比较全面系统地了解，并由他们通过对研究报告的理解与验证，来评判、接受或应用这一研究成果。

1. 教育研究报告的基本结构

教育研究的内容与方法不同，研究报告也有不同的种类。无论是观察研究报告、调查研究报告、实验研究报告还是个案研究报告，其基本结构都有一个固定的模式。一般情况下研究报告的基本结构包括题目、摘要、关键词、正文、注释、参考文献、附录、致谢等内容。其中正文包括导言、研究的过程、研究的结果、分析讨论和研究的结论五个部分。

2. 教育研究报告的撰写技巧

题目、摘要、关键词、注释、参考文献、附录等内容将在"教育研究成果表述的基本规范"中做介绍，这里只就正文的撰写进行说明。

正文是研究报告的核心和主体，它包括研究的具体实施过程、实施获得的数据和材料以及围绕材料进行的分析讨论。正文部分包括导言、研究的过程、研究的结果、分析讨论和研究的结论五个部分。

（1）导言部分的撰写

导言又称引言、前言或问题的提出，是研究报告的开场白。一般情况，导言的内容包括以下三项内容：第一，说明该项研究工作的缘由、价值（理论价值和应用价值）。第二，综述前人的研究成果（进展、存在问题、知识空白）。第三，阐明本研究的目的、假设、途径及预期结果。

不同的研究报告导言的内容略有差异。如观察研究报告的导言部分称作"研究的背景"，主要包括本研究所要达到的目的、研究假设、研究缘由、重要性及文献综述、研究问题以及关键术语的界定等。调查研究报告的导言部分应说明调查的目的、基本方法、时间、地点、对象，并简要介绍调查的过程、结果和意义。实验研究报告应着重交代前人已有研究进展及存在的问题与空白点，本课题的研究假设及其价值、意义及预期结果。

在综述前人研究成果时，特别要注意，在未占有前人全部研究资料时，为抬高自己研究的价值，就无端地断言"前人未做过该研究"或"该研究属国内外空白"，这是一种不严谨的科研态度，应当坚决杜绝。

（2）研究过程的撰写

研究过程主要包括四个方面：关于研究对象和范围的说明、关于研究工具的说明、关于研究方法的说明和关于研究资料的搜集和整理的说明。

在撰写研究过程时应详细说明研究的对象和范围。不仅要详细描述研究对象的年龄、性别、职业、受教育程度等，还要介绍抽样的方法和过程以及样本的数量等。另外还需详细解释研究工具及其使用过程，如调查表、测验量表、观察表的设计和使用等。除此之外，还需说明研究方法和操作程序(如实验条件、材料、步骤或调查过程和步骤等)，必要时还要简要说明研究资料的统计方法等内容。

(3)研究结果的撰写

研究结果是研究报告的核心部分，它是对研究成果用客观的数据和事实材料加以呈现。该部分的内容是向读者展示所获得的资料与研究假设之间的关系，或者是所要研究的问题与研究假设某部分的关联情况。

撰写研究结果部分，需要注意以下几点：叙述要简明扼要，只需展示对数据处理后的统计分析结果即可；叙述应全面，为读者展示全面的统计结果；要使用不同的叙述形式，研究结果主要采用语言描述形式为主，但为了加强叙述的直观性，常常要辅以图表描述；注重图表描述的规范性。

(4)分析讨论部分的撰写

研究报告分析与讨论部分是对研究结果的深入评价和论证。该部分的撰写包括两个内容：一是用所获得的研究结果回答导言提出的问题，二是对获得的研究结果进行理论层面的探讨。撰写分析与讨论部分，不仅要对研究结果做深入的分析和讨论，还要对研究结果进行客观、严谨的分析论证，更要遵循教育研究的系统性原则，从多角度、多方面对研究结果做深入分析，防止问题出现片面性。

(5)研究结论的撰写

结论是研究报告内容的浓缩与提炼，不同的研究报告各有侧重。调查研究报告侧重问题的解决意见和建议，经验总结报告侧重理论的上升与概括，实验研究报告则强调所得的结果及适用条件，并提出下一步应改进的问题和完善的方案。

结论与讨论、结果是有区别的。结论是研究所得的客观事实、规律，并可以在相同的研究中得出相同的结论。讨论是研究者主观的分析与认识，不同的研究者的主观认识是不同的。结果则是研究最终获得的信息和事实。例如，某项研究实验班学生的睡眠时间平均增加了半小时，这是事实，是研究结果。而睡眠时间增加半小时意味着什么却是结论要回答的问题。

无论何种研究报告，下结论一定要谨慎。写结论时要自然，顺理成章，不能牵强附会。有的研究课题暂时不能得出明确的结论时，报告可以不写结论，但应有交代和说明，或展开必要的讨论。

(二)教育科研论文

教育科研论文是教育工作者对某些教育现象、教育问题进行比较系统、专门的研究和探讨，提出新观点，得出新结论，或站在新的角度做出新的解释和论证的一种理论性文章。

1. 教育论文的基本结构

一般情况下教育论文的基本结构包括题目、摘要、关键词、正文、注释和参考文献等内容，其中正文包括绪论、本论和结论三个部分。

2. 教育论文的写作

(1)绪论的撰写

绪论是教育研究论文的开始部分，相当于研究报告中的导言部分，它是整篇论文的引子，又称为问题的提出、前言、导语等。

绪论的主要内容包括：一是提出研究的问题，明确所要讨论的中心问题，介绍问题存在的背景并对涉及的主要概念进行界定；二是指出研究的价值，对已有的研究成果进行概括，在此基础上提出本研究的理论意义和实践意义；三是介绍研究的方法，对本研究采用的方法和手段加以说明。

(2)本论的撰写

本论部分是对教育研究中提出的问题进行理论性的探讨和思辨性的论证，该部分是论文的核心部分。本论部分的撰写，要点明中心论点，并提出充分的论据进行逻辑论证。撰写本论部分时，要突出主题、表述精确、有条有理，论证合乎逻辑。

为了体现本论部分的层次，在该部分的写作时，需要以小标题的形式清晰地显示出来。如有的文章常常采用提纲的形式："一、""(一)""1."
"(1)"，这样的表示更清晰、更便利。

(3)结论的撰写

结论是研究者在对提出的中心问题进行论证之后，经过分析、综合、抽象、概括后的总结。结论对论文起着概括、总结、强调和提高的作用。

结论的内容应简洁明确、表达准确。因此在写结论时可采用以下几种方法：第一种方法是概要提炼法，即概括地总结本研究的成果。如本研究讨论的问题，验证的假设、已经解决的问题以及需后续解决的问题。第二种方法是评价展望法，即对本研究的评价。如在本研究中遇到的困难与不足，在现有基础上研究的方向和展望以及研究者自己对问题的猜测等都可作为论文的结论。第三种方法是自然收尾法，按议论文最传统的方式"提出问题——分析问题——解决问题"的顺序自然导出结论。

总之，教育研究论文的撰写，有相对规范的写作要求。中小学教师在进行教育教学研究时应遵循这些规范，使自己的研究成果更具有可读性和借鉴价值。

(三)教育日记

1. 教育日记的含义和作用

教育日记是教师积极主动地对自己日常的教育教学生活事件、思想和行为中具有反思和研究价值的各种经验所进行的持续而真实的记录和描写，并在此基础上对其进行批判性的理解和认识，从而不断更新观念、增长技能，促进自身专业发展的一种手段和方法。教育日记不是仅仅罗列教师日常教育教学生活事件清单，而是通过聚集这些事件，让教师更多地了解自己的思想和相关行为。在教育日记中，除了描述性记录，还含有解释性记录，如感受、解释、创见、思索、推测、预感、事件的解说、对自己假设与偏见的反思、理论的发展等。

2. 撰写教育日记的方法

(1)要重视日常观察

教育日记的写作始于观察，把观察到的事实记录和表达出来，也就大致形成了教育日记。对于需要记录的一些重要细节，最好在口袋里准备一个小本子及时记录，如果时间许可的话，那么越快记录越好，记得越详细越好。即使是只记只言片语，对于教育日记的撰写来说也是很有帮助的。

(2)教育日记要写得具体，要记录具体的事实和事件，描述具体的现象和过程，不要采取概括的方式来写，不必总是进行总结和小结。

(3)教育日记的书写要持续(两次记录的时间间隔不能过长)地写，不能"三天打鱼，两天晒网"，最好每天或隔几天安排一个特定的时间来专门写教育日记。在一段时间内，教育日记的撰写可以紧紧围绕某个主题，也就是说，可以结合某个研究的重点来写作。

(4)撰写教育日记要将事件记录与事件分析结合起来，并要在形式上保证有一定量的分析。需要强调的是，对日记记录做一些暂时性的分析是非常有必要的，这样做可以降低在日后的研究中被资料淹没的危险。

(四)教育反思

教育反思在第九章已经做了详细介绍，这里不再赘述。

(五)教育案例

1. 教育案例的含义和作用

教育案例是含有问题或疑难情境在内的真实发生的典型性事件，是对已发生的教育过程的反映。主要特征是故事性、问题性和典型性。

教育案例要有一个主题，不仅要说明思路，也要说明过程、结果（包括主体的反应、感受），还要有一定的评析。案例要关注一些关键性的细节，写法上可以渗透情感因素。教育案例的重要价值在于促进教育者"因事而思"，在多元的教育教学实践中，寻找理性思辨的视角，最终更好地解析教育教学的本质，提升自己作为专业工作者的技能与素养。

2. 撰写教育案例的方法

教育案例有两种撰写类型：实录式案例和条列式案例。实录式案例即把实际发生的事件原原本本地记录下来，在最后提出一系列供参考、讨论的问题，一般包括背景、问题、原因分析、解决方法或评论等部分。条列式案例是按照论述的层次表述认识。一个相对完整的教育案例的基本结构包括案例标题、案例背景、案例事件和过程、对案例事件的反思等。另外，有些案例还有附录，主要是将一些有关案例主题的补充材料，如对具体问题的访谈记录、能够反映案例主题的数据和表格，甚至一些作品等都可作为附录放在案例叙述之后。

撰写教育案例时要注意以下几个方面：教育案例要有一个真实和具有完整情节的故事，使案例生动有趣；教育案例要有问题，在叙述上要有矛盾的冲突，能够揭示教育教学工作的复杂性；教育案例要有意义（要蕴含教育理论或先进理念；能解决问题，促进师生成长），要选择有典型性、代表性或普遍性的问题，做深入剖析；教育案例使用过去式编写，能够较为灵活地处理案例中反映的事实与问题。

(六)教育叙事

1. 教育叙事的含义和作用

"教育叙事"又称"教育叙事研究"，就是指教师以叙事、讲故事的形式记录自己在教育生活、班级管理、课堂教学、师生交往等活动中曾经发生的各种真实鲜活的教育事件和发人深省的动人故事，表述自己在实践过程中的亲身经历、内心体验和对教育的理解。研究者（主要是教师）通过对有意义的教育生活、教育事件、教育教学实践经验的描述与分析，从而发掘或揭示内隐于这些生活、事件、经验和行为背后的教育思想、教育理论和教育信念，从而发现教育的本质、规律和价值意义。

2. 撰写教育叙事的方法

教育叙事研究似乎很难找到一个统一的格式、统一的规范和统一的要求，与其他研究方法相比，教育叙事研究更具有弹性、灵活性和多样性等特点。正是由于这些特点，教师在开展教育叙事研究时就更能够体现现实针对性，更能发挥创造性，这种方法也就更能为教师所掌握和运用。

从内容上看，教育叙事分为三类：第一类是教师对某个教育问题解决过程的直接记录；第二类是教师对某个教育事件的反思；第三类是"自传"叙事，叙述自己成长与发展的"心路历程"。

教育叙事研究的基本要素：第一，有鲜明的主题或引人入胜的问题。第二，有解决问题的技巧和方法。第三，有解决问题的情境性、冲突性、过程性、复杂性以及师生角色变化等的描述。第四，有解决问题过程中及过程后的反思。第五，有理性反思中所获得的经验或教训，所蕴含的教育理论和教育思想的升华或启发。

（七）教学课例

1. 教学课例的含义和作用

教学课例是指对一堂课进行课堂教学实际场景实录，以此为基础而对这节课进行的反思与评析。"课例"是一个实际的教学例子，是对一个教学问题和教学决定的再现和描述，即"讲述教学背后的故事"。也就是说课例不仅仅是课堂教学实录，还要交代之所以这样教学的理由和认识，要有研究的成分在其中。教学课例与教育案例不同，教学课例展现的是某节课或教学活动的实际场景加上简要的评析或反思，而教育案例自始至终是围绕特定的问题展开的，是以问题的发现、分析、解决和讨论为线索的。

2. 撰写教学课例的方法

教学课例的主要内容有教学设计、教学实录和教学反思等。教学设计是某节课或某些课的教学设计方案（教学预期）。教学实录是实际教学场景（教学生成），可以是教学情境细致描述、提炼后的教学场景或教学片段。教学反思则描述了教学预期的实现程度，也就是对教学的评价，可以是他人的评析或教师本人的反思。

教学课例的基本结构形式：教学设计＋课堂实录＋教学反思。教学课例的表达方式主要是记叙、议论和说明。从设计到反思，是教师研究运行的基本过程，涉及教师研究的基本环节，在实际操作中，有着各种变式。例如，教学设计总体思路＋教学情景细致描述＋专题教学反思，对教学过程中的详尽场景加以叙述，就教学中发现的某一问题进行专门思考和讨论。教学设计说明＋提炼后的教学场景＋总体教学反思，呈现出教学的总体进程，是对教学做总体性的反思。教学设计＋教学片段＋教学反思，在呈现片段的基础上，着重对其中蕴含的问题进行反思。

撰写教学课例要注意以下几个方面：选择的教学课例要具有一定的代表性和典型性，能从中提升自己的教学智慧；要注意较为详尽地介绍自己教学设计的意图，用先进的理念指导自己的教学行为；使用多种手段全面搜集课堂上的各种信息，为提炼概括、选择教学片段等打下基础；要注意对照教学设计意图反思课堂上的实际行为。

（八）著作

1. 著作的含义和作用

著作是对某一专门课题或特定问题进行全面、系统考察或研究的基础上，提出自己创造性的观点和认识，并公开出版发行的书籍。著作是对某一问题深入研究的结果，是最能代表教师科研水平与实力的作品之一。

2. 撰写著作的方法

教育科研著作的形式有专著、编著、合著、文集等。专著是对某一问题深入研究的结果；编著则是在充分吸收、借鉴、引用他人成果的基础上，加上自己的研究与理解所形成的作品；合著则是两人或两人以上共同完成的研究作品；文集包括个人研究文集和多人研究成果的结集。学校或者是教师个人，可以把平时积累的教学案例、教学反思和教学随笔等加以归类整理，结集出版。这些日常积累作品的结集性研究著作集中反映了教师研究的成果，可以较为深入全面地反映研究对象。

二、教育研究成果表述的基本规范

课题研究成果的表述虽无定法，但有常规可循。在表述课题研究成果时，要按照一定的格式，不能忽视基本的规范要求。现根据有关标准规定和研究者的表述习惯，对撰写教育研究论文的有关基本规范做简单介绍。

（一）题名、署名、摘要和关键词

1. 题名

题名是一篇研究论文的总标题，又称篇名或文题。是以最恰当、最简明的词语反映报告、论文中最重要的特定内容的逻辑组合。主要作用是对研究论文内容的高度概括，反映所研究的问题。也是文摘、索引或提录等情报资料的重要组成部分，是查找文献资料的主要线索。题名直接影响到论文的传播效果。

（1）题名的内容

根据研究论文的形式和内容不同，研究论文的题名没有统一的格式要求，但要求能够反映出研究论文的主题。

（2）题名的要求

①题目要与研究主题基本一致。教育研究论文的题目要与研究的主题内容保持一致性，教育研究报告一般直接采用研究课题的名称，但也不要拘泥，可以校正、补充或深化。如实验报告的标题严谨些，经验总结报告和调研报告则可形象些、生动些，但应避免文学化、情感化。

②题目要提供特定的信息。题名所用每一词语必须考虑到有助于选定关键词和编制题录、索引等二次文献可以提供检索的特定实用信息。题名应该避免使用不常见的缩略词、首字母缩写字、字符、代号和公式等。

③题目要简洁。一般中文题名最好不超过20个汉字，外文题名一般不宜超过10个实词。报告、论文用作国际交流，应有外文（多用英文）题名。题名表述简洁的方法，一是尽可能删去多余的词语，二是避免将同义词或近义词连用，三是采用主标题（论文的中心内容或论点）下加副标题（论文的中心内容或论点涉及的范围）的办法处理。

2. 署名

署名，即表明作者身份。署名在研究报告中有着重要的意义，一是作者拥有著作权的声明和文责自负的承诺，二是重要的检索信息，是有关数据库重要的统计源。另外，还表示了有同读者联系的愿望等。

（1）署名的内容

署名一般包括作者的姓名、所在工作单位、所在地区和邮政编码等。如若需要用外文署名，作者的姓名写法遵从国际惯例。

（2）署名的要求

从研究报告涉及的科研成果的归属和优先权等有关问题出发，署名的撰写要求有以下两个方面。

①署名要真实客观。如无特殊原因应署真名，如果有多个作者参与了研究与研究报告的撰写，按贡献大小排名次；有时参加研究的人员在两个以上，不便一一署名，可以署××课题组、××课题协作组等。

②署名要重视产出单位著作权。职务作品论文的单位署名应署产出单位而非工作单位（两者可能一致）。如果作者在文章发表之前已经调到另一个单位了，一般是在作者姓名后面署上原工作单位的名称，再以注脚形式表明现在工作单位的名称。

3. 摘要

摘要又称内容提要，是报告、论文的内容不加注释和评论的简短陈述。摘要的目的：一是扼要地介绍文章的要点，让读者尽快了解论文的主要内容，以补充题名的不足；二是为数据库检索提供方便。

（1）摘要的内容

摘要的内容是研究报告全文的浓缩，一般包括研究问题、研究目的、研究方法、研究结果和最终结论等。重点是结果和结论。摘要可以根据作者的意图有不同的写法，但都要反映论文的主要内容，即不阅读全文，就能获得必要的信息。

（2）摘要的要求

①摘要应具有独立性。摘要是一篇完整的短文，内容应包含与报告同等量的主要信息，可以独立使用。即不阅读报告的全文，通过摘要就能获得必要的信息。

②摘要用第三人称客观陈述。摘要是对研究报告说明性的介绍，用第三人称的方式如实报道，不做主观评价，增强客观效果。

③摘要以文字为主，简明准确。正文中的图、表和公式等非文字部分一般不列入摘要，通常也不举例证。摘要的字数以占全文的 2% 为宜，一般为 200～300 字，如遇特殊需要字数可以略多。为国际交流方便，有时还要求有中、英文两种文字的摘要，外文摘要不宜超过 250 个实词。

4. 关键词

关键词又称主题词，是能反映研究报告主题内容的最重要的词、词组和短语，是表达文献主题概念的自然语言词汇，是对研究报告所研究的范围、方向做出的标志。标出关键词的目的：一是便于使读者迅速了解报告的主要内容，二是为文献标引和检索提供方便。

（1）提取关键词的方法

对文献进行主题分析，弄清该文的主题概念和中心内容；尽可能从题名、摘要、层次标题和正文的重要段落中抽出与主题概念一致的词和词组；对所选出的词进行排序，从中选择能反映研究报告主题的关键词。

（2）提取关键词的要求

①每篇研究报告一般选取 3～8 个关键词为宜。在排列上，通常依照概念由大至小或论述问题的先后顺序。

②关键词是经过规范化的词。关键词要用专业词汇，同义词、近义词不要同时选为关键词。不规范的词不能选为关键词，尽量用《汉语主题词

表》和《世界汉语主题词表》等词表提供的规范词。为国际交流方便，有时应标注与中文对应的英文关键词。

（二）引文、注释和附录

1. 引文

引文是指在研究论文写作中引用他人的材料或成果。任何研究都是在前人研究的基础上进行的，写作中常常要引用别人的观点、材料、数据、方法作为自己论证的依据。对于论文中的引文，必须注明出处。

（1）引文的方法

引文方法可以分为以下 3 种。

①直引。将引用材料中的原字原句原封不动直接照搬，引文前后必须加上引号。

②意引。只引原意，不引原话，即对原材料文字加工改写，原意不变。意引部分不加引号。

③综合引。将以上两种引法合在一起引用，即把意引和直引穿插在行文中，直引的字词加引号。

（2）引文的要求

引文要忠于原文的本意，不可断章取义。引文要少而精当，避免引文的堆砌。引文必须仔细核对，避免以讹传讹。

2. 注释

注释又称注解，是对文章中的词语、内容或引文的出处所做的解释。注释有三类：一是题注，是对研究报告篇名、作者的注释。二是参考型注释，这类注释主要是说明选自出处，为了便于读者对引文的查找、核实。三是内容型注释，这类注释对论文内容做补充说明，主要是为了便于读者理解论文中的某些难点、新的名词术语、概念等做出的解释。

（1）注释的方法

①行中注。又称注解、夹注、文内注，即在引文之后，用括号与行文区分开，在括号内写明注释内容。目前国际上比较通行的做法是括号内只写引证资料的作者名、出版年份和页码，资料全名则一律列入文末的参考文献目录中，不再另加注释。

②页末注。又称脚注，即在引文末端右上角标出①、②、③、④……在同一页面底端注明引文的出处或需要进一步解释的内容。引文序号以页为单位，每页重新编号。

③篇尾注。又称尾注，即在引文末端右上角标出①、②、③、④……将全文的注释从前至后按顺序统一编号，集中在全文后面。

（2）注释的要求

①加注方式前后一致。在一篇研究论文中，脚注、尾注和夹注三种形式只能采用其中一种。引用外文资料时，注释中的书名和篇名可以用译文，也可以用原文。

②注释应力求简明扼要。注释应力求简明扼要，有时可用省略的方式处理。同一来源的资料，稍后再出现时，可以用「同上」或「同前」等字样表示；同一来源，同页或不同页的连续性注释，以「同上」或「同上注」字样表示，亦须另加页数。

注释不同于参考文献，两者有一些共同点，但更有区别。首先，注释与参考文献的内容不同。参考文献是作者在研究论文过程中所查阅参考过的主要著作和报纸杂志的目录。注释则是在对正文中引用他人的观点及原话、主要数据等注明出处，或对某一特定内容需要做进一步解释或补充说明。其次，注释与参考文献的要求不同。注释与注释的内容是一一对应关系，一经引用，非注不可；参考文献则是一个相对模糊的概念，不要求一一对应。最后，注释与参考文献的位置不同。参考文献一般集中列表于文末，序号用方括号连续标注，注释可以集中列表于文末，但一般还是采用行中注和页末注的比较多，序号用圆括号连续标注。

3. 附录

附录是对正文起补充说明作用的信息材料，可以是文字、表格、图形等形式。并不是必需的。使用附录的目的一是使正文的内容整齐集中，二是为读者提供查证的原始文献。一般在发表时不作刊登。但所有对报告的阅读具有参考意义的材料，必须列出。

（1）附录的使用方法

①附录的内容。研究工具类，包括研究中使用的调查表、访谈提纲、观察评定表格、测量工具等。研究数据类，包括研究过程中搜集到的重要原始数据表、访谈记录等。教育研究方案类，包括教育干预方案、活动计划、教材与教案等。

②附录的编排。附录与正文连续编页码，每一附录均另页起。报告、论文的附录依序用大写正体 A、B、C……编序号，如附录 A。附录中的图、表、式、参考文献等另行编序号，与正文分开，也一律用阿拉伯数字编码，但在数码前冠以附录序码，如图 A1、表 B2、式（B3）、文献［A5］等。

（2）附录的使用要求

①附录不是必需的。可有可无的附录不应列出，在没有字数限制的报

告中，附录较为常见。

②恰当选择附录内容。一般附录的内容包括：由于篇幅过大或取材于复制品而不便于编入正文的材料；不便于编入正文的罕见珍贵资料；对一般读者并非必要阅读，但对本专业同行有参考价值的资料；某些重要的原始数据、数学推导、计算程序、框图、结构图、注释、统计表、计算机打印输出件等。

(三)参考文献

参考文献是对期刊论文引文进行统计和分析的重要信息源之一。参考文献目录是作者在研究报告中，实际上确实有直接或间接引述资料的所有参考资料的清单，包括文内注释和文后注释中曾经引用过的所有文献。编制参考文献目录的目的与著录注释的目的基本相同。

1. 编制参考文献目录的方法

(1)参考文献著录项目

①主要责任者(专著作者、论文集主编、学位申报人、专利申请人、报告撰写人、期刊文章作者、析出文章作者)。多个责任者之间以","分隔，主要责任者只列姓名，其后不加"著""编""主编""合编"等责任说明。

②文献题名及版本(初版省略)。

③文献类型及载体类型标识。

④出版项(出版地、出版者、出版年)。

⑤文献出处或电子文献的可获得地址。

⑥文献起止页码。

⑦文献标准编号(标准号、专利号……)。

(2)参考文献类型及其标识

根据国家标准《文后参考文献著录规则》的规定，各种参考文献类型以单字母方式进行标识，见表10.1。

表 10.1 文献类型及标志代码对照表

文献类型	普通图书	论文集、会议录	报纸	期刊	学位论文	报告	标准	专利	汇编
文献标志代码	M	C	N	J	D	R	S	P	G
电子文献类型		数据库		计算机程序		电子公告			
电子文献标志代码		DB		CP		EB			

对于专著、论文集中的析出文献，其文献类型标识建议采用单字母"A"；对于其他未说明的文献类型，建议采用单字母"Z"。

对于非纸张型载体的电子文献，当被引用为参考文献时需在参考文献类型标识中同时标明其载体类型：磁带（magnetic tape）-MT，磁盘（disk）-DK，光盘（CD-ROM）-CD，联机网络（online）-OL，并以下列格式表示包括了文献载体类型的参考文献类型标识：［文献类型标识/载体类型标识］。例如，［DB/OL］——联机网上数据库（database online）；［DB/MT］——磁带数据库（database on magnetic tape）；［M/CD］——光盘图书（monograph on CD-ROM）；［CP/DK］——磁盘软件（computer program on disk）；［J/OL］——网上期刊（serial online）；［EB/OL］——网上电子公告（electronic bulletin board online）。

（3）文后参考文献编排格式。

参考文献按在正文中出现的先后次序列于文后，以"参考文献"（左顶格）或"［参考文献］"（居中）作为标识，参考文献的序号左顶格，并用数字加方括号表示，如［1］、［2］、……以与正文中的指示序号格式一致。每一参考文献条目的最后均以"."结束。参考文献内容的排列次序：书籍；丛书；出版报告和年鉴；期刊和杂志；字典和百科全书；其他包括报纸、未出版的数据、访问的数据、录音带或录像带；网站（网页）。

各类参考文献条目的编排格式及示例如下。

①专著、论文集、学位论文和报告中析出的文献。

［序号］主要责任者．文献题名［文献类型标识］．出版地：出版者，出版年．起止页码（任选）．

［1］刘国钧，陈绍业，王凤翥．图书馆目录［M］．北京：高等教育出版社，1957.15-18.

［2］辛希孟．信息技术与信息服务国际研讨会论文集：A 集［C］．北京：中国社会科学出版社，1994.

［3］张筑生．微分半动力系统的不变集［D］．北京：北京大学数学系数学研究所，1983.

［4］冯西桥．核反应堆压力管道与压力容器的 LBB 分析［R］．北京：清华大学核能技术设计研究院，1997.

②期刊中析出的文献。

［序号］主要责任者．文献题名［J］．刊名，年，卷（期）：起止页码．

［5］何龄修．读顾城《南明史》［J］．中国史研究，1998，（3）：167-173.

［6］金显贺，王昌长，王忠东等．一种用于在线检测局部放电的数字滤波技术［J］．清华大学学报（自然科学版），1993，33(4)：62-67.

③论文集中析出的文献。

［序号］析出文献主要责任者．析出文献题名［A］．原文献主要责任者（任选）．原文献题名［C］．出版地：出版者，出版年．析出文献起止页码．

［7］钟文发．非线性规划在可燃毒物配置中的应用［A］．赵玮．运筹学的理论与应用——中国运筹学会第五届大会论文集［C］．西安：西安电子科技大学出版社，1996.468-471.

④报纸中析出的文献。

［序号］主要责任者．文献题名［N］．报纸名，出版日期（版次）．

［8］谢希德．创造学习的新思路［N］．人民日报，1998-12-25(10).

⑤国际、国家标准。

［序号］标准编号，标准名称［S］．

［9］GB/T16159—1996，汉语拼音正词法基本规则［S］．

⑥专利文献。

［序号］专利所有者．专利题名［P］．专利国别：专利号，出版日期．

［10］姜锡洲．一种温热外敷药制备方案［P］．中国专利：881056073，1989-07-26.

⑦电子文献。

［序号］主要责任者．电子文献题名［电子文献及载体类型标识］．电子文献的出处或可获得地址，发表或更新日期/引用日期（任选）．

［11］王明亮．关于中国学术期刊标准化数据库系统工程的进展［EB/OL］．Http：//www. cajcd. edu. cn/pub/wml. txt/980810-2. html，1998-08-16/1998-10-04.

［12］万锦坤．中国大学学报论文文摘(1983—1993).英文版［DB/CD］．北京：中国大百科全书出版社，1996.

⑧各种未定义类型的文献。

［序号］主要责任者．文献题名［Z］．出版地：出版者，出版年．

［13］何晓明．降落民间——21世纪中国历史学走向管窥［Z］．"第十一届全国史学．理论研讨会"论文，武汉：湖北大学中国文化研究院，2000.8.

⑨外文论著，应遵循国际学术惯例，凡文章篇名应用""表示；凡书名、报纸和刊物名，用正体或右斜体表示。

［14］Baron，D. P.，1981，"Price Regulation，Product Quality，and Asymmetric Information"，American Economic Review 71：212-220.

2. 参考文献的著录要求

（1）著录有代表性的文献。著录的文献要精选，仅限于与本论文密切相关的，起过重要参考作用的专著、论文及其他资料。

（2）重点著录公开发表的文献。公开发表是指在国内外公开发行的报刊或正式出版的图书上发表。在供内部交流的刊物上发表的文章和内部使用的资料，尤其是不宜公开的资料，一般不能作为参考文献引用。

（3）采用规范化的著录格式。关于文后参考文献的著录已有国际标准和国家标准，论文作者和期刊编者都应熟练掌握，严格执行。

（4）采用"顺序编码制"著录参考文献。即根据作者在论文中所引用的文献在文中出现的先后顺序，用阿拉伯数字加方括号连续编码，附于文末。

思考与练习

1. 教育研究有哪些基本步骤？
2. 教育研究课题的来源有哪些？研究课题如何表述？
3. 教育研究课题的论证应当包含哪些内容？
4. 简述文献综述的格式与要求。
5. 简述观察研究法的实施步骤。
6. 简述调查研究法的类型与步骤。
7. 简述实验研究法的步骤。
8. 简述行动研究法的特点与步骤。
9. 简述个案研究法的特点与基本过程。
10. 教育研究成果的表述主要有哪些形式？
11. 简述摘要、关键词、参考文献写作的要求与格式。

实践活动

研究课题的申请论证

请同学们自愿组成课题小组，认真阅读《河北省教育科学"十三五"规划课题指南》，结合自己在教育见习、实习过程中发现的教育教学方面的问题，选择一个小组成员都感兴趣的课题，在集体研讨、文献资料查阅等工作的基础上，对所确定的课题进行整体设计，填写《河北省教育科学研究"十三五"规划课题申请·评审书》，撰写课题的论证报告。

第十一章　大学生学业规划概述

引言

当前，我国的高等教育已由精英教育进入大众化教育阶段，在高等教育大发展的同时，一些问题也不可避免地显现出来，如学生中存在的学业目标缺失、学习动力不足问题，大学生就业难、就业准备不足等。《礼记·中庸》中云："凡事预则立，不预则废。"在做任何事情前都要有一个明确的计划与准备，否则难以收获良好的结果。目前，很多大学生走进学校，犹如站在十字路口，感到茫然无措，不知何去何从。其中，最主要的原因就是缺乏对未来生活和生涯目标的远景规划与相应准备，或者根本不知道该如何规划自己的未来。如何有效完成大学学业？这是每一位大学生在学业生涯中都要面对的重要课题。

学习目标

1. 理解大学生学业规划的概念及其与职业生涯规划的关系。
2. 明确大学生学业规划的重要意义。
3. 掌握大学生学业规划的内容。
4. 掌握制定大学生学业规划的步骤。

第一节　大学生学业规划的意义

当前，大学生中普遍存在以下问题：一部分学生经过激烈的高考竞争进入大学后，产生了放松和休息的思想，没有明确的学习目标，"郁闷""困惑""迷茫"成了描述大学生活的高频词汇；一部分学生对所学专业缺乏深入了解，学习兴趣和动力不足，厌学，甚至迷恋网络游戏而耽误学习；一部分学生没有养成良好的学习习惯和学习方法，学习缺乏主动性和自觉性，不能合理安排时间，考前临时突击；有的学生热衷于考证，而忽略了相关知识的深入学习和积累；有的学生不考虑自身实际情况，盲目跟风考研；很多学生不了解社会对人才的需求，没有找到适合自己的职业方向。学业规划可以为大学生成长导航，帮助学生明确学业目标，树立自主学习的观念，掌握科学的学习方法，提高学生的综合素质和能力，促进学生的全面健康发展。

案例：

李开复：给中国大学生的第四封信

2005 年 2 月

今天，我回复了"开复学生网"开通以来的第 1000 个问题。关掉电脑后，有一封学生来信始终萦绕在我的脑海里，挥之不去。

开复老师：

就要毕业了。

回头看自己的所谓大学生活，

我想哭，不是因为离别，而是因为什么都没学到。

我不知，简历该怎么写，若是以往我会让它空白。

最大的收获也许是……对什么都没有的忍耐和适应……

这封来信道出了不少大三、大四学生的心声。大学期间，有许多学生放任自己、虚度光阴，还有许多学生始终也找不到正确的学习方向。当他们被第一次补考通知唤醒时，当他们收到第一封来自应聘企业的婉拒信时，这些学生才惊讶地发现，自己的前途是那么渺茫，一切努力似乎都为时已晚……

这"第四封信"是写给那些希望早些从懵懂中清醒过来的大学生，那些从未贪睡并希望把握自己的前途和命运的大学生以及那些即将迈进大学门槛的未来大学生们的。在这封信中，我想对所有同学说：

大学是人一生中最为关键的阶段。从入学的第一天起，你就应当对大学四年有一个正确的认识和规划。为了在学习中享受到最大的快乐，为了在毕业时找到自己最喜爱的工作，每一个刚进入大学校园的人都应当掌握七项学习：学习自修之道、基础知识、实践贯通、兴趣培养、积极主动、掌控时间、为人处事。只要做好了这七点，大学生临到毕业时的最大收获就绝不会是"对什么都没有的忍耐和适应",而应当是"对什么都可以有的自信和渴望"。只要做好了这七点,你就能成为一个有潜力、有思想、有价值、有前途的快乐的毕业生。

(资料来源:摘自赵敏、张凤主编《大学生生涯规划与辅导实务》,电子工业出版社 2010 年版,第 76～77 页)

一、学业规划与职业生涯规划

(一)大学生学业规划

大学生学业规划,是一个近年来才提出的全新理念,是一种新型的人才成长观念,是职业生涯规划在大学的阶段性体现。具体来讲,是指大学生通过对自身特点(性格特点、能力特点)和社会未来需要的深入分析和正确认识,确定自己的事业(职业)目标,进而确定学业发展方向,然后结合自己的实际情况(经济条件、工作生活现状、家庭情况等)制订学业发展计划和行动方案的过程。换言之,就是大学生通过解决学什么、怎么学、什么时候学等问题,以确保自身顺利完成学业,为成功实现就业或开辟事业打好基础。

学业规划具有三个明显的特征:一是动态性,学业规划不是一成不变的,它会随着学校环境、社会环境以及自身条件等要素的变化而变化;二是多样化,学业规划并不是让个人的发展按照单一路径前进,只是建议个人对未来的一切能够有一个长远的考虑,而且在考虑的同时做好各项准备工作;三是前瞻性,学业规划既要基于自身和环境的现实来规划,更要超出现实条件的束缚而体现出引领作用,学业规划注重的是对个人认知的发展和对环境的适应。

(二)大学生职业生涯规划

职业生涯规划是指大学生客观地认知自己的能力、兴趣、个性和价值观,发展完整而适当的自我职业观念,把个人发展与组织发展相结合,在对个人和环境因素进行分析的基础上,深入了解各种职业的需求趋势以及关键成功因素,确定自己的事业发展目标,并选择实现这一事业目标的职业或岗位,制订相应的行动计划和基本措施,有效提升职业发展所需的决策、执行和应变技能,使自己的事业顺利发展,并获取最大程度的事业成功。

二、学业规划与职业生涯规划的关系

大学是人生重要的机遇期，也是很容易自我迷失的阶段。大学生活异彩纷呈，而其中最为重要的就是做好学业与职业生涯规划，并按照规划出色完成学业，为未来职业生涯发展打好基础。

(一)学业规划是职业生涯规划的基础

职业生涯规划的阶段理论告诉我们，人的职业生涯可分为不同的阶段，每个阶段有不同的特征和任务，每个阶段的生涯规划都互为关联、互相促进。在著名的舒伯生涯发展阶段理论中，舒伯(1953)根据自己"生涯发展形态研究"的结果，参照布勒(Bueller)的分类，将生涯发展阶段划分为成长(出生到 14 岁)、探索(15—24 岁)、建立(25—44 岁)、维持(45—65 岁)、衰退(65 岁以上)五个阶段。每一阶段都有一些特定的发展任务需要完成，每一阶段需达到一定的发展水准，而且前一阶段发展任务的达成与否关系到后一阶段的发展。

按照舒伯生涯发展阶段理论，大学学业生涯应属于职业生涯探索阶段的后期，这个阶段个体已完成以尝试、角色扮演和发展自我概念为主要任务的成长阶段任务，将进行职业能力培养和职业选择，学业生涯发展成功与否直接关系着日后做什么、做得如何，是一个承前启后的非常关键的阶段。同时，学业规划作为职业生涯规划的一个重要阶段，一是要保证学业目标始终指向职业生涯目标，这样才能保证大学期间所做的"功"对我们是用的；二是要用心做好学业规划的执行方案，并为之不懈努力，深化学业成果，为未来职业生涯发展更好地夯实基础。

(二)职业生涯规划是学业规划的目的

大学最主要的任务是学习，但绝不是为了学习好而去好好学，终极目的是提高职业能力，凭借优秀的职业能力去成就一番事业。一般说来，大学生能否顺利就业并取得成就，在很大程度上取决于本人的职业能力。职业能力越高的人，获得成功的机会就越大。目前，虽然大学新生不能依靠实际工作来提高职业能力，但科学制定学业规划、努力学习科学文化知识、加强专业技能训练、参加社会实践活动，是提高职业能力的有效途径。

作为一名大学生，一个渴望独立的青年，谁都会梦想能够通过自己的努力来实现人生价值，希望看到家人因自己的努力而展现出欣慰的笑容。而这些最终都需要一个能展示才华的职业平台。大学生在校期间培养的职业能力只是一种初级的工作能力，在开始自己的职业生涯后，还需要通过生产实践来不断优化职业能力结构，提高职业能力水平，强化职业能力的实用性和前沿性，所以，职业生涯又是学业生涯的实践课堂。

学业、职业是一脉相通的，当我们开始规划大学生涯时，职业生涯历程也就开始了。只要我们在潜心学习的基础上，有意识地沉淀职业经验，适时进行必要、合理的职业规划调整，我们的职业生涯之路就会走得很精彩。

三、大学生学业规划的重要意义

学习是学生永恒的主题，也是大学生活的主旋律。对于大学生来说，只有及早规划自己的学业，明确自己的学业目标，才有可能在将来激烈的竞争中把握住机会，获得成功。

案例：

四入名校三次退学为什么？

和一般人比较起来，周剑的大学之路格外曲折：2001年考入武汉大学材料专业，次年被退学；2002年再次考入武汉大学化学学院，主动退学；2003年，第三次参加高考，高分考进华中科技大学材料学院，2005年11月，再次被退学；2006年第四次参加高考，重新考回华中科技大学材料学院。

3次退学，其表面原因都是沉迷电脑游戏、未修满学分。而周剑坚持自己不是网瘾青年，真正的原因是进了大学"找不到方向"。

周剑，湖北黄冈罗田县人，从小成绩优异，中学时曾担任学生干部，人缘很好，兴趣广泛。父母文化程度不高，最大的愿望就是周剑好好学习。除此之外，他们对周剑没有任何要求，什么都依着他。

2001年，周剑顺利考入武汉大学，就读材料成型与控制工程专业。报考武汉大学显得有点偶然，因为很多同学都报，所以他就报了；至于专业，报考时根本不知道是干什么的，只是"名字挺好听"。

进入重点大学，周剑的生活原本应该很精彩，但突如其来的"没人管"让周剑很不适应，不知道该怎么安排自己的生活。他觉得自己并不属于这个学校。刚开始还是几个同学相邀一起去上自习，慢慢地大家都单独行动了，他也没有班级的感觉。偌大的校园，他感觉一个人孤零零的。

感觉无事可做的周剑就去玩游戏，上网看电影和肥皂电视剧。

2002 年 4 月，因为旷课、旷考太多，周剑被退学。他回到家乡，立即参加当年的高考。这次他又报考了武汉大学，不过选择了化学专业，原因是自己在校园乱逛的时候，老从化学学院的门口经过，看到上面挂了很多牌子，觉得这个学院一定"很牛"，而自己中学化学也学得不错。

但他还是旷课，不喜欢的课根本不去上。辅导员找他谈了几次话，他便觉得辅导员对自己有偏见，起了逆反心理，课旷得更厉害了。院里把他叫到办公室，将正在拟订的退学文件给他看，在退学文件正式公布前，周剑自己办理了退学手续。对于这次退学，周剑觉得非常遗憾，因为他挺喜欢化学，做实验的时候根本不会想去玩游戏，因为"实验就是游戏"。

第二次退学，父母很难过，周剑也很难过。他继续参加高考，被录进华中科技大学。命运好像跟他开了一个玩笑，周剑被调入材料成型与控制工程专业。拿到通知书的时候，周剑啼笑皆非，但已经耽误了两年，没办法，只能试一试。

虽然周剑并不喜欢这个专业，但这次他下定决心好好读。第一个学期他几乎没有碰过电脑，好几门课程考了八九十分。但第二个学期开学不久，他新买的自行车还没骑几个小时就丢了，之后又连续丢了 3 辆。一系列"不开心的事"打乱了他的计划，周剑逃进网络游戏寻求安慰，一个学期的努力前功尽弃，他又回到了过去旷课、旷考的轨道，每天有 5 个小时以上都在玩电脑游戏。2005 年，大三一开学，周剑再次接到退学通知。

2005 年 11 月，周剑第四次走进高三课堂，2006 年以高分再次考入华中科技大学材料学院。他在大学的四进三退，不仅在经济上损失了五六万元，还让父母被很多人说成教子无方，他自己也从原来的学习榜样变成了反面典型。而他当年的同学已经毕业工作了。

"这是最后一次，不会再有机会了，"23 岁的周剑半开玩笑地说，"我都老了。"面对过去，周剑坦承自己肯定是有问题，自制力比较差，但学校教育的方式也有问题——"如果第一年上大学的时候，有一个人指引方向，也许我就不用走这么多弯路了。这个人可以是学长，也可以是老师，告诉我们如何安排学习、生活和调整自己的精神状态，比我们在大学无头乱撞好多了"。

［资料来源：摘自《广州日报》，2006-11-2（A9），有删改］

（一）学业规划有助于大学生可以更好地迎接社会挑战

学业与就业之间存在着密切的关系，学业规划的根本目的是为了最大限度地提高人生的职业或事业发展效率，学业规划设计是做好职业生涯设计的前提和基础，也是其人生发展的一个重要组成部分。大学新生面对新的学习方式和丰富的课余时间，不知道需要做些什么，显得十分茫然。因此，进行学业规划指导，可以使他们自觉地学好专业知识，培养专业技能，同时，也使学生感受到自己对个人、对社会以及对国家的责任，有助于他们的学习与发展，更好地迎接时代的挑战。

(二)学业规划有助于大学生增强学习的主动性和积极性

学业规划有助于大学生认清自己在学业上的发展方向，合理地调节日常学习，能够认识到自己所做的每一点都是实现未来目标的一部分，而不是到大四快毕业了，才开始想自己到底要学什么。学业规划使心中的理想更加具体化，更容易实现，对学业的顺利完成做到心中有数，热情高涨。学习意识也会在实现的过程中慢慢转变，会从"要我学"变为"我要学"，由被动变为主动，不断增强学习的主动性和积极性。

(三)学业规划有助于大学生自我约束与管理

大学生在时间的安排上有较大的自由度，如果没有学业规划，大家的时间、精力容易处于荒废和散乱之中，生活漫不经心，心态消极怠慢，很容易进入跟学业无关的琐事中，虚度大学美好光阴、浪费青春。而学业规划能让大学生重视现在、把握现在，集中时间、精力和资源搞好学业，努力提高学习效率，进而提高自我约束与管理能力。

(四)学业规划有助于大学生发掘与完善自我

一份有效的学业规划，包括自身条件和现实问题两方面。它能够引导大学生认识自身的个性特征、现有的和某些潜在的资源优势，帮助重新认识自身的价值并使其持续增值，有助于大学生学会如何应用科学有效的方法、采取切实可行的步骤来一步步完成自己的学业。好的学业规划提供了完成学业的清晰脉络，使大学生对学业的实现有了信心与勇气，进而达到自我完善。

(五)学业规划有助于大学生自我定位，尽早确立人生目标

学业规划的前提是集训自我，只有认识自我才能明确学业方向，而不会盲目化。认识自我是对自我深层次的解剖，了解自己能力的大小，明确自己的优势和劣势，并根据过去的经验、经历，选择未来可能的工作方向。认识自我是一个自我定位、规划人生的过程，目的是要解决"我想干什么"和"我能干什么"的问题，从而尽早确立人生目标。

第二节 大学生学业规划的内容

大学是人生中最为关键的阶段。大学是舞台，是台阶，给你提供了无限的可能。从入学的第一天起，你就应当对大学四年有科学合理的规划。制订计划并持之以恒是简单也是最难办到的。做与不做、做什么、怎么做，都由你自己去选择、去决定。我们只是为你提供模板，仅供参考与借鉴——一切还是靠你自己去选择、去践行！

案例：

大学生学业规划建议

一、思想道德修养计划

1. 树立正确的人生观、价值观、道德观，坚持正确的人生价值取向，坚持"利人利己"的人生策略。

2. 积极参加党、团活动和党校培训，争取在大四上学期前加入中国共产党。

3. 至少获得一项个人荣誉称号，如优秀学生、三好学生、优秀学生干部、精神文明奖、美德奖、优秀共青团员、优秀毕业生等。

4. 讲究诚信，考试不作弊。

5. 每学期至少参加一次青年志愿服务或义务解说、义工、爱心奉献等公益活动。

6. 每学期至少做一件对寝室、班级或学校、社会有益的事。

7. 注重公德和公共卫生，不乱扔垃圾，不污染环境。

8. 和每个你认识的人微笑着打招呼，向遇到的老师说声"老师好"。

9. 心存感激，每周至少给父母、亲朋打个电话或写封信，尤其在节日期间要多问候。

10. 举止文明，言行得当，不做有损大学生形象的事。

11. 培养同情心，学会换位思考。

12. 学会自己放松，如参加自己喜欢的文体活动，列出自己的三大优点，洗个热水澡，换个发型，穿上最喜欢的衣服，还可以邀两三个好友一起逛街或看喜欢的电影。

13. 学会与人分享，每周至少与一位同学或室友交流一次思想或学习心得。

14. 每天早晨面对朝阳深吸一口气，对自己说："今天又是新的一天，无论怎样都要以阳光心态来面对！"

二、专业学习及专业拓展计划

1. 完成教学计划规定课程的学习，并顺利通过考试。

2. 大三前通过学位英语或英语四级考试，毕业时顺利获得毕业证书和学位证书。

3. 每周至少参加一次第二课堂活动。

4. 每学期至少参加一次学术讲座。

5. 利用第一、二学年寒暑假，开展"三下乡"、社会调查、打工、勤工俭学等社会实践活动，尽可能利用第三学年寒暑假开展专业实践活动。

6. 至少参加一次"挑战杯"、数学建模、电子设计大赛、英语大赛、各类学科竞赛、科技学术与创新创业等竞赛活动。

三、个人能力和特长发展计划

1. 找到自己感兴趣、有优势的"点"精专下去，坚持在该领域每天至少学习半小时，争取到毕业时成为某一方面的"专家"。

2. 树立个人品牌意识，突出个人亮点，如热情、乐于助人、忠诚、认真、严谨、负责、敬业等。

3. 毕业前至少具备一技之长，如外语、计算机、写作、演讲、书法、绘画、表演、主持、音乐、舞蹈等。

4. 争取担任一届院、系、班级等团学干部，或社团、刊物负责人。

5. 参与一次以上班级或院系大型活动的组织工作。

6. 至少参加一个与自己兴趣、特长或专业相关的社团。

四、职业资格与技能证书获取计划

1. 获一项与专业或选定职业相关的专业资格证书，如工程师证、会计师证、教师证、律师证、人力资源师证、秘书资格证、心理咨询师证等。

2. 至少获取一项证明自己特长的证书，如雅思、托福、GRE、英语四六级、计算机等级、普通话等级、驾照、书法与绘画等级、器乐等级等证书。

3. 至少获得一项学院或系室颁发的竞赛获奖证书。

五、习惯养成计划

(一)良好学习习惯的养成

1. 一心向学，利用所有闲暇时间直接或间接做与学习相关的事。

2. 定时定量学习，每天保证固定学习时间，规定必须完成的学习任务，包括必须熟记的外语单词和语法，数理的定理、定义、公式，语文的字、词、义等任务。

3. 深入思考，每周在课堂内外至少提出一个问题。

4. 注意学习卫生，保护好眼睛。

5. 坚持写日记和读书笔记。

6. 每周至少去一次图书馆。

7. 将每天上网时间减少半小时，用于阅读、文体活动或与人交流。

(二)良好生活习惯的养成

1. 遵守作息时间。

2. 坚持晨练和早读。

3. 每周至少参加一次体育锻炼或文娱活动。

4. 注重个人卫生，衣着简朴整洁。

(三)良好工作习惯的养成

要养成以下良好习惯：守时；诚信；敬业；以工作为乐；主动；善始善终；每天进步一点点。

(四)不良习惯的克服

要克服以下不良习惯：投机取巧；马虎轻率；浅尝辄止；推脱借口；嘲弄抱怨；吹毛求疵；眼高手低；斤斤计较；消极被动。

六、读书计划

在大学四年中，至少阅读30本专业书籍，此外，阅读自己喜爱的相关图书。

七、毕业去向计划

1. 本课程结束时初步确定毕业去向：就业、考研还是出国？

2. 大三上学期最终确定毕业去向，根据毕业去向选修相关课程。

(资料来源：摘自王金顺等著《大学生职业生涯与学业管理手册》，四川大学出版社2011年版，第54~57页)

一、学习计划

我们可以给学生提供一个模板，列出大学不同时期学习计划的建议，让学生自己去制订并实施学习计划。

大一——适应期

特征	·新环境的冲击 ·学习和生活方式的改变 ·人际关系的复杂化
任务	·尽快熟悉新的环境 ·适应新的学习和生活方式 ·融入新的集体中 ·明确：专业无冷热，学校无高低。不必为学校不好或专业冷门而自卑。 ·经验：最好在大一，最迟在大二考过英语四级，高考时英语基础还很扎实，稍微准备一下就可通过。时间推后考过的希望越小，很多同学考了三四次不过，而且一次比一次成绩差。
建议计划方案	1. 向老师和高年级同学请教，拜访几位名师，结交几个好友。 2. 争取一次性通过计算机二级考试与英语四级考试。 3. 读几本好书，去几个好地方开阔眼界。 4. 参加班级、学校管理，争取成为学生干部，锻炼能力。 5. 有选择性地参加社团活动，发挥特长。 6. 尽快熟悉本专业的相关情况，尤其是学科特点与就业情况。 7. 具备一项"专长"：选取感兴趣的"点"精专下去，每天学习不少于一小时，四年争取成为"小专家"。 8. 每周至少两次去图书馆，每学期至少两次学术报告会，并写出心得体会。 9. 开始接触并进行职业规划，了解、明确未来想从事的职业或自己所学专业对口的职业。

我的大一上学期学习计划

学年计划	
上学期学习计划	

续表

周次	行 动 计 划	小 结
第一周		
第二周		
第三周		
第四周		
阶段性 总结		
第五周		
第六周		
第七周		

续表

周次	行 动 计 划	小 结
第八周		
阶段性总结		
第九周		
第十周		
第十一周		
第十二周		
阶段性总结		

续表

周次	行 动 计 划	小 结
第十三周		
第十四周		
第十五周		
第十六周		
阶段性总结		
学期总结		
导师建议		

我的大一下学期学习计划

学年计划	
下学期学习计划	

周次	行 动 计 划	小 结
第一周		
第二周		
第三周		
第四周		
阶段性总结		

续表

周次	行　动　计　划	小　结
第五周		
第六周		
第七周		
第八周		
阶段性 总结		
第九周		
第十周		
第十一周		

续表

周次	行 动 计 划	小 结
第十二周		
阶段性 总结		
第十三周		
第十四周		
第十五周		
第十六周		
阶段性 总结		

续表

周次	行 动 计 划	小 结
学期总结		
导师建议		

寒、暑假计划

假期计划	
计划的执行情况及收获	
家长评价及建议	家长签字：_____ 年　月　日

大二——定位期

特征	·环境已经熟悉，但对未来依然迷茫 ·有相对稳定的交际圈子
任务	·探寻自我最佳道路、确定合适的定位 ·制订能力提升计划，丰富自己的简历内容 ·提醒：制订计划，并持之以恒，这是最简单也是最难办到的

建议计划方案	1. 学好专业课，完善知识结构与素质结构。要精通一门学科，主要从以下几个方面着手：
	  ·根据自己的兴趣选择最适合自己的学科
	  ·正确处理"精"与"博"的关系
	  ·坚持自学，不懂的地方应多查、多问
	  ·和老师保持联系，重视与老师的交流
	2. 认清自我，可根据人才测评及相关咨询来客观认识自我，拟订初步职业发展方向，确定自己的职业定位。
	3. 培养实践能力，重点培养满足社会需要的决策能力、创造能力、社交能力、实际操作能力、组织管理能力和终身学习能力、心理调适能力等。
	4. 利用寒、暑假参加各种和专业相关的社会实践与兼职活动等，增加社会阅历。
	5. 增强英语口语能力、计算机应用能力，通过英语和计算机的更高级别考试及相关专业级别考试，并开始有选择地辅修其他专业的知识充实自己。

我的大二上学期学习计划

学年计划	
上学期学习计划	

续表

周次	行 动 计 划	小 结
第一周		
第二周		
第三周		
第四周		
阶段性总结		
第五周		
第六周		
第七周		

续表

周次	行动计划	小结
第八周		
阶段性总结		
第九周		
第十周		
第十一周		
第十二周		
阶段性总结		
第十三周		

续表

周次	行 动 计 划	小 结
第十四周		
第十五周		
第十六周		
阶段性总结		
学期总结		
导师建议		

我的大二下学期学习计划

学年计划	
下学期学习计划	

周次	行 动 计 划	小 结
第一周		
第二周		
第三周		
第四周		
阶段性总结		
第五周		

续表

周次	行 动 计 划	小 结
第六周		
第七周		
第八周		
阶段性总结		
第九周		
第十周		
第十一周		
第十二周		

续表

周次	行 动 计 划	小 结
阶段性总结		
第十三周		
第十四周		
第十五周		
第十六周		
阶段性总结		
学期总结		
导师建议		

寒、暑假计划

假期计划	
计划的执 行情况及 收获	
家长评价 及建议	 　　　　　　　家长签字：_____ 　　　　　　　　年　　月　　日

大三——奋斗期

特征	· 开始专注于自己的目标 · 专业课的学习进入深化阶段 · 开始反思自己的目标，并进行调整
任务	· 在不断实践中深化对自己的认识 · 有意识地进行能力和经验积累 · 在行动中反思，抓住突破性机会 · 进一步思考自己的人生道路
建议计划方案	1. 巩固"精专"学习，基本形成自己的就业"专长"。 2. 把握好实践机会，争取进行与专业相关的实习、实践。获得实习机会主要从以下几个方面入手： 　· 参加正式招聘，赢得实习名额(应试前要充分利用各种信息渠道、平台，对所应聘单位的企业文化进行充分的了解) 　· 在企业活动中寻找机会(多关注各大公司的相关活动，平时打好专业基础，注重对自身"软素质"和"硬技能"的培养) 　· 借助"人脉"获得实习机会(充分调动"人脉"关系，注意将他们提供的实习信息和自己的就业目标相结合) 　· 主动上门自荐(可以将简历通过电子邮件或直接邮寄到公司，也可以主动给选定公司打电话) 3. 强化专业技能，获取相应的职业资格证书，打造个人核心竞争力。 4. 学会放弃，以专注于目标：观摩每年的毕业生供需见面会，增加对用人单位的了解，感受就业氛围，明确毕业去向(就业、留学、读研)，并为之积极做准备。 5. 争取拿到奖学金或者获得一项荣誉。 6. 巩固专业学习，针对毕业去向选修相关课程，提升专业能力。规划选修课，主要从以下几方面着手： 　· 平衡课程任务：在选课之前做课程任务的平衡，把不同任务分配到不同的学期去完成 　· 平衡兴趣爱好：明确哪些课程是你喜欢的，哪些是你毕业前必修的课程，哪些选修课涉及的内容是你必须掌握的 　· 平衡时间：将必修课的时间、兼职的时间、选修课的时间进行合理搭配 7. 针对需要，争取通过更高级别的考试，如英语四六级、计算机等级考试、专业技能证书。

我的大三上学期学习计划

学年计划	
上学期学习计划	

周次	行 动 计 划	小 结
第一周		
第二周		
第三周		
第四周		
阶段性总结		
第五周		

续表

周次	行 动 计 划	小 结
第六周		
第七周		
第八周		
阶段性 总结		
第九周		
第十周		
第十一周		
第十二周		

续表

周次	行 动 计 划	小 结
阶段性总结		
第十三周		
第十四周		
第十五周		
第十六周		
阶段性总结		
学期总结		

续表

周次	行 动 计 划	小 结
导师建议		

我的大三下学期学习计划

学年计划	
下学期学习计划	

周次	行 动 计 划	小 结
第一周		
第二周		
第三周		

续表

周次	行 动 计 划	小 结
第四周		
阶段性总结		
第五周		
第六周		
第七周		
第八周		
阶段性总结		
第九周		
第十周		

续表

周次	行 动 计 划	小 结
第十一周		
第十二周		
阶段性 总结		
第十三周		
第十四周		
第十五周		
第十六周		
阶段性 总结		

续表

周次	行 动 计 划	小 结
学期总结		
导师建议		

寒、暑假计划

假期计划	
计划的执行情况及收获	
家长评价及建议	家长签字：＿＿＿＿＿＿ 　　　　年　　月　　日

大四——冲刺期

特征	·对未来的思考更加现实化、理性化 ·从理想到现实，在艰难中行走，痛并快乐着 ·面对抉择的时刻，既有憧憬又有担心 ·角色调整：从大学时代到后大学时代
任务	·进一步明确自己的人生选择 ·从就业到择业，在面对就业困境时也是一种选择 ·目标任务避免单一化，就业、考研与出国多项选择 ·提示：首先检验自己已确立的职业目标是否明确，前三年的准备是否充分；再开始毕业后工作的申请，积极参加招聘活动，在实践中检验自己的积累和准备；最后，预习或模拟面试，利用各种渠道收集就业信息。
建议计划方案	1. 积极调研、完成毕业论文，顺利获得毕业证书与学位证书。撰写毕业论文的注意事项： 　·明确自己的选题，选题不要太大，避免老生常谈 　·撰写论文提纲 　·主动与老师联系 　·注意撰写论文的格式 　·尊重别人的知识产权 2. 进一步明晰自己的毕业去向，并为之全力以赴，主要从以下几个方面着手： 　·结合自己的专业特长就业，但在非专业领域就业是大部分毕业生面临的选择 　·广开渠道，了解就业单位的相关信息，坚信信息就是机会 　·多参加招聘单位的面试，勤思考多锻炼，在锻炼中成长 　·尽快转变自己的角色，从学生转变为职场人 3. 在求职路上需注意的问题： 　·强化求职技巧。多参考他人的成功经验，在自己的求职面试当中活学活用这种经验 　·撰写"过关"简历与求职信，力求简洁、彰显特点，避免长篇大论、重点不突出、千篇一律 　·和同学多交流，很多就业机会就是在同学间的相互交流中获得的 4. 调整心态，以开朗而积极的心态去迎接未来的挑战！良好的心态不仅影响到你的就业，甚至会影响你的一生。 5. 考研——你的单选题、多选题。很多同学把考研作为自己大三、大四甚至整个大学的唯一目标，这是不准确的。好好设计你的毕业之路，考研可能给你带来成功，但也要对其风险性有所准备。 6. 出国——一个长期、细致的准备过程。出国留学从备考英语到最后赴国外留学需要耐心、细致的准备而且耗时较长。这就需要提前做好准备，对各个环节的程序和要求做到了然于心。

我的大四上学期学习计划

学年计划	
上学期学习计划	

周次	行 动 计 划	小 结
第一周		
第二周		
第三周		
第四周		
阶段性总结		

续表

周次	行 动 计 划	小 结
第五周		
第六周		
第七周		
第八周		
阶段性总结		
第九周		
第十周		
第十一周		

续表

周次	行 动 计 划	小 结
第十二周		
阶段性总结		
第十三周		
第十四周		
第十五周		
第十六周		
阶段性总结		

续表

周次	行 动 计 划	小 结
学期总结		
导师建议		

我的大四下学期学习计划

学年计划	
下学期学习计划	

周次	行 动 计 划	小 结
第一周		
第二周		

续表

周次	行　动　计　划	小　结
第三周		
第四周		
阶段性总结		
第五周		
第六周		
第七周		
第八周		
阶段性总结		

续表

周次	行 动 计 划	小 结
第九周		
第十周		
第十一周		
第十二周		
阶段性 总结		
第十三周		
第十四周		
第十五周		
第十六周		

续表

周次	行 动 计 划	小 结
阶段性 总结		
学期总结		
导师建议		

寒、暑假计划

假期计划	
计划的执 行情况及 收获	
家长评价 及建议	家长签字：_____ 年　月　日

二、阅读计划

阅读是学习间接知识非常重要的途径，是智慧的重要来源。通过阅读，还可以帮助大学生树立正确的世界观、人生观和价值观，提高他们的科学和人文素养，形成良好的心理素质和健康的人格。应将"读书是一种需要"上升为"读书是一种责任""读书是一种乐趣""读书是一种有益的生活方式"，学会享受阅读、享受人生，提高生命质量。

图书资源浩如烟海，阅读要善于选择书籍，对于基础性的东西，重在熟透；对于非基础性的东西，重在广博。许多同学在大学期间，在图书馆里借阅的图书都是小说等与专业学习不相关的书籍，在课堂上看，不仅影响了课堂学习，浪费了时间、耗费了的精力，也不利于自身的发展。学校、各院系、各专业都给学生推荐了阅读书目，书籍的范围既包括文学艺术类、哲学历史类、管理类，又包括励志教育、自然科学常识、名人自传等书籍，既有精读书目，也有浏览类书目，既有通识层次、品格养成层次的书目，又有专业层次的书目，大学生首先要查阅这些书目和阅读指南，选择自己计划阅读的书籍，列出自己在一学期、一学年和大学期间要完成的阅读任务、时间安排和保证措施。

大学学习中，学生经常会参与一些科研课题和项目、撰写课程论文和毕业论文，因此，阅读不只是读书，还包括阅读学术论文、研究报告、实验报告等，学会进行深入的专业阅读是大学生必需的技能。

知识链接：

读书法

只有讲究科学的方法和熟练的技巧，才能提高读书的效率，获得更多、更新、更有价值的知识。不同的书有不同的读法，有些书需要精读，反复琢磨，细细体会；有些书只要粗读浏览就可以了，重在广博；有些书需要在阅读时去粗取精、去伪存真，那就要进行批判性阅读。

阅读要善于使用书籍，对于基础性的东西，重在熟透；对于非基础性的东西，重在广博。进入大学后，学习重在自学，有效的自学需要掌握一定的阅读方法。

• 精读法

又称细读法、研读法，就是要把书读透，以正常的或极慢的阅读速度深入钻研全书的内容，以求对全书内容有全面透彻的理解，详细掌握书中的每一个论点、论据和论证方式，清晰地勾画出全书结构或情节。每读完一章或一节，就用自己的话把原著的要义写成读书笔记，并记下个人的分析、提问和评论。有时这样的精读需要反复地进行，直到对原著读懂读透，记牢，而且能发现问题，形成自己的见解。

• 略读法

读书要做到广博，略读是重要的读书方法。略读是有选择地省略文章的一些部分，如某些段落、句子，而只掌握文章的主要意思，从而加快阅读速度。略读只要求理解水平达到50％或60％，快速的略读速度每分钟达800字，至少也应达到400字。

略读中，应抓住文章的主要意思和文章的安排，了解作者的写作风格，可只读段落中的关键句子或只读句子的关键词，以自己最快的速度进行略读，只求掌握文章的主要意思而不阅读细节。不过不要过分关注速度而影响了你的理解。

• 读书要读序和跋

序和跋的目的、任务和作用是向读者说明或介绍与该书有关的一些情况，如写书的时代背景，书的起因和目的，引用了哪些材料，参考了哪些著作，告诉读者在阅读中应该注意哪些问题。一篇较好的序或跋，通常都是高度地概括该书所得到的结论，并指出为达到这一结论所使用的方法，告诉读者阅读的重点和应使用的阅读方法。

• 注释阅读法

人们可以通过阅读被引用的文献来加深对文章的理解，被引文献与引用文献的文章有必然的联系，有的属于溯源，有的是提供证据或证明，有的是批评否定过去的观点，无论出自哪种原因的引用，都可能使人更深刻地领会所读文章的精神实质、评论文章的价值。

在进行某一课题的研究时，可根据引文出处找到被引用文献，然后又从被引用文献的引文处再找它所引用的文献，采取这种"滚雪球"的办法，循迹追踪下去，便可检索到某一专题的丰富资料。

• "出入"读书法

又称为活读书法，既能读进去，又能读出来。所谓读进去，就是完全理解所读之书，确切把握书中的观点、思路、结构、风格等。所谓读出来，就是能把所得到的知识运用到实践中去，一方面要解决实际问题，另一方面要用实践来检验所得之知识，不被书束缚住手脚。读进去是读出来的前提，只有读进去，才能读出来，如读不进去，就无所谓读出来。

・循序渐进法

循序渐进是掌握知识的规律，也是学习文化知识的捷径。在学习中，要像攀登台阶一样，步步稳重拾阶而上，不断地借助"旧知"去获得"新知"，温故而知新，慢中求快，稳中求好。如盲目追求速度和数量，其结果必须是"欲速而不达"，多学而不获，事倍功半。

（资料来源：摘自马龙海主编《大学学习生涯指导：教你成为卓越大学生》，中国人民大学出版社2011年版，第120～121页）

三、成果积累计划

大学生的成果主要包括他们在大学期间所搜集和整理的专题文献，通过课程学习和广泛阅读所写的学习心得和体会以及发表的作品，通过各种社会实践活动所完成的调查报告和实验报告与实习报告，顺利通过各类等级考试，根据教学要求所做的课程论文（设计），毕业论文（设计）、学生参加学术科技竞赛和创新性实验计划的作品以及他们所承担或参与的课题和科研项目的成果，等等。大学生要注意积累自己的成果，尤其是要重视课程论文（设计）以及毕业论文（设计）。

课程论文（设计）一般是在指导教师指导下，在规定时间内独立完成所选定的指导教师给定的题目或经批准的自拟题目。通过课程论文（设计），使学生进一步提高运用文献资料、运算和绘图的能力，以及运用计算机及外语的能力，培养学生实事求是、认真、严谨的科学态度和刻苦钻研、不断创新的精神。通过课程论文（设计）训练，使学生所学专业知识和能力得到提高。

毕业论文撰写的一般程序是收集资料、研究资料、明确论点和撰写材料，最后是执笔撰写、修改定稿。毕业设计的一般程序是收集资料、研究资料、确定设计（试验）方案、设计实现（试验）、测试（试验数据分析）、撰写设计说明书。

学生在学校期间，除完成本专业学习、参加所学课程的考核之外，还可根据个人兴趣、能力和素质培养的要求参加各类等级考试。各类等级考试证书是学生就业的重要竞争手段。由学校统一组织参加的等级考试主要有：全国大学英语四、六级考试，全国计算机等级考试，普通话水平测试等。

四、素质拓展计划

素质拓展是以培养大学生的思想政治素质为核心，以培养创新精神和实践能力为重点，以普遍提高科学素质和人文素质为依托，按照现代人力资源开发的思想和理念，对大学生应具备素质进行科学的规划、个性化培养和综合性开发。大学生要根据自己的兴趣、爱好、能力、特长、性格等实际情况，建立个性化的素质拓展目标，积极参加学校和系部组织的各种素质拓展活动，不断强化自己的特长和优势，打造自身的核心竞争力。

在制订素质拓展计划时，首先要进行自我分析，盘点一下自己的现状，明确自己具备哪些方面的素质，并与职业目标所需要的能力素质进行对照，发现自己的优势和薄弱点；然后，确定对自己最重要的素质目标并进行排序，对实现目标的有利因素和阻力进行分析；最后，列出在一学期或一学年自己要达到的素质目标和措施，有目的、有计划、系统地完善自己的各种素质。

知识链接：

"大学生素质拓展计划"简介

"大学生素质拓展计划"是由教育部、团中央、全国学联等中央有关部委联合推行的一项素质教育的重大举措。"大学生素质拓展计划"的基本内容是以开发大学生人力资源为着力点，进一步整合深化教学主渠道外有助于学生提高综合素质的各种活动和工作项目，在思想政治和道德素养、社会实践与志愿服务、学术科技与创新创业、文化艺术与身心发展、社团活动与社会工作、技能培养等方面引导和帮助大学生完善智能结构，全面成长成才。

"大学生素质拓展计划"的实施注重三个结合，即课内外相结合、第一课堂与第二课堂相结合、学习与实践相结合。实施工作主要围绕职业设计指导、素质拓展训练、建立评价体系、强化社会认同四个环节，通过教学、课堂、讲座、活动等丰富多彩的方式展开。

职业设计指导：根据学生个人的特点、爱好和能力，对他们将来可能从事的职业进行设计指导，并就学生完善素质的具体方法和途径提出合理化建议，帮助学生建立成才目标，引导他们有意识、有选择地参加各种素质拓展活动。

素质拓展训练：根据不同阶段和层次的学生不同的成才需求，广泛开展校园科技文化活动、社会实践以及其他有益于学生素质提高的第二课堂活动，为学生全面发展提供必要的训练和帮助。

建立评价体系：建立客观性记录学生素质发展情况的青年学生人力资源能力评价体系，重点实施《大学生素质拓展证书》，量化评价指标，引导和激励学生更好地进行素质拓展。

强化社会认同：争取劳动、人事等部门对大学生素质拓展的政策支持，完善大学生就业准入机制，畅通用人单位的信息反馈渠道，推动社会对大学生素质拓展及其评价体系的认同。以适当方式吸纳社会力量参与计划的实施。

"大学生素质拓展计划"具有整合学校各方面资源、动员社会资源服务大学生素质教育等优势，能够发挥个人的主体精神和主动意识，它的既定项目能够有效引导我们自觉地进行生涯规划，增强创新意识和实践能力，能够系统有效地引导大家发挥创造力、竞争力和适应能力，有利于增强自主创业、就业的意识和能力。"大学生素质拓展计划"使第一课堂与第二课堂有效融合，共同构筑学校的人才培养体系，使大学生素质教育更扎实、更有效。

（资料来源：摘自郑春晔、吴剑主编《大学生涯与职业规划》，经济科学出版社 2009 年版，第 176～177 页）

大学一年级上学期素质拓展计划

素质拓展	目标	措施
思想政治道德素质		
科学素质		
人文素质		
身心素质		
实践素质		
创新素质		

大学一年级下学期素质拓展计划

素质拓展	目标	措施
思想政治道德素质		
科学素质		
人文素质		
身心素质		
实践素质		
创新素质		

大学二年级上学期素质拓展计划

素质拓展	目标	措施
思想政治道德素质		
科学素质		
人文素质		
身心素质		
实践素质		
创新素质		

大学二年级下学期素质拓展计划

素质拓展	目标	措施
思想政治道德素质		
科学素质		
人文素质		
身心素质		
实践素质		
创新素质		

大学三年级上学期素质拓展计划

素质拓展	目标	措施
思想政治道德素质		
科学素质		
人文素质		
身心素质		
实践素质		
创新素质		

大学三年级下学期素质拓展计划

素质拓展	目标	措施
思想政治道德素质		
科学素质		
人文素质		
身心素质		
实践素质		
创新素质		

大学四年级上学期素质拓展计划

素质拓展	目标	措施
思想政治道德素质		
科学素质		
人文素质		
身心素质		
实践素质		
创新素质		

大学四年级下学期素质拓展计划

素质拓展	目标	措施
思想政治道德素质		
科学素质		
人文素质		
身心素质		
实践素质		
创新素质		

第三节　大学生学业规划的步骤

一、自我认知与评估

　　大学生在制定学业规划时，应该实事求是，结合自身的能力特长，并符合自身的兴趣和爱好，以求获得最大的学习动力和最佳的学习效果。大学生必须正确而全面地进行自我评估，充分地发掘自身的潜能，做到以兴趣为出发点、优势为突破点，认真思考未来职业发展的方向，从而制定出符合自身特长且适合自己将来职业发展的学业规划。自我评估要重点把握以下几个方面。

(一)我的价值观

　　价值观是人们对客观事物(包括人、物、事)在满足主观需要方面的有用性、重要性、有效性的总评价和总看法。价值观是后天形成的，是通过社会化培养起来的。家庭、学校、组织环境和社会环境等对个人价值观的形成起着关键的作用。个人价值观有一个形成过程，是随着知识的增长和生活经验的积累而逐步确立起来的。价值观是人的各种特质得以体现的指挥棒，它在大学生的学业规划中起着统领的作用。归根结底，有什么样的价值观，就会去选择什么样的学业发展路线，就会去做什么样的人。

(二)我的兴趣

　　兴趣的发展一般有三个阶段：有趣、乐趣、志趣。

　　有趣是兴趣过程的第一个阶段，也是兴趣发展的低级阶段，它往往短暂易逝，非常不稳定。处于这一阶段的兴趣常常与你对某一事物的新奇感相联系，随着这种新奇感的消失，兴趣也会自然地逝去。

乐趣是兴趣过程的第二个阶段，它是在有趣定向发展的基础上形成的，是兴趣发展的中级阶段。在这一阶段中，你的兴趣变得专一、深入起来。如喜爱文学的你很可能会花大量的时间来阅读文学作品。

志趣是兴趣发展过程的第三个阶段，当乐趣同你的社会责任感、理想、奋斗目标结合起来时，乐趣便变成了志趣。志趣具有社会性、自觉性和方向性，是取得成就的根本动力，是成功的重要保证。到了志趣阶段，一个人会心甘情愿地为其钟情的事情废寝忘食而乐此不疲。

(三)我的性格和气质

性格是一个人对现实的稳定态度和习惯化了的行为方式。气质是高级神经活动在人行动上的表现，主要反映在心理活动的动力特征上，如心理过程的速度、强度、稳定性、指向性和灵活性等。如果你的学业与你的性格和气质相适应，学习起来就会感到得心应手，心情舒畅，也就容易在学业中取得成就。如果你的性格和气质特征与你所学习的专业不相适应，就会使你感到被动、缺乏兴趣并难以胜任，阻碍你完成学业，即便能够完成学业任务，常常也会感到倦怠或力不从心、精神紧张。

(四)我的能力

人的能力各不相同，不仅有水平的高低，更重要的是类型的差异，只有知道自己最擅长的是什么，才能找准努力的方向。卡耐基曾说，人性的弱点并不可怕，关键要有正确的认识，认真对待，尽量寻找弥补、克服的办法，使自我趋于完善。一个人能否成就事业，关键在于能否找到自己的核心竞争力，也就是你有的，别人没有的那种能力。想一想，自己所经历的事情中，最成功的是什么？为何成功？是偶然还是必然？

知识链接：

认识自我的方法——橱窗分析法

认识自我，了解自我是非常不易之事，所以有做事难、做人难、了解自己就更难的说法。心理学家们就曾把对个人的了解比作橱窗，为便于理解，我们把橱窗放在直角坐标中加以分析。坐标的横轴正向表示别人知道，坐标横轴负向表示别人不知道；纵轴正向表示自己知道，负向表示自己不知道。

橱窗1：为自己知道，别人知道的部分，称为"公开我"，属于个人展现在外，无所隐藏的部分。

橱窗 2：为自己知道，别人不知道的部分，称为"隐私我"，属于个人内在的私有秘密部分。

橱窗 3：为自己不知道，别人也不知道的部分，称为"潜在我"，是有待开发的部分。

橱窗 4：为自己不知道，别人知道的部分，称为"背脊我"，犹如一个人的背部，自己看不到，别人却看得很清楚。

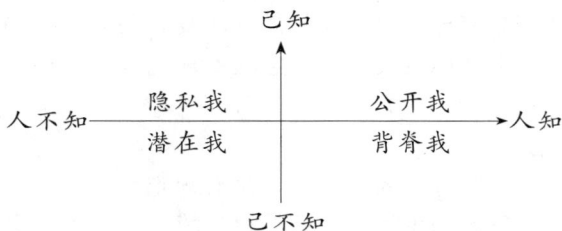

图 11.1　认识自我的四个橱窗

通过四个橱窗可知，须加强了解的是橱窗 3 和橱窗 4。橱窗 3 是"潜在我"。据科学家研究发现，每个人都有巨大的潜能，人类平常只发挥了极小部分的大脑功能。如果一个人能发挥一半的大脑功能，将轻易地学会 40 种语言，背整套百科全书，拿十二个博士学位。著名心理学家赫伯特·奥托（Herbert A. Otto）指出，一个人一生所发挥出来的能力，只占他全部能力的 4%，也就是说一个人 96% 的能力还未开发。由此可见，认识、了解"潜在我"，是自我认识的重点之一。对于橱窗 3，我们可以采取撰写自传或 24 小时日记的方式来了解自我。撰写自传，可以了解我们自身成长的大致经历和自我计划情况等，而 24 小时日记对我们一个工作日和一个非工作日经历的对比，也可以了解一些侧面的信息。尽管我们还年轻，不需要什么自传，但是这是了解自我的一种比较不错的途径。

橱窗 4 是"背脊我"。如果自己诚恳地真心实意地征询他人的意见和看法，就不难了解"背脊我"。我们可以采取同自己的家人、朋友、同学等交流的方式，可以借助录音、录像设备，尽量开诚布公。要做到这一点，需要开阔的胸怀，确实能够正确对待，有则改之，无则加勉，否则，别人是不会说实话的。

（资料来源：摘自周志强、王耕、于海军编著《大学生学业生涯规划与素质拓展导论》，东北大学出版社 2011 年版，第 55～56 页）

二、社会环境分析

制定学业规划还要充分认识与了解相关的环境，分析环境条件的特点、环境的发展变化情况、自己与环境的关系、自己在这个环境中的地位、环境对自己提出的要求等，评估环境因素对自己学业发展的影响，分析环境对自己有利的条件与不利的条件等，把握环境因素的优势与限制。只有对这些环境因素充分了解，才能做到在复杂的环境中趋利避害，使你的学业生涯规划具有实际意义。学业生涯的环境因素主要包括学校环境和社会影响。

(一)学校环境

学校是学生接受教育的固定场所，是有固定教师、固定场地、固定课程以及正常教学、管理和生活秩序的教育环境。大学生从事学习活动所处的校园环境最大的特点是有目的、有计划和有组织。许多教育专家认为，校园环境的影响将在大学生学习成才以至长远发展中打下很深的烙印。大学校园各种环境的本质是学校围绕人才培养而建立的各种精神、制度、行为和物质层面的文化要素，浸透和附着在学校各种文化载体和行为主体之上，主要包括大学的办学理念、人才培养目标、人文环境、学术氛围、价值观、保障机制、形象设计、行为习惯、校园景观等。良好的物质环境具有愉悦身心、陶冶情操的作用。大学生首先要了解高校的学习方式、办学理念和人才培养模式，了解本专业、本行业的地位、形势以及发展趋势，清楚认识到自己面临的机会、挑战以及对职业发展产生的影响，帮助自己确定学业目标。

(二)社会影响

大学具有开放性和包容性，大学生不免要面对社会环境的影响和冲击。正确应对社会环境的影响，选择良好环境，将会给大学生学业生涯发展带来积极的推动作用。而且，大学阶段的学习，要为将来步入社会做好准备，就必须充分了解社会。大学生要对社会发展的需要进行深入分析和正确认识，通过文献检索、社会调查、职业体验等多种途径和方式，尽可能获取相关资讯，了解不同职业和工作岗位对人才基本能力和核心知识的要求、不同职业的准入条件和标准，从而确定职业方向，进而确定学业发展方向，然后结合自己的实际情况，包括经济条件、生活现状和家庭情况等制定自己的学业发展规划。另外，还要关注社会发展动态，不断调整和完善自己的学业规划。

三、学业规划目标的确立

(一)每个学生都应制定自己的学业目标

学校制订的教学计划中规定了各专业的人才培养目标，包括德、智、体、美等各方面的要求，学习哪些理论课、实验课、掌握哪些专业知识，培养哪些能力，并且把每学期的学习内容都做了安排。教学计划制订的培养目标是大学生必须达到的基本要求，而且比较笼统，因此每个学生都应制定自己的学业规划，给自己提出更高更明确的总目标、阶段目标和具体目标。

(二)学业规划目标的分解

学业规划是长期性、宏观性并带有特定目的的学业发展计划，因此需要对其进行科学的分解，制订出与之相应的短期的、具体的计划，分阶段执行。学业规划总目标制定出以后，要能自上而下地分解，即制订学习计划。可以按照以下的思路进行：四年的学习总目标——一年的学习目标——一学期的学习目标——一月的学习目标——一周的学习目标——一日的学习目标。使得学业规划落实到学习生活的每一天，确保学业规划的严格执行。

四、学业规划行动方案的制定与实施

(一)学业规划行动方案的制定

有的同学认为在大学里只要把所有的时间用到学习上就行，做不做行动方案都一样，结果往往是不能很好地完成学习任务。在学业生涯规划中，一个科学的行动方案具有如下作用：可以使学业目标具体化，给行为主体指明方向；减小不确定性；减少重叠性和浪费；设立标准以利于控制学业过程。

一个完整的行动方案至少应该包括这样几个方面的内容：做什么？为什么做？何时做？何地做？由谁做？如何做？也就是说，要完成一项任务，我们必须要明确这项任务的目标、目的、时间、地点、人力资源、方法等重要的因素。

一个好的行动方案应该：①容易遵循，很详细地指出你将完成的任务和达成的目标；②描述特定的行动步骤，以进度表标出你的步骤；③方案的设计能让你独立执行，不要受到他人的牵制；④全力以赴，以具体的行动致力于方案的执行；⑤适时总结和重新思考你的行动方案，必要时加以调整和修改。

（二）学业规划的实施

不少大学生制定了学业规划，但束之高阁或者虎头蛇尾，学业规划没有得到实施或实施后不能持久，最终无法实现既定的学业目标。学业目标只是一个蓝图，要实现宏伟蓝图必须培养积极的心态，提高学习的主动性和自觉性，增强动力和执行力。

在学业规划实施的过程中，要不断地进行自我强化与激励。制定激励措施，完成阶段性目标后对自己进行适当奖励，未达到预期目标则反躬自省，以确保学业规划更好地实施。激励措施能激发人的潜能和积极性，惩罚可以防止惰性的产生。要养成不断反思的习惯，发现学业规划执行中存在的问题，激励自己不断努力。

五、学业规划的评估与调整

在学业规划实施的过程中，要及时地对环境条件及自己的执行情况做出评估。现实生活中种种不确定因素的存在，要求学业规划的设计应具有一定的弹性，以便于自己及时调整学业目标、实施措施与计划。要使学业规划行之有效，就必须不断地对学业规划执行情况进行评估与修正。首先，要对每个阶段目标的执行情况进行总结，确定哪些目标已按计划完成，哪些目标未完成。然后，对未完成目标进行分析，找出未完成原因及障碍，制定相应解决障碍的对策及方法。最后，依据评估结果对下一阶段的计划进行修订与完善。如果有必要，也可考虑对学业目标和学业路线进行修正，但一定要谨慎考虑。

知识链接：

成功万能公式

成功万能公式由美国成功学大师安东尼·罗宾斯提出。这个公式为：成功＝明确目标＋详细计划＋马上行动＋检查修正＋坚持到底。意思是要想成功，首先要明白自己的目标和详细的计划。在具体行为上，首先要选择一个最适合自己发展的行业和工作，然后确定其目标，同时，对自己的整个职业生涯进行初步规划，最后付诸行动，并且经常地对自己的目标和计划进行检查修正，最后坚持到底，定能获得职业生涯的成功。

（资料来源：摘自邬生盛主编《中小学班主任职业生涯规划手册》，知识产权出版社2010年版，第43页）

思考与练习

1. 什么是大学生学业规划?
2. 大学生为什么要制定学业规划?
3. 大学生学业规划应当包含哪些内容?
4. 大学生应当如何制定学业规划?(制定大学生学业规划的步骤)

实践活动

生涯人物访谈

生涯人物访谈,是通过与一定数量的职场人士(通常是自己感兴趣的职业从业者)会谈而获得关于一个行业、职业和单位"内部"信息的一种职业探索活动,是获取职业信息的一种有效渠道,能帮助求职者(尤其是在校大学生)检验和印证以前通过其他渠道获得的信息,并了解与未来工作有关的特殊问题或者需求,如潜在的入职标准、核心素质要求、晋升路径和工作者的内心感受,这些信息也是通过大众传媒和一般出版物得不到的。通过生涯人物访谈,在校大学生还能正确认识自己的优势和不足,从而制订更加合理的大学学习、生活和实习计划。

生涯人物访谈操作流程如下。

1. 寻找生涯人物

结合自己的兴趣、技能、工作价值观、教育背景和已掌握的职业知识列出未来可能从事的几个职业,然后在每个职业领域寻找三位以上的在职人士作为生涯人物(亲人、老师、朋友均可)。注意:生涯人物的职业应是自己向往的,但不应将生涯人物访谈当成获得与雇主面试的机会;每个职业领域的生涯人物应结构合理,既有初入职场的人士,也有工作了一定年限的中高层人士;正式访谈前,对生涯人物的信息掌握得越全面越好,对于可以在生涯人物的讲话、文章或者大众传媒和单位网页上可以获得的信息要尽可能地收集和熟悉。

2. 设计访谈问题

问题的设计要根据自己的具体情况。通过生涯人物访谈,是要从生涯人物那里获得对自己有用的信息;设计的问题可以以封闭式为主,这样既节约时间又能得到需要的答案;问题的设计要尽量的口语化、易懂。例如您是如何找到这份工作的？你认为做好这份工作应该具备哪些知识、技能和经验？平常在工作方面您每天都做些什么？您在做这份工作时，什么是最成功的，什么是最有挑战性的，什么是最喜欢的，什么是最不喜欢的？

3. 预约生涯人物

预约可以通过多种方式，比如电话、QQ、电子邮件、信件等，其中电话最好。预约时首先介绍自己，然后说明找到他的途径、自己的采访目的、感兴趣的工作类型以及进行采访所需要的时间（通常20～30分钟）。如果对方能和自己见面，就感谢他并确认访谈的时间地点；如果对方不能和自己见面，就咨询他能否用几分钟时间进行电话采访；如果还是不行，就表示遗憾，并请求他推荐一位与他所从事的工作相似的人并表示感谢，即便不能推荐也要表示感谢。注意联系时一定要有礼貌，提前准备好纸和笔，以备不时之需。

4. 采访生涯人物

可以是面谈、电话访谈或者QQ访谈等。采访前务必做好功课，多方面了解生涯人物的信息，并为自己准备"30秒广告"以便进行自我介绍。面谈时应征求生涯人物的意见，视情况对谈话进行录音或书面记录，面谈一定要守时、简洁，不要浪费他人的时间。访谈结束可以向对方赠送小礼物或者通过其他合适的方式表示感谢，采访结束后要及时对访谈内容进行补充。

5. 信息加工分析并撰写访谈报告

根据访谈内容，对照之前自己对该职业的认识，找出主观认识和客观现实之间的偏差，确定自己是否适合这一行，是否具备相应的能力、知识和品质，进而详细制定大学期间自己的学习、生活、工作计划并撰写访谈总结报告。如果访谈结果与自己之前的认识出现严重脱节，就有必要进入另一个职业领域开展新一轮的生涯人物访谈了。

请同学们按照生涯人物访谈的流程，采访三位以上中小学教师和管理者，包括新入职教师、骨干教师和校长，了解中小学教师的职业理念、核心知识、基本能力、职业准入条件和工作环境，对照之前自己对该职业的认识，找出自己在知识、能力与综合素质等方面存在的差距，进而为制定大学期间的学业规划奠定基础。

第十二章　大学生学业规划的指导与实施

引言

原教育部部长袁贵仁在 2010 年就业工作会议上指出：以社会需求为导向，推动新一轮高等教育改革，进一步增强高等教育与社会发展需求之间的适应性。作为地方本科院校，我们的主要任务是为地方经济和社会发展培养应用型人才，强调对社会的适应性和服务意识，是学校的基本发展方向。我们可以通过学业规划指导，帮助大学生更好地确立整个大学期间的学业目标，以学期或学年为周期制定个人的成长规划，每人撰写一份个性化的学业规划书，统筹课内与课外，涵盖大学的专业学习、课外阅读、人生修养、文体拓展、社会实践、科技创新、社团活动和技能培训等各个方面。通过学业规划的制定与实施，唤醒学生的主体意识，激发学生主动学习的热情，培养学生自主学习和自我管理的能力，提高大学生活的效率和质量，为将来步入社会做好充分准备。

学习目标

1. 了解大学的学习特点和学习方法。
2. 明确大学生应具备的知识与能力结构。
3. 掌握时间管理的原则。
4. 了解大学的各种学习资源。
5. 了解大学的各种学术训练和素质拓展平台。
6. 了解大学毕业继续深造的途径。
7. 掌握大学各年级学业生涯的特点与学业规划的实施策略。

第一节　大学生学业规划的指导

大学学习与中学学习有什么不同？如何实现中学学习向大学学习的转变？进了大学主要学什么？不同学习阶段的特点和发展重点是什么？如何有效地开展大学学习？这是每一位大学生在学业生涯中都要面对的重要问题，也是教师学业规划指导的主要内容。

一、了解大学的学习特点

进入大学，变化了的是周围的环境，不变的是学生身份，大学生的主要任务还是学习，但与中学的学习相比，大学的学习任务、学习内容、学习方法等方面发生了较大变化。大学生要正确认识大学的学习，及时确立自己的学业规划。

(一)学习任务不同

中小学的学习任务主要是学习各种科学文化的基础知识，为进一步的升学或就业做准备。大学生的学业是指以学习为主的一切活动，是广义的学习。它不仅包括科学文化知识的学习，还包括思想、政治、道德、业务、组织管理能力、科研及创新能力等方面的学习。大学里所学是由必修课、选修课组成，循序渐进，一环扣一环，前面任何一环没有学好都将会影响到后面课程的进行，具有很强的实践性和针对性。

(二)学习内容不同

大学的学习是一种专业性很强的学习过程，但这些课程都紧紧围绕着一个中心，就是为培养专门人才服务。大学四年需要学习的课程在 40 门以上，每一个学期学习的课程都不相同，内容多，学习任务远比中学重得多。而且，大学还根据培养专门人才的要求，开设大量的选修课、专题讲座和实验、实习及社会调查等课程。大学教育具有明显的专业性和综合性特点，与中学学习内容相比，大学学习内容更加强调精深和广博。大学学习是在广博的基础上求专长，在专业学习的基础上求拓展和创新。

(三)学习方式和方法不同

中学时期，学生的学习受教师主导，因而服从性和依赖性较强。而大学学习更多地强调独立自主获取知识的能力，大学生不但要掌握所学的知识，而且要掌握知识的形成过程、了解学科发展状况、存在的问题以及解决这些问题的可能性，掌握科学的研究方法和培养独立思考、探索创新的精神，在高年级阶段还要从事一定的科学研究工作。这些都充分体现出学习的主动性、积极性和自觉性，学生要养成良好的学习习惯，做到提前预习，发现课程重点和难点，了解课程的内在联系，掌握听课的主动权。应该大力倡导大学生以主动探索的方式进行学习，不断探索和总结适合自己的有效的学习方法。

(四)学习目标不同

大学阶段的学习与就业挂钩，学习的目的不仅是为了通过考试，而且要为未来的发展奠定基础。大学主要实行学分制，该学什么，如何安排学习时间，可根据个人特点有所侧重。大学生要了解所学专业的发展动态和就业前景，积极规划学业与职业目标，并努力去实现。人才的根本标志不在于积累了多少知识，而是看其是否具有利用知识进行创造的能力。大学生要想学有所成，将来在工作中有所发明、有所创造，对人类社会的进步有所贡献，就必须以自身全面发展作为学习目标，注重综合能力的培养。

(五)学习途径和学习过程不同

大学生的学习途径除了上课这一主要途径外，还有自学、参加学术讲座和学术交流、网络课程学习、参加课外培训班和社会实践等。因此，通过多样化的学习途径获取所需的知识是大学生必须掌握的一项基本功。自主性学习贯穿于大学学习的全过程，在学习活动前自己能够确定学习目标、制订学习计划、做好具体的学习准备；在学习活动中能够对学习进展和学习方法做出自我监控、自我反馈和自我调节；在学习活动后能够对学习结果进行自我检查、自我总结、自我评价和自我补救。因此，培养和提高自学能力是大学生必须具备的本领，也是进行终身学习的基本条件。

二、掌握大学的学习方法

(一)大学文科课程的学习方法

1. 注重在生活实际中观察社会现象的学习方法

文科知识所反映的社会现象在现实生活中每个人的周围都不同程度地有所表现，它所揭示的普遍现象和规律都能在我们个人身上或周围找到原型或影子。因此就要求学习者充分利用自身的感觉和大脑对周围司空见惯的事物、现象进行认真细致的观察，并自觉同书本知识联系起来，这样才能学好文科知识。

2. 以自学为主的学习方法

文科知识虽然也有逻辑论证和推理，但不像理科知识难度那么大，对于有一定基础的学习者来说，自学起来相对要容易一些。因此，学习文科知识不一定要经过教师系统全面的讲授。只要自己发奋努力，坚持理论联系实际，也是能够学好的。即使在学校系统全面学习文科知识，也要把自学和预习放在非常重要的地位上。这也是学好文科知识的一个重要前提和基本方法。

3. 社会调查研究的学习方法

为了从整体上全面正确客观地反映社会现象及其规律，非常有必要对社会现象进行专题调查和研究。它不仅有助于学习者获取更多更真实的社会现象事实类知识，而且有助于对理论知识的理解和应用。社会调查及其研究是学习文科知识的一个非常重要的基本方法和途径，同时也是文科学生的一项基本功和基本能力。

4. 注重在实际生活中应用知识的学习方法

任何知识都必须应用，只有应用，知识才能转化为学习者自身的素质和能力，才能充分体现知识的社会价值和功能。文科知识运用到实际生活中不需要太多的中间环节和物质条件，随时随地都可应用于现实，如学了哲学知识，就可以用哲学方法论指导自己的工作、学习和生活。因此，学习文科知识，不仅在知识与知识的碰撞中运用知识，更重要的是要用知识去碰撞我们周围的社会现实。只有不断地强化文科知识的应用意识，自觉地分析和解决自身和周围的社会现实问题，才能真正学好文科知识。

(二)大学理工科课程的学习方法

1. 注重加强课堂学习，提高理解能力的学习方法

理工科学生一定要高度重视课堂学习，要认真听课，重视老师的讲解和演示，特别是重点内容或疑难问题的讲解，要重视老师讲课的思路和方法，提高自己的理解能力、观察能力和解决问题的能力。有不懂的问题或疑问，应及时向老师请教或与同学讨论，当天的学习任务当天一定要完成。

2. 注重在实验中观察和研究的学习方法

这是理工科学生获取知识、理解知识并把知识转化为能力的一个非常重要的阶段和环节。因为理工科所研究的大多数现象是人们无法用感官直接观察和感受到的，必须借助于一定的仪器、设备和各种观察工具，才能捕捉和发现。通过实验课学习知识是理工科学生的一项基本功。这种方法和能力，不仅对于在校学习具有重要意义，而且对于今后从事科学研究工

作也具有极其重要的意义。

3. 注重严密的逻辑推理的学习方法

理工科知识直接的内在逻辑联系更为严密，每个学科都是从几个基本概念和定理出发，严格按照逻辑推理的顺序一步步展开，组成一个完整的学科知识结构体系。这就要求理工科学生在理解和掌握这类知识时，一定要注重知识之间的内在联系，学会进行严格的逻辑论证和推理。这不仅仅是一种重要的学习方法，而且也是一个科学工作者应具备的优秀品质。

4. 在完成习题中理解知识和运用知识的学习方法

理工科学习中运用知识的一个重要途径和手段就是每次课后要完成大量习题，这是理工科知识学习的又一个重要特点。通过做习题，一是有助于对所学知识的理解，二是有助于培养和提高学生分析和解决实际问题的能力，三是能够检查学生对所学知识的理解和运用方面存在的差距和问题，有针对性地予以纠正和提高。理工科学生一定要重视做习题这一学习方法，深入思考，独立完成。

5. 熟练掌握实验、解题与制图的方法

实验。实验是一种实践性的学习环节，实验课的教学时间，一般占总课时的 $15\%\sim20\%$。实验课的主要目的是验证所学知识、巩固新学内容、进行实验方法训练、培养独立工作能力和科学作风等。大学生在学习实验课时，要明确实验目的，理解实验内容，了解实验设备的性能，掌握实验方法和步骤，善于进行观察和分析。

解题。理工科学习必须是循序渐进的，不能漏掉任何一部分，而学好每一部分的关键是解题。只有掌握熟练的计算技巧、采取科学的解题方法、自己会动手解题，才能较好地掌握学习内容。

制图。图纸是全世界工程师的通用语言，作为未来工程师的理工科大学生应该自觉将制图视为必备的基本能力之一。制图时要求学生掌握基本的投射理论，并学会使用制图工具和方法，熟记各种对象的制图符号和标记。

三、明确大学生应具备的知识与能力结构

(一)大学生应具备的知识结构

1. 融会贯通的基础知识体系

既要具有宽厚而稳固的自然科学知识，也要具有广博而扎实的社会科学知识，包括哲学、数学等相关学科的基础知识。

2. 学有所长的专业知识体系

大学生的专业知识体系可以概括为：专业基础知识——专业知识——学科知识——学科前沿知识。既要精通和运用本专业的知识，又要熟悉与掌握国内外本学科、本专业最新的发展动态等综合知识。

3. 得心应手的工具知识体系

主要包括文献检索知识、外语、计算机和网络技术等，这些是大学生收集资料、进行自主学习的主要工具知识。

4. 高效学习的方法知识体系

在大学生的合理知识结构中，有关方法论的知识应该是重要的内容之一。它主要包括学习方法和思维方法两个方面。在知识经济时代，知识更新的速度越来越快，学会学习是大学生需要解决的关键问题。

5. 较好的文化素养

大学生只有具备较好的文化素质，将各种学科的基本理论和方法融会贯通，学以致用，才能在解决综合、复杂的问题时游刃有余。

(二)大学生应着力培养的专业能力

1. 自学能力

包括：能独立确定学习目标，确定自修内容，查询有关文献，进行批判性思维，写学习心得或学术论文等。

2. 分析问题和解决问题的能力

分析是一种重要的思维活动，任何问题的解决，都离不开科学的分析。分析问题和解决问题的能力是大学生必备的基本能力。

3. 实际操作能力

实际操作能力是指完成学习活动、专业训练和社会实践中所运用的各种智力的、技巧的具体运作能力。现代社会的发展，需要人们手脑并用、体智结合。

4. 表达能力

表达能力是借助各种形式，如语言、文字、图表、数理符号等交流信息、表达思想情感的能力，包括口语(中、外文)表达能力、写作能力、图表表达能力和数字表达能力等。

(三)大学生应着力培养的综合能力

1. 驾驭知识和信息的能力

掌握现代科技知识和外语，能够高效获取各种信息包括文化信息、技术信息、市场信息，具有计算机和网络技术的运用能力。

2. 竞争协作能力

经济全球化、竞争全球化是世界经济发展的必然趋势，培养学生的竞争意识和竞争协作能力，提高学生的综合素质，是经济全球化时代对大学生的客观要求。

3. 创新意识和创造能力

大学生要敢于打破思维定式，培养独立自主的精神，不盲从于任何权威；要善于思考问题，敢于提出新观念、新想法；要积极参加社会实践，积累更多的创造方法。

4. 敏锐的政治辨别能力

大学生在学好专业知识的同时，必须树立正确的世界观、人生观和价值观，培养自己准确辨别政治是非的能力，把自己培养成为有理想、有道德、有文化、有纪律的合格的社会主义建设者和接班人。

四、学会进行时间管理

(一)时间的分类

大学生的时间可以分为学习时间、社会工作时间、休闲时间与个人时间等。

1. 学习时间

学习是大学生的首要任务，不仅要学习科学文化知识，还要努力提升综合素质与能力，学习将会占去很多时间，必须对学业进行详细规划。

2. 社会工作时间

适当参加社会工作不仅可以提高组织管理与协调能力、语言表达能力等，还能增加人际交往的本领，这些对个人的发展和将来的就业大有裨益。

3. 休闲时间

休闲时间包括休息、睡眠及体育运动等，大学里的生活也要懂得放松，要养成一种良好的睡眠、休闲以及运动的习惯，把个人的身体状况调整到最佳状态。

4. 个人时间

大学里可以支配的个人时间很多，个人时间是用来修身养性、充实自我、提高自我的，做好规划将会达到意想不到的效果。要记得和家人、朋友常保持联系，一个电话、一封家书不会花去你太多的时间，获得的却是最真挚的感情。

(二)时间管理的原则

1. 目标原则

做好大学四年的总体规划并制定目标。这个规划由三个部分组成：总目标、分阶段目标和行动规划。制定目标时要从实际出发，不要太高，否则会面临完不成任务的情况，造成任务堆积影响后面的计划；但也不要太低，否则达不到有效利用时间的目的。

2. 重点原则

善于把握事情的重要性和紧急性的关系，把时间用在重要的事情上。"重要"的事情是和你的目标关系紧密的事情。既紧急又重要的事情抓紧做，如课程考试等；虽然紧急但并不重要的事情少做，如老乡聚会等；既不紧急也不重要的事情可以不做，如看电视、玩网络游戏等；虽然不紧急但很重要的事情要坚持做，如体育锻炼、考研的准备等。始终抓住"重要"的事，才是最有效的时间管理、最好的节约时间的方法。

知识链接：

时间管理四象限法

最成功和最不成功的人一样，一天都只有 24 小时，但区别就在于如何利用这 24 小时。条件基本相同的两个人同时面对相同的工作量，有的焦头烂额，而有的轻松自如。问题在哪里呢？那就是分清事情的轻重缓急。我们通过分析四象限图，来进一步探讨"急事"与"要事"的关系。如图 12.1 所示。

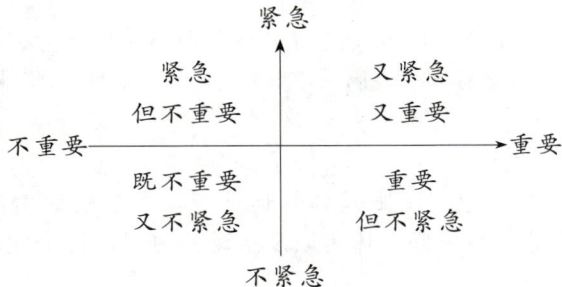

图 12.1　时间管理四象限

1. 第一象限：又紧急又重要——马上处理

例如：即将到来的考试、一周后要交的实验报告、作业等。

这是考验同学们的经验、判断力的时刻，也是可以用心耕耘的园地。

但很多重要的事情，都是因为一拖再拖和事前准备不足而变得迫在眉睫。许多处于这一象限的事情，都是因为缺乏有效的计划，导致本处于"重要但不紧急"象限的事情转变过来的。这也是传统时间管理思维状态下的"忙"。

2. 第二象限：紧急但不重要——酌情处理

例如：不速之客、电话铃声、别人交代的事情等。

表面看上去像是第一象限的事件，因为迫切的呼声会让同学们产生"这件事很重要"的错觉，实际上就算重要也是对别人而言。如果花很多时间在这个里面打转，自以为是在第一象限，其实不过是在满足别人的期望与标准。

在划分第一和第二象限时要特别小心，紧迫的事很容易被误认为重要的事。其实二者的区别就在于：这件事是否有助于你完成某种对你重要的目标，如果答案是否定的，便应归入第二象限。

3. 第三象限：既不重要又不紧急——避免和延迟行动

例如：无节制地看电视、睡觉、玩游戏、打扑克、逛街等。

如果同学们花大把时间在这个象限，简直就是在浪费年轻的生命。实际生活中，许多人往往在一、二象限来回奔走，忙得焦头烂额，不得不到第三象限去疗养一番再出发。这部分范围倒不见得都是休闲活动，因为真正的有创造意义的休闲活动是很有价值的。然而像无节制地看电视、通宵玩网络游戏等，这样的休息不但不是为了走更长的路，反而是对身心的损毁。

4. 第四象限：重要但不紧急——分阶段处理

例如：建立人际关系、期末考试、有规律的复习、锻炼身体等。

时间管理理论的一个重要观念，就是应当有重点地把主要精力和大块时间集中放在处理那些"重要但不紧急"的学习与工作上。荒废这个领域将使第一象限日益扩大，使我们陷入更大的压力，在危机中疲于应付。反之，多投入一些时间在这个领域，有利于提高实践能力，缩小第一象限的范围。

在同学们的日常生活与工作中，很多时候往往有机会去很好地计划和完成一件事，但常常却又没有及时地去做，随着时间的推移，造成学习和工作质量的下降。由于这个领域的事情不会对同学们造成催促力量，所以必须主动去做，把80％的精力投入该象限的事情。这样可以做到未雨绸缪，防患于未然，使第一象限的"急"事变少，不再瞎"忙"。

现在，同学们不妨回顾一下你上周的学习、工作和生活，你在哪个象限花的时间最多？

总而言之，高效时间管理的核心原则是：先轻重，后缓急，要事第一。也就是说，在考虑做事的先后顺序时，应先考虑事情的"轻与重"，再考虑事情的"缓与急"。

（资料来源：摘自吴余舟主编《新编大学生职业生涯与就业创业指导》，机械工业出版社2010年版，第109～110页）

3. 清单原则

时间的规划有长期和短期之分。长期规划是以学年或学期为单位，如每一年或每一学期要达到什么目标。短期规划包括月计划、周计划和日计划，是长期规划的层层细化，要学会把每月、每周、每天要做的事情以及所要花费的时间列出清单，事情分类，时间准确，形成规律，只有做好了短期规划，才能真正实现长期规划。

4. 统筹原则

学习和社会活动占了大学时间的绝大部分，要统筹学习和社会活动的时间比例；同时要善于统筹各门课程所占用的时间，要为外语列出常规的时间安排，比如每天半小时的朗读或阅读等。

5. 充分利用原则

零星时间占有很大的比例，但常常会被浪费，这非常可惜。其实我们可以用零星时间来处理一些琐碎但必须要做的事情。当然，有些固定的零星时间可以规划妥当，好好利用，例如每天早上、中午和晚上都挤一点时间用来背英文单词，半年下来四级的词汇量就达到了，善用零星时间往往会达到意想不到的成果。

6. 立即原则

今天的事情立即做，明天的事情争取提前做。

7. 专注原则

你的注意力在哪里，你的成绩就在哪里。如果学习和做事都专注和用心的话，将会提高你单位时间内的学习和做事效率，时间的利用率自然也就高了。

五、善于利用各种学习资源

(一)学会利用图书馆

1. 要了解图书馆的功能与设置，掌握图书资源的分布情况

图书馆是高校重要的教学辅助部门，承担着图书库、图书信息(包括电子图书信息)的采集、整理、发布等功能，图书馆也是查阅资料和学习的理想处所。一般而言，图书馆设有图书借阅室、过刊室、现刊借阅室、电子阅览室以及若干专业分室，以供图书借阅、期刊查阅、电子图书查阅等方面的使用。大学生在入馆教育的基础上，可以通过图书馆网站进一步了解馆藏资源和基本功能。

2. 要熟悉文献检索方法

通过入学之初的图书馆教育及文献检索选修课程等帮助学生正确查找和使用图书资源。图书的归类、上架是有依据的，根据国家图书分类管理的相关办法，文献资料被划分为不同类别，编以不同的标识码，为检索文献提供了便利。通过对文献检索相关知识的学习能更高效、便捷地检阅资料。在信息化手段不断加强的情况下，通过网上图书馆也可快速查阅和检索文献。

3. 要根据专业和个人素质发展要求有选择地利用图书资源

科学利用图书资源，首先，要和专业学习紧密结合起来，使用图书资源以拓展专业学习为首要任务。在课程和专业学习中，通过专业书籍、相关学科和专业的图书、期刊内容的了解和掌握，更好地了解学科与专业，把握专业发展前沿信息，深入理解课程内容，以便更好地进行专业学习。其次，要和个人的兴趣爱好与素质发展联系起来。图书馆的图书资源类别丰富，修养、益智、休闲各类图书俱全，有助于对个人兴趣爱好的提升和个人素质的养成。

(二)学会利用互联网

1. 利用互联网提供的各种服务工具获取知识和信息

搜索引擎是最普遍的工具，人们输入关键词，只需轻轻一按鼠标，所需的词条和信息就会呈现在眼前，GOOGLE、百度等搜索引擎能够帮助人们筛选海量资料，获得有用信息。

网络课堂和远程教学也是重要的辅助工具，学生可以从网络上选择想学习的课程，随时点播学习课程进行自主学习，或进行互动交流。随着学校课程建设，尤其是精品课程建设的发展，课程资料逐步上网，可以在网

络上了解到课程的基本信息，掌握辅助资料。

数字图书馆是图书馆功能的网络开发与延伸，中国期刊全文数据库（GJFD）、中国优秀博硕论文全文数据库（CDMD）等多种知识数据库，都是功能齐全、覆盖面广的数字图书馆，为查阅论文、进行学术研究提供了广阔而丰富的知识沃野。

同时，互联网还提供了大量便捷的信息交流工具，如 BBS（电子公告板）、BLOG（博客）、E－mail（电子邮件）以及 QQ 等各种聊天工具，可以实时互动交流，为网上互动、信息分享提供了交流平台，也是大学生普遍采用的一种信息交流方式。

2. 将使用互联网与自学、课程学习结合起来

互联网强大的信息功能为学生的自学与课程学习提供了极大便利，上网查阅资料，补充课程知识，积极开展自学已经成为多数学生的一种习惯。在使用互联网的时候，应注意与自学、课程学习相结合，有目的地使用互联网，充分发挥网络的作用。比如，在新课程或内容开始前，通过互联网查阅资料进行预习，对课堂教学中的疑问或难点查阅相关网络资料进行分析解答，通过网络课堂进行自学都是不错的选择。

3. 辩证认识互联网，避免沉溺于网络

互联网是一把"双刃剑"，在给人们提供便利的同时，也容易混淆视听、沉溺网络，带来不良的影响。因此，要辩证而客观地认识互联网，趋利避害，发挥互联网的良好作用。

（三）利用学术讲座

学术讲座作为一种知识传播方式，是高校课堂教学的有益补充，具有陶冶性情、提高境界、拓宽视野、活跃思维、培养健全人格的功能。学术讲座是进行学术交流、提高教学和科研水平的有效手段，有助于及时掌握科研动态，更新、充实教学内容。高水平的学术讲座对大学生的综合能力和创新思维的培养具有重要作用。国内外许多知名大学和研究机构都有比较固定的学术讲座，有些学术讲座已成为一些学校和研究所的知名品牌。

案例：

不能不说的北大讲座

北大的讲座是数量与质量的统一。因此，到了北大不去听讲座，恰似到了北京没有去登长城——遗憾之意会油然而生。在北大研习期间，我一般每周会努力分身聆听三到五次讲座。每听完一堂讲座，会有耳目一新、

引我深思之感慨，也有心底暗涌波澜、催我奋进之激奋。每每听到了一堂绝妙讲座，数日萦绕耳际，维持几天的激动并做相关的深化学习。

北大讲座的特点，除了"多"以外，我以为更体现在以下几个方面。

第一，主讲者与主题多元。北大的讲座主讲者可谓是八仙过海，各显神通。政界要员、专家学者、社会名流、影视明星等应有尽有，兼容并包。克林顿、安然、李敖、李连杰、梅德韦杰夫……照单全收。一言以蔽之，你想表演，这里总会有你的舞台；你想指点江山，这里总会有热心听众。从内容上看，社会万象、时政热点，只要你有观点，大可针砭时弊，尽显峥嵘；数理化、天地生、文史哲、政经法，只要你占据前沿，即可侃侃布道，大展其才。诚如《在北大听讲座》的十二期卷首语所云："校内校外，国内国际，众多的知识精英和社会名流纷纷登场北大的讲坛，在这里宣讲学术、传播文化、交流思想，使北大变成一个巨大的精神磁场。"

第二，以学术与学者为中心。大学之大，确实在于大师、大道、大精神境界。北大的讲座，真实记录了大学学问的"高深莫测"及其精神的卓荦独立。人文、精神、思想、学问、前沿等关键词，在北大讲座的"词典"里必不可少。北大已卸任的校长许智宏先生曾慨叹道："一流大学最大的标志，我想实际上是一个'人'字。"从这个意义上讲，北大讲座是大师传播人文精神的摇篮，是学子沐浴学问光辉的殿堂。

北大讲座以学术与学者为中心，还体现在具体的形式上。前不久，儒学大师杜维明教授来给北大讲"当代中国的儒家精神"，报告主持人是北大的一位年轻副教授，报告引言也是由一位副教授轻松道来。这就与常规意义上的校领导端坐前台，大牌教授亲自主持相去甚远。记得2006年我在浙大听杜教授的报告，当时就是大教授云集，还有校领导坐镇呢。学界的另一个"常规"是，主持人照例要在报告后对报告人的报告"点评"一番，有时实在是点评的狗尾续貂、味同嚼蜡。可是在北大，你会发现主持人在主讲者讲完后往往是别开生面，借题发挥几句。再有，北大的讲座多半还会由学生来主持、接待，对学生的尊重、信任以及舍得赐予机会，由此可见一斑。

第三，人满为患但组织有序。北大的学术报告准备工作做得充分扎实，基本上是由学生来组织、管理的。比方说除了常规上的大横幅、展板、网络提示、张贴通告外，在学生常出没的三角地等处，一般还有传单、小册子甚至是光盘等资料发送。一些拉到赞助的讲座，在报告会现场还会赠送矿泉水、笔、优盘什么的。讲座中听者用心倾听，少有交头接耳或打盹儿入睡等不雅之举。

（资料来源：摘自周志强、王耕、于海军编著《大学生学业生涯规划与素质拓展导论》，东北大学出版社 2011 年版，第 104～105 页）

(四)高效听课与做笔记

大学学习中的听课强调自主性、质疑性和创造性，而且已经不局限于传统意义上的课堂，可以扩展到学术讲座、专题报告等形式多样的教学方式。

1. 课前要做好充分的预习

通过预习，了解知识基本内容，将重点、难点标出来，为课程的学习做好准备。一些同学不注重课前的预习，每每上课，只夹着一本书来，这样的听课效果是不会好的，尤其是当老师跨章节内容进行讲授时，往往会使未预习的学生摸不着头脑，不知所云。

2. 听课时要善于把握重点

大学教师授课不会照本宣科，从头至尾地讲授书本内容，而只是讲授知识体系(框架)、重要的知识点、疑难问题以及学科前沿内容，其讲授方式也是提纲挈领式的，有时一次课的跨度会有几十页，有时一次课也许只讲授书中的某一段。因此，学生在听课时要把握教师讲授的逻辑顺序、知识体系和重点内容。

3. 要做好课堂笔记

课堂笔记是构建知识结构的预制件和原材料，也是课堂学习的备忘录。大学里有经验的教师的讲授，往往突破教材的体系和内容，传授一些个人治学的成果、体验和方法，并会介绍最新的前沿内容，以及提出一些尚待研究的问题，这些都是极为宝贵的。做好课堂笔记要注意以下几个方面：一是留下思考的痕迹，一般在笔记上留下三分之一的空白部分便于课后整理或阅读笔记时使用；二是记录老师的板书，完整记录以提纲、图、表达式展现的课程的主要内容、知识体系；三是记录老师的思路和方法，思路反映了教师分析问题、推导结论的思维方式与路径，可以启发我们的思维，提高分析和解决问题的能力；四是记录重点、难点和前沿内容，有选择地摘录老师所讲的重要理论、观点和内容，以及一些精彩的语言和观点等；五是记录在课程学习中个人的思考与偶得，在学习中要伴随着个人的思考，记录下来，课后再向老师求教或查阅资料，可以更有利于学习和创新成果的形成。

4. 要参与课堂活动与讨论

积极参与课堂活动与讨论是大学学习的自主性和创造性的体现，在吸纳和理解教师教学内容的基础上，阐发个人观点有助于更好地理解教学内容、深化认识，形成良好的师生互动。积极参与课堂活动的具体程序如下：阅读并理解某篇文章或某本书；在课堂上，认真听老师的讲课或其他同学的发言；在阅读或听课时，就自己希望与他人讨论的问题在书里做上标记或笔记；确定自己对作者主题思想的意见或反应；从文章、教学内容以及自己经历、其他阅读材料、资料或专家处收集支持自己观点的材料和证据；在适当时候说出自己的见解等。

5. 要把听课与课后复习、作业结合起来

通过复习和作业，加深对知识的消化理解，并查漏补缺，通过教师讲解、同学讨论、查阅图书资料、上网搜索等方式对疑难点和创新点进一步地加强学习、深入理解和把握。

六、充分利用各种平台，优化素质结构

(一)给学生提供学术训练平台，指导学生提高科研能力

一方面，要为学生提供科研训练的机会，鼓励、支持学生尽早参加一些科研活动，及早了解和接触本专业前沿领域的有关信息和知识，得到科学思维、工作方法以及科研能力的熏陶。另一方面，积极进行教学改革，通过开设研讨课、进行研究性学习等形式，让学生了解探索科学的基本规律和方法，培养学生的表达能力和交流能力、创新意识与实践能力，提高其进行科学研究的兴趣。

1. 课题研究

大学生开展科研训练活动的项目主要来自教师的教学、科研、管理等不同领域中的基础性、应用性和开发性的研究课题，由教师根据学生的实际情况，细化后再转化为大学生科研训练项目。也可以是来自企业的需求和学生自定的科研项目和研究课题。

2. 专业实践

学生运用所学专业知识从事具体的生产或管理实践活动，可以增强对实践活动的了解，锻炼学生的协调能力、沟通能力和对理论知识的综合运用能力，培养团队协作精神和服务社会的意识，提高学生的专业素质。

3. 创新性实验计划

大学生创新性实验计划是高等学校本科教学"质量工程"的重要部分，

该计划旨在探索并建立以问题和课题为核心的教学模式，坚持"兴趣驱动、自主实验、重在过程"的原则，倡导以学生为主体的创新性实验改革，激发学生的创新思维和创新意识，训练学生在研究创新实践中逐渐学会思考问题、解决问题的方法，培养学生从事科学研究和创造发明的素质。

4. 学术科技竞赛

学术科技竞赛的内容既有理论设计，又有实际制作，可以全面检验和促进学生理论素养和实践动手能力的提高。

（1）专业普及型竞赛

学校和各系部围绕学科和专业设置以及学生学习和发展基本情况而设计的专业普及型竞赛，覆盖本学科、专业全体学生，目的是与课程体系和课程内容的改革相结合，提升学生专业学习的兴趣和增强专业技能。

（2）学术精英型竞赛

鼓励和组织优秀学生参加"挑战杯"大学生系列学术科技竞赛、"全国大学生机械创新设计大赛""全国电子设计大赛""全国大学生电子商务竞赛""全国大学生数学建模竞赛"等学术科技大赛。

（二）为学生搭建素质拓展平台

大学生学业生涯活动的根本任务是优化知识结构、能力结构和素质结构，提升就业竞争力、职业能力和可持续发展能力。由于素质在知识、能力、素质三者中处于核心地位，因而，优化素质结构是大学生学业生涯活动的重要任务。大学生的素质包括思想道德素质、科学文化素质、身心健康素质、专业职业素质、学习创新素质等。学生的兴趣、爱好、特长、性格各不相同，要指导学生立足自身实际建立个性化的素质拓展目标，提升自己的特长和优势，打造自身素质的优势竞争力甚至是核心竞争力。

案例：

湖南大学给学生提供的素质拓展平台
思想政治道德素质拓展超市

1. 认真学习马克思列宁主义、毛泽东思想、邓小平理论、"三个代表"重要思想以及社会主义荣辱观等内容
2. 参加学校相关部门组织的理论学习活动及形势与政策报告等
3. 参加以国情教育、革命传统教育、集体主义和爱国主义教育、扶贫支教为内容的主题教育活动

4. 参加旨在提高大学生文明道德修养的校园精神文明创建活动
5. 参加突出时代主旋律，思想性强，并有一定创意的分团委、班级或团支部主题教育活动
6. 关注社会、关爱他人、奉献爱心的志愿者服务活动
7. 认真践行《公民道德实施纲要》的内容：爱国守法、明礼诚信、团结友善、勤俭自强、敬业奉献
8. 递交入党志愿书，积极向党组织靠拢

科学素质拓展超市

1. 掌握专业知识及与本专业相关的基础知识，多参加各类实验课
2. 掌握正确的自然观、科学观和方法论，学会应用唯物主义辩证法发现问题、解决问题
3. 崇尚理性思考，敢于批评，坚持认识的客观性和辩证性，追求认识的真理性，坚持理论联系实际

人文素质拓展超市

1. 参加以弘扬民族文化，以倡导高雅艺术为目标的演出、讲座等系列活动
2. 参加以倡导人文精神为目标的读书、演讲、辩论等活动
3. 参加有一定规模的艺术欣赏活动(声乐、器乐、舞蹈、绘画等)，以及参加学生自创作品展示与评比(自创歌曲、话剧、小品、美术、摄影作品等)
4. 观看优秀影视作品和阅读文艺作品(名人名著等)
5. 积极学习和摄取中华民族传统文化以及世界历史文化
6. 积极储备哲学、经济、管理类等学科的知识
7. 学习基本公关、礼仪知识，言行举止得体

身心素质拓展超市

1. 参加心理健康知识讲座，以及相关团体辅导活动等
2. 学习掌握心理健康知识，阅读相关书籍或欣赏相关影视作品
3. 多参加集体活动，敞开心扉与人交流
4. 积极参加各类体育竞赛活动，强身健体，掌握一定的体育运动技能

实践素质拓展超市

1. 参加社会兼职、社团工作、学生工作、勤工俭学、志愿者服务、"三下乡"社会实践、公司实习
2. 参加或组织各种文艺、体育比赛，各种征文、演讲、辩论等比赛
3. 参加各级、各类学科竞赛活动，如"挑战杯"、ACM 程序设计大赛、数学建模大赛等

创新素质拓展超市

1. 参加创新型的学科竞赛
2. 参加全校性学生课外科技创新活动
3. 参加新技术、新观点、交叉学科和新兴学科的高水平学术报告会
4. 参加各类鼓励创新的竞赛、展览和发展创造活动
5. 参加具有独创精神和学术价值的学生社团、协会或集体
6. 进行创业团队的组建、创业实践

（资料来源：摘自唐亚阳等编著《特别礼物：大学生生涯规划与辅导》，中国林业出版社 2007 年版，第 65～66 页）

七、了解继续深造的途径

(一)报考研究生

考研一般从大三开始准备，也有一些人甚至从大一或大二就开始考虑这个问题。在开始考虑报考研究生时，要了解考研的流程和基本要求，以便及早安排。

1. 与学校联系，确定具体的学校、专业，获得具体的考试信息

确定了要报考的大致学校和专业范围后，要和报考学校联系，获得最新的招生信息，并最后确定报考的学校和专业。获取信息的途径有以下几种。

（1）招生简章。一般由各个招生学校的研究生招生主管部门（研究生院和研究生处）在 7—8 月公布。

（2）招生院（系）印发的说明和专业课试题集。有的招生单位会公布历年报名人数、录取人数、录取比例、录取分数、参考书目等信息，一些考

研网站也搜集了不少专业课试题，为考生提供了很大的方便。

（3）联系导师或在读研究生，得到他们的指点，能够掌握更为实用和具体的信息。

（4）各种平面媒体、专业考研网站上刊登的考研信息。

2．了解考研内容，积极准备应试

考研内容包括公共课和专业课。公共课是全国统考的科目，包括外语（英语、俄语、日语）、政治理论或数学。专业课要根据招生专业指定的复习参考书，并结合往届试题、导师的主要研究方向进行准备。

3．把握研究生报名、考试时间

研究生考试报名时间一般在10—11月，采取网上报名和现场确认两个阶段。网上报名的时间一般为20天，考生自行登录"中国研究生招生信息网"（公网网址：http//yz.chsi.com.cn，教育网网址：http//yz.chsi.cn）浏览报考须知，按教育部、考生所在地省级高校招生办公室、报考点以及报考招生单位的网上公告要求报名。报考点现场确认的时间一般为11月中旬，参加全国统一考试和参加"法律硕士联考"的考生到本人所在地的省级教育招生考试管理机构公告定的报考点确认；参加单独考试和参加"MBA联考"的考生到报考单位所在地省级教育招生考试管理机构公告指定的报考点进行确认报名。

研究生考试分初试和复试两个阶段进行。初试一般在前一年的年底或者当年的1月进行。在考试结束，教育部公布进入复试基本分数要求后，考生可通过"中国研究生招生信息网"调剂服务系统，了解招生单位的生源缺额信息并根据自己的成绩再填报调剂志愿。复试一般在5月上旬前完成。

（二）专升本

1．河北省专升本考试报名条件

（1）河北省内按国家招生计划招收入学的普通高等学校应届专科（高职）毕业生。

（2）拥护中国共产党的领导，政治上积极进步，德、智、体、美全面发展，思想健康，品行端正。

（3）专科就读期间无违纪违法经历，无考试不及格课程（补考后），综合测评在全年级前70%（实行学分制管理的高校，可根据上述原则，自行提出相应的学分要求）。

（4）确有其他专业特长者，须征得拟报考本科院校同意后，可跨科类或跨专业报名。师范类专业与非师范类专业可互相兼报。

2. 河北省专升本考试报名时间

河北省专升本考试实行网上报名，考生务必在规定时间内登陆报名系统（http：//zjbks. hee. cn），按照报名流程图和提示步骤完成报名。网上报名时间一般为3月中旬。

3. 河北省专升本考试科目

河北省专升本考试分为公共课和专业课两部分。专升本考试科目中公共课考试分为文史类、医学类、理工类、财经类、管理类、农学类、艺术类、体育类、英语类九类。

公共课试题全省统一命题，不同类别专业所考的公共课不同，文史类、医学类专业考外语、政治、计算机应用技术；理工类专业考外语、高数（一）、计算机应用技术；财经类专业考外语、高数（二）、计算机应用技术；农学类、管理类专业考外语、高数（三）、计算机应用技术；艺术类、体育类专业考外语、计算机应用技术；英语类专业考政治、计算机应用技术。

专业课考试由本科教育承办学校确定，考试内容为专业基础课、专业综合课。英语专业的专业课考试不进行口语测试。艺术、体育类专业其专业理论与专项测试的成绩约各占50%。具有相同专业的专业课考试命题由省教育厅指定牵头院校实行全省联合命题。音乐学、美术学、体育教育等部分专业实行全省联合考试，参加联合考试专业的考生其公共课及专业课的考试均在联合考试考点进行。

4. 免考《计算机应用技术》科目有关规定

参加河北省教育厅指定考点的全国计算机应用技术证书考试（即 NIT 考试），已取得任意一个或两个模块合格证书者，报名系统都默认为是申请了《计算机应用技术》科目的免考。考生网上报名时，系统会自动提示考生具有免考资格的情况。

对取得 NIT 考试一个模块合格证书者按《计算机应用技术》科目考试满分（40分）的60%（即24分）计入其考试总成绩；对取得两个模块合格证书者按《计算机应用技术》科目考试满分的90%（即36分）计入其考试总成绩；考生如果参加《计算机应用技术》科目的考试，按两者中的最高成绩计入其考试总成绩。

（三）出国留学

以沧州师范学院为例。沧州师范学院国际交流与教育中心已与美国、加拿大、英国、波兰、印度 、韩国等国家10多所大学建立了友好校际关系，达成了学术交流、教师互访、学生互换、留学生深造等诸多方面的合作协议，开展了合作办学、互派教师与留学生、合作科研等工作。有关出国留学的具体事宜可以向国际交流与教育中心进行咨询。

1. 选择国家：首先考虑教育水平，其次是语言问题，当然不能忽略实际的生活消费水平。

2. 选择专业：尽量选择大学本科所学专业或与本专业相关度较大的专业，结合专业发展前景和自身的兴趣爱好进行判断，考虑一些新兴的交叉学科。

3. 选择学校：通过学校的网站或在该校就读的学生了解情况。

4. 正确选择出国的中介机构。

5. 备战语言关，打造一份动人的申请材料。

第二节　大学生学业规划的分层实施

大学阶段是一个人学习、成才的关键时期，要为未来的职业和人生发展奠定基础，就业、考研或留学不是毕业时才去决定的事情，应该在大学入学时就做好学业规划。大学四年，不同的学习阶段具有不同的特点，面临不同的问题和发展任务，学业规划的实施也有着不同的策略。因此，大学生学业规划的分层实施至关重要。

案例：

大学生学涯发展阶段
大一：新生定向与适应

新生的适应，大学学习的开始：熟读学生手册；了解校内的各项资源；参加各种新生培训（图书馆使用、管理制度的学习等）；了解专业培养计划；了解未来的主修科目、选修科目；了解社团；发展个人的社会支持系统；慢慢认识系里的老师、学校的咨询老师、行政人员。

开始自我探索：开始思考所学的科目与生涯发展之间的关系；熟悉学校的就业指导中心及其开展的与生涯发展相关的活动；开始观察自己在休闲生活、课业学习及社交方面的兴趣、能力、性格与价值观。

暑假：找一个感兴趣的工作进行实践；慢慢觉察自己的兴趣、能力、性格、价值观。

大二：自我评定与探索

继续自我探索：考虑参加生涯规划工作坊或团体辅导；考虑选修一门生涯规划课程；接受心理测验和职业性向测验；阅读有关生涯规划的书籍。

设定学习目标：自己在大学的学习目标为何？与未来的发展有何关联？该如何进行？与生涯辅导和咨询老师面谈；尽最大努力取得好成绩；接触系里的老师、学校的行政人员、辅导人员、生涯顾问及学习兴趣领域的专家；扩大自己的社会支持系统；参与社团活动，发展各项技能。

暑假：找一个兴趣领域内的工作实践；扩大知识领域与技能；建立良好的工作记录和名声。

大三：设定目标、接受现实考验

继续生涯探索：多利用就业指导中心和生涯发展中心，了解本专业学生的就业去向；多争取实习机会；参加生涯探索活动。

设定生涯目标：发展自己的生涯计划；继续根据生涯目标选修相关课程；考虑自己在兴趣领域内所具备的条件；按照课程的要求全力以赴。

持续人际探索：接触系里的老师、学校的行政人员、辅导人员、生涯顾问及学习兴趣领域内的专家；参加社团活动。

吸取谋职新知：参加有关职业能力训练的团队或工作坊，研习相关技能；考虑是否读研。

暑假：继续找一个真正有兴趣的工作实习；设定若干生涯目标，开始准备简历。

大四：谋职、准备考研

为生涯决定负责：高分通过学科要求；通过网络、招聘会等参加各类人才招聘活动；进行一系列的谋职准备；参加有关简历撰写、面谈技术、企业寻访等辅导和研习活动，通过人际网络寻求非正式的就业渠道；学习生涯决定的技巧，学会权衡；学习如何"管理"生涯。

暑假：谋职之路耗时、耗力、持久，寻求本院系、就业指导中心和生涯发展中心的支持。

（资料来源：摘自赵燕、朱逢九主编《点击大学——大学生学业与生活指导》，同济大学出版社2011年版，第285～286页）

一、大学一年级学业生涯的特点与实施策略

(一)大学一年级上学期学业生涯特点与实施策略

这个阶段，大学生虽然在角色上已经是大学生，但是在心理上仍属于高中，就其社会环境、社会地位、学习方式、生活方式来说，都发生了比较明显的变化。在这一转变过程中，大学生在心理上、思想上和行为上，往往产生诸多的不适应，表现为自主意识增强，但自理能力较差；自我期望很高，但自制能力较差；情感丰富，但较缺乏理智。由于中学时代对大学的美好想象，到亲身体验大学生活时，常常会因为实际上的差异而引起复杂的心理矛盾，并且这些冲突和矛盾会在学习生活中反映出来。有相当多的新生入学后认为中学追求的目标实现了，产生了"船靠码头车到站"的想法，学业上自我放松要求；还有的对大学学习方法、学习规律缺乏认识和把握，学习上感到吃力；也有的对学习上可能遇到的挫折和困难心理准备不足，因而很不适应，以致产生许多烦恼，等等。还有部分同学踌躇满志，对大学生活充满了憧憬和幻想，为自己确立了远大的目标，制订了实现目标的宏伟计划。但是，这时的大学生对大学生活还不完全了解，对大学的认知只是停留在表层的认识上，学生本人对于自我和环境的探索不够深入。该阶段学业生涯目标的特点是：学业生涯目标的确立多来自成长经历及外界的影响。目标高远，却显得空洞，或是目标渺茫，无所适从。

规划实施的策略：积极进行自我探索，完成从中学生到大学生的角色转变，主动融入大学精神和校园生活。熟悉学校各项规章制度，了解本专业培养方案和课程体系，尽可能加深对学科专业的认识，学会制订学业规划和行动计划，使自己的生活有规律，培养良好的学习习惯。学会主动学习，多和高年级学生交流，询问他们专业学习情况，探索适合自己的有效的学习方法，培养个人的自修能力。多参加学校和院系组织的各项活动，学会独立处理人际关系，增强人际沟通能力。通过心理测评等工具全面客观地认识自己，发现自身的优势、劣势、兴趣、爱好、性格、能力，初步了解职业和社会，找到自己的定位。

(二)大学一年级下学期学业生涯特点与实施策略

大学一年级下学期，这时的大学生已经有了上半学期的生活和学习经验，并且对自我有了一定的认识，经过大学生活的亲身体验和学习，初步了解自己未来想从事的职业或自己所学专业对口的职业。这一阶段的大学生已基本适应大学生活，通过参加班级和学校开展的各种活动，对自我的

认识更加深入，学生的具体目标逐渐凸显出来。该阶段学业生涯目标的特点是：目标开始与自我性格、爱好、能力等相结合。

规划实施的策略：主要是使学生加深对本专业的培养目标和就业方向的认识，开始自我和职业的探索，树立职业规划意识。增强大学生专业学习的自觉性，培养学生的专业学习目标，加强外语学习，为顺利通过四级考试做准备，学习计算机知识，运用计算机和网络辅助自己的学习，为以后的考研或获得双学位、留学深造做好资料收集以及课程准备。了解和熟悉大学学习生活的特点，努力适应大学学习的方式方法，掌握大学学习的基本规律，为学业的进一步深化打下良好基础。利用各种讲座、辅导、培训等机会，加强对自我的认识，增强使命感和责任感，对自己的职业理想进行初步的规划，为将来制定职业目标打下基础。

二、大学二年级学业生涯的特点与实施策略

(一)大学二年级上学期学业生涯特点与实施策略

这一阶段的大学生经过一年的大学生活，已经完成适应，掌握了大学生活规律，建立了一定的人际关系，新环境的适应压力逐渐消退；这时的大学生开始真正从现实角度关注自己的成长，积极参加各种活动，主动进行能力提升训练；与此同时，大学生对于自己的性格、能力、优势、劣势、职业兴趣以及将来的职业方向、社会对各种人才的需求、社会经济与政治的发展、各职业发展的趋势等状况的探索更加积极和有实效，他们已经思考到职业的重要性，并积极行动，希望自己快速成长。但是，受经历、经验、阅历的影响，这一阶段是大学生基础性课业学习的重要阶段，也是大学生充实自我、发展个人兴趣爱好的重要阶段。这一时期大学生群体开始出现不同发展趋向上的分化，品学兼优的学生及特长生崭露头角，各种"问题"学生也开始出现，需要借助外力的支持与帮助，加快大学生成长的速度。该阶段学业生涯目标的特点是：目标确立开始考虑社会需要与个人需要的结合，但对未来职业发展方向定位仍处于迷茫阶段。

规划实施的策略：进一步进行自我探索，了解将来的就业环境和职业方向；了解社会政治、经济、文化发展状况及职业、职位状况；制定自己的职业生涯规划；参加校园文化活动、社会实践活动和兼职工作，并坚持到底，最好能在课余时间从事与自己未来职业或本专业有关的工作，如参加学生科研工作，增强自己的责任感和学习主动性。

(二)大学二年级下学期学业生涯特点与实施策略

大学二年级下学期阶段的大学生对于自我的认知和社会的认知达到了一定的水平，对大学环境已经熟悉和适应了，由于专业知识、社会知识的进一步深化，普遍存在着一种适应感和自信感，自我独立和自我表现的倾向开始突出，其爱好开始向广度发展，思想更为活跃，对未来充满了憧憬，除课业学习以外，开始渴求通过多种渠道开拓新的知识领域和业余文化生活阵地。这一时期多数学生开始完成自我期望的价值定向，世界观、人生观基本形成。职业生涯发展方向进一步明确，逐渐找到了自我价值与社会价值的结合点，积极探求实现自我价值的有效途径。通过参加各种实践及成长训练，综合能力快速提升，为即将到来的职业实践奠定了良好的基础。这时的大学生职业生涯发展道路开始清晰，有的学生希望大学本科毕业后找到一份称心的工作，有的学生则希望继续在某一领域深造。该阶段学业生涯目标的特点是：学生的职业生涯发展目标和个人价值开始清晰，学业规划在长远规划的基础上更加具体和现实，更具有可操作性。

规划实施的策略：了解自己的职业兴趣，确定职业发展方向；发现自身职业竞争力的不足之处，制订职业竞争力提升计划；增强英语口语表达能力和计算机应用能力，通过英语和计算机的相关考试，并选择一些对自己未来发展有意义的选修课，以拓宽自己的专业知识面；可以通过参加校园文化活动或社团组织，锻炼自己的组织、领导和沟通能力。注意培养自己分析问题和解决问题的能力，提高自己的责任感、主动性和受挫能力。可以开始尝试兼职、社会实践活动，利用课余时间尽可能多地从事与自己未来职业或本专业有关的工作，进一步了解职业和社会。

三、大学三年级学业生涯特点与实施策略

(一)大学三年级上学期学业生涯特点与实施策略

大学三年级上学期是大学生全面拓展自身素质的重要阶段，是由基础课学习向专业课学习的过渡时期，也是大学生思想观念更趋成熟、职业理想进一步明确的时期。这一时期学生思维能力明显增强，进入研究性的学习阶段，学习的范围由以前的书本知识变成了与就业、深造相关的广泛知识摄取，专业课程的深度和系统性得到加强，学习重点由知识性学习转变为创造性学习。学生喜欢参加社会活动，希望通过实际锻炼增长自己的才干，并且许多人已成为学校各类社团和学生组织的骨干。由于志向的不同出现了不同的生涯发展方向，这种不同使大学生活以后阶段的发展道路不

同，继续深造的学生开始为考研备战，将志向确定为找工作的大学生则更加积极地参加各种活动，提高自己的就业竞争力，有些学生会到相关的单位进行职业实习。该阶段学业生涯目标的特点是：长远目标逐渐明确和坚定，近期目标更加具体。

规划实施的策略：这一阶段是专业知识学习的强化期和专业技能的入门期，学生要积极实现阶段性学业目标，参加校园文化活动和社会实践，进一步明确自己的职业方向。参加实习、兼职、暑期工作、志愿者活动，获得工作经验，进行针对性能力训练。积极参加与专业技能相关的各种资格认证的考试，对于一些重要的职业资格证书，要根据自己的职业定向努力去获取，以增强自己在未来职业选择中的竞争力。这一阶段还应该尝试做一些科研创新工作。

(二)大学三年级下学期学业生涯特点与实施策略

大学三年级下学期，大学生通过相应的职业实习，发现了自己的能力与职位之间的差距；发现了自己原来的职业生涯规划与社会现实之间的差距；发现自身职业竞争力的不足之处。在学业方面，更加注重专业的发展、职业的定向，注重实践环节和实用技能的掌握，看重职业竞争力的提升。职业目标更加具体化，并努力在校内外的实践中使自身的职业能力进一步得到强化和提高。该阶段学业生涯目标的特点是：这时的大学生开始进行全面的反思，重新建立更加切合实际的学业目标，参加各种活动更具目的性。职业生涯目标得到有效修正，修正后的目标进一步反映了个人理想与社会现实的结合。

规划实施的策略：提高求职技能、搜集工作信息，确定是否考研、出国深造。希望考研的同学，要考虑到自身的实力选择适合的学校和专业，合理制订考研计划；希望出国深造的同学，可多参与留学系列活动，向相关教育部门索取简章，并跨过外语这道门槛；准备直接工作的同学，应积极参加和专业有关的社会实践，积累实践经验，参加相关职业培训，学习写简历、求职信，加强同已毕业校友的联系，交流求职、工作心得体会，了解搜集工作信息的渠道，有计划地接触招聘市场。

四、大学四年级学业生涯特点与实施策略

(一)大学四年级上学期学业生涯特点与实施策略

大学四年级上学期，这一阶段的大学生通过前三年的专业理论学习和相关训练，掌握了一定的专业理论和专业技能，人际交往能力、思维能

力、创新意识、团队精神都得到了相应提高。到了大四，该找工作的找工作、该考研的考研、该出国的出国，不能再犹豫不决。大部分学生的目标应该锁定在工作申请及成功就业上。这时，可先对前三年的准备做个抉择。经过几年大学的专业学习和各种活动的锻炼，大学毕业生基本具备了服务社会的知识能力。但很多毕业生对自己的知识能力估计过高，理想的自我与现实的自我存在差距；也有的毕业生缺乏面对现实的勇气，存在畏难心理，渴望成功的同时，又不愿去艰苦的环境中经受磨炼，缺乏艰苦奋斗、开拓进取的意志和勇气。经过自我全方位的探索，有意识地结合自己的情况进行理想职业目标的选择，逐渐发现适合自己的工作。该阶段学业生涯目标的特点是：目标更具有现实性和可操作性。

　　规划实施的策略：结合自己的职业实践和职业发展理想，发现现实自我与理想职业之间的差距，参加快速提升训练，进一步了解社会及职位的发展变化，了解大学生就业的相关政策及相关程序。参加职业生涯相关的活动，了解就业指导中心提供的用人单位资料信息，强化求职技巧，进行模拟面试等训练，尽可能地让学生在准备比较充分的情况下进行实践演练。学生充分利用学校提供的条件，做好求职择业的各项准备，在"双向选择"中实现成功就业。要积极参加各种就业培训，进行自我包装和推荐，广泛收集招聘信息，主动出击，抓紧时间即时择业、就业。

(二)大学四年级下学期学业生涯特点与实施策略

　　大学四年级下学期，这一阶段是大学生由学校走向社会的转折阶段，也是大学生走向社会开始新生活的全面准备时期。处于大四阶段的毕业生，其总体状况可以概括为"思想活跃、独立性强、跃跃欲试、心绪不定"。毕业班的大学生独立性明显增强，职业定向已处于完成阶段。大学生即将走入社会，开始进入自己的职业生涯，能否真正适应将来的工作及工作环境，尽快走向成功，成为每一位即将走入社会的大学生关心的问题。大学生希望通过最后的大学生活使自己更加完善。该阶段学业生涯目标体现为职业素质的培养和训练。

　　规划实施的策略：通过各门课程的考试和学位论文答辩；了解就业及创业相关信息；通过网络、招聘会等参加各类人才招聘活动；通过各种就业渠道推荐自己；参加有关简历撰写、面谈技术、企业寻访等辅导或研习活动；根据签约单位的组织文化与岗位要求有针对性地进行知识、技能、综合素质的补充训练。

案例：

一名大学生的学业规划

这是广州大学华软软件学院一名大学生对于大学生活的规划个案，希望能对大家起到参考作用。

关于我

●我是 2006 级软件开发专业学生，本科。

●我来自城镇，在家乡的中学里我的成绩算是挺好的，来到大学发现自己不算个啥。

●我十分喜爱电脑，选择来软件学院读书，希望能够跟"高人"学习、切磋。

为什么读大学

●我家里就我一个大学生，能读大学是全家人的希望。

●我希望在大学里学到软件编程知识，大学毕业后能做一个合格的软件工程师。

●希望通过大学的环境，认识更多的同学，他们将是以后同行业中的人才，能为我以后的事业发展积累人脉关系。

●在大学的独立生活中，学会与人沟通、与人相处，学会做人，学会做事，学会照顾自己、管理自己。

●通过大学的锻炼，形成自学的能力，培养思考的意识和习惯。

大学学业规划

●我的大学不应该像众多的大学生一样"简简单单"地度过，四年大学之后就只收获人人都有的证书。

●每门课程的考试成绩保持在班上的前 10 名，平均分在 85 分以上。

●争取起码在一个学年里拿到夏洛奖学金。

●争取在每年都拿到学院奖学金三等奖以上。

●争取在毕业前考取相关行业认可的软件工程师证书（待了解）。

●争取当上学生干部。

●至少加入一个学校的社团组织，首选是计算机协会或电子竞技社。

●坚持每周有四天，且平均每天有三个小时在图书馆度过，开始看不懂就先看小说。

●坚持每天早上跑步。

具体安排

1. 开学后的两个月内

●查清楚本专业的学习要求，包括有哪些课程和考试是必须要通过的。

●查清楚要取得学士学位的要求，包括与成绩有关的和与成绩无关的。

●了解本专业的行业情况，毕业后所从事工作的方向，最新行业动态、前景等。

●了解学校的规章制度和要求，尤其要知道哪些是绝对不能越雷池半步的。

●熟悉学校的地理情况和各种设施的分布情况，了解学校附近的情况。

●多与老师和辅导员接触，争取让他们认识我。

●竞选学生干部。

●报名参加社团。

2. 第一学期

深入了解自己的专业，展望一下自己未来几年要学的是什么。然后，尽量调整自我，适应现实，使自己能够符合本专业的要求。

积极地投身到各种活动中去，把自己忙得不亦乐乎。因为大学开始的日子肯定不好受，忙起来就好。忙碌是个非常好的方法，不管你忙碌的事情意义是否重大，在奔波忙碌中的生活总会让人觉得日子过得充实和有滋有味。除此以外，我相信或多或少会有收获，至少没有虚度光阴。

3. 第二学期

多花点精力在大学英语上，争取在大一把英语四级过了。这样虽然苦，但却为大二学习更多的专业知识争取了时间。听师长们说，四级这东西，越考越难过，趁着还有高考时的"余热"把它过了也就算了，省得费心，四级过了，将来找工作也容易得多。同时，在大二别人过四级，我可以过六级（如果我以后要考研，是要跟六级挂钩的，趁早把它搞定）。

4. 二年级

●这时候专业课程开始多起来，那些英语考级、计算机基础的考级都过去了，更应该集中精力学好专业课程。

●了解专业证书的考试情况，并进行相应的学习。准备在大三的时候考证。

●如果有时间，就把英语六级过了。

●把参加各类活动和社团的心和精力收回来，集中在几个自己觉得比较感兴趣的活动和社团上面，并把它们做好。

●在假期做暑期工锻炼自己。

5. 三年级

●这时候专业的学习应该更强化了，要花更多的时间在专业学习上。但现在还看不到那么远，只能模糊地有个大概，到时候再根据前面两年的实践和进度，加上具体的情况再做细化和修改。

●如果我在前面能够当上学生干部，我觉得这时候应该退出来让其他同学也锻炼一下。我就集中精力在学习上。另外，如果能够找到那些软件外包的工作，什么机会都不能错过，有没有报酬都不重要，一定要尝试。

6. 四年级

●这是毕业的阶段，肯定是要忙于毕业设计和毕业实习的。我一定要认真对待毕业设计，因为它可以把在大学几年学习的知识进行梳理和融会贯通，并可以得到老师的免费指导。如果能够取得毕业设计三等奖以上的奖项就更理想了。

●如果我到时要考研(现在还没有决定下来)，就利用第七个学期选修或在外面参加一些相关的培训班，否则肯定是要忙于找工作的。

关于学习态度

●学习，是永远不能放松的追求。我相信学习好的不一定是好学生，但学习好绝对是成为好学生的必要条件。我要保证我的学习成绩在中上水平，所以对待考试不能马虎。

●要养成凡事多问几个为什么的习惯，老师教的知识，对于重点的概念要追寻它形成的基础和过程，不懂的、似懂非懂的，要不厌其烦地请教老师和阅读相关的书籍文献，直到自己弄懂为止。

●先建立起目标，再培养出兴趣。因为有目标才会努力，有兴趣才能有动力。兴趣在学习中是不可或缺的，当然学习的过程并不总是充满乐趣，因此要学会"苦中作乐"。压力大的时候，选择一些与本专业不太相关的课程也是不错的。根据我在校园网上的了解，我准备适当地在每个学期选修如下课程：大学生心理健康、人际关系与沟通技巧、摄影基础、乒乓球等。这些课程既可以作为专业课的调节，也可以在这些课程里学到如何对自己的生活进行调剂。

●对待学习要勤奋、勤奋、再勤奋。

关于校园生活

●尽量学会用心体味周围环境的美妙，细致观察环境的变化，希望能养成一种对校园周围一草一木的眷恋。这样，在爱上母校的同时，也使我养成了一种习惯，即对周围环境不再抱怨。

●大学是锻炼身体和改良体形的最佳时机，学校里有丰富的体育场所和设施，不用实在是浪费。既然住在学校，时间肯定是有的，一定要将自己锻炼得强壮些、挺拔些。估计工作后就没有这么多时间锻炼了。而且在大学里的年龄，属于怎么锻炼都不过分的年龄。

●要适应住宿的集体生活，尽量把这个"不利"因素转化为"有利"因素。利用这个机会学会如何与人相处，学会为他人着想，学着不要太自私，学着照顾自己。一个宿舍就那么几个人，关系都处不融洽，还谈什么人际相处？抬头不见低头见，如果关系不好，心情、学习都会受影响。严格来说，大家的关系比家里人还"亲密"，因为大家的空间就那么一点点。如果相处得好，就等于多了几个家人，在学校有个家不是更好吗？

●要学会照顾自己。安排好洗衣服和吃饭的时间。以前有父母看着，到点吃饭就会叫我，现在可没有人叫我了，我要注意按时吃饭。还要注意营养，看来得向母亲请教一下，还要买点水果在宿舍备着。另外，一个宿舍四个人住在一起，大家都在差不多的时间洗澡，要注意洗澡的时间不能太长，以免人家等。与人方便，与己方便嘛。

●如果自己有能力、有时间的话，尽量多去参加一些校园活动，像"华软科技文化节""辩论大赛""软件比赛"，这些是肯定要参加的，另外，听说还有"十大文艺之星""书画展"等，我没有什么艺术细胞，不能去表演，也写不出好字，但积极参与一些辅助工作等也可以锻炼锻炼。

●在我来报到的时候，受到师兄师姐们的热情接待和帮助，深受感动。听说这是学校的传统，在新生报到的时候，每年都让在校生帮助新生适应新的环境。我在大二的时候也要报名参加，为下一届的新生做点事情。

●至于社团生活，那就千万不能吝惜我的热情。我对大学的憧憬就是从向往那梦幻般的社团生活和蕴含着喜怒哀乐的激情青春开始的。相信社团是一个能让人美梦成真的地方，无论我的兴趣在旁人眼中是多么怪异另类，只要加入社团，就能惊喜地找到知己，找到可以分享的伙伴。有了多种多样的经历，大学生活才更加丰富多彩。另外，能够找到自己真正感兴趣的事情并且和朋友们一同投入去做，更是一件非常美好的事情。

●至于谈恋爱，嘿嘿，有人说在大学没有谈过恋爱是一大遗憾。我嘛，就顺其自然好了，最重要的是不能影响学习。

关于学习方法

●考虑到大学学习的长期目的和短期目标，我决定采取"平时是素质教育，考前是应试教育"的学习方法。

在平时学习中，由于时间较灵活，某些学期可能学习还相对轻松，因此，在完成基本学习任务的基础上可以广泛涉猎和学习，阅读大量本领域和专业之外的东西来拓宽视野，利用课余时间参加活动来全方位充实自己。为了取得理想的成绩，考试之前需要对专业课堂上学习的内容有更深入、更准确的了解和认知，这时候就必须根据课程的不同特点进行高效的复习。

●要建立起预习→上课→重点的整理→作业→考前复习这样的学习程序。无论多么困难，都要进行课前预习。考虑到时间的关系，课前预习的时间可以不多，但最少要保障3～5分钟，且必须要坚持，这样，上课的时候就可以有的放矢，特别留意老师对于重点概念的讲解。课后，一定要马上根据自己对课程内容的理解进行重点整理和归纳。因为大学里的课程容量都很大，老师讲得又很快，许多东西都要靠自己来领会，而且老师讲课时重点讲解的都十分关键。要抓住这些关键之处，建立起简明扼要的知识框架，再加上自己的理解和分析，就可以"以不变应万变"了。有了这些课堂知识的整理，完成作业将会十分轻松，而考前的复习也会有现成的资料。这是十分重要的。

●平时的学习中最重要的就是阅读了。基于自己的阅读习惯，我要尽量做到在阅读的时候带着荧光笔和圆珠笔，对于重要的观点用荧光笔显示出来，对于阅读时一闪念的看法，用圆珠笔记录在书的相应位置。如果是图书馆的书，要马上把相关的内容复印下来，千万不能省这些钱。这对于整理知识、更深入地理解知识或期末考试的复习都将会有莫大的帮助。

●对于在学习书本知识时遇到的难题，我可以通过查阅资料和小组讨论来解决，不能忽视小组讨论的作用。当然，最有效、最迅速的方法还是向老师请教。有了问题千万不能等，一定要找到答案。但在询问老师时还应该注意到大学"导师"和中学"教师"的不同之处，尽可能地调整自己的发问方式和内容。中学时我们只是以服从真理为前提，请教一些具体问题的解决办法，或请教一些对概念的细枝末节的理解问题，老师也很乐意回答这样的问题，他们会拿相应的具体知识来回答我们，使我们掌握唯一的正确答案。但大学里的学习方法就不一样。老师不一定对这类问题给出现成的答案，而要凭自己所学的知识去寻找答案，并从挑战真理的角度出发，提出自己独到的见解。所以老师应该是可以和我们进行平等的交流和讨论的，尽量尝试和教授进行讨论和交流。

●每学期对所学的知识进行梳理，知识都是彼此关联的，要善于将看似分散的知识融会贯通，举一反三。

以上就是我对我的大学生活的初步规划，当然会随着学习的深入、执行情况的进展经常进行回顾、整理和更新。希望在毕业回首大学的时候，我有一个充实、丰富的大学生活，作为我永久的美好记忆。

（资料来源：摘自邹婉玲主编《大学的学习方法》，暨南大学出版 2007 年版，第 146～157 页。）

思考与练习

1. 与中学相比，大学的学习有什么不同的特点？
2. 结合自己所学专业，谈一谈应该掌握的学习方法。
3. 大学生应具备什么样的知识与能力结构？
4. 时间管理应遵循什么原则？
5. 大学里的学习资源有哪些？如何利用？
6. 大学里有哪些学术训练和素质拓展平台？如何利用？
7. 大学毕业以后继续深造的途径有哪些？
8. 在大学的不同阶段，学业规划的实施有哪些不同的策略？

实践活动

大学生学业规划的制定

请同学们根据大学生学业规划的步骤和内容，在进行自我认知与评估和社会环境分析的基础上，参照本章所提供的案例，制定一份详细的大学期间的学业规划和具体的行动方案。

参考文献

[1]魏建培.教师专业成长途径：教育自传[J].教师教育研究，2009(3).

[2]孟宜安，刘忠伟.分类研究，分类干预：助教师走出高原期[J].中小学管理，2015(4).

[3]寇冬泉，张大均，黄技.教师职业生涯高原现象的自我应对[J].教育导刊，2008(8).

[4]杨明权.公共性：教育立法的基本价值取向[J].教育理论与实践，2007(10).

[5]王光照.我国教育立法的现状与教育司法的对策[J].河南师范大学学报(哲学社会科学版)，2000(5).

[6]李赐平.西方五国教育立法的主要特征及我国教育立法的借鉴[J].西华师范大学学报(哲社版)，2004(3).

[7]张楠.中日义务教育法制比较研究[D].山东师范大学，2007.

[8]尹力.从建国以来宪法中教育条款变化看教育发展[J].华东师范大学学报(教育科学版)，1998(3).

[9]朱建美.教师文化对中小学教师开展教育科研活动的影响[J].现代教育科学，2013(4).

[10]邓志伟.论当代教师的人文素养建构[J].井冈山学院学报，2009(3).

[11]丁松刚.提升中小学教师人文素养的新途径[J].现代教育科学，2009(1).

[12]陈浚何.中小学教师的自主学习及其自我实践[J].教育导刊，2014(7).

[13]吴振利.论中小学教师教学反思的问题、特征与种类[J].河北师范大学学报(教育科学版)，2014(7).

[14]蒋元斌."三课活动"对提高中小学教师教学实践能力的对策研究[D].西南大学，2014.

[15]孙晨红，张春宏，王睿.教师专业化发展与教师成长[M].哈尔滨：

东北林业大学出版社，2016.

[16]胡惠闵，王建军．教师专业发展[M]．上海：华东师范大学出版社，2014.

[17]教育部师范教育司．新世纪教师职业道德修养[M]．北京：教育科学出版社，2002.

[18]檀传宝．教师职业道德[M]．北京：北京师范大学出版社，2015.

[19]钱焕琦．教师职业道德[M]．上海：华东师范大学出版社，2011.

[20]朱晓民．教师专业成长研究——实践与案例[M]．北京：科学出版社，2016.

[21][英]艾弗·古德森．专业知识与教师职业生涯[M]．北京：北京大学出版社，2007.

[22]李连宁，孙葆森．教育法制概论[M]．北京：教育科学出版社，1997.

[23]劳凯声，郑新蓉．教育法学概论[M]．武汉：湖北教育出版社，1996.

[24]郑良信．教育法学通论[M]．南宁：广西教育出版社，2000.

[25]王荣德．教师人格论[M]．北京：科学出版社，2002.

[26]叶澜等．教师角色与教师发展新探[M]．北京：教育科学出版社，2001.

[27]徐世贵．怎样听课评课[M]．沈阳：辽宁民族出版社，2000.

[28]刘良华．教师专业成长——刘良华教育讲演录[M]．上海：华东师范大学出版社，2008.

[29]赵敏，张凤．大学生生涯规划与辅导实务[M]．北京：电子工业出版社，2010.

[30]马龙海．大学学习生涯指导：教你成为卓越大学生[M]．北京：中国人民大学出版社，2011.

[31]郑春晔，吴剑．大学生涯与职业规划[M]．北京：经济科学出版社，2009.

[32]周志强，王耕，于海军．大学生学业生涯规划与素质拓展导论[M]．沈阳：东北大学出版社，2011.

[33]邹生盛．中小学班主任职业生涯规划手册[M]．北京：知识产权出版社，2010.

[34]吴余舟．新编大学生职业生涯与就业创业指导[M]．北京：机械工业出版社，2010.

[35]唐亚阳等．特别礼物：大学生生涯规划与辅导[M]．北京：中国林业

出版社，2007.

[36]赵燕，朱逢九．点击大学——大学生学业与生活指导[M]．上海：同
      济大学出版社，2011.